总经理管人管事管利润

金源◎著

ZONGJINGLI
GUANREN GUANSHI GUANLIRUN

江西人民出版社
Jiangxi People's Publishing House
全国百佳出版社

图书在版编目（CIP）数据

总经理管人管事管利润 / 金源著. -- 南昌 : 江西人民出版社, 2017.10

ISBN 978-7-210-09648-1

Ⅰ. ①总… Ⅱ. ①金… Ⅲ. ①企业管理 Ⅳ. ①F272

中国版本图书馆CIP数据核字（2017）第196171号

总经理管人管事管利润

金源 / 著

责任编辑 / 胡滨　刘荆路

出版发行 / 江西人民出版社

印刷 / 北京柯蓝博泰印务有限公司

版次 / 2017年10月第1版

2019年8月第2次印刷

710毫米×960毫米　1/16　27.25印张

字数 / 400千字

ISBN 978-7-210-09648-1

定价 / 39.80元

赣版权登字-01-2017-615

—— 序篇 ——

总经理的角色和职责

在企业中，总经理是一个职位。

由于企业的规模有大有小，企业的组织结构千差万别，因而，同样是“总经理”这个职位，其职责、权限、工作范围却是大不相同的。

总经理的职位类型

研究表明，总经理的工作职位至少有 7 种常见的类型。

1. 职能型业务总经理职位

这种职位出现在职能完整的公司里，是“传统观念”中的统筹性总经理职位。它向整个董事会（或董事长）汇报并负责，而其下面有若干职能部门经理向他汇报并负责。

2. 多部门型业务总经理职位

这种职位出现在多部门公司里，是一种法人业务总经理职位。其他业务总经理及其他职能部门和机构的经理向他汇报并负责。这种类型与第一种类型的总经理最大的区别在于，这种多部门型业务总经理工作时通常不会像第一种总经理那样负责考虑企业各部门和自己的短期经营计划和内容。

3. 企业集团型总经理职位

这种总经理向上还要对一位总经理汇报并负责，而其下面又有数位业务总经理向他汇报并负责。这一工作职位与多部门型业务总经理相比具有较少的长期策略计划责任，较少的企业外部平行人际关系。

4. 分公司总经理职位

这种类型的总经理得向一位总经理汇报并负责。这一职位最重要的职责是负责该负责项目的利润盈亏情况。与企业集团型总经理职位相同，它也具有较少的长期策略计划责任，较少的企业外部平行人际关系，但具有较多的短期经营责任。

5. 子公司总经理职位

它多是向上汇报，具有较少的企业整体责任。比如，典型的子公司总经理会向一位企业集团型总经理汇报工作并负责，其无须担负其他与产品、售后服务、市场营销等部门有关的责任。子公司总经理在某种程度上得依靠企业（或企业集团）人事、法律、会计、公共关系及金融部门的帮助。这一总经理职位与上一类型相同。但是，它的企业内下属雇员较少，而具有较多的平行业务关系。

6. 产品与营销型总经理职位

几乎所有的营销人员都向他汇报和负责，这一工作职位也基本不承担有关长期策略规划的责任，但得负责协调与该产业（或数项产业）相关的生产人员和工作人员的关系。这种类型总经理的下级人员类型较少，而具有更多的平行业务关系。

7. 经营型总经理职位

这种总经理职位基本没有长期策略规划的责任，而主要负责短期生产经营活动，可能就是一家或数家工厂的经理，仅对计算的“利润”负部分责任。有一些人事、会计及其他机构向他汇报。几乎所有生产制造、销售与服务人员均由他负责。他也具有部分平行的业务关系——但不像产品与营销型总经理职位那样，其不必与平行的业务关系保持密切的联系。

当今，职能型业务总经理、分公司总经理、经营型总经理是上面7类总经理职位中最为广泛存在的。最不常见的职位类型则属多部门型业务总经理、企业集团型总经理了（据资料统计二者仅为总经理职位总数的1%）。例如，美国大概有不到1500个企业集团型总经理职位。但有一点要说明的是，在现代经济中总经理的类型不止以上所举，有的更少见或未能认知（诸如“区域性”总经理等）。

总经理的角色定位

一个高素质的总经理必须是思考力、判断力和实践能力都很强的多面手，如哈佛商学院在其《总经理学》教材里指出的：总经理必须是一个好的策划人、一个组织能手、一个协调人、一个管制人、一个分析人、一个推动人、一个设计人、一个意见沟通人，在许多情况下也必须是个老师、一个好学不倦的人、一个决策人。

一个总经理必须要清楚自己的角色定位，这直接关系到总经理的领导成效，如果搞不清楚自己的角色，就会把自己搞得神经兮兮，甚至影响员工们的情绪，让员工们不知所措。久而久之，在企业里面形成的习惯就是，领导吩咐怎么做就怎么做，做得少错的少，做得多错的多。员工没有积极性，没有创新。所以总经理应该把工作重点放在思考、判断、分析、规划、决策上，注重职务的正确定位及有效发挥，不能与员工抢工作，更不应该忘记自己的主要任务。

一个成功的总经理应该是一个很好的指导者和监督者，时时保持头脑的冷静，有清晰的思路，这样才能正确地判断与分析，正确迅速地作出决策，让员工们有正确的方向去执行。古人说“上梁不正下梁歪”“将帅无能累死三军”，如果总经理做得好，员工们也会轻松有效率。

总经理的工作职责

作为公司总经理，既要对公司负责，又要对员工负责，因此他所要履行的职责很多，主要是以下几个方面：

1. 生产经营方面

（1）执行董事会决议，主持全面工作，保证经营目标的实现，及时、足额地完成董事会下达的利润指标；

（2）审查批准年度计划内的经营、投资、改造、基建项目和流动资金贷款、使用、担保的可行性报告；

（3）组织实施经董事会批准的新上项目；

（4）抓好公司的生产、服务工作，配合各分公司搞好生产经营；

（5）领导制定公司的市场运营、发展战略及规划；

（6）领导制定公司年度计划、中长期发展计划等；

（7）定期主持召开公司质量分析会。

2. 管理方面

（1）从大方向抓公司的日常经营管理工作，在董事会委托权限内，以法人代表的身份代表公司签署有关协议、合同、合约和处理有关事宜；

（2）建立健全公司统一、高效的组织体系和人事体系。构建组织体制和人事编制，安排总经理助理，各职能部门和下属各分公司经理以及其他高级职员的任免、报酬、奖惩，决定派驻下设办事处和人员；

（3）根据生产经营需要，有权聘请专职或兼职法律、经营管理、技术等顾问，并决定报酬；

（4）决定对成绩显著的员工予以奖励、调资和晋级，对违纪员工的处分，直至辞退；

（5）领导公司建立各级组织机构，并按公司战略规划进行机构调整；

（6）领导公司制定各种规章制度，并深入贯彻实施；

（7）决定各职能部门主管的任免、报酬、奖惩。

3. 财务方面

（1）组织实施经董事会批准的公司年度工作计划和财务预算报告及利润分配、使用方案；

（2）批准公司的年度财务预算；

（3）健全财务管理，严格财经纪律，搞好增收节支和开源节流工作，保证现有资产的保值和增值。

4. 日常事务、活动方面

（1）代表公司参加重大的内外活动；

（2）审核以公司名义发布的各种文件；

（3）加强企业文化建设，搞好社会公共关系，树立公司良好的社会形象；

（4）定期主持召开员工座谈会，了解员工思想动向。

本书的结构

通过以上的分析会发现，总经理的工作内容和类型是极其复杂的，要针对总经理的工作需要撰写一本实操性的指南，就必须高屋建瓴地来形成框架，另辟蹊径地来梳理问题。

笔者根据自身从事管理工作的经验，以及长期在管理培训和管理咨询中了解到的情况，把总经理的工作划分为管人、管事、管利润这三个知识模块。

在管人这个知识模块中，首先分析总经理管人与人力资源部门工作的区别和联系；其次从用制度管人、用机制管人、用目标管人、用文化管人四个角度，阐述了总经理应如何建立四维人事平台，在此平台上的具体事务，交由人力资源部门和业务主管去具体处理；然后从向上管理、向下管理、向外管理和向内管理四个方向，阐述了总经理在处理与老板、董事会、核心员工、直接下属、客户关系、政府关系、个人生活时应秉持的原则和注意的问题。

在管事这个知识模块，首先分析总经理与各业务经理在处理事务上的工作区别和联系；其次通过对决策方法的介绍，区分了例常性问题和例外问题，告诉总经理如何把例外问题的决策权授予下级，并通过程序化决策的方法保证其行使权力的质量和一致性；由于总经理在授权之前应审批其处理事务的流程，甚至要主导流程的设计，因此本书为总经理示例了重要业务的流程纲要，可以为总经理起到点石成金的阅读效果；然后按照明茨伯格的管理者角色理论，教会总经理如何扮演好领导者、沟通者、指挥者、协调者和危机驾驭者的角色。

在管利润这个知识模块，首先分析了总经理与财务部门主管或者财务总监工作的区别和联系；其次从盈利意识、结果优先的角度阐述了总经理如何承担企业的盈利责任并将之贯彻到各项日常的工作中；然后专门阐述了节约费用和降低成本的问题，降本增效永远是管理的主题；再次介绍了总经理阅读财务报表的方法和从财务角度诊断管理问题的窍门，以及财务管控的具体措施；最后，综合性地讨论了总经理如何从财务的角度管人管事，这种从果到因的逆向思考法，将有效提高总经理观察问题、解决问题的能力。

相信这样一本别出心裁的著作，能够对拼搏在创业、经营第一线的总经理们，有着指点迷津的指导作用。

目录

上篇　总经理如何管人

下篇　总经理如何管利润

总经理
管人
管事
管利润

上篇

总经理如何管人

管人就是管理员工。

员工管理的问题，可以分解成一些具体的问题，例如：如何找到人、如何用好人、如何评价人、如何激励人、如何培养人、如何留住人、如何淘汰人等。

总经理在解决上述问题时，与人力资源部门的工作是有明确分工的，具体来说，总经理是员工管理的规则制定者，或者说总经理要主导员工管理规则的制定，而人力资源部门是这些规则的具体执行人，要为执行结果负责。

本书认为：①总经理要主导公司各项管理制度的制定，并负责最后的审批和颁布；②总经理要主导设计公司的各项用人机制，包括招聘机制、选拔机制、考核机制、晋升机制、薪酬机制、奖惩机制、淘汰机制等，先进的用人机制，是企业人才制胜的关键所在；③总经理要通过目标对公司进行管理，要把各级经营目标转化成为公司实现战略目标的手段，形成环环相扣的“手段—目的链”，打造出人对结果负责的战略目标系统；④总经理要培养全体员工的使命感和共同接受的价值观，即用企业文化管人，文化管人的好处是可以弥补硬性制度、目标所不能触及的管理罅隙地带。

本书还从总经理职位的现实需要出发，提出“四向管理”的概念。对上管好自己的老板及董事会，获得他们的支持并协助自己完成不可能完成的任务。对下管好自己的副手、助理、秘书等直接产生工作关系的人，尤其是管好各个业务岗位上的核心员工。对外管好客户关系、媒体关系、政府关系、竞争对手关系等外围关键人脉，为企业打造稳定健康的经营环境。对内要管理好自己，包括时间管理、情绪管理、压力排解、形象礼仪、学习进阶、平衡家庭生活等，这是很多人忽视的一点，实际上却是最为重要的方面。

第1章

用制度管人

管理专家刘光起先生曾说：“管理就是管出道理，道理就是规则规范。”这句话说出了“用制度管人”的真谛：把完成任务的方式方法转化成行为规则和处理规范，就是管理的正道和真理。

一个企业，假如缺乏明确的规章、制度和流程，那么工作中就很容易产生混乱，每个人都按照自己的理解、经验和习惯做事，既不能保证工作质量的统一性，又不能给客户和外界留下规范可靠的印象，而且人际的冲突和矛盾也因此密集产生。

有的总经理每天都忙于处理各种令他焦头烂额的事务，而这些事务又明明是相关业务部门职责范围内的工作。究其原因，常常是公司对此并没有明确的规定，结果众多部门彼此都在观望，结果原来的小问题就被拖成了大问题，最终给公司造成了极大浪费，也给总经理带来了不堪承受的巨大负担。更可怕的是，缺乏制度会使整个组织无法形成凝聚力，缺乏协调精神、团队意识，导致工作效率的低下。

因此，管理大师彼得·德鲁克说：“一个不重视公司制度建设的总经理，不可能是一个好的管理者。”

无印良品：90% 靠制度，10% 靠汇报

企业中的人，从基层员工到总裁，无一不是在解决各种问题。解决问题，

就需要有解决问题的方案。方案何来？来自于决策。

面对同一个问题，由于每个人的知识、经验、能力有所不同，决策的过程和给出的方案也大相径庭。所以，如果让公司的每个人在面对问题时，都按照自己的方式去解决和处理，就会千人千面，各不相同。

但是，不同的处理方式，其效果和效率是不一样的，有的处理方式不仅省钱省力省时，而且能产生各方面都满意的效果，而有的处理方式却可能给公司带来灾难性的后果。把效能低的处理方式淘汰掉，把效能高的方式选出来付诸实施，这才是合理的做法。

但哪一个处理方式的效能最高呢？基层员工是判断不出来的，即使他有了处理问题的方式，也会因为这种迷惑，而不得不向上级请示，上级还有可能向上级的上级请示，如此一来，因请示、汇报、答复、等待而浪费的时间，就可能让问题拖延得不到解决，或者错失了解决问题的最佳时机。

简言之，如何把人们自行解决问题的权力收回来？如何把效能最高的解决方案挑选出来？如何节省请示汇报的时间？这是一连串的三个问题。

解决这三个问题的方案，就是建立制度和规范，具体讲，是要建立三种类型的制度规范：

（1）程序型规范：一系列相关联的顺序步骤，没有灵活性。例如标准作业程序。

（2）规则型规范：告诉员工应该做什么，不应该做什么。例如招待客户的费用单次超出500元，应该事先向主管申请。这类规范赋予了员工根据规则自行判断的权力，具有较低的灵活性。

（3）政策型规范：指明员工思考问题的特定方向。例如，面对顾客投诉时，第一认为顾客是对的，第二如果顾客错了，请坚持第一条。这条规范，要求员工站在顾客的角度思考问题——“为什么我要投诉”。政策型规范赋予了员工较高的灵活性。

通过系统地建立以上三种类型的制度规范，就可以把公司日常运营面临的例常性问题，全部确定出效能最高的解决方式，员工在解决问题时以这些制度规范为依据，保证了决策的质量和标准，也不需要在请示和等待中浪费时间。

如果员工遇到了制度和规范中没有规定的“例外问题”，员工无权自行解决，而应向上级请示汇报。这一条也要作为制度规范的一部分确定下来。因为“遇到例外问题，怎么办？”正是一个例常问题，制度对此规定：向上级请示汇报。

由于例常问题占据了日常运营的绝大部分，而例外问题是极少的部分，因而通俗的说法就是“90% 靠制度，10% 靠汇报”。

MUJI 无印良品诞生于 1980 年，是一个日本杂货品牌，在日文中意为无品牌标志的好产品，产品类别以日常用品为主。产品注重纯朴、简洁、环保、以人为本等理念，在包装与产品设计上皆无品牌标志。产品类别从化妆品、文具、食品到家居用品等一应俱全。

一度的危机曾让无印良品在创业之初濒临破产，但这曾经的挫折却让其凤凰涅槃，发展为今天业务覆盖几十个国家、名列全球百大品牌的国际化企业。其成功靠的是什么，是制度。

无印良品制定的“指导手册”和“业务标准书”，把工作上会碰到的各种情况都“标准化”。无论是公司的经营、商品的开发、卖场的陈列，还是顾客接待，都有章可循。光是指导手册目前已累积到 2000 页。无印良品靠累积众人的工作技巧和智慧结晶，无论员工碰到任何问题，就算主管不在场，只要参阅指导手册，就能顺利解决问题，提高公司执行力。

企业管理制度的内涵和分类

现代企业的经营观念是无形的、思想形态的体系，它必须体现在经营管理的实践活动和具体操作上。否则，就只是一种抽象的意识、宽泛的议论，只说不做，就可能一事无成。而要做，并且要做好，把理念付诸实行，就要求有一套规范化、操作化的制度体系。

观念只有转变为制度，变为上至公司董事长、总经理，下至中层、基层管理人员乃至普通员工，都能够清晰而切实地感知要遵守的规定和约定，才能发挥指导、约束、规范现代企业及企业中每个群体与个人的行为，使之符合经营的基本要求，共同实现企业经营的目的和目标；才能使公司的经营行为摆脱因人事变迁，或领导人一时的想法变化而变动不定的随意性、短期性，为经营事业的持久发展提供保障。

可见，一般说来，现代企业管理制度可以视为有关约束和调整企业经营管理活动中，各种特定经营管理行为方式和关系的行为规则。这种规则可以是管理行为者在管理实践过程中逐步形成并一致认可的约定俗成的习惯，也可以是把这种约定俗成正式规定下来，见诸于文字的规章、条例等。从最广泛的意义上讲，经营理念，作为指导人们行为的规范，也是一种制度，只不过是一种无形的制度。

具体来讲，企业管理制度就是按照现代化生产经营管理的客观要求，用文字形式对企业生产、技术、经济等活动所制订的章程、条例规则、程序和办法的总称。它是企业全体职工共同遵守的行为规范的准则。

建立一套科学的管理制度，可以使企业管理人员有效地指挥和组织生产，使企业各个职能部门分工明确，职责清楚，相互协作，提高工作效率，实现企业管理目标。企业管理制度种类繁多，在不同类型和不同规模的企业可能各有不同。

现代企业管理制度林林总总，各具特色。通常，人们把它划分为以下三种类型：

（1）基本制度。它作为一种根本性制度，是其他制度的基础。其中最重要的是公司治理模式，如总经理负责制、董事会领导下的总经理负责制等。

（2）经济责任制度。它是对企业内部各级组织、各个部门和各类人员的工作范围、责任及拥有的权力所作的规定。其中核心的是对经济责任的规定，例如规定部门的单位人均毛利、岗位的出勤率、部门的生产合格率、销售额、生产定额、纯利润等。

（3）内部管理工作制度。它是按企业管理工作客观规律的要求，为各项工作的内容范围、前后流程、责任权力、工作程序、行为规范、处理规则等所作的规定。例如财务报销流程、人员招聘工作规范、公司请假制度、公司LOGO使用规范、客户投诉处理工作流程等，都属于内部管理工作制度，其特点是指导和约束员工的行为，保证各项事务处理的一致性、规范性与合理性。

制定规章制度的程序和原则

总经理是规章制度的制定者，要主导规章制度的拟定、颁布、修订和完善。这些工作，既是总经理权力的象征，也是总经理职责之所在。

制定管理制度的过程，是总经理同员工一起，反复进行调查研究的过程；是界定问题、总结本企业的经验、学习成功企业的先进经验、探索企业管理的新方法、提高管理水平的过程；同时也是群策群力广泛听取一线员工意见，并最终用于指导员工行为的过程，该过程也是发动员工进行管理改善、自我教育、参与管理、培育员工凝聚力和提高企业内在素质的机会。

制定规章制度应该遵循的基本程序是：

界定问题—调查研究—分析问题—根据问题解决方案起草制度—讨论制度—修改制度—起草人员会签—提交总经理或专门的委员会审定—制度试行—制度修订—全面推行。

该程序的科学性在于：

（1）不能制定不解决问题的制度。前四个步骤，要求制度的制定者必须紧紧围绕“问题”来形成制度的初稿。例如你要制定一个关于货款回收的制度，这时最忌讳的是照抄照搬其他企业的相关制度。因为其他企业货款回收的问题与本企业的问题不会完全相同，要想制度管用，就要从本企业面临的具体问题出发，分析问题，形成解决问题的方案，然后在此方案的基础上起草制度的初稿。

（2）广泛调研，深思熟虑。管理制度的制定，要经过充分调查，认真研究，才能起草。草稿形成以后，要发到有关职能部门的基层单位反复讨论，斟词酌句，慎密修改，并经过有关部门会签和领导审定，然后在小范围内试行检验。对试行中暴露出的问题和破绽，要认真进行修改。重要的规章制度，还要提交总经理或者董事会通过。

（3）不能朝令夕改，也不能一成不变。制度一经颁布后，就要产生“法律”般的效力，不能朝令夕改，要维护其相对的稳定性和权威性。但是制度在本质上是为了解决企业经营管理中的问题，如果问题的性质发生了改变，或者解决该问题有了更好的方法，那就要与时俱进地修改相关的规章制度，不能让规章制度成为一种僵硬的约束。

只有遵循上述基本程序，制定出的管理制度才能切合实际，具有权威性和合法性，才能顺利贯彻执行。

在制定规章制度时，还应注意以下原则：

（1）制度不是孤立的

任何规章制度都不是孤立存在的，它存在于企业管理机制中的规章制度系统框架之内。管理者在制定之前，应该考虑整个公司的规章制度的框架系统结构，然后再来设计具体事物的有关制度。做完这些之后还要将其试运行，经过一定时间的磨合和执行，在管理的力度、尺度等各方面互不矛盾了，再正式颁布实施。

（2）制度高于一切

有些管理者常常随口说出一些规定和制度，这样做既不严密，也不科学，而且极大地破坏了规章制度的权威性。一旦制度正式颁布，那就应该坚定地执行下去。如果对违反者采取不理会、不惩罚的态度，如果有章不循或者执行不严，那么，规章制度只能是一纸空文。

（3）制度的可行性

一方面，任何条文都必须是可以执行的，不能执行的条文和规定必须立即废止。因为它在实际情况中不能执行会破坏规章制度的权威性。另一方面，制度应该使每位员工在执行过程中体会到一种力度，即都要付出努力。例如，身体稍有不适，或家里有一般性的琐事，员工必须尽量要求自己坚持执行规章制度。

（4）制度应该具体

一个规章制度如果过于抽象、笼统，缺少具体的条文和实施细则，那么它将难以执行。一些制度常常被束之高阁的教训之一，正是因为许多制度是包罗万象的抽象性规定，尽管内容丰富，覆盖面广，精神主旨正确，但一接触许多具体问题时，则难以对号入座。例如，有的公司规定上班时间“要严肃”，这就过于抽象，不容易具体实施。现实基层工作是具体的，需要有一些具体的条例和实施细则。这就需要去完善，并明确规定由谁来监督执行，违反了制度由谁去惩罚，以及处理的具体程序。

（5）执行制度要公平

规章制度都具有“无例外原则”。有的员工违反而不受到惩罚，是对其他团队成员的不平等和不公正，也显示出制度本身的苍白无力和虚伪性。在规章制度面前应该人人平等。诸葛亮曾经说过：“我的心就像一杆秤，不为他人作轻重。不能做到公平二字，就无以取得人心。”所以，制度一经通过，管理者就必须带头遵守。为了维护制度的严肃性和公平性，就应该具有孔明上奏自贬三级的气度。能否做到制度面前人人平等，对管理者来说，是一大考验。尤其涉及亲朋好友时，更需要坚定地维护制度的公平性。

（6）制度的弹性原则

不存在任何一种规定可以精确地限定所有事物，所以规章制度的弹性原则是必要的。但是，这种弹性又是有限的，是积极的。制度的弹性不能过大，要明确制度上量的尺度和质的依据，使之容易具体操作，避免执行时的走样和变形，避免执行过程中的随意性。但制度的弹性也不能过小，那样会造成制度过于死板和苛刻。我们把握好这一原则，不是留一手，而是多准备一手，是为了提高效率，增加解决问题的可能性。

案例学习：《华为基本法》诞生记

总部设在深圳的华为公司，在通信设备领域超越了美国思科等国际巨头，成为少见的世界领先级中国高科技企业。本文将把读者带回到大约20年前，回顾一下华为公司当初是怎样制定企业的规章制度的。

1.《基本法》呼之欲出

1995年，是成立仅7年的华为公司发生战略转折的一年。伴随着C&C08万门局用数字交换机在技术和市场上的重大突破，公司呈现出大发展的势头，从而使得组织建设、管理制度化建设以及文化建设提到日程上来。但组织、管理、文化如何建设？它的纲在哪里？这个问题的迫切性已显露出来。

（1）从1995年9月起，华为公司发起了“华为兴亡，我的责任”的企业文化大讨论，华为在创业过程中形成了很有特色的文化，为各界所称道，但真要讨论起文化，则发现有关文化的问题很多都没有澄清，到底企业文化是什么，它有什么用，谁也说不清。

（2）1996年，华为开始了在全公司范围内大规模推进ISO—9001标准，使公司的业务流程规范化，全面提高公司的运作效率和顾客满意度，但在重整后的业务流程体系中，各个部门和岗位的职责和权限如何定位？一切按流程操作会不会导致组织僵化？

（3）为适应公司大发展的需求，华为在1995年成立了工资改革小组，开始重新设计公司的工资分配方案。设计小组碰到的难题：工资确定的依据是什么？依据绩效，还是职位，还是能力？要不要考虑资历？

（4）1996年1月，每年一度的市场部主管整训活动中，迎接1996年和1997年两年市场的大决战，市场部全体正职干部集体辞职，愿意接受公司的挑选，表现出高昂的士气和开阔的胸襟，但也带出了一些公司发展中的根本性问题，干部不适应企业发展怎么办？有功的老员工落后了怎么办？怎么使优秀新员工脱颖而出？怎么使干部能上能下制度化？

显然，迫切需要一个纲领性文件，来指导公司组织建设、管理制度化建设和文化建设。

2. 专家助阵，《基本法》初露端倪

华为总裁任正非顺应形势发展，在1996年初提出起草华为公司《基本法》。这个艰巨的任务首先落在当时总裁办公室主任陈小东肩上。按总裁办公室工作的习惯思路，陈小东认为，把华为公司这些年来发布的内部管理条例和制度加以汇总，重新分类，终止过时的制度，补充缺少的制度，形成体系，这大概就是《基本法》吧。两个月后，当精心整理出来的华为公司管理制度汇编交给任正非审阅时，任正非批评陈小东思路不对，他要的是指导华为公司发展的管理大纲。正在此时，新的第28期《华为人报》登载了公司顾问、中国人民大学吴春波博士的一篇文章《由鞍钢宪法所想到的》，文中指出《华为基本法》不仅应容纳文化和技术政策，组织建立原则、人力资源管理与开发，以及基本的管理模式与管理制度，还应对基本业务流程和员工守则作出原则性规定。这为《基本法》确定了主要的内容。

1996年3月，《基本法》起草小组成立，由中国人民大学工商管理学院黄卫伟教授和包政教授执笔。起草小组一成立，就通过传真，与华为公司领导就基本法的写作宗旨和框架频繁地交换意见。初步明确了《基本法》的定位:《基本法》是华为公司的价值观体系和管理政策系统。管理政策是企业管理当局以及各部门和各级主管的决策指南和行为准则，是调整企业内外重大关系和矛盾的准则，是对企业全部价值的权威性分配，是对企业文化隐含假设的明确阐述。同时又确定了《基本法》的三个主要目的:

（1）将华为公司企业家的意志、直觉、创新精神和敏锐的思想转化为成文的公司宗旨和政策，使之能够明确地、系统地传递给职业管理层，使职业管理层规范化地运作。

（2）阐述华为公司处理管理的基本矛盾、企业内外重大关系的原则和优先秩序，建立调整公司内部关系和矛盾的心理契约。

（3）指导公司的组织建设、业务流程建设和管理的制度化建设，实现系统化管理，推动管理达到国际标准，并使华为公司管理体系具有可移植性。

3. 借助外脑，《基本法》制定工作在摸索中前进

在企业中制定《基本法》在中国还是比较新的事物，很少有适合中国实际的经验可借鉴。为了使《基本法》真正体现华为现在和未来的完美契合，起草小组开始在华为公司展开深入的调研和访谈，并逐步使《基本法》清晰起来。

（1）收集华为公司的资料。华为公司的资料之全令专家们惊讶，有任总的历次讲话记录、华为公司的管理制度、总共29期的《华为人报》、一本厚厚的《华为文摘》，还有企业文化讨论小组的讨论记录。这些资料真实地记录了华为自身成长的经历。

（2）在专家们与华为公司最高层的交流中，专门确定了《基本法》的一个思考框架。特别有一次专家们和任总、孙亚芳副总裁在北京新世纪饭店咖啡厅长谈到次日凌晨，双方互相交流，互相启发，使双方都获益匪浅。《基本法》整个思考框架也出来了，为随后更深入、更广泛的高层访谈提供了焦点。

（3）基本命题的确立。在连续的高层访谈中，专家们不断思考和讨论这样一个问题：《基本法》应确定哪些命题？现在谈到了必须作出系统性回答的时候，经过长时间摸索和探讨，终于取得相当大的成果：①追求是《基本法》的首要命题，那靠什么实现远大追求呢？靠人才，华为明确提出"我们强调人力资本增值的目标优于财务资本增值目标"；②确立技术创新命题，强调华为公司在独立自主的基础上开放合作地发展拥有自主知识产权的领先核心技术，用卓越的产品自立于世界通信列强之林的决心和宗旨是非常重要；③"知本主义"，华为公司活力的源泉是什么？通过高层访谈和与华为公司员工的交流，专家们认识到：华为的活力，在于公正的价值评价体系和价值分配制度，特别是在华为公司的价值分配体系中，最核心，也最有激励和凝聚力作用的是内部员工持股制度，这种制度给予创造价值的各种要素以合理的地位和优先次序。起草小组在撰写《基本法》"价值分配"时已意识到需要根据华为公司的实践，对公司价值创造问题有全新的阐述，并据此提出"知本主义"的全新概念，使华为公司的价值分配理念得到更准确的体现。

4.《基本法》是集体智慧的结晶

《基本法》不仅凝聚了专家们的心血，也是华为员工集体智慧的结晶。《基本法》第一稿就集中了华为公司高层领导的许多重要观点。从《基本法》第一稿发布起，华为的干部员工就以极大的热情投入到讨论中，他们对《基本法》的结构、命题、表述、用语，直到标点符号，提出了各种意见和建议，有些批评意见很尖锐，但更多的建设性意见认为，《基本法》第一稿内容是有了，但感觉没出来。《基本法》的第二讨论稿充分地吸取了员工的意见，并在每一条前增加了主题词，提炼了主题句。并对第二讨论稿的修改意见集中了一些关键的提法，如对价值创造要素的修正，就是在充分讨论的基础上作出的。《基本法》第四稿刊登在 1996 年 12 月 26 日出版的《华为人报》第 45 期上，许多职工在假期中将它带在身边，大年三十晚上，吃完大年夜饺子，读给全家人听。经过 1997 年又一年的讨论，《基本法》改到第八稿，在即将交付审定会讨论之前，华为公司二级部门经理以上的干部，每个人都认真地写下了自己最后的意见和建议，《基本法》才最终定下来。

《基本法》的横空出世，首先是建立在华为公司卓越的理念和实践上。没有华为公司的实践，也就没有华为的《基本法》，中国人民大学的专家也将巧妇难为无米之炊。同时，华为公司借助外脑完成了公司发展的战略性规划，《基本法》可以说是华为公司的二次创业，实现飞跃的一个里程碑，《华为公司基本法》将指导华为公司向争创世界一流的目标继续前进。

要求下级做到的事，自己必须首先做到

作为企业的领导者，倘若不能自律，就无法以德服人、以理喻人。所以好的管理者懂得：要求下级和员工做到的事，自己必须首先做到。

柳传志从来都是把服从规章制度作为自己必须做到的事。这样我们就不难明白，为什么联想在柳传志的带领下，由一个只有 20 万元的企业发展为今天

市值上百亿元的大企业，成为中国电子工业的龙头老大，而柳传志也成为一个具有崇高威望的企业领导人。这一切与他的以身作则和高尚的品格是分不开的。

柳传志在很多场合说过："企业做什么事，就怕含含糊糊，制度定了却不严格执行，最害人！""在某些人的眼里。开会迟到看起来是再小不过的事情，但是，在联想，却是不可原谅的事情。联想的开会迟到罚站制度，20 年来，没有一个人例外。"

业务员小张被公司派往联想集团工作一段时间。第一天，刚进公司的时候，一位部门经理接待了她。寒暄之后，他郑重地告诉小张："你虽然是公司之外的人，但你既然来到本公司，在你工作的这段时间里，一切就按联想公司的人员看待，因此也希望你遵守一切公司的规定。"

小张说："那是自然，入乡随俗。这样大的公司，没有制度怎么管理得好？"

部门经理介绍了一些规定之后，最后提醒小张："联想成立以来，有开会迟到罚站的制度，希望你注意。"他的语气很严肃，但小张却没有太在意。

一天下午，集团办公室通知所有中层干部开会，也包括小张这些驻外业务代表。小张临时接了个电话，忘了时间。等小张想起来时，已经迟到了 3 分钟。她刚走进会场，就发现大家出奇地安静，这让她有点不自在。后来看见会场后面有个座位，她打算轻手轻脚地进去，以免打扰大家。

"请留步，按规定你要罚站 1 分钟，就在原地站着吧！"会议主持人站在会议台上，向她认真地说道，小张的脸顿时一片潮红，只好原地站着。总算是熬过了世上最难熬的 1 分钟，会议主持人说："时间到了，请回到座位上去。"接着大家继续开会，就像什么也没发生似的，而小张如坐针毡。

会后，部门经理找到她："小姑娘，罚站的滋味不好受吧！其实你也别太在意了，以后注意就行了，我也罚站过，柳总也曾经罚站过。""老总也罚站啊？"她有点惊讶。"自从联想创建后十多年来无一人例外地遵守了这个规定。有一次电梯出了故障，柳总被关在里面，那时手机还不流行，没有人知道他被困在电梯里，他叫了很长时间才有人把他弄出来，他也只好认罚。‘开会迟到罚站一分钟’也算是联想一种独有的企业文化吧。”部门经理对她说。

柳传志认为，立下的制度是要遵守的。没有规矩，无以成方圆。所以，所有的企业组织，就都会有自己的制度，有制度可依，同时还应有制度必依。制度不是定来给人看的，而是定来遵守的。无论是谁，只要是这个企业组织的成员，就应该受这个制度的约束，这样才能发挥制度的作用。

要想让员工遵守制度，管理者首先要管好自己，为员工们树立一个良好的榜样。言教再多也不如身教有效。行为有时比语言更重要，领导的力量，往往不是由语言而是由行为动作体现出来的，老板的表率作用尤其重要。

柳传志有一句很有名的话：做人要正！柳传志是这么说的，也是这么做的。在联想的“天条”里，就有一条是“不能有亲有疏”，即领导的子女不能进公司。

柳传志的儿子柳林毕业于北京邮电大学计算机系，后在美国哥伦比亚大学攻读了硕士学位，在联想投资公司实习了半年。在联想，高管子女禁止进公司是一条铁律，柳传志不让他到公司来。

因为他担心，员工的子女们进了公司，再互相结婚，互相结合起来，将来想管也管不了。现在柳林自己单干做投资业务。女儿柳青，毕业于北京大学计算机系，在哈佛大学拿到了硕士学位，现在香港工作。也跟联想没有关系。

著名管理学家亨利·艾伯斯说，上级领导的职责是把下级的行为纳入一个轨道，有利于实现组织目标。但亨利·艾伯斯没有告诉我们，如何把下级的行为纳入轨道。上面有关柳传志的故事回答了这个问题，它包含两个步骤：制定统一规范的制度，并强有力地执行它。

如果员工表现优秀并作出贡献，联想对他们有提高奖金、提升职务职称、提供出国学习工作等方式的奖励，而对犯错误或违反制度的员工给予批评、扣发奖金、退交人事部甚至开除等处罚。由于公司的正气引导和纪律约束，锻炼和造就了一支纪律严明、团结协作、朝气蓬勃的联想员工队伍。

第2章

用机制管人

机制，原指机器的构造和工作原理。生物学和医学通过类比借用此词，指生物肌体结构组成部分的相互关系，以及其间发生的各种变化过程的物理、化学性质和相互关系。泛指一个工作系统的组织或部分之间相互作用的过程和方式，并在经济学、政治学、社会学等中广泛应用。

在任何一个系统中，机制都起着基础性的、根本的作用。在理想状态下，有了良好的机制，甚至可以使一个社会系统接近于一个自适应系统——在外部条件发生不确定变化时，能自动地迅速作出反应，调整原定的策略和措施，实现优化目标。

在企业管理中，总经理要把各项业务的具体处置权授予下级，但是业务处置的机制却应亲自予以建立，这就是常说的“抓大放小”的内在含义。本章将从招聘、培训、考核、薪酬等角度，介绍一些先进的理念和成功的方法，帮助总经理从本企业的工作实际出发，形成高效的员工管理机制。

人才招聘机制

有一种说法，认为总经理应该至少拿出20%的时间和精力，用于为公司网罗最优秀的人才。这种说法在乔布斯身上得到了验证。

乔布斯说，他花了半辈子时间才充分意识到人才的价值。他在一次讲话中说：“我过去常常认为一位出色的人才能顶两名平庸的员工，现在我认为能顶 50 名。”由于苹果公司需要有创意的人才，所以乔布斯说，他大约把四分之一的时间用于招募人才。高级管理人员往往能更有效地向人才介绍本公司的远景目标。而对于新成立的富有活力的公司来说，其创建者通常在挑选职员时十分仔细，老板亲临招聘现场，则可使求职者以最快速度了解与适应公司的文化氛围和环境。

事实上，繁重的公司经营事务，并不允许总经理在招聘人才上留出足够多的时间，因此，要把科学合理的招聘观念和原则转达给具体的招聘负责人，并形成招聘机制予以贯彻执行，这才是长期有效的方法。

1. 以适用为原则

早在 20 世纪 50 年代，松下幸之助就认识到，公司应招聘适用的人才，程度过高，不见得就合用。松下指出：各公司的情况有所不同，老实说，人员的录用，以适用公司的程度就好，程度过高，不见得一定有用，“适用”这两个字是很要紧的。

20 世纪 60 年代，盛田昭夫的《让学历见鬼去吧》可谓一鸣惊人。因为，当时的日本还沉浸在一种过于重视文凭的氛围中，盛田昭夫的这一创新使得索尼人才济济。

索尼公司不仅拥有众多的科技人才，同时，还特别重视选拔和配备具有高度创新精神的经理班子。在选拔高级领导人员这个问题上，索尼从不录用那些仅仅能胜任某一个具体职位的人，而是乐于起用那些拥有多种不同经历、喜欢标新立异的实干家。索尼公司也从不把人固定在一个岗位上，而是让他们不断地合理流动，为他们能够最大限度地发挥个人的聪明才智提供机会。在这样的环境中，索尼公司的员工特别乐于承担那些具有挑战性的工作，人人积极进取，人人奋勇争先，整个企业始终充满了生机和活力。几十年来的辉煌历程清晰地表明，索尼之所以取得巨大成功，正是源于索尼的用人原则。

2. 能力比知识更重要

必须认识到，知识分子常陷于自己知识的格局内，以至于无法成大功立大业。

汽车大王亨利·福特曾经说过这么一句话："越好的技术人员，越不敢活用知识。"福特是在企业经营上屡次发明增产方法的人。他为了增产的事和他的技术人员研商时，他的技师往往会说："董事长，那太难了，没有办法的，从理论上着眼，也是行不通的。"

技术越好的人，越有这种消极的个性。这经常令福特大伤脑筋。

在面对一个工作时，一个人如果对有关知识了解不深，他会说："做做看。"于是着手埋头苦干，拼命地下工夫，结果往往能完成相当困难的工作。但是有知识的人，常会一开头就说："这是困难的，看起来无法做。"这实在是画地自限，且不能自拔的现象。

今天的年轻人，很多受过高等教育，所以有相当的学问和知识。由于现代社会的变迁，分工很细，新知识、新技术层出不穷，年轻人在学校中所学的知识、技能远远满足不了实际工作的需要，这就要求在平时的实践中不断积累经验和新知识，掌握新技能。尤其是刚从学校毕业的年轻人，最容易被知识所限制，所以要十分留心这一点，尽可能将所学知识充分发挥出来。

在实际工作中常常可以发现，一些工程技术人员虽然学历不高，却往往具有较深的专业知识和较强的实际工作能力，相反，一些高学历人员，虽然各方面都表现不错，却没有突出的特点，与他们谈话留下的印象不深。一个人实际工作能力的高低，并不能单从学历或应聘时获得的笔试、面试成绩，就可以看得出来的。具有了实际工作经验，也不见得能力就强，创造性就高。20世纪90年代初，日本在人员招聘中提出要注重实际能力，特别是选拔事业开发型人才时主要看他的综合基础能力，就像挑选运动员苗子一样，关键看他是不是一块好材料，有没有发展潜力。所以，高学历不等于高能力。在招聘过程中更应注重高能力的人才。

3. 范围太小，选不出好人才

管理学领域有一条重要的格言："当看上去只有一条路可走时，这条路往往是错误的。"

1631年，英国剑桥商人霍布森从事贩马生意，他大肆宣称："你们买我的马、租我的马，随你们的便，价格都便宜。”然而，虽然霍布森拥有很大的马圈，里面满是肥美的马匹，但他只是在马圈出口处开了一个小门，买马人的选择权只局限在从小门出去的马。因此，买马人左挑右选，他们自以为自己完成了满意的选择，其实所选的只是一些瘦马、小马，这些买主沦为低级决策结果的牺牲品，其实质是小选择、假选择、形式主义的选择。后来，管理学家西蒙把这种没有选择余地的所谓“选择”讥讽为“霍布森选择”。

管理者在选拔人才时，如果陷入霍布森选择效应的困境，只是拘泥在一个狭小的范围内进行遴选，那么，即使左右权衡后做出了选择，但相对于职位的匹配性和胜任性，也不过是“矮子里拔将军”，所选出的人才并不是最合适的人，选择的局限性使管理者与真正的人才失之交臂，难以实现人才的优化配置。

对于企业的人才战略而言，为了避免霍布森选择效应所导致的人才非最优化，管理者最好不要仓促招聘，不要由于某一个职位出现了暂时的空置，便急急忙忙地寻求一个人物来补缺职位。因为，如果招聘的过程过于急迫，管理者便会不自觉地降低选择的标准，使管理者忽略应聘者的负面因素，导致管理者无形间犯了本末倒置的错误：单纯为了招聘而招聘，而不是为了所需要完成的工作而进行人才选择。

4. 在人事决策上花时间是值得的

雷吉·琼斯是杰克·韦尔奇的前任，通用电气公司的董事长，他整整花了7年时间考察韦尔奇。任用韦尔奇做总经理，是通用历史上最成功的决策。

1974年，琼斯担任通用公司的董事长才3年，但他已经着手挑选自己的继承人。这个时候他57岁，离65岁退休还有8年时间。琼斯认为，他要找一位管理风格与自己风格不一样的继承人。他认为，公司需要变革，继承人就一定要与前任不同，要是继承人只是前任的复制品，那么公司就谈不上发展。

一开始，琼斯的脑子里并没有一个合适的人选。于是，他要求人事部门给他准备一份候选人名单。但他的要求被拒绝了，人事部门认为这至少也应该是10年之后的事情。但是在琼斯的强烈要求下，人事部门提供了一份有96

名候选人的名单。这时，琼斯发现名单上少了一个应该有的人，那就是负责塑料企业的杰克·韦尔奇。

人事部门却认为韦尔奇年轻气盛，好闹独立、太嫩了。在这种情况下，琼斯只得以命令的方式把韦尔奇加入候选人的圈子。经过各种考虑，候选人最后减少到了11位，韦尔奇就在其中。经过3年的考察，琼斯已经了解各位候选人。为了进一步了解候选人相互之间的印象，琼斯实施了他的“机舱面试”。

1978年元旦后，他把候选人一个个请进办公室。从谈话中了解有关候选人合作的可能性和对其他候选人的想法。每当候选人走进他的办公室时，琼斯都会把门关好，然后点上烟斗，并示意交谈者放松。然后开始说出一个程序般的问题：“如果，你和我现在乘着公司的飞机旅行，这架飞机坠毁了。谁该继任通用公司的董事长？”

韦尔奇怀着忐忑不安的心情被召去接受“机舱面试”。根据要求，韦尔奇写下了3个董事长的候选人姓名，其中包括了后来成为他董事会合作者的胡德、伯林盖姆和他本人。

“谁最有资格？”琼斯问。

韦尔奇想都没想，说：“这还用问吗？当然是我了。”

他忘了，这个时候，他已经和琼斯在旅行中“坠机遇难”了。这次谈话使琼斯对韦尔奇更加欣赏了。

3个月后，琼斯把候选人压缩到8个人，并再次请他们进行第二轮的“机舱面试”。当然，问题作了改变。

“这次，我们两个还是乘同一架飞机，但是，飞机坠毁后，我死了，而你却很幸运地活了下来，你说，谁该来做公司的董事长？”琼斯要求列出3名候选人。

这次，最令琼斯高兴的是，他最中意的三位候选人：韦尔奇、胡德和伯林盖姆，各自在3名董事长候选人的名单中包含了另外两位。最后，他把继承人确定为杰克·韦尔奇。

为了让董事会认可韦尔奇，他让韦尔奇、胡德和伯林盖姆都进入了董事会。

经过一段时间的考察，1980 年 11 月，琼斯让人事部门提交了包括聪明才智、吃苦耐劳、自我管理、同情心在内的 15 项测评结果，韦尔奇的分数位居第一。这时，不仅琼斯，通用公司的其他 19 名董事都同意推举韦尔奇为下一任通用董事长。

雷吉·琼斯花了 7 年时间选拔他的继承人，其重视选人和用人的精神着实让人敬佩。

管理大师德鲁克说："经理们在管理下属和做人事决定方面比其他任何工作所花费的时间都要多——他们理应如此。没有任何一项决策像人事决定那样影响深远并且难以更改。尽管如此，总的来说经理们所做的提升和任用决定都令人难以恭维。统算起来，他们成功的记录不会超过 0.333，即 1/3 的决策是成功的，1/3 勉强合格，另外 1/3 则是彻头彻底的失败。"这段话是他总结多半个世纪的管理和咨询经验后所做的判断。由此可见人事决策之困难。

卓有成效的管理者做人事决策时，要记住"快速的决策多为错误的决策"，正确的决策应该有一个斟酌的过程。在人事决策中应注意以下几个问题：

（1）认真考虑招募岗位的关键工作任务；

（2）注意候选人的数目；

（3）用什么标准衡量候选人；

（4）为什么选中的人表现不佳。

5. 内部招聘与外部招聘相结合

内部招聘对于企业的管理职位而言是最重要的来源。在美国进行的一项抽样调查中，有 90% 的管理职位是由内部招聘来填补的。这种情况在规模较大、培训机制健全的企业中更为明显。像 IBM、Intel 及日本大多数大企业财团除了招收刚刚毕业的学生外，一般不再使用外部招聘的方式，职位的空缺全部由内部选拔产生。

内部招聘有激励员工、节省费用、节约时间、安全可靠等优点，但是也有选择范围太小、近亲繁殖、培训费用大等缺点。

企业员工的外部招聘一般来说有着这样几种方式：校园招聘、网络招聘、会议招聘、发布招聘广告、与猎头公司合作等。

外部招聘的优点包括可选范围大、能给公司带来新的资源等，但是也有费时费力费钱、招聘失败等缺点。

由于内外招聘各有优缺点，所以大多数企业都实行内外招聘并举的方针。具体来说，如果一个企业的外部环境和竞争情况变化非常迅速，而它的规模又比较小，则它既需要开发利用内部人力资源，又更要侧重外部人力资源。而对于那些外部环境变化缓慢、规模较大的企业来说，从内部进行提拔则更为有利。

6. 员工推荐制度

根据一家管理咨询公司的调查，中国有 40% 的中小企业管理者说他们曾使用过某种类型的员工推荐制度，而且企业中有 15% 的员工都是通过已有的员工直接介绍而被企业雇用的。

这种制度得到广泛的应用，这是因为该制度具有以下优势。

企业员工在推荐候选人时，他们对企业的要求和候选人的条件都有了一定的了解，会先在心目中进行一次筛选。当他们确信在被推荐和职位空缺之间存在一种相互匹配性时，才会将此人推荐到空缺的岗位上去；

企业员工能够将自己的亲戚朋友推荐到公司，本身就说明了他们对公司现有状况的满意和对公司的忠诚感；

被推荐者通过推荐者的介绍可以对企业有一个比较现实的基本了解，从而在一定程度上减少与企业环境和企业文化的磨合时间；

作为推荐者的员工，通常会认为被推荐者素质与他们自己有关，只有在他们认为被推荐者不会给他带来不好的影响时，才会主动推荐他人；

根据心理学家的分析，这种制度对挽留企业员工、降低离职率有很大的帮助。这是因为，个人可能很容易脱离自己的组织或企业，但很难脱离自己的社会关系网，在中国文化中更是如此。通过这种制度进入企业的员工总会在某种程度上碍于与推荐人的关系而对离职有所顾忌。同时，推荐人对他的说服和劝导也会起到相同的作用；

这种制度由于有企业内部人员推荐保证，可以从一定程度上从推荐人的品质、能力上推算被推荐人的水平。因此可以省略过多的测试程序，从而更快的填补岗位的空缺，体现出更强的流动性和灵活性，一般更适用于IT业技术人员的招聘。

“通过推荐招聘的人我们通常能够知道员工大概的情况。例如我们现有的员工很有可能是从竞争对手那里过来的，所以推荐的人也有可能有这个行业的经历。或者一些从比较好的大学毕业的学生，他们在北电工作的同学可以给他们推荐，这样来的员工基本素质比较接近。”北电网络公司总裁罗世杰非常认可这种内部推荐方式，并且建立了一种内部推荐奖金制度，员工推荐来的人如果被北电网络录用，北电将会给这位员工一定金额的奖励。

另外，还应当对作过推荐的员工进行记录。如果其推荐的人员非常出色，则应当予以奖励，并考虑在职位再出现空缺时优先考虑他的推荐；如果某个员工的推荐总不理想，则自然不应再考虑他的推荐意见。

员工推荐制度也存在许多缺点。因为员工一般都是推荐自己的亲戚朋友，所以一旦被组织拒绝，则有可能会对组织产生不满；而一个人引荐的人过多，特别是管理类的企业员工过多，则容易形成帮派或小团体，影响组织的健康发展。所以在员工推荐的“度”上一定要把握好，而且对于一个人推荐的员工尽量不要将他们安排在相同或联系密切的部门中。

员工培训机制

现代社会已经进入了后工业时代，知识经济、信息经济的提法也越来越得到各方面的承认。培训是这种急剧变化的基石之一，培训通常被看成是传播具体知识以取得胜任一定任务的能力。通过培训，可以增强员工的人际交往技能，增强专业技能，可以使新员工迅速适应现实的工作，缩短适应期。但是在现代，对员工进行培训只能在几年内缩短技能差距，一旦对员工的培训计划有所忽视，员工很有可能迅速得落伍。在正确采取行动并进行计划时，各行各业都认识到培训的好处是至关紧要的。

1. 员工培训为实现组织目标服务

从培训开发和组织目标的关系看，培训过程首先应当有利于组织目标的实现。培训不是一种时尚，为培训而培训是不会收到良好效果的，必须从组织的功能着手，找出对员工进行培训的具体目标。如果一种培训活动不能对组织目标产生积极的影响，就没有理由开展培训活动。必须考虑的另一问题是，对员工的培训和开发，必须是实现组织目标的有效途径。与可以帮助实现组织目标的其他方法和途径相比，要考虑培训是不是成本最小，或者障碍最小的方式。再者，既然要求培训支持组织目标的实现，那么培训活动应该从什么角度帮助实现组织目标？帮助的程度究竟有多大？这也是必须认真分析和解决的问题。因此，当组织实施一项培训计划的时候，必须详尽准确地分析培训所耗费的成本，所能取得的收益。这会纠正实际培训工作的偏差，使组织的培训活动有效地促进组织目标的实现。

2. 员工培训和开发活动是员工职业发展的推动器

现代人力资源管理认为，员工作为组织成员，不但要成为实际组织目标而努力，同时也会努力使自己的人力价值增加，使自己的职业能力增加，把自己推向更高的职业发展阶段。为此，必须有一种可行的心理契约，即个人对组织的期望与组织对个人期望的承诺之间，需要一种心理契约，这是组织凝聚力赖以形成的基础。培训和开发活动强化了这种心理契约；真正有效的员工培训活动不仅能够促使组织目标实现，而且能够提高员工的职业能力，拓展他们的发展空间。因此，培训和开发活动是员工职业发展的推动器。

3. 培训是一种管理工具

不论何时何地，都应当把培训看成是一种管理手段，而且是一种有效的管理手段，因为它不是在消极地约束人的行为，而是在积极地引导人的行为。世界各地的企业，每年培训开发活动的经费数以百万计，对这些巨额支出的效果，必须依据能否促进组织所需要的工作行为，这个人的工作行为又由这个人在具体工作情境下所选定的行为目标决定。管理者期望通过培训和开发活动促进组织目标的实现，这一过程必须通过影响员工在特定工作情景下的行为选择完成。如果说接受培训之后的员工工作绩效有所提高，那总是通过行为目标和方式的改进实现的。把职工培训看成是一种管理工具，也就是要通过培训员工塑造员工的合理行为。

4. 员工培训和开发是一种重要的投资方式

与传统的人事管理不同，现代人力资源管理把员工视为一种资源。许多高科技公司没有巨额的物质财富，但拥有具有先进科技开发能力和娴熟管理技巧的员工。这是公司赖以生存发展的最宝贵的资源。这种公司的发展壮大是难以阻挡的。微软等企业的成长已证明了这一点。企业的培训和开发活动，在增加受培训者人力价值的同时，也使企业所拥有的人力资本在增加。在知识经济时代的信息社会里，企业资产的增加不仅意味着物质资产规模的扩大，更重要的是资本增值能力的提高，以及对物质资本吸引力的增加。而这些，离开人力资源都办不到。许多著名的跨国企业之所以舍得对员工培训进行大规模的投资，正是因为意识到了这一点。在未来的企业竞争中，对人力资本的投资包括员工培训投资，这是更有潜力、更有收益的投资方式，是保持竞争优势和提高竞争地位的重要手段。

5. 员工培训的内容

员工培训的完整内容是通过各种引导或影响，从知识、技能、态度等方面改进职工的行为方式，以达到期望的行为标准。

一个公司的员工培训工作，应包括三方面的内容：

（1）知识培训。通过这方面培训，应该是员工具备完成本职工工作所必需的知识，包括基本知识和专业知识。还应让员工了解公司的基本境况，如公司的发展战略、目标、经营状况、规章制度等，使员工能较好地参与公司活动。

（2）技能培训。通过这方面培训，应该是员工掌握完成本职工作所必备的技能，包括一般技能和特殊技能，如业务操作技能、人际关系技能等，并培养开发员工这方面的潜力。

（3）态度培训。员工的工作态度对员工士气及公司影响甚大。通过这方面的培训，应该树立起公司与员工之间的相互信任，培养员工的团队精神，培养员工应具备的价值观，增强其作为公司一员的归属感和荣誉感。

6. 培训内容的具体分类

知识、技能、态度，是培训员工工作的三大内容。每一个方面的内容，又可以进行具体划分。其中关于技能内容的划分，对培训工作有直接的指导作用。

（1）最高层管理人员技能培训。培训内容主要是领导艺术培训，包括如何知道下属就职，如何完成特殊委派等；同时，也培养最高层的管理技能，如转变管理体制和制定战略决策的方法等。

（2）经理技能培训。培训内容包括决策计划技能和交流协作技能；时间管理、项目管理、辅导员工、制定工作目标和指导下属等。

（3）主管技能培训。培训内容包括基本人际交流技能、执行政策、辅导雇员、时间管理等。

（4）职业技能培训。培训内容广泛，如各科专业技术培训、处理紧急情况的技能培训、计算机技能等专项技能（如财务、采购、工程）培训等。

（5）营销技能培训。现代企业注重营销工作，因而营销技能培训受到普遍重视。其内容包括培训销售人员、介绍新产品、提高销售营销经理的规划能力和市场调查能力等。

（6）安全和健康培训。在保护劳动成本的同时，确保工作场所的安全和人员健康，内容越来越多地涉及如何处理工作压力和建立健康的工作生活方式。

（7）新员工上岗技能培训。是为确保新员工有一个良好开端而进行的工作技能培训。设计的内容可以小到工作场所和操作方式的基本介绍，达到介绍公司文化的方方面面。

7. 培训的方式

员工培训作为一种特殊的学习活动，有着特定的规律，掌握这些规律，对于提高培训活动的效率具有重要意义。从总体上看，在员工培训工作中，应该注重如下几个方面。

（1）明确目标。人们的行为目标规范着他的行为方式。一般说来，高标准的目标总是比低标准的目标更容易导致高水平的绩效。因此，培训者的一个重要任务，是使受训者认同培训项目的目标。在实际操作中，有一些问题尤其需要注意。首先，从培训开始起，就要注意在每个关键时刻向被培训者传达学习的目标，建立起一种目标导向的学习模式；其次，在设计目标时要注意难度，一方面需要受训者花费气力方能达到，另一方面也不要过难，是受训者无法达到。这样的培训项目采集有挑战性，又不致使受训者产生挫折感，影响员工的学习信心。为此，常常需要讲整体目标分解为个各自目标，通过小测试或样本工作任务的事实，使员工不断保持成就感。

（2）行为示范。人们通常通过设立榜样来表明什么是理想的和恰当的行为模式。如果榜样的行为能得到某种奖励和补偿，必然会强化与榜样类似的行为。在员工培训中，为了增加受训者对榜样的认同感，必须注意时所树立的榜样与学习这个方面条件相似。最好使用关键行为表，对榜样的行为进行清楚和详细地描述。示范性为应从到难，而且要有一定的重复率。

（3）事实材料。事实材料能使受训者产生丰富的联想，有利于受训者理解和接受培训内容。因此，应首先概述培训主题，是受训者理解培训活动中相关题材之间的联系。然后尽可能使用较多的受训者熟悉的事例来讲授材料，一是学习要点鲜明生动。

（4）亲自实践。积极的时间是掌握所学知识和技能的重要环节。虽然这种做法会增加培训成本，但是只有通过充分的实践活动，员工所学的行为方式才能成为自然的行为习惯，才盟确保受训者真正掌握所学内容。在培训的初期，培训者应该直接监督受训者的实践活动，以及时纠正受训者的偏差，防止其错误固定化。通过培训者的指导和调整，使员工所学的内容成为一种条件反射，这对受训者实现从学习到实践的转换是很有意义的。

（5）效果反馈。反馈也是提高培训效果的重要一环。员工应该在其行为发生后及时知道后果，并能够将行为与结果两者紧密地联系起来。反馈的重点是告诉受训者何时何地以何种方式正确地完成了何种工作。

反馈的方式是：直接给受训者有关某行为正确与否的信息。从而提高调整今后行为的依据；强调他人对自己学习的关注，以增强学习的动力和信心；反馈要及时，以防止受训者混淆行为因果之间的联系。

在实践中，还要处理好正向反馈和负向反馈的关系。正向反馈给予补偿，目的是强化受训者正确的行为。同场最有效的补偿来源是受训者的直接上级。负向反馈则是惩罚，他会导致对某种行为的抑制。在培训过程中，惩罚往往会引起受训者强烈的挫折感。

8. 培训的方法和技术

培训的方法和技术多种多样，他们应用广泛程度也有一定的差别。下表是美国拥有 100 名以上员工的 100 个企业对培训手段的调查结果。

表 2-1　培训手段及其应用程度

培训方法	使用这种方法的组织所占的比重（%）
录像带	2
演讲	90
一对一教学	79
角色扮演	62
游戏	54
录音带	51
幻灯片	46
电影	43
案例研究	41
自我评价	41
非计算机的自学	27
多媒体	7
远程电话会议	11
远程可视会议	10
计算机联网会议	3

各种培训方法的特点又很大差别。采用教师演讲方法进行培训，可以迅速而有效地传达知识，但是这种方法由单向沟通的缺点。如果教师不能注意到受训者在学习能力，方式和兴趣方面的差异，如果没有重视受训者的反馈，

就不容易受到好的培训效果。

近年来，各种高科技手段在培训中的作用日益显著，如远程培训。远程电话会议的特点是教学双方无法看到对方，但是可以通过声音进行交流。远程可视会议的特点是为受训者和教室配备电话和话筒，学员和远方的教员进行交流时，不仅能够听到对方的声音，还可以看到对方的表情和演示。可视电话的出现为远程培训提供了良好的条件。

另外，运用计算机和多媒体的培训也在普及。计算机辅助训练可以进行高度的仿真模拟。这种以计算机为基础的培训方式有很多优点。一是他便于根据受训者的不同要求对培训内容进行剪裁；二是生动的界面容易提高受训者的参与程度；三是声音和图像相结合，便于说明学习要点。当然，这种培训手段的缺点也很明显，那就是成本比较高。但是，这种培训手段也有降低成本的余地，因为它不需要受训者的空间转移，减少了脱产培训的时间和公司旅行费用。

除此之外，各种实际模拟的培训方法也在推广。模拟方法经常在培训如何处理复杂情况的技能时使用。如商业游戏，由几个员工或员工小组一起参加，各个小组根据其面临的环境对有关的经济变量做出决策，然后以博伊的方式进行互动。又如案例分析，一般提供给受训者一个现实的问题，由受训者进行分析，并要求他给出解决方案。还有角色扮演，即通过让受训者扮演一种特定的角色，并于其他人一起进入这种角色面临的环境，使受训者理解和体会这种角色的切身感受。

绩效管理机制

绩效管理是人力资源工作的核心组成部分，绩效管理是一项对绩效实现过程中所有要素进行管理的工作，它通过员工在与管理者之间达成关于目标、标准和所需能力的协议，在双方相互理解的基础上组织、群体和个人取得较好工作结果的一种管理过程。从而我们可以理解绩效管理是管理者用来确保员工的工作活动和工作产出与组织的目标保持一致的手段及过程。

1. 绩效管理的目的

（1）提高工作绩效，实现公司目标；

（2）在达成公司目标的同时，促进企业与员工共同发展；

（3）建立强势绩效文化，构建良好育人、选人、用人的机制。

2. 绩效管理的主要内容

绩效管理主要包括四个环节：绩效计划、绩效辅导、绩效评价、绩效结果的运用。

（1）绩效计划。这是一个设定目标的过程，其目的在于将公司战略与每位员工的行动结合起来，确保员工的工作目标与公司的战略目标保持一致，这样就可以最大程度的保证公司目标的实现。

绩效计划主要是通过层层分解目标，将公司的经营目标分解到二级部门，然后由二级部门分解到分厂、车间，再由分厂分解至作业区、班组和个人，每个员工都形成一个实现目标的绩效整体。

（2）绩效辅导。绩效辅导阶段在整修绩效管理过程中处于中间环节，这个过程的好坏直接影响绩效管理的成败。具体来讲，绩效辅导阶段主要的工作就是持续不断的绩效沟通、收集数据形成考核依据。

辅导的目的在于改善和增强管理者与下属之间的关系，创造融洽、和谐的工作氛围，同时通过绩效辅导，指出被辅导者工作上的不足和长处，上下级一起想办法改进不足，提高工作绩效，从而能够更加出色地完成工作。

（3）绩效考核。这是绩效管理中最受人关注的环节，在这里将会对所有的员工分出优、良、中、差，应该指出的是，评价结果不是目的，其目的在于让所有员工都清楚，优秀的绩效应该怎么去做才能够达到，通过这样的方式方法，人人都可以成为优异绩效的创造者。

有效的绩效评价依靠两方面的因素：一是评价制度要合理，二是评价人要有评估技巧，并能保证绩效面谈的准确性，而后者尤为重要通过绩效面谈，上下级一起分析绩效表现好坏的原因，提出明年的改进方法。

（4）绩效结果的运用。评价结果可以和员工的当期奖励挂钩，如果员工持续表现优异，那么可以纳入岗位晋升和薪资调整的范围；如果对照岗位胜任素质模型，发现员工在岗位上缺乏某些胜任素质，那么可以进行有针对性的培训和轮岗。

这四个环节环环相扣、相辅相成，构成完整的管理体系。如果我们的工作全部是绩效评价，而没有计划、持续的沟通和辅导、数据的收集和分析，那么我们就是在浪费时间。因为绩效管理不仅仅是绩效评价，更重要的，它也是一个解决问题的机会。所以上述四个环节，在绩效管理中缺一不可。

3. 确定考核内容

为了使绩效考核更具有可靠性和可操作性，应该在对职位的工作内容进行分析的基础上，根据企业的管理特点和实际情况，对考核内容进行分类。比如将考核内容划分为“关键工作”考核、“平常工作”考核和“工作态度”考核三个方面。

（1）关键工作。“关键工作”是指在考核期间被考核人列举1至3项最关键的即可，如对于开发人员可以是考核期的开发任务，销售人员可以是考核期的销售业绩。“关键工作”考核具有目标管理考核的性质。对于没有关键工作的员工（如清洁工）则不进行“关键工作”的考核。

（2）平常工作。“平常工作”的考核条款一般以职位职责的内容为准，如果职位职责内容过杂，可以仅选取重要项目考核。它具有考核工作过程的性质。

（3）工作态度。“工作态度”的考核可选取对工作能够产生影响的个人态度，如协作精神、工作热情、礼貌程度等等。对于不同职位的考核有不同的侧重。

4. 制定考核标准

制定考核标准通常有编写考核题目和制定考核标准的两个步骤：

（1）编写考核题目。在编写考核题目时，要注意以下几个问题：首先，题目内容要客观明确，语句要通顺流畅、简单明了，不会产生歧异；其次每个题目都要有准确的定位，题目与题目之间不要有交叉内容，同时也不应该有遗漏；题目数量不宜过多。

（2）制定考核标准。考核标准就是对员工绩效进行考核的标准和尺度。对员工进行绩效考核，需要依据一定标准对每一指标进行衡量，因此需要绩效考核标准。考核标准对于一定时期员工的努力方向和积极性有总要影响，应慎重对待。

在编制考核标准时应遵循以下几项原则：

（1）准确定量。标准能用数量表示时应尽可能使用数量。

（2）内容要先进合理。考核标准要反映企业的科学技术水平，不至于使员工的每项指标都达到满分；但也不能太苛刻使员工的考核分数都较低。

（3）考核标准要有针对性。即要针对不同的职位及承担该职位被考核者的特点制定不同的考核标准。

（4）文字简洁、通俗。在考核标准中，应尽量使用常用的大众化语言和词汇，表达力求简明扼要。

5. 选择考核方法

对于不同的员工，考核内容、考核方法都是不同的，可采用多种形式进行考核。从多方面来衡量考核一个人，可以有效减少考核误差，提高考核的准确度。

薪酬分配机制

薪酬主要指是员工因向所在组织提供劳动或劳务而获得的金钱上的酬劳或酬谢。薪酬是劳动力价格的支付形式，在市场经济环境下同时又是人力资本竞争的价格表现。

1. 薪酬设计步骤

（1）职位分析。这是确定薪酬的基础。管理层要在业务分析和人员分析的基础上，明确部门职能和职位关系，人力资源部和各部门主管合作编写职位说明书。

（2）职位评价。职位评价或评估重在解决薪酬的对内公平性问题。通过评价，比较组织内部各个职位的相对重要性，得出职位等级序列，为进行薪酬调查建立统一的职位评估标准，使不同职位之间具有可比性。职位评价的方法有多种，其中比较复杂和科学的是记分比较法，这种方法先确定与薪酬分配有关的评价因素，再给这些因素定义不同的权重和分数，然后进行比较。

（3）薪酬调查。这主要是为解决薪酬的对外公平而进行的。组织在确定工资水平时，需要参考劳动力市场的工资水平。组织可以委托比较专业的咨询公司进行这方面调查。薪酬调查的对象，最好是选择与自己有竞争关系的组织或同行业的类似组织，重点考虑人才的流失去向和招聘来源。薪酬调查的资料，要有上年度的薪资增长状况、不同薪酬结构对比、不同职位和不同级别的职位薪酬数据、奖金和福利状况、长期激励措施以及未来薪酬走势分析等。只有采用相同的标准进行职位评估，并各自提供真实的薪酬资料，才能保证薪酬调查的准确性。

（4）薪酬定位。在分析同行业的薪酬数据后，需要根据组织状况选用不同的薪酬水平。影响组织薪酬水平的因素有多种。从组织外部看，国家的宏观经济、通货膨胀、行业特点和行业竞争、人才供应状况甚至外币汇率的变化，都会对薪酬定位和工资增长水平有不同程度的影响。在组织内部，盈利能力和支付能力、人员的素质要求是决定薪酬水平的关键因素。组织发展阶段、人才稀缺度、招聘难度、组织的市场品牌和综合实力，也是重要影响因素。在薪酬定位上，组织可选择领先策略或跟随策略。薪酬上的领头羊未必是品牌最响的组织，因为品牌响的组织可以依靠其综合优势，不必花费高薪也可能找到好的人才，或者说这样的组织可以通过多方面培养员工的忠诚度而不仅仅依赖薪酬。

（5）薪酬结构设计。许多跨国组织在确定员工工资时，往往要综合考虑三方面因素：人才职位等级、个人的技能和资历、个人绩效。在薪酬结构上与其相对应的分别是职位工资、技能工资、绩效报酬。也有的将前两者合并考虑，作为确定个人基本工资的基础。职位工资由职位等级决定，它是个人工资高低的主要决定因素，组织可以从薪酬调查中选择一些资料作为该工资区间的中点，然后确定每一职位等级的上下限。技能工资的差异来自于技能、工作效率、历史贡献等方面，可以在同一等级内，根据职位工资的中点设置一个上下的工资变化区间来体现其差异，使人才在不变动职位的情况下，随技能提升、经验增加而在同一职位等级内逐步提升工资等级。绩效报酬是对人才完成业务目标而进行的奖励，与其所创造的价值相联系。

（6）薪酬体系的实施和调整。薪酬体系一经设计就应严格按体系要求有效的实施、推广，以发挥其应有的作用。同时，它也需要不断地调整，根据组织的战略和价值观、目标对其进行检验，不断完善，确保其在不断变化的环境中的适用性。薪酬体系一般包括薪资和福利两方面。应该说，在薪酬体系中，所有的薪酬形式都会对培养人才的忠诚度有作用，至少作为物质保障可以维持低的忠诚度。但是，不同的薪酬形式对培养忠诚度的作用是不同的。这其中绩效薪酬的作用比较突出。绩效薪酬比单纯的职位工资、技能工资有效，其原因在于绩效薪酬充分体现了员工的价值及其重要性，调动人才积极性，使其在对高薪酬的追求过程中发扬献身精神，形成对组织的渐进的高忠诚度。

绩效薪酬制度是组织寻求经营成功最有效的管理工具之一，是通过薪酬培养人才忠诚度的关键策略。绩效薪酬制度包括奖金制、佣金制、激励性年薪制等多种形式。在绩效薪酬中，不同形式的薪酬制度培养忠诚度的侧重点有所不同，对培养全员忠诚度最为有效的形式是人才持股计划。

2. 制定薪资制度的指导原则

（1）遵照国家和地方有关部门关于劳动工资的有关法令政策，包括最低（工资）生活线标准，反性别歧视、劳动加班等。

（2）考虑当地生活物价指数上涨，相应增加工资以保持原有生活水平。

（3）坚持工资增长幅度不超过企业经济效益增长幅度，职工平均实际收入增长幅度不超过企业劳动生产率增长幅度的“两不超”原则。

（4）合理的职工报酬应达到：讲求企业内外的公平性、破除大锅饭；能吸引有技能的人到企业工作；能把有才能的人留在企业不流失；能激励员工努力把工作做好，做到奖勤罚懒。

（5）根据劳动力市场价格，尤其同行业公司、类似岗位的工资水平，制定竞争性工资率。目前，已有专业人力资源咨询公司开始公开发布若干重要岗位薪资信息，企业据此可以判断其薪资水平是过低、过高或持平并作出相应的调整，尤其关注过低的关键岗位或人员。

（6）适当考虑员工需求差异，薪资和福利制度留有弹性、可供选择。

（7）测算人力资本成本在总成本中的比例及变动空间，考虑企业最终对薪资的财务支付能力。

（8）在母公司财务管理总则指导下，全资子公司、控股子公司，执行母公司的工资管理制度；参股公司、关联协作企业自行决定工资分配。

3. 工资体系设计

（1）职务工资制。按照职务的责任重要程度、工作繁简程序和工作条件划分等级，按等级规定工资标准。职务变动则工资相应变化。但可能造成员工专业、技能固定在一个（种）岗位上。

（2）技能工资制。按照一定职务的执行能力划分工资等级，每多掌握一种技能，则增加其工资额。当领导职位有限、具备相当能力条件的人不能晋升时，也给予相应的工资待遇。

（3）年功工资制。根据在本企业工作年限确定工资。一般假定在本企业工作年限越长、资历越丰富，能力也越强、贡献也越大，相应地，工资与资历一致。

（4）结构工资制。多项工资制度的综合，例如：结构工资 = 基础工资 + 职务工资 + 工龄工资 + 奖金 + 津贴

4. 工资形式设计

（1）计件（奖励）工资制。按工作量多少计算工资。例如：

直线型：所得工资 = 合格品生产数量 × 单件工资率

递增型：所得工资 = 合格品生产数量 × 单件工资率 1（定额以下）所得工资 = 合格品生产数量 × 单件工资率 2（定额以上）

集体型：小组所得工资 = 小组合格生产数量 × 单件工资率

计件工资制的优点：依实绩计酬，计算简单，能激发效率，减少管理负担。

计件工资制的缺点：易出现重数量、轻质量；过分加班赶货，打破正常工作秩序；共同性劳动易起争议。

适合范围：质量易测控，产品较简单，大批量或手工作业的行业、工种。

（2）计时工资制。按实际工作时间计算工资，工作时间包含正常工时和加班工时。

标准工时以下：所得工资 = 实际工时 × 小时工资率

标准工时以上：所得工资 = 实际工时 × 小时工资率 + 奖金系数 × 超时数 × 小时工资率。其中，奖金系数在 0 ~ 1 间变动，反映不同的计酬策略。

计时工资制的优点：不易产生员工间成绩争议，产品质量较有保障。

计时工资制的缺点：不易激发工作主动性，会出现出工不出力现象，增加监督成本。

适合范围：不易计件的、脑力型的任务和作业工作。

（3）产值含量工资制。这是从总产值中按照一定的配比方式计提出有效工作量（含量），然后据此核算工资。类似于计件工资制，适合生产一线工人。在图书出版业，通常按照出版码洋（图书册数与定价的乘积）核算编辑人员的工作量，这就是产值含量工资制。如果按照图书的字数核算编辑人员工作量，就是计件工资制。

（4）销售收入提成工资制。按销售收入多少提取员工收入，适合营销业务人员。其中，有两种形式：一是底薪 + 销售收入提成；二是无底薪的销售收入提成。

（5）专案包干工资制。适用于科研人员、工程人员、项目人员。

（6）年薪制。适用于企业主要领导（董事长、总经理）。

5. 对员工工龄工资制定方法

（1）区分社会工龄和本企业工龄，社会工龄按一定比例折算为本企业工龄。

（2）工龄工资可为一年多少钱，逐年等额递增。也可在不同工龄段设定不同工龄工资标准。

（3）考绩与工龄相结合。例如：考核优秀的员工，在同等工龄条件下，调薪幅度可大些；考核良好的员工，在同等工龄条件下，调薪幅度略小些；考核合格的员工，则按一般标准（或下调、或微调、或不调）调薪。

6. 关于技能工资制

这是一种新的工资制度。每人都从最低工资出发，按员工工作或考试显示的各种专业知识和技能逐步加薪。

优点：减少骨干职工的流动性，促使职工自发提高技能和多岗位适应性。

缺点：职工要求公司强化培训，推动企业培训费用与工资开支互动增长。

7. 管理者薪金制定策略

（1）对初级（基层）管理者，主要考虑外部人力市场同业职位薪金竞争性；

（2）对中级管理者，主要考虑其资历、经验专长、过去工作贡献确定；

（3）对最高级管理者，主要由企业规模、行业性质、工作绩效决定。

8. 企业生命周期阶段的薪资策略

（1）创业初期，职工尚不稳定，应以公平为主，着力提高企业总体平均工资水平，促进员工安心、敬业。因尚无明显业绩，故工资等级差距不宜过大。

（2）成长期公平与效率兼顾，拉开一定的收入差距，建立相对正规的工资制度，适度用业绩奖励调节。

（3）成熟期和衰退期以效率为主，激发员工工作热情以延缓企业生命周期，故应实施拉大收入差异的工资制度。

（4）当企业盈利较多时，可给员工普加工资；企业盈利较差时，可对员工削减工资。

员工激励机制

警察在搜寻犯罪嫌疑人的时候，会把犯罪动机作为一个首要的考虑因素。因为具有犯罪动机的人，犯罪的可能性最大。

这是有心理学根据的。人的某种具体的行为，不会平白无故地发生，只有当他具备了这一行为的动机之后，才会采取这种行为。

在管理当中，管理者要想员工产生努力工作的行为，就要激发他努力工作的动机。这一过程，就是激励。

双因素理论是美国的行为科学家弗雷德里克·赫茨伯格最先提出来的一种理论，该理论解释了影响人们对工作感到满意或者不满意的因素。

20 世纪 50 年代末期，赫茨伯格和他的助手们在美国匹兹堡地区 11 家工商企业机构中，对 200 名工程师、会计师进行了调查访问，调查中他设计了许多问题，例如“什么时候你对工作特别满意？”“什么时候你对工作特别不满意？”“原因是什么？”等等，请受访者一一回答。目的是验证下列假设：人类在工作中有两类不同性质的需要，即作为动物要求避开和免除痛苦的需要和作为人类要求在精神上不断发展和成长的需要。

访问主要围绕两个问题：在工作中，哪些事项是让他们感到满意的，并估计这种积极情绪持续多长时间；又有哪些事项是让他们感到不满意的，并估计这种消极情绪持续多长时间。赫茨伯格以对这些问题的回答为材料，着手去研究哪些事情使人们在工作中快乐和满足，哪些事情造成不愉快和不满足。

赫茨伯格从 1844 个案例调查中发现，造成员工不满的原因，主要是由于公司的政策、行政管理、监督、工作条件、薪水、地位、安全以及各种人事关系的处理不善。这些因素的改善，虽不能使员工变得非常满意，真正地激发员工的积极性，却能解除员工的不满，故这种因素称为保健因素。研究表明，如果保健因素不能得到满足，往往会使员工产生不满情绪、消极怠工，甚至引起罢工等对抗行为。

赫茨伯格从另外 1753 个案例的调查中发现，使员工感到非常满意的因素，主要是工作富有成就感，工作本身带有挑战性，工作的成绩能够得到社会的认可，以及职务上的责任感和职业上能够得到发展和成长等等。这些因素的满足，能够极大地激发员工的热情，对于员工的行为动机具有积极的促进作用，它常常是一个管理者调动员工积极性，提高劳动生产效率的好办法。研究表明这类因素解决不好，也会引起员工的不满，它虽无关大局，却能严重影响工作的效率。因此，赫茨伯格把这种因素称为激励因素。

传统的观点认为，满意的对立面是不满意。而赫茨伯格的研究发现，对工作的满意感和不满意感不是一个单一的连续体的两个极端，而是截然分开的，即“满意”的对立面是“没有满意”，而不是“不满意”；“不满意”的对立面是“没有不满意”，而不是“满意”。

员工的保健因素没有得到满足，会对工作感到不满意，满足了会对工作感到没有不满意。

员工的激励因素没有得到满足，会对工作感到没有满意，满足了会对工作感到满意。

保健因素偏重于物质激励，可以消除员工的不满意，起到安抚员工的作用，能让员工维持当前的努力水平。

激励因素偏重于精神激励，可以消除员工的“没有满意”，能够激发员工的内在企图心，能够让员工更努力。

过去，人们一想到激励，就想到金钱、晋升等简单的方式。而双因素理论，向管理者打开了一扇窗户，可以窥见员工内心深处的世界。这个理论告诉管理者，还可以通过尊重、信任、赞美、增加工作的趣味性、制造危机、树立榜样等方式，来达到激励员工的目的。

威廉·詹姆斯是美国哈佛大学的教授，通过研究他发现，在缺乏激励的环境里，员工的潜力只发挥出 1/5，而在良好的激励环境中，同样的员工可以发挥出其潜力的 4/5，甚至 100%。可见，在企业管理中，每一位员工都需要被激励。事实上，每一个企业都有自己的激励机制，可是很多企业的激励机制都起不到成效，因为激励是需要变化的，不同的发展阶段激励方式也有所不同，所以不能墨守成规，要想让你的下属跑起来，就必须掌握激励的核心。经理在运用激励武器的时候，一定要深谙激励之道，熟悉感情、培训、帮带、处罚、竞争、奖励、公正、信任、授权等技巧，并加以综合运用。

在对员工激励时首先要了解，你部下的工作动力在哪里？他们为什么要努力地工作？他们希望工作能给他们带来什么？分析了这些后，就可以针对情况，灵活运用了。以下是一些让你的员工斗志昂扬的方法。

（1）给员工制造一种充满竞争的氛围。要知道，在充满压力的竞争气氛中，有谁会甘居下游、被淘汰呢？

（2）适当地给予员工晋升机会。晋升带来的除了薪金的上涨外，更多的是给其带来的责任感、成就感等多方面的满足。

（3）在员工取得了一定成绩时要赏识和认同。千万不要吝惜表扬，然后把他取得的成绩让你的团队的每一个人知道，然后可以让他承担更多的责任。

（4）对于表现好的员工，授给其处理业务更大的权利；当下属的业务遇到一些困难时，给予信任和必要的指导、帮助。

（5）要让员工知道“一分耕耘，一分收获”，给部属创造一个公平的竞争环境，做到按劳分配，完善考核机制。

（6）试着给员工改变一下工作内容和形式，以此来激发员工的工作动机，使其工作扩大化和丰富化。

（7）所谓有奖有罚，对员工在工作中出现的错误和疏漏，除了帮助其改正行为方式外，还要给予其一定的惩罚，这样才能阻止他再犯同样错误。

（8）通过培训提高员工工作技能，拓宽其视野。

（9）注意给予员工情感激励，以诚相待，做他们的知心朋友和生活顾问。

（10）身教重于言教，总经理要起带头作用，给予员工行为激励，要知道，身不正何以令行！

总之，在公司现有的资源基础上，只要领导者能有效整合最大的人力资源的潜能，可以用最少的成本创造最大的利润，那么就达到了激励的最佳效果，员工斗志昂扬，企业怎能不兴旺。

第3章

用目标管人

管理者和他的下级之间，最强有力的纽带应该是目标。

人在目标明确的情况下能够对结果负责，并进行自我控制。

管理者要通过目标管理下属。

以上这些观点，都出自现代管理学之父彼得·德鲁克之口。然后通过通用汽车、IBM、GE、微软等企业的卓越实践，传播成为现代管理的至理名言。

总经理要学习如何用目标管人，就要先从德鲁克提出的“目标管理”的概念入手。

目标与目标管理

彼得·德鲁克认为，并不是有了工作才有目标，而是相反，有了目标才能确定每个人的工作。所以，“企业的使命和任务，必须转化为目标”。如果一个领域没有目标，这个领域的工作必然被忽视。因此管理者应该通过目标对下级进行管理，当组织最高层管理者确定了组织目标后，必须对其进行有效分解，转变成各个部门以及各个人的分目标，管理者根据分目标的完成情况对下级进行考核、评价和奖惩。

目标管理提出以后，便在美国迅速流传。时值第二次世界大战后西方经济由恢复转向迅速发展的时期，企业急需采用新的方法调动员工积极性以提高竞争能力，目标管理的出现可谓应运而生，遂被广泛应用，并很快为日本、西欧国家的企业所仿效，在世界管理界大行其道。

目标管理的具体形式各种各样，但其基本内容是一样的。所谓目标管理乃是一种程序或过程，它使组织中的上级和下级一起协商，根据组织的使命确定一定时期内组织的总目标，由此决定上、下级的责任和分目标，并把这些目标作为组织经营、评估和奖励每个单位和个人贡献的标准。

目标管理与传统管理方式相比有鲜明的特点，可概括为以下几个方面：

1. 重视人的因素

目标管理是一种参与的、民主的、自我控制的管理制度，也是一种把个人需求与组织目标结合起来的管理制度。在这一制度下，上级与下级的关系是平等、尊重、依赖、支持。下级在承诺目标和被授权之后是自觉、自主和自治的。

2. 建立目标锁链与目标体系

目标管理通过专门设计的过程，将组织的整体目标逐级分解，转换为各单位、各员工的分目标。从组织目标到经营单位目标，再到部门目标，最后到个人目标。在目标分解过程中，权、责、利三者已经明确，而且相互对称。这些目标方向一致，环环相扣，相互配合，形成协调统一的目标体系。只有每个人员完成了自己的分目标，整个企业的总目标才有完成的希望。

3. 重视成果

目标管理以制定目标为起点，以目标完成情况的考核为终结。工作成果是评定目标完成程度的标准，也是人事考核和奖评的依据，是评价管理工作绩效的唯一标志。至于完成目标的具体过程、途径和方法，上级并不过多干预。所以，在目标管理制度下，监督的成分很少，而控制目标实现的能力却很强。

目标管理的基本程序

目标管理的具体做法分三个阶段：第一阶段为目标的设置；第二阶段为实

现目标过程的管理；第三阶段为测定与评价所取得的成果。

第一阶段：目标的设置

这是目标管理最重要的阶段，第一阶段可以细分为四个步骤：

（1）高层管理预定目标。这是一个暂时的、可以改变的目标预案。既可以上级提出，再同下级讨论，也可以由下级提出，上级批准。无论哪种方式，必须共同商量决定；其次，领导必须根据企业的使命和长远战略，估计客观环境带来的机会和挑战，对本企业的优劣有清醒的认识，对组织应该和能够完成的目标心中有数。

（2）重新审议组织结构和职责分工。目标管理要求每一个分目标都有确定的责任主体。因此预定目标之后，需要重新审查现有组织结构，根据新的目标分解要求进行调整，明确目标责任者和协调关系。

（3）确立下级的目标。首先下级明确组织的规划和目标，然后商定下级的分目标。在讨论中上级要尊重下级，平等待人，耐心倾听下级意见，帮助下级发展一致性和支持性目标。分目标要具体量化，便于考核；分清轻重缓急，以免顾此失彼；既要有挑战性，又要有实现可能。每个员工和部门的分目标要和其他的分目标协调一致，支持本单位和组织目标的实现。

（4）上级和下级就实现各项目标所需的条件以及实现目标后的奖惩事宜达成协议。分目标制定后，要授予下级相应的资源配置的权力，实现权、责、利的统一。由下级写成书面协议，编制目标记录卡片，整个组织汇总所有资料后，绘制出目标图。

第二阶段：实现目标过程的管理

目标管理重视结果，强调自主、自治和自觉，并不等于领导可以放手不管。相反，由于形成了目标体系，一环失误，就会牵动全局。因此领导在目标实施过程中的管理是不可缺少的。首先要进行定期检查，利用双方经常接触的机会和信息反馈渠道自然地进行；其次要向下级通报进度，便于互相协调；还要帮助下级解决工作中出现的困难问题，当出现意外、不可预测事件严重影响组织目标实现时，也可以通过一定的手续，修改原定的目标。

第三阶段：总结和评估

达到预定的期限后，下级首先进行自我评估，提交书面报告；然后上下级一起考核目标完成情况，决定奖惩；同时讨论下一阶段目标，开始新循环。如果目标没有完成，应分析原因总结教训，切忌相互指责，以保持相互信任的气氛。

目标管理的五项任务

第一项任务：明确组织中有没有目标

引进目标管理的第一个最重要的任务或成果，便是明确自己组织中有没有所谓的目标。

第二项任务：寻找具体目标

所谓目标必须是真实而具体的，必须是能纳入特定成果的。但在公共机关中，往往根本没有具体的目标。

因此我们不禁要提出应以什么为目标及能以什么为目标的问题。这就是引进目标管理的第二个任务。

第三项任务：目标与战略顺序

目标管理应完成的第三个任务是明确目标与战略优先顺序的重要性。

每个公共机关都有目标，但任何公共机关都不能同时进行多种目标，更不可能同时全部做好。因此公共机关必须排列多种目标的优先顺序，然后集中力量。同时对延缓什么事、放弃什么事等必须做冒险的意志决定。

首先面临的问题是对内、对外的沟通。因为如果想同时实现多个目标，内部工作人员必然发生混乱，也使外界产生混乱。

其二是公共机关并不是都拥有无限的资源。金钱并不是万能的，真正需要的是有奉献精神的人的执著与努力，而这种人是很少的。然而，会毁掉优秀人才的方式，莫过于使他们忙于各式各样的事。再也没有比兼任无关紧要的工作更能引起人才的不满或降低生产效率的事情了。所以为使工作取得良好绩效，至少需要一位优秀人才，彻底而持续地处理一项问题。

确立单一目标后，为实现这个目标也存在许多不可能同时实施的战略，因此必须做出选择，选定一个战略后，其他战略必须延期实施。

通常，从多个战略中做一抉择并不十分困难，至少在政治上应很容易。困难的是其先后顺序，从政府的角度来看，这种决定也具有极大危险性。

依据经验，延期意味着放弃。因此不要做延期的决定，应果断地放弃。在执行策略时最重要的是把握时机。即使再优秀且有价值的计划，如果错过实施时机就毫无意义。

对公共机关的最重要的目标管理是确定力量的集中领域，也就是要确立优先顺序。

同样，为确定应放弃什么，必须对全体活动做系统的检查。公共机关应每隔三四年对一切活动自问："假设原来就知道现在所知的一切，那么当时是否会做这件事呢？"如果答案是否定的，就无须考虑"如何改善使其成为有意义的活动"，也不必问"是否应放弃"，而应问"如何才能尽快放弃"。

一旦决定放弃某活动，日程也已确定时，无论面对多么困难的工作，为形成目标管理核心的目的，必须付诸实施。在组织规模庞大的公共机关活动中的最大危险，就是误认"脂肪"为"肌肉"，将忙碌看成是成果。预防这种病症的唯一方法，就是事先决定抛弃过去的程序。

第四项任务：明确分配资源

目标管理的第四个任务是明确目标与战略战术具体化的重要性。也就是必须考虑怎样分配为达成目标所必要的资源，尤其是能获得的人力资源。计划的成功依赖于分配所需的人才，否则便只不过是一个良好的构想而已，甚至连良好构想都称不上。

第五项任务：评估测定法

目标管理的第五个任务是认识全体活动的评估测定法。至少要了解准确判断的重要性。

人们常说公共机关的活动目标是不可捉摸的，也无法评估其成果。这个说法如果是正确的，那么公共机关必然会成为毫无所获的组织。不能客观评估的成果，等于没有成果，因为它只是一个浪费钱财的活动而已。因此，为获得成果，必须明确预期结果，并预计实现那个成果的可能性。

评估测定的尺度并不是有关努力的尺度，而是有关成果的尺度；并不是活动效率的尺度，而是一个组织对外服务的尺度。组织应该注意什么是具体目标，力量应集中在何处，才是评估测定的尺度。今天公共机关与一切组织所面临的最大困难在于目光和力量都指向组织内部，也就是只注重活动的效力，而缺乏关注组织目的的外界社会。

明确规定评估测定的尺度，才能使活动成果回馈到下一次的活动。有了明确的尺度后，便能明确了解成果是什么，担任管理任务的人才既能判断组织的活动状况，又能采取善后措施。这样就能预知后果，以便向较理想方向努力。

当然，一切活动的后果必然要到发生时才能确知，尤其是组织活动，更不可能完全实现预期的结果，有时甚至出现相反的结果。此时公共机关的管理者应扪心自问“这个结果不好吗”或“是否比期望的结果更好一些”及“是否应重新考虑战略、目标的优先顺序，甚至目标本身呢”甚至自问“也许将出现出乎意料的成绩，是否应继续努力”。

然而，实际上能发生这种情况的公共机关管理者并不多见。除非万不得已，才事先在目标与战略的框架内设定回馈之路，否则任何机关的管理者都会忽略非预期的结果而固执地向错误的方向前进，或是眼睁睁地让好机会从眼前溜走。

本来在公共机关的管理过程中，有关目标、任务、优先顺序、资源分配等，应事先进行系统化，而且建立持续性的回馈系统。而引进目标管理的重要成果之一，是认识这种回馈系统的重要性。换句话说，如果没有建立回馈系统，就等于没有引进目标管理。

理解和运用“手段—目的链”

管理学中用“手段—目的链”来解释上级目标与下级目标之间的关系。

较低层次的目标是实现上一层目标的手段，而上一层目标又是实现更上一层目标的手段，这种层层锁定的链条被称为“手段—目的链”。

“手段—目的链”准确地描述了组织中各种目标和各种计划之间的关系。高层计划中的行动方案，绝大部分要转化为下层计划中的目标。由于实现某一目标的行动方案不止一个，因而要转化为多个下层计划中的目标，如此一来，就在组织中形成了一个目标体系和计划体系。

例如组织高层的目标之一降低运营成本 10%。假设实现这一目标的手段包括：①裁减 5% 冗余员工和岗位；②把反对浪费、厉行节约的原则贯彻到工作的各个方面；③提高产品研发的成功率；④通过质量管理减少产品返修率。

那么高层管理人员实现目标的上述手段，就应该转化成为下层人员的目标，例如：①人力资源部门的裁员目标；②行政人员的压缩会议开支目标、提高办公耗材使用率的目标（例如要求内部资料双面打印）；③研发部门的市场调查目标；④生产部门的采购目标、生产目标、检验目标等等。

因此，从事管理工作是需要集思广益和想象力的，因为你实现目标的手段越丰富，你能给下属开发出来的目标才能越丰富。

衡量目标是否到位的原则

制定目标看似一件简单的事情，每个人都有过制定目标的经历，但是如果上升到技术的层面，管理人员必须学习并掌握 SMART 原则。

所谓 SMART 原则，即是：

Specific：目标必须是具体的；

Measurable：目标必须是可以衡量的；

Attainable：目标必须是可以达到的；

Relevant：目标必须和其他目标具有相关性；

Time-based：目标必须具有明确的截止期限。

无论是制定团队的工作目标还是员工的个人目标都必须符合上述原则，五个原则缺一不可。

1. Specific：目标必须是具体的，反对笼统含糊的目标

团队不成功的重要原因之一就因为目标定得模棱两可，或没有将目标有效地传达给相关成员。

请读者朋友思考一下，以下的目标是不是好目标？

每个助理都要有营销意识。

这个季度我们要全力以赴。

你负责把这个项目剩余的问题解决了。

这个月重点在各大论坛发帖子。

上述目标都不是恰当的目标，因为黑体的文字让目标变得含混不清。例如“每个助理都要有营销意识”，这种对目标的描述就很不明确，因为增强营销意识有许多具体做法，如市场调查、提供优质服务、减少客户投诉、消除品牌负面消息传播等，甚至名片上要放QQ号码、打电话要使用礼貌用语等也属于营销意识的范畴。当助理不明白“营销意识”具体是什么含义的时候，他就没法确定自己的工作，为了掩盖自己的懵懂无知，他会按照自己的理解去做一些有用或没用的事情来应付目标的完成。

“全力以赴”更是目标描述中常见的错误用语。

一个父亲带孩子去田间劳动，让孩子把田里的一块石头搬到地外去，孩子用双手试了试，说搬不动。父亲说你要尽全力才行，孩子使全力又试了试，石头依然纹丝不动，孩子说我尽力了还是搬不动，我不搬了。父亲说你找根棍子试一试，孩子找根棍子把石头撬动了一半，然后沮丧地坐在地上，说我已经全力以赴了，我搬不动，我再也不搬了，父亲说，你还没有尽力，至少你还没有花力气来寻找我的帮助。

这个故事很形象地刻画了职场中的情形。如果你不能给下属制定出具体而清晰的目标，只是要求下属全力以赴，那么很可能的结果是，下属遇到困难就放弃，而放弃的理由却无可挑剔，因为“我已经尽力了”。

具体的目标好处多多，而模糊的目标坏处多多。具体内容如表3-1所示：

表3-1　具体目标的好处与模糊目标的坏处

具体的目标带来的好处	模糊的目标带来的坏处
相互理解彼此的期望，消除误会 具体的目标给人指明行动的方向，可以带来你想要的结果和行动 责任清晰	彼此不理解，工作中会产生猜测、狐疑和误会 别人会做你不希望做的事情，因为他不知道你到底想要什么。不能知道人的行为 责任不清

2. Measurable：目标必须是可以衡量的，可量化、可检查、易判断

管理格言说：“你衡量什么，你就得到什么”。

不可衡量的目标，意味着无法检查效果，无法干预和奖惩，也无法得到你想要的结果。

你从以下的对话中发现了什么问题？

领导问“你这个月工作干得怎么样？”

下属答：“还不错。”

领导问：“你为什么觉得你做得还不错？”

下属答：“因为我做了……遇到了很多的困难，通过我的努力克服了它们。”

上述对话的汇报逻辑是这样的：我做了些什么事、有些什么困难、付出了多少努力等等。

而在现代组织管理中，逻辑应该是反过来的，下属应该汇报的是：我的目标是什么，达成了百分之多少，还有多少差距，打算用什么样的行动减少这些差距。

上述对话看似是汇报的逻辑问题，其实反映的是目标制定方式的落后和粗放，改善的方向是学会使用量化目标和用数据说话。

3. Attainable：目标必须是有难度的，但也必须是可以达到的

目标必须是通过努力可以实现的，如果一个人怎么努力也实现不了目标，那他就只能放弃实现目标的努力。但是目标也不是越简单越好，因为简单的目标无法激发人的潜能。因此，目标要困难到足以激发人的潜能，但又不能让人感到不可企及。

管理者者的职责就在于是：让人相信看上去不可企及的目标，其实是可以实现的。要做到这一点，管理者必须做好三件事：设计目标台阶、教练和鼓舞。

设定目标就好像在树上挂苹果。把苹果挂在人一张嘴就能吃到的高度，是不合适的，因为这没有激发人的任何潜能；为了激发人跳跃的潜能，可以把苹果挂在跳起来可以摘到的高度；如果把苹果挂在跳起来也摘不到的位置，人就不会跳起来了，但实际假设这个高不可及的苹果必须要摘下来，怎么办呢？这个时候管理者就必须教会下属通过助跑跳高的技术。如果把苹果挂在助跑也摘不到的位置呢？这个时候管理者要教会下属撑竿跳高的技术。

这个例子中，苹果的不同高度代表的就是目标的台阶，管理者教会下属跳跃技术、助跑跳高技术、撑竿跳高技术，就是在做培训下属的教练工作，而不断给予下属超越自我勇气的工作，就是管理者的士气鼓舞艺术。

4. Relevant：目标必须和其他目标具有相关性，尤其是与最终目标具有相关性

目标不是独立存在的，而必须与组织内的其他各种目标具有相关性，这种相关性有以下各种内涵：

周期相关：周目标需与月目标相关，月目标需与季目标相关，季目标需与年目标相关。

垂直相关：团队成员目标需与团队领导目标相关。

水平相关：团队成员之间的目标需有相关性。例如团队成员承担不同目标的工作量要都达到基本饱和为最佳，因为劳逸不均的目标分配是其他团队成员不能接受的。

技能相关：目标的实现要尽可能与成员的长处相关："用人之长，容人之短"

责权利相关：目标对最终目标的贡献要与利益分配相关。

在管理实践中，不仅要设定目标之间的相关性，而且还应该把这种相关性告诉给执行目标的人，其中的原因可以用心理学中的“信息激发责任”原理来解释。该原理发现：人一旦知道自己很重要，就会产生更多的责任感。正所谓“能力越大，责任越大”。假如你知道你是来自伽马星球的超人，我想你也会产生拯救世界的责任感。

因此，要经常告诉团队成员，其目标与其他目标的相关性，要让他知道其目标对团队其他成员目标的实现以及与最终目标实现之间的关系和重要性。

5. Time-based：目标必须具有明确的截止期限

没有时间限制的目标没有办法考核，或带来考核的不公。

如果没有时间限制，上下级之间对目标轻重缓急的认识程度就会不同，团队领导着急，但团队成员不知道。到头来领导可以暴跳如雷，而团队成员觉得自己很委屈、很无辜。

如果一个目标需要较长时间才能完成，那么应该增设细化出阶段性的时间目标，在过程中予以检查和处理。

制定行动方案的结果导向原则

一个完整的计划至少包含了一个目标和一个行动方案。

行动方案是实现目标的方法。如果目标是目的地，行动方案就是路径。

目标和行动方案，构成了一张计划路线图。

当目标设定之后，为了实现目标而制定的行动方案，应该符合结果导向原则。

所谓结果导向原则，是指所有的行动方案都要指向结果，并能最终带来结果。

由于目标是对努力结果的期望，因而目标符合 SMART 原则，才有结果导向的前提。

什么是结果导向呢？我们来看一个例子：

一位企业领导让李浩去买书，李浩先到了第一家书店，书店老板说：“刚卖完。”之后他又去了第二家书店，营业人员说已经去进货了，要隔几天才有。李浩又去了第三家书店，这家书店根本没有。

快到中午了，李浩只好回公司，见到领导后，李浩说：“跑了三家书店，快累死了，都没有，过几天我再去看看！”领导看着满头大汗的李浩，欲言又止……

买书是任务，买到书是结果，李浩去实践任务，却没有业绩，也就是说，他有了苦劳，却没有功劳。不仅如此，他还浪费了半天的时间，而这半天时间老板必须给他支付工资……

只要动一下脑筋，就可以想到许多好主意。如李浩买书，至少有三种方法可以保证他完成任务，把事做成。

方法一：打电话给书店，确定哪一家书店有这本书，再去购买。

方法二：上网查找这本书的信息，向网上书店订购或直接联系出版社邮购。

方法三：到图书馆查是否有这本书，如果有，就问领导愿不愿花钱复印。

这三种方法都可以保证李浩得到书，但他没有这样做，不仅没有解决问题，反倒成为了问题的制造者。

李浩的行为就是一个典型的缺乏结果导向思维的例子

姜汝祥先生在其著作《请给我结果》一书中举了一个“九段秘书”的例子。

总经理要求秘书安排次日上午九点开一个会议。通知到所有参会的人员，然后秘书自己也参加会议来做服务，这是“任务”。下面是秘书的九个段位的具体做法。

一段秘书的做法：发通知——用电子邮件或在黑板上发个会议通知，然后准备相关会议用品，并参加会议。

二段秘书的做法：抓落实——发通知之后，再打一通电话与参会的人确认，确保每个人都被及时通知到。

三段秘书的做法：重检查——发通知，落实到人后，第二天在会前30分钟提醒与会者参会，确定有没有变动，对临时有急事不能参加会议的人，立即汇报给总经理，保证总经理在会前知悉缺席情况，也给总经理确定缺席的人是否必须参加会议留下时间。

四段秘书的做法：勤准备——发通知，落实到人，会前通知后，去测试可能用到的投影、电脑等工具是否工作正常，并在会议室门上贴上小条：此会议室明天几点到几点有会议。

五段秘书的做法：细准备——发通知，落实到人，会前通知，也测试了设备，还要先了解这个会议的性质是什么，总裁的议题是什么。然后给与会者发去与这个议题相关的资料，供他们参考（领导通常都是很健忘的，否则就不会经常对过去一些决定了的事，或者记不清的事争吵）。

六段秘书的做法：做记录——发通知，落实到人，会前通知，测试了设备，也提供了相关会议资料，还要在会议过程中详细做好会议记录（在得到允许的情况下，做一个录音备份）。

七段秘书的做法：发记录——会后整理好会议记录（录音）给总经理，然后请示总经理是否发给参加会议的人员，或者其他人员。

八段秘书的做法：定责任——将会议上确定的各项任务，一对一地落实到相关责任人，然后经当事人确认后，形成书面备忘录，交给总经理与当事人一人一份，并定期跟踪各项任务的完成情况，及时汇报总经理。

九段秘书的做法：做流程——把上述过程做成标准化的“会议”流程，让任何一个秘书都可以根据这个流程，把会议服务的结果做到九段，形成不依赖于任何人的会议服务体系！

从以上九个不同段位的秘书的做法中我们可以看出，执行并不是只有一个结果，不同执行力的人给出的结果也不同。但无疑九段秘书给出的结果才是最具执行力的体现。

所以，我们在做工作时不能将目光只停留在“完成任务”上，我们应该看得更长远一些，将执行的着眼点放在“结果”上，而且，最好是一个能够创造价值的好结果。

因此，管理者在制定计划的过程中，要常问自己：我们想做什么？我们打算怎么做？这样做将会给自己和团队带来什么结果？这个结果是我们正在追求的吗？

综合前面的阐述，可以勾画出有效计划的基本特征：①目标符合 SMART 原则；②行动方案符合结果导向原则；③二者缺一不可。

通过上述结论，可以把计划的状态分为四种类型，如图 3-1 所示：

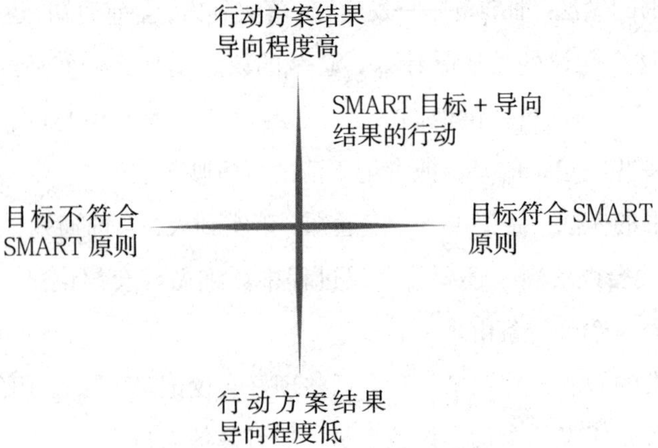

图 3-1　计划的四种状态

显然，第一个象限的计划符合有效计划的特征。读者朋友可以自行对照一下，你的计划水平目前处在哪个区域？

目标激励法

皮尔原来只是美国一家软件公司的普通职员。从他大学刚毕业走进公司的第一天起，他就为自己定下了一个目标：用两年时间当上部门经理。从那天起，“部门经理”就像一面旗帜，他没有一天不按部门经理的身份要求自己。

目标真是一个奇妙的东西，它使皮尔每天都被工作的疯狂激情驱使着，虽然这样工作起来有些累，但劳累过后，看着自己的工作业绩，他便能体会到生活的幸福。

不到1年，他就被提拔到了主管的岗位上，他工作起来更加努力了，为此他牺牲了许多娱乐和休闲时间。有了目标，他不觉得工作是累的，而是一种享受。事业像一列巨大的火车，他就在车上跟着时代的步伐向前跑，不达目标誓不罢休。他的工作能力和工作业绩得到了公司总裁的肯定，在当上主管不到半年的时间里，他就被提升到了部门经理的职位上，成为公司里提拔最快的、最年轻的经理。

皮尔为什么能从普通职员岗位上，迅速升至主管，不久后又升任部门经理？这就是他有目标随时鞭策自己的缘故，这也是目标在一个人身上发挥神奇效能的有力例证。

目标激励法的应用，应从以下几个方面入手：

1. 团队目标要与个人目标联系起来

在实行目标激励的时候，要求企业管理者能够将大家所期待的未来着上鲜艳的色彩，同时也要对实现目标的过程进行规划。在实施激励的过程中，应该避免只是空谈目标而在日常工作中将其弃之一边的情形发生。若要把企业目标真正地建立起来，就要将崇高远大的情感传达到员工那里，并从他们那里得到发自内心的回应，使他们真心诚意地投入到工作中去。

在激励过程中最重要的是灌输目标的整个过程，这需要企业上下开诚布公地全面参与，使员工自觉将个人理想与企业目标联系起来。

企业提出明确的目标，并由管理者有效地与员工进行沟通和传达，让每一个员工都明白自己所做的工作，这对于实现企业的目标具有极其重要的作用。以明确的奋斗目标来激发员工的斗志，并让员工把个人目标和企业目标良好地结合起来，从而增强员工的责任感和主动意识，让每一个员工都为同一目标而不断努力奋斗。

在企业组织中，每个员工都或多或少地有所期望，但这种期望并没有形成一种动力，就如同每个人都希望拥有漂亮的房子但却没有设计蓝图一样。因此，成功的管理者就是要发掘员工的期望，并把这种共同的期望变成具体的目标，而一旦这个具体的目标或理想生动鲜明地体现出来，员工就会从思想上产生一种共鸣，就会毫不犹豫地追随你。形象地说，管理者利用明确而具体的目标激励员工，就是充当一个“建筑师”的角色，“建筑师”把自己的想法具体地表现在蓝图上，让“建筑”的形象生动鲜明地体现出来，以此激发员工为之努力工作。

当然，即使有行动的蓝图，如果没有清楚地规划出实现过程，也无法使大家产生信心。因此，在规划远景的同时，还必须规划出实现远景的过程。这是一个必经的过程，指的就是从现在到实现目标所采取的方法、手段及必经之路。

2. 目标不要太大，如果必须大，则要学会分解

我们可以将目标的实现分成若干阶段，这样既不至于使目标太大，难以激起员工的兴趣，也不至于使目标太小，让员工觉得没有意义。

要让员工和企业有一个共同目标。在成功企业中，通常用塑造一个共同目标，创造共同的价值理念来激励员工。

美国电报电话公司总裁鲍伯·艾伦发现，该公司过去的想法和做法都像是受保护的公用事业，现在必须改变，而且是在行业动荡不安时进行改变。公司的规划部门为关键性的战略任务提出一个定义，也就是让现有的网络承载更多的功能，开发新产品，从而符合新兴信息事业的需求。艾伦决定不用这样理性和分析性的名词来谈公司的目标。他也不谈论以扩张竞争态势为重点的战略意图。他选择了非常人性化的名词，他说：“公司致力于让人类欢聚一堂，让他们很容易互相联系，让他们很容易接触到需要的信息——随时、随地。”这个陈述，表达了公司的目标。但他用的都是非常简单而人性化的语言，使人人都能理解。重要的是，员工能对这样的任务产生共鸣并以此为骄傲。

让企业上下都愿意为企业目标奉献力量，并让这样的努力持之以恒，应该

是管理者追求的目标。明确的企业目标是正当可行的，它不是公关惯用的华丽辞藻，也不是鼓舞士气的夸大宣传。所以，管理者对定义恰当的目标应作出具体的承诺。

美国康宁公司总裁哈夫顿曾委派公司最能干、最受尊敬的资深经理人负责康宁公司的品质管理。尽管经历了一次严重的财务紧张，哈夫顿还是拨出500万美元，创立了一个新的品质管理学院，用以实施康宁公司大规模的教育和组织发展计划。他还承诺将每个员工的训练时间提高到占工作时间的5%。康宁公司的品质管理计划很快就达到了哈夫顿的目标。正如一位高层经理所说："它不只改善了品质，更为员工找回了自尊和自信。"

3. 设定有挑战性的目标

杰克·韦尔奇说："我不断为每一位员工提供富有挑战性的工作，由此造就了了不起的通用员工，然后，再由他们造就了了不起的产品和服务。"

目标，对于员工的激励作用，是毋庸置疑的，但是过低的目标对于激励员工是无益的，只有高目标才能使员工发挥出最大的潜能。

高尔基曾说过："一个人为自己定的目标越高，那么他的潜能就发挥得越好。"企业要想把员工的潜能发挥得淋漓尽致，就必须制定一个员工跳起来才能得到的目标。遗憾的是，许多企业管理者并没有认识到这一点，他们往往把目标定得太低，让员工轻而易举地就能达到，使员工失去工作激情。传统思维和常规认为，如果制定过高的目标，可能会难以实现而使员工产生恐惧的心理，达不到激励员工的目的。但是，只要帮助员工找到实施目标的方式和手段，高目标不仅不会使员工恐惧，反而会激励他们充分发挥自己的潜能，唤起他们不断挑战的热情。所以，优秀的管理者总是制定需要员工跳起来才能达成的目标，在员工不断地发挥潜力、不断成长和进步的过程中推动企业的发展。

卓越的管理者都善于通过增加挑战来赋予员工更多的工作激情，从而给员工更强的成就感，引导他们在岗位上精益求精。

市场变幻莫测，科技交替也日新月异，在竞争异常激烈的市场中，企业如若不能持续增长，就很可能被对手超越，最后淘汰出局。而要保证企业的持续增长，就必须不断地给每一位员工提供富有挑战的工作，激励他们不断创新、变革，以此来加强企业内部活力，推动企业不断向前发展。

通用电气公司人力资源管理的核心，就是“给每一位员工都提供挑战性的工作”。使他们从挑战中得到激情，并从中获取经验。自从韦尔奇执掌通用后，他尽可能地为通用电气的每一位员工提供挑战更高目标的机会，使通用得以长久保持在商界的领先地位。

优秀的公司与其他普通公司相比，区别就在于敢于制定更高一级的目标。著名的马尔斯糖果公司就是靠着近乎完美的目标来激励员工，使企业在竞争激烈的糖果市场上处于不败之地。

玛莎糖果公司的秘诀用一句话来说就是：“把目标订到百分之百，竭力所能追求完美，否则就等于是在放纵自己，到头来只会自食其果。”马尔斯糖果在质量上定下的百分百标准，从统计学的角度来看，几乎是不可能的。但正如他们自己所说的，如果在制定目标时就预先体谅自己，为自己找好借口，降低目标，那目标也就失去意义了，这无异于是在放纵自己的惰性。

有一次，玛莎糖果公司的管理者福里斯特·马尔斯发现有一组棒棒糖没有按标准装好，他大发雷霆，盛怒之下，搬出了所有存货，一个个地砸在了会议室的玻璃板上，他绝不容忍任何一个有缺陷的产品出厂。

这种精益求精的态度，不仅存在于管理阶层中，更是每一个员工追求的目标。也正因为如此，马尔斯糖果公司的实力不断提升，在强手如林的糖果市场上保持着领先地位。

真正懂得用目标来激励员工的企业，都懂得利用挑战来使目标激励作用最大化，他们会制定跳起来才够得到的目标，竭尽所能地追求完美。这样的企业，从来不会容忍所谓的“可容忍过失”。

阿迪达斯公司制定的“无次品”目标，就是绝无“可容忍过失”的具体表现。“无次品”目标极大地调动了员工的积极性，增加了员工工作的挑战色彩。为了实现这一目标。阿迪达斯专门雇用了近 2000 名质量检验人员，质量监察员定时检验产品的生产线，把不合格的产品送回重新生产，并负责把所有发现的错误列成统计图表，用以了解产品质量状态。质量管理人员检验过的产品，检验人员再次做彻底的检查。

如此的高标准、严要求，充分激发了员工的潜能，每一位员工在工作时都投入自己百分百的精力，从不疏忽大意，高质量标准成就了阿迪达斯。使公司的产品因质优而畅销全球，成为许多经销商的免检产品，也为公司树立了良好的企业形象。

这些卓有成效的企业，无一例外都实施了增加员工工作的挑战色彩的措施，靠着这些措施，这些企业渡过了无数难关。苹果电脑公司也是其中的典型。

自 1990 年以来，在家用电脑市场排名第一的苹果公司，市场占有率一直在 10% ~ 14%，可是到 1994 年上半年，却跌落到了 10% 以下。而当时强有力的挑战者——惠普和康柏，正跃跃欲试地想要取苹果而代之，成为新的行业领袖。

面对这种情况，总裁斯平德勒采取了一系列激励措施，他赋予每一个员工更富有挑战性的工作，并从中提升一些优秀的管理人员和创新人员，安排他们到一些重要的岗位任职，以此消除长久以来广泛弥漫于员工之间的自满情绪。这种新的挑战，极大地激发了员工的工作热情和潜力，提升了企业的活力，增强了核心竞争力，使苹果重新走上高速发展之路。

在人力资源决定企业竞争优势的今天，就参与竞争的企业而言，谁能有效地增加工作的挑战色彩，谁就能更充分地激发员工的潜能，从而推动企业的不断发展。

第 4 章

用文化管人

企业文化是企业为解决生存和发展的问题的而树立形成的，被组织成员认为有效而共享，并共同遵循的基本信念和认知。

企业文化集中体现了一个企业经营管理的核心主张，以及由此产生的组织行为。企业文化，或称组织文化（Corporate Culture 或 Organizational Culture），是一个组织由其价值观、信念、仪式、符号、处事方式等组成的其特有的文化形象。

总经理要培养全体员工的使命感和共同接受的价值观，即用企业文化管人，文化管人的好处是可以弥补硬性制度、目标所不能触及的管理罅隙地带。

企业文化的核心是价值观

如何带出一支无坚不摧的企业经营团队？

这个问题，也可以换个角度来思考：企业中的每个人为何要与你一起并肩作战，逢坚而摧？

答案可能是：因为金钱、因为恐惧、因为感情、因为事业、因为理想、因为社会……

你所给出的答案，在一定程度上，反映了你带企业团队的价值观。

人不同于动物，动物只能被动适应环境，人不仅能认识世界是什么、怎么样和为什么，而且还知道应该做什么、选择什么，发现事物对自己的意义，设计自己，确定并实现奋斗目标。这些都是由每个人的价值观支配的。因此，价值观是人用于区别好坏，分辨是非及其重要性的心理倾向体系，人的需要、动机、愿望等都是受价值观决定、调节和制约的。

人，以群分，以类聚。人们在和与自己有共同价值的人一起工作时，会找到归属感，会倾向于展现自己最优秀的一面，正所谓“志同道合”。因此，在团队管理中，重视价值观的作用，并设法培育之，是非常重要的。

关于价值观的作用，最重要的是培育凝聚力。古人讲：“以利交者，利尽则交疏；以势交者，势倾则交断；以色交者，花落而爱渝；以道交者，天荒而地老。”以“利交”“势交”“色交”，都不如以“道交”，这里的“道”就是价值观，而“交”就是凝聚力。

共同的价值观，可以激发出强大的团队凝聚力，让团队成员自动自发地行动起来，彼此协调和支持，可以完成“比难更难”的任务。为了说明这个结论，让我们来一起学习宝洁巴西公司的一个案例。

宝洁公司的价值观中有一条是“造福于世界”。宝洁巴西公司 1990 年代末，业务濒临绝境，员工甚至担心公司会倒闭。因为宝洁的全球高端产品并不适合当地消费者。当时巴西人口增长速度最快的群体是低收入消费者，这些家庭不是在使用廉价的劣质产品，就是干脆什么都不用。例如，他们仍然用手洗尿布，这种繁重而单调的劳动让一些家庭成员没法出去工作。坚守公司价值观的巴西本地团队觉得，他们没能改善当地人的生活。于是团队成员和这些家庭一起生活，仔细分析宝洁的每道流程，进而开发出一些他们称之为“basico”（在葡萄牙语中是“基本”的意思）的创新型产品，大获成功。团队成员认为，他们不只为公司创造利润，也应思考如何造福于世界。正是这种强烈的价值观，推动各个职能部门之间以及公司和客户之间实现了空前紧密的合作，而客户生活改善所带来的兴奋感，也让他们沉醉不已。

如何培育团队成员的共同价值观呢？

首先，团队价值观并非天生，需要管理人员的灌输与宣传，经过不断地潜移默化后，成员才能逐渐接受并内化为团队共同的价值观。在这个过程中，需要团队领导人的倡导与宣传，以深化对团队价值观的认识。

建筑工地有三组工人在干活，他们都问自己的工长一个问题：“我们在干什么？”第一组工长回答：“我们正在砌一堵墙。”第二组工长回答：“我们正在盖一座大楼。”第三组工长回答：“我们正在建造一座城市。”

在这个例子中，第一组的工长是在向成员说明工作任务，第二组工长是在向成员阐明工作目标，第三组的工长是在向成员阐述团队价值观。第三组工长最有潜力带出一支建设美丽城市的卓越团队。

两位妈妈分别带孩子出门，看到一个扫大街的环卫工人，因为垃圾桶里玻璃扎到了手而流血不止。第一位妈妈对孩子说：“你要是不努力学习，将来只能和这个人一样扫大街”。第二位妈妈对孩子说：“你要努力学习，将来才有能力改变世界，让环卫工人们不用这么辛苦。”第一位妈妈和孩子沟通了一种功利的学习价值观，而第二位妈妈则和孩子沟通了一种为人类创造福祉的学习价值观。

两位孩子的前途立现。第一位妈妈将会培养出一个“精致的利己主义者”，而第二位妈妈则有潜力培养出真正的伟大人物。

其次，培育团队价值观，还要健全配套机制，让团队价值观渗透到团队日常经营管理过程中的每一环节。这里的配套机制主要是指制度规范。

从价值观的角度，可以把织中的制度规范分为两种类型：

第一种类型是操作型规范，它是运用价值观来指导团队成员行为的规范，这类规范是价值观的直接体现。例如某企业的价值观是“高效”，于是在员工的行为规范就规定“当天的工作必须当天完成。”

第二种类型是强化型规范。如果人们遵守操作型规范，却得不到奖励和认可，人们遵守的意愿就会降低；如果有人违反操作型规范而得不到惩罚，那么这种违反行为就会出现和蔓延，从而让价值观成为一种摆设，因而要制定对违反规范行为的惩罚规范。这类奖励和惩罚的规范可以强化人们对组织价值观的接受和遵循，因而是强化型规范。例如某团队的价值观是“一视同仁”，落实到具体问题上，例如开会不能迟到，应该积极参与讨论，就可以制定这样的制度："无论职位高低，迟到者和沉默者都要站着开会 15 分钟。"

价值观指向行为规范（操作型），行为规范（强化型）又指向价值观，这就形成了闭合循环。华为创始人任正非在内部讲话中曾说："华为经历了十年的努力，确立了自己的价值观，这些价值观与企业的行为逐步可以自圆其说了。"自圆其说就是形成了闭合循环。

一旦价值观和行为规范构成了闭合循环，就能自我丰富和完善。任正非对此的比喻是"它将会像江河水一样不断地自我流动，自我优化，不断地丰富与完善管理……不断地流，不断地优化，循环不止，不断升华。这就慢慢地淡化了企业家对它的直线控制（不是指宏观的控制），那么企业家的更替与生命终结，就与企业的命运相分离了，长江就是最好的无为而治，不管你管不管他，都不废江河万古流。"

有明确的价值主张，并因之形成团队的各类操作型规范和强化型规范，团队价值观建设的步伐就迈开了。

企业文化和价值观塑造的意义

一般说来，企业文化的构建可以分为几个方面：文化环境、价值观、英雄人物、礼仪和庆典及文化传播网络。在这几个方面中，价值观或经营理念是核心。形成和培育一个恰当的企业理念和价值观，并为员工所信奉和践行，进而为社会及其公众认同是企业文化构建成功与否的关键。

只要是企业，不管它是什么类型，都摆脱不了围绕争取最终实现企业核心价值观的逻辑范畴。企业思想是企业文化的主线，企业的战略规划受企业思想的制约，因而，企业战略的研究、规划与实施必须与企业文化的塑造和提升并重。

在企业文化体系中，不管是文化传播、组织文化、管理文化等等，都摆脱不了必然围绕最终争取实现企业价值目标的基本点——核心价值观。所以，企业思想是企业生存和发展的理念，是用于支撑和调节企业价值链并始终处于支配地位的主观有机体；企业战略——只能是企业为达成其最终价值取向并以人为方式进行的客观的刻意技术谋划。

企业文化与理念塑造应注意的事项

企业文化与个体单元，以及与组成企业生产力的个体单元素质与个体单元素质之间存在着显著差异，企业赖以生存的环境及自身条件的阶段与不同阶段间的变化存在着差异。因此在塑造企业文化与理念时应该注意：

（1）组成企业生产力的个体单元之间的素质差异，是由组成企业生产力的一个个来自四面八方的个体单元组成，而这些个体单元又因其客观和主观因素差异的存在，使其在素质程度上的参差不齐，以至由此形成的人生观和价值观的必然差异。为了企业的最终价值取向的达成所建立的企业理念支撑体系，首先是为了减小和拉进个体单元价值与企业最终价值取向之间的差距，使其尽可能地接近企业的宏观整体一致性和能动性，以符合并满足企业的生存与宏观战略发展的需求。

（2）因为企业文化是用于服务于企业并具有鲜明指向性和可操作性的刻意行为理念，因而，与被动形成的个体单元文化具有本质上的原则区别，显然，后者的客观形成和能动因素并不比前者简单。所以，企业价值观与个体单元价值观因其诸多内外促成因素的不同使其理念存在显著的差异理所当然。因此对组成企业生产力的个体单元间进行间接或直接的素质提升和整合，促进生产力的发展，以符合和满足企业的竞争战略需求。

（3）对企业文化的自身和与周边先进文化的不断整合与创新，是为了适应和满足企业在不同时期、不同环境和不同条件下企业战略发展的过程中对企业的不同需求。

（4）不管是企业文化，还是企业战略抑或是企业一般性谋划，脱离了企业的实际，就失去了其本身存在的价值和意义。

（5）企业的培训更是如此。宏观理论的技术失误与理解的差距，追名逐利、好大喜功、不切实际和急于求成的行为动机，这就是很多企业虽经过培训但没起什么大作用的根本原因。只要是企业，不管是何种类型，自从其企业开张就必然存在价值取向和经营谋划，成功与否的区别在于其对时序、大小、理念、层次和方式等多方面的不理解、不明晰造成非常严重的决策失误和行为偏离，最终导致企业走入颓败。所以，企业的决策者和主要管理者必须首先加强学习，扭转主观逻辑错误。

（6）关于企业战略的规划和实施，并不是任何规模的企业均能适用或死搬硬套的；而战略思想和战略方式方法的应用，却不受任何条件的限制和约束，是任何规模和条件下的企业均可以因地制宜、根据自身条件加以灵活运用和在此基础上创新发展的。

企业文化的层次

1. 精神文化

包括：企业精神、企业宗旨、经营理念、价值观念、管理哲学、道德准则、企业口号等。

2. 制度文化

经营规模：如通过规模经营迅速扩张，扩大市场占有率，降低成本。

运作方式：如通过上与母公司，或下与子公司组成的群体，优势互补，增加市场竞争力和规模效益。

治理形式：如通过企业家精英团队管理企业群体，并依法治企。

人际关系：如上下级、员工、客户间均建立信任和谐人际关系，达到沟通谅解。

管理制度：如常规与例外结合，只常规管理规范化、标准化，例外管理弹性化。

激励机制：如激励与约束结合，以激励为主，约束为辅；以奖励为主，惩罚为辅。

利益分配：如企业、员工的利益求大同存小异，并趋于共存共荣。

3. 物质文化

生产或服务：如生产制造出质量可靠、性能价格比高的产品。

工作环境或厂貌：如办公环境、经营环境均为整洁、明亮、舒适。

技术装备：如配置先进、适用的设备、机器。

后援服务：如为服务对象提供无微不至、主动、便利的服务。

人力资源：如通过全程、终身培训使员工均达到行业社会优秀水平；人尽其才。

福利待遇：如公司员工通过辛勤劳动获得行业和当地领先的工资、福利待遇。

企业文化建设的步骤

优秀的企业文化是不会自发形成的，它是企业领导者有意识地加以培育和长期建设的结果，而能够自然形成的则可能是一些不良文化。在许多企业的经营实践中，建立良好的企业文化并不是企业从一建立就明确下来的目标，而是企业经过一个初始的积累阶段之后，逐步认识到优秀的企业文化对企业成长的重要作用才予以重视并列入计划，企业才逐步有进行企业文化建设的需要。

所谓企业文化建设，就是企业领导者有意识地倡导优秀的企业文化，克服和消除不良文化的过程。企业文化建设通常包括三个阶段：文化盘点、文化设计和文化实施。

1. 文化盘点

文化虽然是无形的。但它和物质形态的产品一样，也是可以感知的，对物质产品可以盘点，对文化也可以。文化盘点就是对企业过去和现在的文化进行整理和分析的过程。盘点的目的是通过深入的调查研究，把企业目前存在的文化一一搞清楚。盘点的内容包括员工的需求和愿望、员工对企业目标的看法、员工对现行的风气的态度、团队的合作状况、员工的积极性和创造性、员工对经营理念的认同程度、客户的满意度、企业的社会形象等方面。盘点的方法主要有问卷调查、访谈、座谈和典型案例解剖等。

在完成各方面调查之后，要对搜集到的企业当前的文化资料进行分析，哪些是应该发扬和保留的，哪些是要消除和防止的。将这些整理和分析出来，形成一份调查报告，这份调查报告就是文化设计的基础。

2. 文化设计

在搞清楚现存的企业文化之后，就要进入下一个步骤——文化设计。文化设计就是勾画出所期望建立的优秀企业文化蓝图的过程。它的任务是根据企业发展战略，兼顾组织历史传统和现实文化，设计出其目标文化。文化设计必须根据企业文化的结构，即在观念层、制度层和器物层三个部分进行设计。

在观念层上，文化设计必须将企业的经营目标提升到更高的层次，形成企业的最高目标，使员工更加明确企业的最高目标是什么，明确自己身上的社会责任，也使员工懂得应该以长远的眼光来考虑自己的利益和企业的利益。

在制度层上，文化设计就是要制定一系列的规章制度来保障所设计的企业文化的实施和建立。这一层面的工作并不是全盘否定原有的各项管理制度，而是应该尽量利用原有的制度，对一些不良方面进行修改。如果将原有的制度推倒重来，则会引起管理的混乱，造成损失。实践证明，许多企业不能形成良好的企业文化并不是企业没有完善的规章制度，而是缺乏对这些制度的执行力度和执行决心。

在器物层上，文化设计就是要创造一种全新的环境和氛围。在这个层面上，要设计出一套全新的标识，包括标语口号、公司标志、产品包装、公司环境、员工的着装、员工的礼仪举止、各种宣传活动。企业的标识应简洁明了、容易认识和记忆；口号要简单并富有哲理和号召力。

文化设计中对设计者的战略眼光、管理知识和文学功底都有比较严格的要求，文化设计可以由内部专家来承担，也可以外请专家来设计。

3. 文化实施

企业文化建设比起企业自然形成企业文化难度要大得多。这是因为企业文化建设需要打破原有的文化，而原有的文化已经成为定势，员工已经有基本的观念和共同的价值观，已经有一定的行为惯性。所以，对原有的观念和行为习惯的扭转有着相当大的难度。

文化实施就是依据文化设计的蓝图，实现由现实文化到目标文化的过渡，实质上是组织文化的变革和更新。一般来说，文化实施可分为三个阶段：

第一阶段：解冻，就是打破原来的文化格局。这是一个大造舆论，批判陈旧过时的观念、批判陈旧过时的制度、批判陈旧过时的物质载体，提倡原文化中的优良作风，大力倡导新设计的目标文化的过程。

第二阶段：变革，就是企业文化建设的行动过程。它包括制度的创新与改革，行为习惯的破旧立新，观念的改变与更新，以及组织器物层的更新和建设。变革是一个相对比较漫长的过程，特别是对新制度的执行，员工需要一个适应期。在变革过程中，要不断监督新制度的执行情况。制度的执行是企业文化建设的重要手段，制度的执行必然有相当的难度，而执行的决心和执行的程度之大小是企业文化建设成败的关键。

第三阶段：再冻结，就是使新形成的观念、新的制度、新的行为规范、新的物质环境巩固下来的过程。这个过程是对员工不断地强化，通过制定一系列的激励措施对符合目标文化的行为予以鼓励，对违背目标文化的旧习惯要及时地加以约束。

4. 企业文化建设的配套措施

企业文化建设的实施过程中，需要相应的一些保障措施：

（1）建立企业文化建设的领导机构、监督机构和执行机构；

（2）编写《企业文化手册》，并对员工进行培训；

（3）建立企业文化建设的责任制度，要求各级管理人员负起本部门的文化建设的责任；

（4）建立相应的考核机制以及奖励和惩罚制度，并且严格执行；

（5）建立企业文化建设的传播网络，办好相应的报刊、宣传栏、广播、印刷品宣传资料；

（6）制定完整的企业文化计划和预算。

第5章

向上管理，如何管好老板

总经理有很多种类型，理论上讲，只有当企业的董事长兼总经理时，总经理才没有真正意义上的老板和上级，其他的情形，总经理都要和上级打交道。这些上级包括董事长、董事会、股东会、总裁等。

总经理要学会向上管理，其内涵是指如何与上级相处，赢得他们的支持和帮助，并借助他们的智慧和力量，为公司的稳健快速发展保驾护航，平添助力。

区分两种总经理负责制

要分析总经理在企业中的职责范围和权力大小，必须从企业领导体制的角度去观察。

企业领导体制，是指企业的领导体系和制度，是确定企业内部领导权力的划分归属和使用，界定所有者与经营者在企业中的权利，地位和相互关系的一种根本制度。

从历史上看，企业领导体制在近一百多年来，走过了四个阶段：

第一阶段是家长制领导阶段。这时期，企业规模小，多为家庭企业。家长、企业主、经理三位一体，都由家长说了算。家长凭其直观经验来管理企业。

第二阶段是经理领导制阶段。随着企业规模扩大，管理复杂化，所有者难以很好地对企业进行经营管理。于是，所有权与经营权开始分离，经营管理权有代价地转移到雇佣的具有一定管理经验的经理阶层手中。企业管理水平有了提高。

第三阶段是职业“软专家”领导阶段。在经理领导阶段，经理们多出身于精通某专业的“硬专家”，但没有爱过全面的计划、组织、指挥、协调企业的训练。到了第三阶段，以经营管理为专长的“软专家”应运而生，取代“硬专家”的统治地位。

第四阶段是专家集团领导阶段。近几十年以来，随着现代经营和科技的分化整合，经营环境变化加剧，仅靠一两个“软专家”已不能很好地领导企业。于是，企业领导层出现了两上不同形式的领导力量：一是以总经理或董事长为核心，包括总工程师、总经济师、总会计师、副总经理在内的决策集团；另一是为经理决策提供资料并出谋划策的智囊团。

当然，不同的企业财产组织形式产生有相应的企业组织形式和领导机制，现阶段的企业领导体制主要有两种类型：总经理负责制和董事会领导下的总经理负责制。

总经理负责制是由总经理对企业的生产指挥和经营管理工作统一领导、统一指挥、全权负责的一种企业领导制度。总经理对外是法人代表，对内是企业行政业务方面的最高负责人，对企业经营管理及重大事项拥有广泛的决策权力。这种领导体制的最大优点是决策迅速而且责任明确，避免了互相推诿，无人负责的现象，但总经理负责制也可能导致决策独断专行，权力缺乏制约和损害所有者利益的行为。在这个信息化、科学化社会中，总经理所能掌握的知识和信息可能不全面，可能会导致决策失误；另一方面，总经理的性格和个人品德修养显得十分重要。否则，一旦制约不足，就会独断专行，损害他们利益。

董事会领导下的总经理负责制是由董事会统一领导，集体决策，由总经理负责执行和进行日常行政管理的一种企业领导制度。董事会由企业最高权力机构股东大会（或股东代表大会）选举产生，是企业最高权力机构和决策机构。董事会向股东大会负责。董事会聘任公司总经理对公司的业务活动效率和结果负全面责任。经理向董事会负责。这种董事会领导下的总经理负责制健全了公司的决策，执行和监督机构。由董事会、总经理之外的监事会行使监督权，相互制约。这种体制既发挥了集体的智慧、能力，又保证职权明确，责任清楚，还能体现各方面的利益。但是也可能造成决策效率低，决策与执行不一致，责任分裂以及名义上集体决策而实际上少数人专制等问题。

无论是从领导体制的历史发展阶段还是现阶段的几种类型，我们看到，建立企业领导体制须注意以下四个方面。首先，要建立集中统一的领导和指挥，才能步调一致，配合紧密；其次，必须使那些在经营管理上有专长，精通经营管理之道的专家、内行进入企业领导层参加企业管理；再次，现代企业必须建立严格的责任制，做到事事有人管，人人有责任；最后，随着环境的复杂化，技术不断进步，变化在加快，网络化、数字化、电子商务、敏捷制造等正在极大地改变人们的生活与工作，企业必须对市场信息作出灵敏反映，果断决策，并迅速行动，才能在竞争中处于不败之地。

管理老板和上级的奥妙

人们大都关注怎样管理下级，而管理自己的上级，是一个很少为人们关注的重要问题。

对此，彼得·德鲁克提出了极为精辟的见解。他说，有效的管理者还得设法管理自己的上级，这是很重要的。管理上级其实并不难，但只有有效的管理者才能了解。管理上级的奥妙在于运用上级的长处。

我们该知道运用自己上级的长处，也正是部属实现自身有效性的关键。大概只有这样，身为部属者，才能得到上级的支持。也只有这样，部属才能全力开创并实现他本身的见解。

要使上级能用其所长，以“唯命是从”的方式并不能做到。应该从“以是为是、以非为非”着手，将自己的见解用一种能为上级所接受的方式向上级提出。

有效的管理者知道他的上级是“人”，所以也一定知道他的上级必有其一套有效的方式。他通常会设法探寻出上级的这套方式。所谓方式，也许只是某种态度或某种习惯。但是，那些态度和习惯，却都是事实。

人大致可以分为两种类型：“读者型”和“听众型”。此外也有兼“读者型”和“听众型”的人，这也该算是例外——例如律师。如果我们对“读者型”的人侃侃而谈，那是徒费口舌，因为他只有在“读”过之后才能“听”得进去。同样，我们对“听众型”的人递送一册厚厚的报告书，那是徒费笔墨，因为他只能“听”了之后才能掌握要领。

有人只愿阅读浓缩成一页的报告，例如艾森豪威尔总统；但也有人要了解整个理论推演的具体过程，他要的往往是厚厚的报告全文；有人爱看数字，虽长达60页也毫不在乎；有人喜欢及早了解情况，以便作最后的判断。但也有人非等你研究成熟之后，才愿听你的报告。

正因为有这上述的类型，所以要了解上级的长处，并发挥其长处，你需有适当的适应。谈到适应，是考虑“如何”提出，而不是考虑提出“什么”。换句话说，向上级提出各种资料，应考虑的是先后顺序，而不是轻重是非。如果说上级长于政治能力，那么我们提出的报告就应以政治方向的问题居先。这样总能使上级易于把握问题的重心，从而易于发挥上级的所长，使新政策得以成功。

要使上级认同其实并不难。问题只在于了解上级的长处，知道上级能做些什么，只在于重视上级的长处，以使其弱点不发生影响。协助上级展其所长，是促使管理者有效管理的最好方法。

如何开好董事会

在创业天堂硅谷流行这么一句话：

“Good boards don’t create good companies, but a bad board will kill a company every time.” “好的董事会不一定能成就好公司，但一个糟糕的董事会一定能毁掉公司。”

如果要保证企业的整个躯体在公司治理下能够正常运转，首要条件就是企业要有一个睿智、清醒的大脑，这个大脑便是董事会。一个结构良好的董事会是公司创造价值的保证。然而在国内的很多企业，董事会形同虚设，公司治理名存实亡。企业要提高公司治理能力，首先就要学会开好董事会。那么如何开好董事会呢?

1. 如何挑选董事会成员

对于有限责任公司，董事多采用按出资比例提名、任命、委派、协商和承继等办法产生，成员为三人至十三人；股份有限公司董事由股东大会选举产生，成员为五至十九名，并可根据章程的规定或者股东大会的决议，实行累积投票制。董事成员一般是奇数。所有董事组成一个集体构成为董事会。为更好地发挥董事会的职能，在选择董事会成员构成时还需要重点考虑以下方面的问题：合理确定董事会的总人数，人数太少不利于集思广益和充分集中股东意见，人数太多则会造成机构臃肿，降低决策效率；引入适当比例的外部董事，这样可以避免董事成员与经理人员的身份重叠和角色冲突，董事会更能有效行使职权；董事会是一个团队，需要各种不同特点的人，要求适当搭配董事会成员的年龄、性别、个性和专业构成。

2. 如何设置董事会职权

股东会是公司的权力机关，董事会作为公司的执行机关，由股东会产生，受其监督并对其负责。股东会的权力来源于股份所有权，董事会的权力则来自于法律法规和公司章程的授权。对于公司法律法规规定必须由股东会决定的重大事项，董事会未经股东会决定，不得擅自决定。而法律法规和公司章程赋予董事会行使的职权，股东会也不得任意干涉。股东可以选择由谁出任董事以及罢免不满意的董事，但是股东们不能干预董事在其职权范围内行使经营权，在管理公司事务方面，董事们有权进行自己的经营判断。当然，在股东会权力和董事会权力相重合的场合，股东会的权力至上。

我国公司法以分别列举的方式规定了股东会和董事会的职权。但公司运营中的具体事务千差万别，法律列举必定挂一漏万。因此，法律列举之外的“剩余权力”由谁来行使，存在争议。在实务操作中，对于剩余权力，除必须由股东会行使的权力之外，可通过公司章程授权董事会，同时加强对董事及董事会的监督，以提高公司运营效率，并避免出现决策权力真空。

3. 董事会应该一年开几次

董事会的会议一般分为普通会议和临时会议。普通会议是在公司章程规定的固定时间召开例会，而临时会议是指公司经营中遇到需要董事会及时决策的必要事项时，董事会召时召开的。

会议频度合理化是强化董事会决策能力，避免董事会会议形式化、空洞化的重要举措。董事会作为会议体，如果不开会就谈不上董事会的决策，更谈不上履行其控制和监督职责。因此，董事会必须定期集会。

根据我国公司法，一个年度内有限公司董事会会议的召开次数不作强制性规定，由公司根据自身的情况合理决定，并可规定在公司章程中。股份公司每年度至少召开两次董事会会议，具体的次数则由公司根据具体情况决定。至于如何合理确定董事会会议频度，则是难以作出一个统一的具体规定的。只能分析和借鉴国际、国际一些大公司的成熟做法并结合本公司的实际情况确定。从实践看，美国大多数大型公司每年召开八次董事会会议，有的会议频度虽稍低但会议时间较长，便于集中时间进行充分讨论。

4. 如何确定会议议程

我国公司法仅规定董事会会议由董事长召集和主持，对于董事会会议议程未作明确规定。但为了完善董事会运作程序，公司应该根据本公司的具体情况制定一个详细的董事会会议议程式，并明确规定在公司章程或章程附属文件中。总的来说，会议议程应体现以下原则：第一，董事长与董事会其他成员商议后确定具体日程；第二，在董事会召开期间，每个董事都有权要求增加议题，该议题是否会成为本届董事会的议题，应由全体董事的过半数以上决定；第三，会议议程应该正式化、书面化。

5. 如何设定议事程序

我国公司法对股份公司的议事程序作了基本的规定。如董事会会议应有过半数的董事出席方可举行，董事会作出决议，必须经全体董事的过半数通过；董事会决议的表决，实行一人一票；董事会的会议，应由董事本人出席，董事因故不能出席，可以书面委托其他董事代为出席董事会等。但是，公司法对于有限责任公司的议事方式和表决程序未作具体规定，主要留给公司以章程的形式根据具体情况进行规定。

6. 如何避免决议瑕疵

董事会决议是由达到法定比例的董事出席，并经法定比例的董事表决通过而作出的决议。从形式要件上，要满足董事会的召集程序合法，出席方式及同意作出决议的董事人数符合法定比例的条件；从实质要件上讲，董事会决议的效力取决于董事会作出的决议是否在其职权范围内，以及决议内容是否违反法律、法规或公司章程的规定。董事会决议的瑕疵可能导致决议无效或可撤销。如果违反法律、行政法规，将被认定为无效的决议；如果决议内容违反公司章程的，或者董事会会议召集程序、表决方式违反法律、行政法规或公司章程的，该决议为撤销的决议，股东可以自决议作出之日起 60 日内，请求法院撤销。董事会决议出现瑕疵并非罕见。董事会在作决议时务必审慎以确保其合法性。

如何向董事会汇报工作

总经理通常都是董事会成员精挑细选的经营干将，诸如汇报工作之类的小事，似乎不值一提。但是发生在 2016 年的万科事件，却让人对高层管理团队与董事会之间的沟通质量，产生了忧虑和怀疑。当万科的王石、郁亮等企业高管，被第一大股东宝能和第二大股东华润接连发声，要求其下课或投否决票时，旁观这一新闻热点的诸多总经理们，有没有对自己的老板和董事会，心生敬畏之意呢？或者说，敬畏之心加深了呢？

以汇报为例，在职场中，员工或下属向领导汇报工作，是常见的工作程序之一。原则上说，只要是领导直接交办或委托他人交办的工作，无论大事小事，无论工作的结果是否圆满，均应向领导如实作出相应的汇报。下属向领导汇报工作，汇报什么很重要，怎样汇报也同样重要：否则即使工作做了10分的成绩，汇报时给上级的印象只有6分，岂不冤枉。当然也不能做了8分，汇报成12分。这种夸大成绩的做法非常不可取，应该严格杜绝。

这些职场中的基本动作，对总经理依然是适用的。具体来讲，总经理在向董事会、老板或董事长等上级汇报工作时，有以下注意事项：

1. 及时汇报不好的消息

对不好的消息，要在事前主动报告。越早汇报越有价值，这样上级可以及早采取应对策略以减少损失。如果延误了时机，就可能铸成无法挽回的大错。报喜不报忧，这是多数人的通病，特别是失败是由自己造成的情况下。实际上，碰到这种情况，就更加不能隐瞒，隐瞒只会造成更加严重的后果。

2. 全权委托的事也要报告

上级委托总经理全权负责某一项事业的经营管理，并不是直到年底的时候，才想了解经营的情况，总经理要注意在过程中，遇到重大问题或者不同寻常的情况时，不仅要和上级仔细讨论各种细节，请示相关处理办法，而且还要及时汇报各种相关事宜。在有的情况下，上级作出各种授权和布置后，还会在一旁详细观察，这时总经理最好把事情的前因后果详细地向上级汇报。

3. 汇报工作要简明扼要

汇报工作时要先说结果，再次说经过，书面报告也要遵循这一原则。这样，汇报时就可以简明扼要，节省时间。

4. 汇报工作要严谨

在工作报告中，不仅要谈自己的想法和推测，还必须说正确无误的事实。如果报告时态度不严谨，在谈到相关事实时总是以一些模糊的话语，如“可能是”“应该会”等来描述或推测的话，就会误导上级，不利于上级作出正确的决策。所以在表明自己意见的时候，最好明确地说“这是我的个人观点”，以便给上级留下思考空间，这样对己对领导都会大有裨益。

5. 忌揽功推过

总经理向上级汇报工作，无论是报喜，还是报忧，其中最大的忌讳是揽功推过。所谓揽功，即是把工作成绩中不属于自己的内容往自己的功劳簿上记。不少人想不开其中的道理，他们在向上级汇报工作成绩时，往往有意夸大自己的作用和贡献，以为用这种做法就可以讨得上级的欢心与信任。实际上多数上级都是相当聪明的人，他们并不会因为你喜欢揽功，就把功劳记到你的账上去的。即便一时没有识破你的真相，他们也多半会凭直觉感到你靠不住。因为人们对言过其实的人，多是比较敏感的。

所谓推过，就是把工作中因自己的主观原因造成的过错和应负的责任，故意向别人身上推，以开脱自己。它给人的印象是文过饰非，不诚实。趋利避害是人的天性。揽功推过却是人的劣根性。不揽功，不推过，是喜说喜，是忧报忧，是一种高尚的人品和良好的职业道德的体现。采取这种态度和做法的人，可能会在眼前利益上遭受某些损失，但是从长远看，必定能够站稳脚跟，并获得发展的机会。

6. 恭请领导评点

当你向上级汇报完工作之后，不可以马上一走了事。聪明人的做法是：主动恭请上级对自己的工作总结予以评点。这也是对上级的一种尊重和对他比你站得高、看得远、见识多的能力的肯定。

通常而论，上级对于总经理的工作总结，大多都会有一个评断，不同的是有一些评断他可能公开讲出来，而有一些评断他则可能保留在心里。事实上那些保留在心里的评断，有时却是最重要的评断，对此，你决不可大意。反之，你应该以真诚的态度去征求上级的意见，让上级把心里话讲出来。对于上级诚恳的评点，即便是逆耳之言，你均应以认真的精神、负责的态度去细心反思。只有那些能够虚心接受上级评点的总经理，才能够被上级委以更大的重任。

简言之，身为总经理，千万不要忽视请示与汇报的作用，因为它是你和上级进行沟通的主要渠道。你应该把每一次的请示汇报工作都做得完美无缺，上级对你的信任和赏识也就会慢慢加深了。

第6章

向下管理，如何管好下属

管理就是通过别人完成任务的艺术。总经理如何打造一支“召之即来，来之能战”的狼性团队，是其经营公司的职责和使命所在。

这一点，全天下的总经理都可以向李嘉诚学习。李嘉诚在创业前期的20多年时间里，既是董事长又是总经理，由于他注重人才管理和团队建设，因此事业蒸蒸日上，成为香港超人和世界华人首富。

李嘉诚广纳贤才，从不在意出身和背景。只要有能力，他均奉为上宾。他曾高兴地对记者说：“你们不要老提我，我算什么超人，是大家同心协力的结果。”他身边有300员虎将，其中100个是外国人，200个是年富力强的香港人。

扮演好一把手的角色

东方创始人俞敏洪认为自己创业的成功，得益于自己做了一条把珍珠串起来的线，就是把那帮比他有出息的海外朋友请了回来。他说：“新东方每个人都是一颗珍珠，但是在串成项链以后，价值会倍增。现在我愿意变成这么一根线，实际上我也正在做这个工作。线必须坚固耐磨，不管被什么磨砺都不能断，也就是说我的忍耐力和承受力、宽容度必须是极大的，只要这根线不断，新东方珍珠项链还会更长。所以我觉得我只要做好这根线就行了。”

俞敏洪串起的第一颗“珍珠”是徐小平。1995年年底，积累了一小笔财富的俞敏洪飞到美国，这里曾是他魂牵梦绕的地方，当年就是为了攒留学的费用，他丢掉了在北大的教师职位。在加拿大，曾经同为北大教师的徐小平听了俞敏洪的创业经历后怦然心动，毅然决定回国和俞敏洪一起创业。

俞敏洪串起的第二颗“珍珠”是王强。在美国，看到那么多中国留学生碰到俞敏洪都会叫一声“俞老师”，已在美国贝尔实验室工作的同学王强也深受刺激。1996年，王强终于下定决心回国。

这两颗“珍珠”，在新东方的快速发展中闪耀出耀眼的光芒，与俞敏洪组成了一个坚固的铁三角，被外界称为新东方的“三驾马车”。

俞敏洪串起的“珍珠”还有被朋友们怀疑不食人间烟火的哲学家包凡一，他在现实压迫下，读完传播学硕士之后，再熬出一个MBA，居然成了美国通用汽车公司的会计师，但在俞敏洪的邀请下，也毅然加入了新东方的创业团队。

随着新东方的进一步发展，俞敏洪这根“线”串起了更多的“珍珠”：钱永强，美国耶鲁大学商学院MBA，新东方著名教学专家，作为投资人，他投资了交友网站世纪佳缘；周成刚，澳大利亚麦考瑞大学传播学硕士，之前担任过BBC亚太部记者和节目主持人；杜子华，中国英语考试培训界的领军人物；胡敏当时已经是国际关系学院英语系硕士生导师……他们中的每一个人，单独拉出来都是一块响当当的名牌。

关于珍珠和线的比喻，最早是柳传志在2001年“联想清华校园世纪寻才活动”上提出来的，他深情地说：“对于人才，我有一个看法，对于一般的企业来说，更需要的是管理人才。为什么这样讲？因为好的科技人才和专业人才，就像珍珠，没有线，这些珍珠成不了项链，好的科技人才我可以通过高薪把他挖过来，但挖过来之后，没有好的管理人才，他们还是起不到该起的作用。起决定作用的还是线，因此管理人才是极其重要的……有的人不是珍珠，不能像珍珠一样闪闪发光，但他是一条线，能把那些珍珠串起来，做出一条光彩夺目的项链来。”

在柳传志的倡导下，联想提出了自己的人才管理理论：项链理论。也就是说，人才竞争不在于把最大最好的珠子买回来，而是要先理好自己的一条线，形成完善的管理机制，这样才能把一颗颗珍珠串起来，串成一条精美的项链。如果没有这条线，珠子再大再多还是一盘散沙。没有好的管理形成强有力的企业凝聚力，仅仅依赖高薪也难留住人才。

柳传志眼中的“珍珠”必须具备几个条件：有强烈的责任心，有吃苦耐劳的创业精神，善于学习和总结。总之，就是具有上进心、事业心和责任心的学习型员工。为了串起这样的“珍珠”，联想在选人上可谓煞费苦心。

（1）严格的面试手段。联想从国外引进了一套针对个人的心理测评工具，这套工具能对人的十几个倾向做出判断，通常做完这样一套测试要花上两个半小时的时间。联想会根据业务部门的特点，从岗位特点出发对员工测试结果进行分析，比如对于一个研发人员岗位，在选择人员时就可以忽略财务方面的问题。

（2）试用期的考验。新员工在报到的当天，就要接受为时两个小时的“入厂教育”，内容包括公司规章制度，甚至具体到怎样打电话等。在试用期即将结束前，新员工还要接受为期一周的封闭培训，了解公司的文化、理念、产品、历史、发展方向等。如果是进入业务部门工作，还要再进行培训。联想还实行新员工指导人制度，即每位新员工都将被安排一位指导老师，这位指导老师可能是资格老的同事或是部门经理。在三个月的试用期结束时，指导人不仅要对自己指导的新人做出评价，而且新人也要对指导人的指导做出评价。

（3）员工分类管理。联想把员工分成四类，一类是既认可联想价值观又出业绩的员工，这当然是最好的，联想会给他足够的舞台；第二类是能力非常强，能不断出业绩，但未必认可企业文化的员工，对这类人联想在人才管理和开发方面会考虑不同的策略；第三类是很认可联想价值观但做不出业绩的员工，这类人是联想要着力加强培养培训的群体；第四类是既不认同联想价值观又不出业绩的员工，这类人当然会被辞退。

在柳传志看来，过去的人才管理把人视作蜡烛，不停地燃烧直至告别社会舞台。而现在的管理把人才当作资源，人好比蓄电池——可以不断地充电、放电；现在的管理则强调人和岗位适配，强调人才的二次开发。也就是说，现代企业对人才的管理不仅是要让他为企业创造财富，也要让他寻找到最适合的岗位，最大限度地发挥自身潜能，体现出他的个人价值，实现他的个人理想。

对于一串珍珠项链来说，珍珠固然璀璨夺目，但是如果没有那条线，终究只能是“大珠小珠落玉盘”。作为一个企业，整体形象永远是高于一切的，再璀璨的“珍珠”也只是独立的个体，只有一条完美的“项链”，才能代表一个企业真正的实力。

柳传志将做一个优秀一把手的关键归结为四点：

（1）一把手要明白自己企业里的事是什么事。

（2）一把手要明白什么样的人能做什么样的事，他应该出现在什么位置上，他具有什么样的特点。

（3）一把手要明白手里边的人是个什么状况，他们和你想要的状况肯定不一样，你必须得明白公司内的关键人员的特性。

（4）一把手要明白用什么样的方法来使用自己手里的人，或者去发现更好的人才。

把这几点做好了，一把手这条线也就能将整个企业串成一条漂亮的珍珠项链，一把手自然也就当好了。

注意领导班子的建设

总经理并不是一个人在战斗，其左右副手、业务主管、职能经理等帮助其分担各项专业事务，分解其庞杂的信息负担。当关系到重大问题的决策、讨论和执行时，还需要以总经理为核心建立一个多人组成的领导机构，来负担整个组织的领导任务，这就是通常所说的领导班子。

作为总经理，享有领导班子的组阁权。制造一台机器需要总体上的设计，而由你组阁的领导班子，同样也需要总体设计。不仅要看每个人的责任和能力，而且应按照群体优化组合的要求，进行合理搭配，使自己身边形成一个“全才型”的领导群体，发挥其整体的功效。

同样是碳原子，由于结构组合不同，形成性质迥然不同的物质。我国最早的一部神话书《山海经》里有一个故事说，“长臂国”的长臂人和“长腿国”的长腿人，各有自己的长处，同时也各有自己的短处：下海捉鱼，一个涉不深，一个够不着。可是当长臂人骑在长腿人的肩上时，就既能涉得深又能够得着了。这是一个互补型组合。俗话说：“人心齐，泰山移”，还有句话说：“三个臭皮匠，赛过诸葛亮。”这两句话，前者说的是全力组合，后者说的是智力组合。

究竟该怎样去组阁呢？一般来讲，领导班子的组合结构是由专业结构、年龄结构、智能结构、知识结构和素质等五个方面组成的。

1. 专业结构

专业结构是指领导班子内各类专业人员的比例。作为组织的领导集团，比较理想的是按其负担的职能，形成一个合理的比例构成。但是，如果把专业理解为科技专家化，那就不对了。领导机构里清一色地配备科技干部，并不等于构成了最佳结构。某位科技干部具有某一专业特长，并不意味着他有科学管理的才能。许许多多的事实告诉我们，技术上的权威并不等于管理上的权威。合理的专业结构，应该包括思想政治工作专家、财务管理专家、技术管理专家以及全面行政管理专家。由这样的专业人员组成的领导机构，才是理想的专业结构。

2. 年龄结构

年龄结构就是指在一个领导班子内应由不同年龄的人按一定比例组成。

根据生理学的试验，一个人的年龄智力存在着相关关系。以知觉能力而言，最佳的年龄是 10 ~ 17 岁；以记忆能力以及动作和反应速度而言，最佳的年龄是 18 ~ 29 岁；以比较和判断能力而言，最佳的年龄是 30 ~ 49 岁。这种年龄界限当然不是绝对的，每个个体之间也是有很大差异的，但是可以肯定的是随着年龄的增长，人的各种机能都在退化。

因此，领导机构内的成员不宜老化。老化的领导机构是难以担负起领导的重任的，但也并不是说领导机构内的成员越年轻越好。这就要注意纠正两种现象：一种是对老年人的无原则的照顾迁就，另一种是将年轻化理解为青年化，过早地提拔尚不成熟的年轻人。

一般而言，一个合理的年龄结构，应是经验比较丰富、年龄稍长些的人和奋发有为的年轻人，以及他们的中间层形成一个菱形年龄结构。这样，既保证了领导机构总体的年轻化，而且又能够做到逐步更替、相对稳定，从而发挥出最优的效能。

3. 智能结构

智能是指人们获取知识和运用知识、经验解决问题的能力。大体说来，人的智能主要包括理解能力、研究能力、观察思考能力、综合判断能力、文字表达能力、获取信息的能力、社交能力和创造能力等，人的这些能力是互相依附、互相制约、互相影响的。作为一个人，有的在这方面突出一些，有的在那方面突出一些，这就出现了各种不同的智能类型。

智能结构，就是指领导班子中各种不同智能类型的人有机组合。有些人善于观察、推理，有很强的想象力、分析力和判断力，擅长在实际工作中发现问题、分析问题。这种人属于“探索型”，可以把他们称作“思想家”；有些人善于根据任务和要求，率领和组织各方面的力量去加以实现，表现出很强的组织能力。这种人属于“组织型”，可以把他们称作“组织家”；还有些人能很快地理解领导者的意图及当前组织的需要，在工作中能踏踏实实地干，有较强的实践能力和实施能力。这种人属于“执行型”，可以把他们称作“实干家”。

作为一个组织的领导机构，如果大家都是“执行型”，只擅长于实干，不善于作决策，可能是忙忙碌碌，劳而无功，这样的领导机构是不理想的。假若都是“探索型”，大家都善于构想，不善于组织实施，这样的领导机构也不是有效的。理想的智能结构，应该由思想解放、敢于开拓的“思想家”，具有组织指挥能力的“组织家”和忠心耿耿、埋头苦干的“实干家”组成。

4. 知识结构

一个领导班子不可能也不需要所有成员都具有同等的知识水平。倘若如此，则只能构成知识的平面结构。人的知识总是有多有少，有深有浅，只有由不同文化结构，不同专业特点的人组合起来，才能形成一个完整的知识立体结构。

实践证明，领导和管理现代企业需要有一大批“T”型人才，即知识面广博（用“一”来表示），同时在专业上渊深（用“1”来表示），综合起来就构成一个“T”型。在知识渊博的人中，同时具有较强的组织能力和统率能力的人，就是比较理想的“领导者型”人才。

然而，在现实当中这样的人才极少，相比较而言，“一”型和“1”型人才还是不少的。我们就可以采用知识组合的办法，把知识面较宽，接受事物较为敏感的，但缺少专业深度的“一”型人才和专业上有相当深度的“1”型人才，组成紧密配合的“T”型领导机构。这样，便能较好地适应现代企业在各方面的要求。

5. 素质结构

素质结构是指领导班子的成员要在性格、志趣、气质和风度等方面保持协调一致。作为组织的领导者必须先有自知之明，有冷静的头脑、不断创新的进取心、不怕风险的决断魄力、办事公正、赏罚分明并有豁达大度的宽容精神等。完全具备这些素质的人显然是很少的，这就要求在组织的领导班子中配备具有这样或那样素质的成员进行相互补充，在领导作风、性格气质等方面讲究巧妙的搭配。

比如说，在性格上，有人性格外向，说话直爽，办事果断；有人性格内向，处事谨慎，考虑问题周到。在作风上，有人大刀阔斧，雷厉风行；有人慢条斯理，有条不紊。在气质上，有人足智多谋，果敢决断；有人骁勇善战，能冲敢闯等。由这样一群人组成的领导班子，才是一个管理能力强，工作效率高，团结协作好的理想集体。

领导班子内部决不允许存在那些八面玲珑、左右逢源、投机钻营、要阴谋诡计或思想意识不好的人，或者是那些在工作上主观武断、刚愎自用，很难与人共事的人。这样的人哪怕选用一个也会严重影响集体作用的发挥，使整个领导班子的离心力和破坏力增大。

有些领导班子，就其每个“零件”而言，都还不错，但组装成“机器”后，却运转不灵。这种现象表明，问题很可能出现在“组装”上，形成了“内耗型”结构，其整体工作效能用一个数学式子来表示，就是 1+1<2。

把一些开拓型的干部组成一个“清一色”的领导班子，其糟糕程度不亚于一个全是由优秀“独唱家”组成的“合唱团”。

有时“内耗”不一定是指产生了矛盾，团结状况不好，凡是由于组合不科学，搭配不合理，影响发挥领导机构整体功能的现象，都可以称之为“内耗”。

例如有这样一个例子，公司领导班子三个成员都具有本科以上文化程度，在专业技术上都具有工程师职称。然而，这三个“零件”组装成“机器”以后，领导班子的整体功能却很不理想，工作长期打不开局面，下属意见很大。究其原因，毛病还是出现在组装上。这个领导班子至少在知识结构、专业结构、智能结构和素质结构这四个方面产生了“内耗”。它的知识结构是明显的平面知识结构；专业结构也有明显缺陷，三个领导成员没有一个擅长行政领导和管理；在智能结构上，缺少一个具有战略眼光的开拓型的领导成员发挥主导作用；而在素质结构方面，三个人都有魄力不够的弱点。因此，这样组合成的班子，尽管表面看不仅达到了标准，团结状况也不错，但握不成一个强有力的“拳头”，他们各自具有的长处得不到发挥，短处也得不到弥补，领导机构的整体功能比较差。像这样的“内耗型”领导班子，在组阁时，应该力求避免。

由于组建领导班子是一项十分重要而复杂的工作，总经理不能坐在办公室里靠冥思苦想来拼凑最佳组合方案。唯一的正确途径，就是深入到员工中去，多方面听取意见，做好调查研究工作。

总之，当你组阁时，要用系统的观点，对整个群体结构作全面考虑，整体设计，不能只强调某些方面而不顾其余。组建领导班子要有一个共同的要求，但不等于说，任何组织都只能千篇一律，分毫不差。不同职能，不同层次的群体，应有所侧重，并且在要求的程度上也应有所不同。这些应根据不同的需要妥善地加以确定。

识别人才，用对人才

用人必先识人，用才是艺术，识才也是艺术。如何识别人才？要有一颗热心，还要有一双慧眼。因为有时泥沙俱下，鱼龙混杂，真假难辨。现代社会是个讲效率的时代，“不用多余的人”是管理科学的一条重要原则，哪能养那么多闲人冗员？这就要求用人者必须慧眼识真才，把真正的人才选拔出来，把非人才淘汰下去。

卡耐基认为要善于识别和发现潜在人才，更需要识才的好本领。有的人才是含而不露，等待知遇之人；有的人才没有机会施展自己的才能，只好暂时埋没着；有的人才连他自己也不知道自己有多大的能力。这就靠用人者有爱才、求才的迫切心情，有细微的观察能力和分析能力，有不拘一格使用人才、在实践中考验人才的魄力，有长时间观察、考验人才的耐心，有不怕纠正在识别和使用人才上失误的胆量。

还要在实践中，通过业绩来识别人才，而不能凭一些空言大话的表象，或是只凭文凭、评语、档案这些死的东西，或是凭一些只能说明过去的东西及主观随意性较强的东西去识才和选才。识别人才是用人的基础，切不可掉以轻心。

识别人才的方法有以下几点：

（1）他有没有雄心壮志。明星人物必然有取得成就的强烈愿望。他通过更好地完成工作，不断地去寻求发展的机会。

（2）有无需要求助于他的人。如果你发现有许多人需要他的建议、意见和帮助，那他就是你要发现的明星了。因为这说明了他具有解决问题的能力，而他的思想方法为人们所尊重。

（3）他能否带动别人完成任务。注意是谁能动员别人进行工作以达到目标，因为这可能显示出他具有管理的能力。

（4）他是如何做出决定的。注意能迅速转变思想和说服别人的人。一个有才干的高级管理者，往往能在相关信息都已具备时立即做出决定。

（5）他能解决问题吗？如果他是一个很勤奋的人，他从不会去见老板说："我们有问题。"只有在问题解决了之后，他才会找到老板汇报说："刚才有这样一种情况，我们这样处理，结果是这样。"

（6）他比别人进步更快吗？一个明星人物通常能把上级交代的任务完成得更快更好，因为他勤于做"家庭作业"，他随时准备接受额外任务。他认为自己必须更深地去挖掘，而不能只满足于懂得皮毛。

（7）他是否勇于负责？除上面提到的以外，勇于负责是一个管理者的关键性素质。

企业家欲较多较好较快地识别和发现潜在人才，还必须注意以下几点：

（1）听其言识其心志。潜在人才都是一些尚未发现或者找不到展现其才华的舞台的人。他们在公开场合说官话、假话的机会极少，他们的话，绝大多数是在自由场合下直抒胸臆的肺腑之言，是不带"颜色"的本质之言，因而就更能真实地反映和表达他们真实的思想感情。

（2）观其行辨其追求。一个人的行为，体现着一个人的追求。一个讲究吃喝打扮的人，所追求的是口舌之福和衣着之丽；一个善于请客送礼的人，所追求的是吃小亏占大便宜；一个干工作吊儿郎当，伺候领导却十分周到殷勤的人，所追求的是个人私利，等等。

任何一个人，一旦进入了自己希望进入的角色，就会为了保住角色而多多少少地带点"装扮相"，只有那些处在一般人中的人才，他们既无失去角色的担心，又不刻意寻觅表现自己的机会，所以，他们一切言行都比较质朴自然。企业家若能在一个人才毫无装扮的情况下透视出他的"真迹"，而且这种"真迹"又包含和表现出某种可贵之处，那么大胆启用这种人才，其准确率就比较大。

（3）析其作辨其才华。潜在人才虽处于成长发展阶段，有的甚至处在成才的初始时期。但既是人才，就必然具有人才的先天素质。或有“初生牛犊不怕虎”的胆略，或有“出淤泥而不染”的可贵品格，或有“三年不鸣，一鸣惊人”之举，或有“雏凤清于老凤声”的过人之处。总之，既是人才，就必然有不同常人之处，否则就称不上人才。一位善识人才的“伯乐”，正是要在“千里马”无处施展腿脚之时识别出它与一般马匹的不同。若是“千里马”已在驰骋腾越之中显出英姿，何用“伯乐”识别。

（4）闻其誉察其品行。善识人才者，应时刻保持清醒头脑，有自己的独立见解，不受“语浪言潮”所左右。对于已成名的显人才，不跟在吹捧赞扬声的后面唱赞歌，而应多听一听反对意见；对于未成名的潜在人才所受到的赞誉，则应留心在意。这是因为，人们大多有“马太效应”心理，人云亦云者居多，大家说好，说好的人越发多起来；大家说不好，说不好的人也会随波逐流。当人才处在潜伏阶段，“马太效应”对他毫不相干。

再者，人们对他吹捧没有好处可得。所以，人们对潜在人才的称赞是发自内心的，是心口一致的。用人者如果听到大家对一位普通人进行赞扬时，一定要引起注意。古往今来许多人才都是用人者听到别人的赞誉而得知的。刘备就是听到人们对诸葛亮的赞誉而“三顾茅庐”请得贤才的，周文王也是在百姓的赞誉声中得知渭水边的贤才姜太公的。潜人才多出身卑微，而出身卑微的人一旦受到人们的赞誉，就是其价值得到了“民间”的承认，用人者就要大胆启用。

当然，有以上这些考察人、识人的要点和注意的方面还是不够的，我们还必须在实践中通过各种方法去有意识地考察他们的能力和水平。

为此，你必须做以下几方面的工作：

远使之而观其忠——派他到远处去任职，以观察其忠诚；

近使之而观其敬——让他在身边任职，以观其敬业；

烦使之而观其能——派他做繁杂之事，以观察其能力；

猝然问焉而观其知——突然问他问题，以观察其机智；

急与之期而观其信——仓促约定会见的时间，以观察其信用；

委之以财以观其仁——托付他大笔财富，以观察他是否为仁人君子；

告之以危而观其节——告诉他情况危急，以观察他的节操；

醉之以酒而观其则——故意灌醉他，以观察其本性；

杂之以处而观其色——在与众人杂处中，观察其为人处世的态度。

要区别对待不同的下属

对待不同的下属，要区别对待，充分发挥他们的优势。

表现比较好的人。一是用他的长处，使他用自己的实绩展示自我。二是用人才互补结构弥补他的短处，保证他的长处得以发挥。

表现一般的人。给其在他人面前表现自己的机会，求得别人的信任和自己的心理平衡。也要注意鼓励他们用自己的行动证明自己的能力。

表现较差的人。可以给他们略超过自己能力的任务，使他们得到成功体验，建立起“可以不比人差”的信心，同时注意肯定他们的长处，一点点启动起来。

有能力、有经验、有头脑的人。可以采取以目标管理为主的方式。在目标、任务一定情况下，尽量让他们自己选择措施、方法和手段，自己控制自己的行为。还可适当扩大他们的自主权，给他们回旋的余地和发展的空间。

能力较弱、经验较少、点子不多的人。可以采取以过程管理为主的方式。用规程、制度、纪律等控制他们的行为过程；可用传帮带的方式，使他们逐渐积累经验、提高能力。

有能力的年轻人。可以给他们开拓性的、进取性的、有一定难度的工作。

对有经验的中老年人，可以让他们做稳定性的、改进性的、完善性的工作。

个性突出，缺点、弱点明显的能人。一是用其长。长处显示出来了，弱点便容易得到克服。二是做好思想和情感沟通的工作。一年里谈几次话，肯定成绩、指出问题、沟通感情，使他们感到领导的关心和理解，自己也会兢兢业业。三是放开一点，采取忍的办法。不要老是盯住人家，而是给人家留有一定的余地，帮助也只是在大事上、在关键性的问题上。否则，被束缚住了手脚就很难有所作为。

有特殊才能的人。一定要尽可能给他们最好的条件和待遇。特殊人才，特殊待遇，这是我们应该遵守的原则。他们中有的人并不是安分者，可能有这样那样的毛病和问题，以致很不好管理。对此我们不只是要容忍，而且应该做好周围人们的工作，以便使他们能够集中精力发挥长处和优势。在特殊的情况下，还应该放宽对他们的纪律约束和制度管理，甚至采取明里掩盖、暗中支持的办法。

有很强能力的人。可采取多调几个岗位、单位的办法，既能够让他们发挥多方面的、更大的作用，又可以调动他们乐于贡献、多出成绩的积极性。

被压住了的能人。一个办法是把他们调出去，给他们显示自己本领的机会，也给他们从另外的角度审视自己的空间。等有了成绩，被公众认可了，在必要时就可以调回来加以任用。另一个办法是把压他们的人调开，让能人上来。这都要根据具体情况决定。

跟自己亲近的能人。一是调离自己的身边，让其显示自己的才干。好处是，因为和自己的关系好，到底是不是能人还可以再看；如果真正有能力，别人也会服气。二是采取外冷内热的办法严格要求，使他们不依靠领导，而是依靠自己，不断地求得发展。

尚未被认可的能人。一是采取逐渐渗透的办法，让人们逐渐认识他们的长处和成果。二是给机会显示其才能，以实绩让人们信服。

道德上有缺陷的能人。可采取这样几种办法：一是任命其为副职，以正职制约他；二是派给他副手，告诉是协助他工作，同时也要接受他的帮助；三是派给他能够监督、约束他的工作人员，比如会计、审计、监察人员，在职能权利上约束他；四是满腔热情地给他素质好的直接下级人员，以此作防御层。应该注意的是，不要用同级人员来制约他，这很容易闹矛盾。

有效运作自己的智囊团

智囊团是由两个或两个以上的人，以和谐的态度和主动积极的精神，为共同目标齐心努力的团体。智囊团原则上使你得以把他人的经验、训练和知识所汇集的力量，当作是自己的力量一样加以运用。

没有人能够不需要任何帮助而成功。毕竟个人的力量有限，所有伟大的人物，都必须靠着他人的帮助，才有发展和茁壮成长的可能。为了使你的智囊团发挥正常功能，你必须给团员清晰而且正确的指示，而团员也必须愿意充分与你合作，以下四个简单的步骤，可确保智囊团的正常运作。

（1）确定你的目标。使智囊团发挥功效的第一个步骤，就是设立一个明确的目标（谁愿意搭乘目的地不明确的火车呢）。很显然的，如果你连自己的明确目标都还没有确定，是不可能进行其他工作的。你必须确定智囊团的共同目标就是你自己的明确目标，或至少应该非常接近你的目标。如果你已经写下自己的明确目标，以及达到目标的方法，则你对此一步骤应该就能驾轻就熟了。写了智囊团的共同目标以及执行计划，可使你了解过程中的每一个环节，就像列车长不能同时收票、服务餐车旅客和驾驶火车一样，你也无法一人处理所有环节的事务，这时候你就必须运用第二个步骤了。

（2）挑选团员。挑选能帮助你达到目标的人，是一件必须小心谨慎地进行的事，你可能最后会发现，你原先挑选的人并不合适。你也可能在一段时间之后发现，有些意料之外的事情必须找人来做。在这过程中，尝试和错误是不可避免的，但是，如果你能时时把握住以下两项特质，就能更快挑选到适用的人才。

第一项特质是工作能力。切勿只因为你喜欢或认识某人，就把他选择为团员。虽然这样的人可能会改善你的生活质量，但未必就适合智囊团。你最好的朋友，未必就是你所需要的行销专业人才，但或许他可为你介绍专业人员给你。

第二项特质就是和他人和谐共事的能力。不和谐的工作气氛，将会降低智囊团的效率。虽然，这种情形可能不会立即发生，但却可能在输赢的关键时刻爆发出来。

卡耐基曾经讲到他找寻一位首席化学家的故事：经过全球探访后，他找到一位当时在一家德国公司任职的化学家。这位化学家的能力是毋庸置疑的，于是卡耐基便和他签了5年的合约，但是不到一年卡耐基就和他解约了。为什么呢？因为这位化学家很容易发脾气，整个部门被他搞得一团糟，没有人愿意和他共事；而他也因为太计较小事而经常怒气冲天，以致什么成就都没有。

你必须排除智囊团中的任何不和谐现象，各成员应毫无保留地献出自己的智慧。个人的野心（包括你自己的野心），必须臣伏于执行以及达成智囊团共同目标之下。清楚地了解智囊团的目标，有助于判断团员是否具备以和谐态度完成工作的能力。你可能仍然必须调整智囊团的组织结构，但是，你必须采取此步骤创造团体内的和谐。

（3）确定报酬。确定团员的报酬，是维持和谐的一项重大因素。在一开始时，就应该确定团员可能得到多少的报酬，如此一来，必将大大地减少日后发生争执的可能性。

虽然财富对团员的吸引力最大，但也不能忽视其他动机的重要性。对许多人而言，认同和成就感和金钱一样重要。但请务必注意，如果你认同团员的愤怒、仇恨和恐惧，则这些动机可能会扭曲你的团员的心灵。你应欣然、公平而且慷慨地在团员之间分配最具影响力的激励因素——财富。你的表现愈慷慨，就愈能从团员那儿得到更多的帮助。你必须掌握的另一项成功原则，就是养成多付出一点点的习惯。如果你能在一开始时便将此原则纳入智囊团管理中，它必然会为你带来莫大的助益。

（4）确定集会时间和地点。确定明确的定期集会时间和地点，以确保团员能不断进步，且借此机会解决智囊团所面临的问题。智囊团初期阶段的会议内容，可能涉及注重各成员的专业技术，来精确规划执行计划的议题。随着智囊团的不断成熟和成员之间和谐气氛的增长，你会发现，这些会议会使各成员的脑海中激荡出一连串的构想。当团员共同工作一段时间之后，便会在会议中激荡出更多的令人兴奋的事情，而各成员之间也会愈来愈和谐。

想象一下一组业务代表开会的情形，他们可能会对共同目标做出决议，但是，如果能以一天或一个周末的时间，听取并采纳他们对计划的意见，以加强他们的坚毅信念，就能使他们免除情绪的压抑和渴望达到目标的急躁。

切勿以定期会议取代成员之间的频繁接触。打电话、写留言条或是在走道上的谈话，都可以使成员获得会议时所需要的资讯。如此一来，便可在会议中迅速解决突发状况。

如果你能有效地应用智囊团，则无论你自己的教育程度或才智如何，几乎都能克服所有的障碍。

到基层去走一走看一看

当领导者组织了自己的领导机构后，将采取什么样的领导方式？怎样去领导下属？这其中也颇有学问，因为好的领导方式有助于领导者提高自己的管理效能，使领导机构能高效地运行。

美国著名领导学专家汤姆彼得斯认为，领导工作不仅是管理工作，更是一种亲自实践的艺术。他十分赞成走动式管理的方法。他认为："砍掉办公椅，到基层去，到处走一走，这是一种艺术。若真正能够充分发挥这种艺术，无疑将有助于领导者的成功。"

作为一个有效的领导者，要深入实际，到处走走，要教育和训练下属，使下属得到理解且要同时并举"倾听、教育、促进"这三件事。倾听是"保持接触"的基本要素，即从自己的下属那里获得第一手的、未被歪曲的真实情况。真正的倾听是建立在关心的基础上，"到处走走"的领导方法也意味着进行"教育"和"训练"。价值观念必须面对面地直接传播，舍此没有其他方法。领导者提出问题的方式和惯例、下去视察访问的先后顺序、还有许许多多小事情，实际上都是在宣传你的价值观念。不管你是否意识到了，也不管你是否愿意这样。除了这两方面外，善于“到处走走”的领导还可以直接提供帮助。走动式管理的第三个主要作用正是使领导者成为公仆、促进派，并且保护人们免受官僚主义和官老爷们之害。上述三个方面往往是同时发挥作用的，但前提是领导者必须亲自下去。

实行走动式管理方法，关键问题是“授权”。人们会发现这是领导活动中最棘手的问题。

作为领导者必须严格要求，把讲究实际同扩大下属的活动余地结合起来，否则便限制下属的活动余地。善于深入下层的领导者并不只是信步走走，信口说说“你好！”“生活怎么样？”“看起来你们做得很不错。”“擅长社交”本身绝不是深入基层，到处走走的主要条件和内容。下去的目的应当是弄清楚实际工作情形，弄清楚下属遇到了什么困难，而且问问题的方式应当表达出领导者自身的价值准则，即什么事情“对于领导者最重要”，而这也就是对下属的领导。

—— 第7章 ——

向外管理，如何经营人脉

人脉资源是一种潜在的无形资产，是一种潜在的财富。虽然，表面上看来，它不是直接的财富，可经营企业打理公司没有它，就很难聚敛财富。

人脉资源越丰富，赚钱的门路也就更多；你的人脉档次越高，你的机会就来得越快、越多，这已经是不争的事实！

仔细分析一下商场成功所需要的各种因素，不外乎以下三种：人、资金和技术。

首先便是资金，而资金在银行里。

其次是技术，这也不用担心，因为有人以贩卖技术为生，所以你当然也能够买得到。即使找不到，和其他公司进行技术合作也是可行的。

所以，事业成功与否的最重要因素，便是人。

人、技术、资金这三大条件的核心就是“人”。如果你有足够丰富的人脉资源，那么资金和技术问题就能迎刃而解了。所以“人”才是决定你事业成功的关键。

与成功人士交朋友

凡是事业上成功的人都有一个共同的特点，即来自主观上的自己不懈的努力和来自客观上他人的帮助，尤其是成功人士的帮助。不管你多么聪明，不管你具备多么优越的条件，只要没有人帮助你，或者有人故意刁难你，那么，你就很难成为一个成功的人士。

如果你经常读成功人物传记，会发现：许多人能够成功完全是因为紧紧跟在一位成功人士的后面。因此，你的未来和你的上司或者老板关系密切。

美国微软公司董事长比尔·盖茨之所以成功，也是因为他在创业初期遇上了名叫斯蒂文·扎布斯的一位成功人士的帮助。不管你从事的事业大小与否，如果没有成功人士相助，你就很难获得成功。

汉斯从哈佛大学毕业之后，进入一家企业做财务工作，尽管赚钱很多，但汉斯很少有成就感，沮丧的情绪经常笼罩着他。汉斯其实不喜欢枯燥、单调、乏味的财务工作，他真正的兴趣在于投资，做投资基金的经理人。

汉斯为了排遣自己的沮丧情绪，就出去旅行。在飞机上，汉斯与邻座的一位先生攀谈起来，由于邻座的先生手中正拿着一本有关投资基金方面的书籍，双方很自然地就转入了有关投资的话题。汉斯觉得特别开心，总算可以痛快地谈论自己感兴趣的投资，因此就把自己的观念，以及现在的职业与理想都告诉了这位先生。

这位先生静静地听着汉斯滔滔不绝的谈话，时间过得飞快，飞机很快到达了目的地。临分手的时候，这位先生给了汉斯一张名片，并告诉汉斯，他欢迎汉斯随时给他打电话。

这位先生从外表来看就是一名普通的中年人，因此汉斯也没有在意，就继续自己的旅程。

回到家里，汉斯整理物品的时候，发现了那张名片，仔细一看，汉斯大吃一惊，飞机上邻座的先生居然是著名的投资基金管理人！自己居然与著名的投资基金管理人谈了两个小时的话，并留下了良好的印象。汉斯毫不犹豫，马上提上行李，飞往纽约。一年之后，汉斯成为一名投资基金的新秀。

对每个人来说，必须具备良好的人际关系。尤其碰上了成功人士，你就会觉得心情豁然开朗、耳目一新，成功的大门也随之向你敞开。成功人士远在天边，近在眼前。但很多人却不能够得到他们的青睐和支持，这是为什么呢？

我发现，每一个成功人士在事业成功之前都有一套招纳成功人士的谋略。

他们慧眼识成功人士，热诚对待他们，虚心听取他们的建议。与此相反，失败的人士却往往不识他们的重要性，自以为是，小看成功人士，远离成功人士。在这种情况下，不管你有多大的实力和本事，你的事业之金字塔终究会土崩瓦解，夷为平地。

与政界人士交朋友

和政界人士打交道，一定要保持高度警惕，既不能太近，也不能太远。太近说不定哪一天哪一根绳子串起来，就会惹麻烦。但是同政界人士离得太远也不行，离得太远，很多门槛就进不去，比如说，人家先得到了信息，你就后得到。所以，一定要掌握和政界人士打交道的技巧，而且目的要非常明确。

通常，你和政界人士完全可以成为诤友、益友而非损友，并非像现在这样，一提个人同政界人士交朋友，就一定有什么东西不可告人。

现在很多政界人士，在他那个圈子里面很难听到真话。但是，如果你作为局外人，旁观者清，你可以就他所关心的事情，去同他研究和探讨，给他讲别人讲不出来的话，你就会得到他的认同。比如说，社会上的很多很多弊端，社会上对他这个地区有很多很多的看法和意见，你如果能够开诚布公地去同他交谈，就他关心的问题进行讨论，你就可以成为他的朋友，而这种朋友是君子之交淡如水，没有金钱的关系。没有金钱关系的交往才是长远的，在这个问题上生意人要树立正确的观念和动机。

加拿大籍华人刘志东在任加拿大 SNC 工程咨询公司董事经理时，善于与政界人士打交道，并且以他的真诚结交了好多政界朋友。

有一次，加拿大出口发展局请刘志东把他的公司的实力写一份详细情况给发展局，以便决定发展局对刘志东所在公司的态度。有人打算故意拔高公司的实力，想用一些泡沫资料欺骗政府，刘志东认为此举不可为，因为骗政界人士一次，以后一旦被识破，在对方心目中就砸了牌子，得不偿失，公司最后如实上报了自己的实力，并向政界人士提出好多合理化建议。

由于刘志东的真诚，这些政府部门的官员经常向他通报加拿大和其他国家经贸关系发展的最新动态。这也是刘志东成功的一大秘诀。刘志东还聘用加拿大前政界人士、前部长、前驻外大使、前商务参赞为公司顾问，来作为公司与政府打交道的桥梁，因为他们非常熟悉政府的运作规律和办事程序。

百威中国政府关系顾问袁海鹰也说过：“在中国做生意，每时每刻都要与政界人士打交道。”

百威啤酒在进入中国之时，就曾经与计委、内贸部、外经贸部、国家税务总局、国家财政总局、国家环保总局、农业部等相关的政府主管部门进行有关投资政策的交涉；而在选定武汉作为投资地时，再同当地的政府、劳动、公安、环保部门进行具体投资事宜的沟通。

对于很多政界人士而言，他们最需要的是树立良好的政绩。因此如果能够帮助他们在政绩上有所突破，无疑将会得到他们的大力支持。可以考虑让政府关系挂靠指导你的企业，尽力让他们明白，如果把你们公司搞好了，你们还要追加投资，还可以劝说其他投资者来到这里投资。还有，公司能给地方提供更多的税收，让地方财政也有钱。这都符合现在很多政界人士的利益。而一旦公司搞好了，上级政府看到地方有这样的优秀公司，也会认可这些政界人士的能力，因此，这种方法通常比较奏效。

另外，你也可以考虑让你的企业通过参与各种社会公益活动，充分展示自己的良好形象，在政府心目中留下一个好的“第一印象”，事业就成功了一半。

2005年福特在中国投入巨资设立了环保奖，并授予荒山造林4000亩的河北农民李荣“福特汽车环保黄河奖”。当然，福特也得到了它想要的。在环保奖的启动仪式上，原林业部副部长董智平，全国人大常委、环境与资源保护委员会主任曲格平都高度称赞了福特的环保贡献。福特中国公司总裁程美玮坦言，这样的活动既增加了政界人士的信任，又增加了品牌的美誉度。

在合法的范围内进行政府公关可以有各种各样的方式，如赞助残疾儿童、特困学生，支持政府举办的重大活动，向大学、科研机构提供科研器材等等。只要换一种方式思考，政府公关就可以海阔天空，赢得发展的法律空间。

谁拥有整合资源的优势，谁便掌握了敲开财富之门的钥匙。而政治荣誉，从一定意义上可谓是资源整合的敲门砖。

通过这个平台，利用这些“政治头衔”就增加了企业与政府部门接触、沟通的机会，更利于企业家及时了解各类政策信息，利于企业与政府间信息反馈，发出企业的声音。

有的企业老板能够巧妙地运用这些“头衔”寻找到与各级有关领导和社会人士交往的平台，利用这个平台结交了社会各界人士，把这种资源优势转化在企业经营过程中为企业所用。

来自江苏的李先生，对此深有感触。成为全国人大代表对他而言不仅仅是一种政治荣誉，而且通过参加会议他认识了很多社会各界的优秀人士。在参加会议过程中他得知安徽某地正要兴建一个农产品批发市场，但政府缺少资金。李先生经过了解、分析认为此项目具有很高的回报率和发展空间，于是和其进行联系洽谈，顺利拿下项目。

企业家的“政治头衔”不仅是一种政治荣誉，同时也是政府与社会对企业成绩的肯定和认同，无形之中，也就增强了人们对该企业的信任度。

与大老板交朋友

生意场上，如果能得到事业有成的大老板的帮助，一定会飞得快，跑得远。因此，结交几位大老板为友，为你“呼风唤雨”是非常重要的。

必须掌握大老板的社会关系。

大老板同样也是人，他们有各种社会关系，有各种各样的业务，也有各种各样的喜好、性格特征。特别是现代媒体，经常关注一些大老板的情况，你从中定会了解一二。你可以从他的历史上认识他的过去、他的经历、他的祖辈、父辈，也可以从他的亲属、他的朋友、他的子女等那儿认识了解他。

从业务上了解大老板也是一条好途径。他经营的业务范围主要是哪些，次要的是哪些，他的分公司、子公司分布在什么地方，这些公司的经营者是谁，他多长时间会查看分公司、子公司，等等。

从兴趣爱好上了解大老板。他喜欢什么运动、什么物品、什么性格的人，他喜欢或经常参加什么聚会，他休闲、娱乐的方式有哪些，常到什么地方去，等等。

总之，要结交一个大老板又没有机会的时候，你不妨从以上几个方面去了解，总会发现一些机会的。

当你发现了或者创造了与大老板见面的机会后，最重要的便是如何制造一种特殊的会面氛围。因为，在众多人物中，也许你本身就是芸芸众生中的一员，说不定连话都跟大老板说不上。

在共同出席的会议或聚会上，选择位置时，一定要选择一个与大老板尽可能近的位置，以便他能发现你，并且一有机会便可搭上关系。

同时，要以穿着表现自己的个性，因为与人第一次交往，别人往往是从服饰上得来第一印象。着装要表现个性、特色，给人舒服的感觉。

要针对大老板关注的事予以刺激，要尽快发现对方关心注意何事，找到适当的话题，抓住对方的注意力，刺激对方对自己的兴趣。话语要力求简洁、有独创性，使对方产生震撼，留下较为深刻的第一印象。

人不是历史的符号，但在每个人成长发展的历史过程中又满载着历史记录，其中不乏自己引以为荣的事情。对这些引以为荣的事情，每个人都渴望得到别人较高的评价，如果能够得到衷心地肯定和赞美，更是让人高兴和自豪的事。

对于想要结交的商界高层，可以从他的职业、所处环境及历史年代大体判断其引以为荣的事情的范围。

不要怕找不到话题。一位将军引以为骄傲的资本往往是他曾经取得的累累战功，一位研究历史的教授则必然对自己发表的论文和专著引以为豪，律师则会以自己办的影响力较大的案子而得意，纵使是一个农民，也会为他比别人种得好的庄稼生出几分成就感。同样，作为商界同行，你应该更容易了解对方。

称赞一个人引以为荣的事情必须注意三点：其一，赞美的话语表达要准确，不能偏离事实。其二，赞美必须是由衷的，发自肺腑的言语，不要夸张。其三，赞美之时要专注，让被赞美者感到你有享其光荣和快乐的心情。

一般说来，爱什么懂什么。一个人爱好书法，必定有丰富的书法知识；一个人爱钓鱼，钓鱼经验必定丰富，你没有必要恭维其爱好如何如何，这样的话他必然听得太多，如一阵风吹过耳畔，脑中留不下半点痕迹。这时，只要你虚心地讨教一番，做毕恭毕敬状，他定会耐心地向你传授其中一二奥秘。

爱好相同的两个人相处时，谈得最多的自然是他们的爱好，两人即使是萍水相逢，也可能一见如故。对于爱好相同者，其互相切磋、玩味的全神贯注状令人好生佩服。他们可能互相交流经验也可能为某一技术性问题争得面红耳赤，然而，有时候，你想恭维对方，不妨把自己表现得“外行”一些或水平更低一些。赞美的高境界应该是沁人心田而不露痕迹。

总之，总经理为了自己的事业，要在与大老板交朋友上苦下工夫。成功地结交一位大老板，很可能会给你带来一笔大生意，甚至有可能会缩短你的奋斗历程。

大老板一般都爱才、惜才，如果你一贯表现出对他意见的赞同，不敢表现自己独到的见解，他会反感你的。因此，适当地表现自己的独特才干，是会受大老板喜欢的。当然，你不能表现得太过锋芒毕露，让人一见就觉得有喧宾夺主之感。

与大老板有过几次接触，并感觉到他对你态度不错，那么别出心裁赠送礼品是联系大老板情感的重要方式。这要针对大老板的具体情况，不能千篇一律，也不能委托他人。不一定昂贵就是好礼品，要赠送，就要送他特别喜爱的东西才是。同时在赠送方式上也要别出心裁，从包装样式、赠送仪式都要显得别具一格。

写信是交流思想、联系感情的好方式。随着电讯事业的发展，电脑技术的开发，很多人的联系方式都是通过电话、电子邮件、微信、微博等形式联系，很少再看见以书信方式交流了。你用书信方式向大老板请教问题，交流思想，他会感到很亲切，当然，书信的字不能太潦草。否则会让对方觉得不真诚。

有时候，你也许需要采取一些别具一格的方式，比如借搭乘头等舱的机会来结识成功人士。搭乘头等舱的乘客大都是政界人物、企业总裁、社会名流。在他们身上可能会存在许多潜在商机。也许你乘坐一次头等舱，就可改变你的人生。

不少生意人都有过在短短几个小时的飞行中就谈成几笔生意的事情。常有机会结下难得的友谊，这在经济舱内的旅行团体中是很难碰到的。坐头等舱的人都希望了解同舱里的其他乘客为什么愿意多付 20%~ 30% 的费用来换取喝香槟，比其余乘客早 20 秒着陆的权利。特别是在长途的国际旅行中，你真的可以结识一些商界的高层人士，从而建立珍贵的友谊。

与客户交朋友

我们每天都在和不同的客户打交道，面对不同性格的客户，我们就要用不同的方式去接待、应付他们。如果我们想赢得这个客户，那就要用他们喜欢的方式去做，尽可能多地了解客户的喜好、习惯，从中找到突破口，然后与他们交朋友。

在和客户相处的时候，绝对不要路露出你急着赶时间。你最好向人表明，你愿意花足够的时间去帮助客户做出正确的购买决定，绝对不要对客户没有耐心，那样会让客户感觉你不够真诚。

你越关怀客户，他们就越有兴趣和你做生意。关怀的感情因素是那么的强烈，往往使得价格、相对品质、交货效率、公司在市场上的规模，都敌不过它的威力。一旦客户认定你是真正关怀他和他的处境，不管销售的细节或竞争者怎么样，他都会向你购买。

常言道，一个人有所为有所不为，都是为了博得你所重视的人对你的尊敬。一个人的骄傲、尊严、自我肯定，大部分都来自于受到别人的尊敬程度。你越在意别人的意见，别人对你的尊敬程度就越会影响你的行为。

每当我们感受到别人的尊重，我们就会对那个人特别重视。假如有人尊敬我们，我们就会认为那个人比较优秀，比较有判断力，比较有内涵，而且个性也比较好。

希望能够被他人毫无条件地接受，是所有人最重要的需求之一。你只需要用微笑，并且表现温和友善，就可以表达你接受他人的态度。一般人都喜欢和那些能够接受他们本性的人在一起，而不想受到任何评判和批评。你越能够接受别人，他们就越愿意接纳你。

绝对不要站在你的立场上批评任何人或任何事，不要恶言相向或批评你的竞争者。每当你听到别人提起竞争者的名字时，只要微笑地说："那是一个很不错的公司。"然后就继续做你的产品介绍。假如有人告诉博西·凯文，他的竞争者是如何批评他，他只会一笑置之。

每当你称赞并同意他人所做的任何事，他就会感到快乐会变得更有精神。他的心跳会加快，会觉得自己很棒。当你在每个场合都竭力找机会对他人表示赞扬及同意的时候，你就会成为到处受人欢迎的人物。

当客户在说话时，你把注意力集中在他的身上，就是对他最大的恭维。你让他觉得自己很有价值，而且很重要。

面对客户，你的任务就是成为一个人际关系高手，成为一个人际关系专家，成为一个在客户中最好、最有人缘的人。

一些生意人经常诧异地说："不久前与客户还好好的，一会儿'风向'就变了，真不明白。"客户流失已成为很多人在做生意时所面临的尴尬，他们大多也都知道失去一个老客户会带来巨大损失，也许需要再开发10个新客户才能予以弥补。但当问及客户为什么流失时，很多生意人一脸迷茫，谈到如何防范，他们更是诚惶诚恐。

其实，客户的需求不能得到切实有效的满足往往是导致客户流失的最关键因素。这就像朋友一直希望你如何对待他，而你却无法做到一样。

你是否察觉在你和你的客户朋友的商务交际之中也需要“感情投资”。所谓感情投资，说简单点，就是在生意之外多了一层相知和沟通，能够在人情世故上多一分关心，多一分相助。即使遇到不顺当的情况，也能够相互体谅，“生意不成人情在”。

这种情况往往有多种表现。一种是自然形成的，在生意交往的过程中遇到比较投缘的客户朋友，有了成功的合作，感情自然融洽起来，这就是我们常说的有缘分的人。有缘自然有情，关系好的时候，互相付出自然不在话下。问题在于如何保持和持续这种私人关系，继续爱护它、增进它，使其长久。

其实，就是有缘，彼此能够一拍即合，要保持长期的相互信任、互相关照的关系也不那么容易，仍然需要不断进行感情投资，尤其在商场上。各自都为自己的利益，很容易彼此起疑心。结果缘就会由合作变成对立，人情变成了敌意。为什么走到了这一步？往往是忽略了“感情投资”的结果，甚至已经忘掉了这一点。

建立学术界人脉

在现代社会中，学者是知识和智慧的结合体。如果能和学者交上朋友，你就可以借用他们的知识和智慧拨正发展的方向，使自己的事业更上一层楼。

学者由于在知识文化上的素养十分高，所以想和他们交朋友是很难的。要想打动他们的心，并与之结交，你不妨从以下几个方面入手：

（1）诚心求教。人都有好为人师的本性。能够指点他人，以显示自己的高明对于每个人来说都是引以为豪的事。但有的学者对生意人有一定程度的误解，甚至有的学者自命清高，对“沾满铜臭”“不学无术”的生意人比较厌恶。你要是想借请教问题来拉近与学者的距离，就得在你所请教的问题上多多了解，最好能与学者在这个问题上能够进行探讨。如果你的见识能打动对方，那彼此交朋友就容易得多。

（2）多多赞颂。人对于自己所取得的成就都是很在意的。很多学者经过长期研究取得了成果，虽然得到了荣誉，但由于专业性太强却很少人能了解。因而在自己学术界之外名气不大。生意人如果在与对方的交往时主动提及对方的成就，对方自然会十分高兴的与你结交。

（3）共同爱好。学者也是人，虽然他们的知识和见解远超一般常人，但他们也有一般人的爱好。有的学者喜欢钓鱼，有的学者喜欢保龄球，有的学者喜欢书画。如果你能知道学者的业余爱好。在这个方面入手与其交朋友，那将更加容易。

（4）经人介绍。在现代社会，喜欢社交的学者也不在少数。你可以通过朋友的介绍来与学者结交，进而通过对方认识更多的学者。

生意人在与学者结交的过程中要注意自身的修养，不要给对方粗劣的印象，以使对方更容易接受你。

建立媒体界人脉

看待企业和媒体的关系，需要企业站在战略的高度看待媒体关系。企业与媒体关系，决不仅是广告和宣传那样简单。有时，媒体并不能对企业帮什么忙，但关键的时候，如果你不重视媒体关系处理或者没有应对媒体关系的经验、策略，媒体很可能给你帮倒忙。

中国有句古话："好事不出门，坏事传千里。"在当今媒体传播手段多样化、网络化的时代，负面新闻事件一夜传遍全国、全世界都是很容易的。在中国这样一个企业环境发展还不健全的国度，一次危机事件处理不好，就会倒掉一个企业。

在我国，创办一个企业是不容易，能成为名牌企业的更不容易。但因一次危机事件毁掉一个企业却很容易。一次媒体危机报道的升级，使当年销售额达80亿元的三株保健品帝国倒闭了，使中国知名食品企业冠生园倒闭了，使正处于上升阶段的巨人集团坍塌了。太多令人叹息的企业，因为不能正确处理媒体关系而破产倒闭。

由此看来，媒体也是生产力。处理好了，可以扩大经济效益，处理不好，就会给你的企业带来破产、倒闭。企业在进行销售渠道建设的同时，不妨把媒体关系也纳入渠道建设的一部分。

媒体是企业的产品和服务在市场中获得成功的重要保证。企业可以通过媒体广告和宣传迅速建立企业品牌和影响，现在很少听说：企业的产品不靠广告宣传就能销遍全球的。

企业可以通过广告手段和策略，利用媒体，扩大产品销售，实现企业利润，传播企业形象，增强企业竞争力。但并非加大广告投放就能达到这些目的。如何投放广告，防止宣传浪费，更是一门学问。诚然企业的发展离不开媒体宣传，但媒体对企业也是一把双刃剑，盲目投放广告不仅会浪费企业大量广告费，还会为企业带来媒体危机，打破媒体平衡。而且企业知名度越高，广告投放越多的企业，危险系数就越高。

当年三株一年在全国媒体投放的广告费不知道有多少，在全国各分公司、办事处也建立了负责媒体关系公关的市场专员、建立了覆盖全国的媒体网络。但还是因为媒体广告投放过烂，引发媒体平衡危机。一篇负面新闻迅速被全国转载，导致三株产品短时间销售量下滑，资金链断裂。从新闻效应出发，越是能引起人们关注的大都是知名企业。知名企业的一件小事，很有可能发展成为企业的大事。

所以说，生意人和媒体关系，不仅是广告和宣传那样简单。和媒体可以选择更深层次的合作，共同策划企媒合作，引导媒体舆论，开展新闻营销，进行危机公关预防和新闻传播。只有把媒体关系看成是内部沟通的一部分，把媒体关系看成是内部客户关系，把媒体关系拜访列入你的客户拜访计划，建立全国性的媒体通路，及时与媒体保持联系沟通，才能防止不良信息传播，扩大影响。

要拉近与新闻界之间的关系，要注意以下几点：

（1）企业要与新闻界保持密切、长期的联系，并要及时地向新闻界提供新闻，主动地争取公众的注意。由于新闻界包括的范围较多，企业的公共关系部门应采取一视同仁的态度。而不可因为新闻单位的名气大小、级别高低而采取截然不同的态度。

（2）坚持尊重事实的原则。既要尊重新闻界的新闻道德，同时也要坚持自己的原则，不能为了讨好而一味地迎合新闻界的口味。企业公共关系人员要培养对新闻媒体的兴趣。积极响应由新闻界发起的有益于社会的活动和必要赞助。

（3）企业公共关系人员应同新闻界、编辑之间建立起个人友谊，这样做使新闻传播及时了解政策和行动的意义，对扩大企业影响、争取公众坚持都是十分有益的。

建立金融界人脉

跟银行打交道实际就是一个沟通的过程，好像合作一样，只有你了解他的需求，他知道你的情况，双方才有合作的可能。

要想获得贷款，首先得了解清楚银行对企业的要求是什么，什么能够打动银行，银行最担心什么？然后走出去“对症下药”“投其所好”地向银行相关部门推介你企业的各个层面，如经营理念、经营业绩、规划、产品技术和市场前景等等，甚至有时候将你企业的弱点、面临的风险或困难都给他们讲明白。

这样做，一方面信息介绍得全面有助于他们了解、认可企业；另一方面你的坦荡更容易获得他们的信任和支持。再有贷款比例、资产负债率、现金流量、担保比例、主营业务收入增长率等等指标最好都在银行的要求范围内，因为银行关心的风险也正是你企业自己的风险。如果你经营决策中没有过分地莽撞、“破釜沉舟”等风险行为，这不仅有利于获得银行的贷款，更为重要的是对你自己的经营也有好处。

还有企业的财务制度、财务报表、财务结构等都要根据银行的正规要求作出调整，这些都有利于银行对企业的经营状况进行评估。

1. 邀请银行相关人员到企业参观

如果有机会，最好邀请银行相关工作人员到企业参观，进一步展现企业良好的经营实力和潜力。因为听你介绍远不如他亲眼所见更可信。

企业的战略、规模，近期发展长期规划、经营理念，甚至良好工作作风、员工精神面貌等等，有助于获得银行的支持。

特别是具有“生命力”的企业文化是很厉害的，它展示着一个企业的伟大抱负与情操，表明企业的市场竞争力及盈利水平；企业对客户、合作伙伴的态度。如果银行领导认同了，那么在给你企业经营状况评估时，将能挣到不少优佳分。

2. 必要时邀请他们参加企业董事会

必要时邀请他们参加企业董事会。在企业的董事会上，企业的财务营运，经营状况最为透明，这是给银行最好的诚信经营报表，银行没有理由不相信这样的企业不是优良的信贷企业。

第 8 章

向内管理，如何修炼自我

1962 年 1 月，几位美国的学者访问了当时最为优秀的几家美国企业，他们希望观察到管理心理学中的动机理论是如何被这些富有创造性的企业家从生产、组织、薪水、员工福利等各个方面付诸实践的。

在这次访问的过程中，他们对所接触到的公司中的优秀的经理产生了深深的敬意。这些经理们具有普通知识分子中很少见到的一些优秀品质。他们意志坚强，处事果断，待人接物既有原则又有灵活性，他们就像是已经真正成熟了的人。

在对这些优秀的企业经理进行研究的基础上，学者们结合他们在企业、政府、军队的咨询经验，详细地阐述了对领导的心理特征和什么样的人才是优秀企业家的看法，后来这些看法和研究逐渐形成了“领导魅力”理论的重要基础。

领导素质与领导魅力

印度独立后的第一任总理尼赫鲁在政治生涯开始时便追随圣雄甘地，支持甘地所领导的运动。甘地本人对他十分欣赏，寄予厚望。甘地经常和尼赫鲁在各种问题上交换意见，主动提拔他担任领导职务，由于甘地的作用，尼赫鲁在国大党的地位迅速提高。尼赫鲁虽然九次被捕入狱，但是他从未放弃他的政治抱负和理想。更加可贵的是，尼赫鲁并不盲目地追随甘地。他不怕困难，对欧洲进行了考察，在很多问题上的看法早已超过甘地。他始终走在印度民族解放运动的最前列，提出了印度“完全独立”的政治目标，得到了印度人民的广泛拥护。他所具有的良好品格、对革命的坚定信仰和目光的远大深受印度人民的崇敬和信赖。

有些政治家对品格不屑一顾，如美国前总统尼克松在他的《领导者》一书中对道德表示轻视。他说：“美德不是伟人领袖高于其他人的因素。”但是这种认识从根本上来说是错误的，它将权力等同于权术。权术往往是不择手段的，在不够民主和透明的权力机制下，它有可能发挥作用，但是在民主化和透明度很高的机制下它往往会让领导者寸步难行。尼克松最终因为“水门事件”而下台，正说明了这点。因此只有道德被认可，才能实现有效的领导，否则一切都是空谈。

领导者必须通过自己的道德品质来吸引下属。下属往往对领导者的能力表示钦佩，进而服从，但是更多的时候是为领导者的个人道德品质所感动，进而产生无条件的服从和信赖。因此领导者要注重自身道德品质的培养，虽然不能做一个伟大的人，但是一定能做个崇高的人。

总经理要培养自己的领导魅力不是一朝一夕所能完成的，可以从以下四个方面努力：

1. 培养独特的个性

人往往有一些从众的心理，有时是无意识或潜意识的。领导者处在一个部门或组织的非常独特的位置上，需要有自己的独特个性。作为领导者，要培养自己的人格魅力，必须要有自己独特的个性。

2. 自我察觉和自我意识

自我察觉是指某种感觉刚一产生的时候你就察觉到的感觉。与人的眼睛存在盲点一样，人的个性也有盲点。有时人不知道自己的真实感觉，这时就需要不断地反省。如果领导者连自己都不了解，就谈不上去领导别人了。这种自我察觉是情感智慧的主要部分。只有对自己的情绪了解得比较清楚的人，才能更好地驾驭自己的人生。

3. 善于驾驭心情

情绪是人对客观内容反应的一种特殊的表现，它具有独特的主观体验和外部表现。要培养自己宽容率直的性格就必须善于驾驭自己的心情。

4. 找出自己的缺点

骄傲使人落后。找出缺点并加以改正可以使领导者更富于人格魅力，也更趋于成熟和完善。这需要领导者不断地自我反思和与别人比较。

领导者不能躺在光环下生活，他需要实事求是地剖析自己，摒弃不真实的感受。虚幻的感受往往会变成“真实”的感受。高高在上的领导者很容易对自己的评价有所偏差。

领导者只有时刻进行自我省察，才可能不断找出自己性格中的弱点，不断加以改正，从而最终形成自己的人格魅力。

领导形象的设计要领

首先要注意自己的容貌与身材，因为这是人的自然美。它包括胖瘦的适度、容貌的端庄秀丽，以及由这些所表现出来的精神状态。但这些都是由演讲者的固有生理条件所决定了的，一般难以改变。

恩格斯和周恩来同志，他们那魁梧伟岸的身躯，端正而英俊的容貌，潇洒而稳健的举止，蕴藏着一种令人折服的威严和催人向上的力量。他们一走向讲台，便会使听众肃然起敬。这是演讲者最理想的仪表。这样讲，是不是身材、容貌欠佳，甚至有生理缺陷的同志就不能演讲了呢？生理条件虽然难以改变，也决不能放弃演讲的机会和责任。况且有许多其他条件能弥补这方面的不足。这些条件，一是有美的心灵和高尚的道德情操，在知识上有自己的真知灼见。二是尽量改变自己的条件。在科学技术高度发展的今天，人们已经有了一定的办法，如适当地进行一下整容，或者搞一些其他装饰，都可以弥补生理上的欠缺和不足。

其次，要注意你的服装。它既是增加身材美、容貌美的条件，也是整个仪表美的重要内容。俗话说：“佛要金身，人要衣装。”服装对于一个人仪表美有着重要的作用。

那么，什么样的服装才算美？其具体要求可以是整洁大方、庄重朴素、轻便协调、色彩和谐。因为整洁大方能体现出演讲者的人格尊严，轻便协调能表现出演讲者潇洒的风姿，色彩和谐能表现出演讲者奋发的热情，等等。总之，服装的颜色要与演讲者的思想感情和演讲内容的特点协调一致。颜色给人的感觉是很敏感的。深色给人深沉、庄重之感；浅色让人觉得清爽舒展；白色使人感到纯洁；蓝色使人感到恬静；红色、黄色则使人感到喜庆、愉快。如果演讲的内容是严肃、郑重的或愤怒、哀痛的，穿深色衣服或黑色衣服就比较合适。如果演讲的内容是欢快喜悦的，穿浅色的衣服会更好些。服装还要和体形、肤色相适应。一般体形肥胖的人，适合穿深色服装，这样看上去目标集中，会显得匀称些。体形瘦削的，适合穿浅色服装，这样看上去目标松散，会显得丰满些。皮肤白皙的人，穿深色、浅色的服装都可以。皮肤较黑的人，最好穿稍浅色的服装。矮胖的人穿竖条服装可显得苗条些。而瘦长的人穿横条的服装就可显得丰满些。这里值得提出的是，当演讲内容所需的色彩和体形所需的色彩发生矛盾时，那就要服从于内容，而不能迁就于体形。因为内容决定形式，思想美要先于形式美。

此外，演讲时还应注意自己的站立姿态，必须站直立稳。切勿前后摇摆，不停地改变两腿的重心，这样容易使人想到你心神不定，不自然。应当全力控制自己，犹如运动场上的一位体操运动员。

目光在演讲中的地位和作用也非常重要。演讲者不仅靠它对听者察言观色，而且也靠它表达思想情感。这里要求眼神和思想情感必须一致，演讲者要目视听众，既要克服眼神的呆滞、犹豫和不变，又要反对那种故弄玄虚、高深莫测的样子。目光左躲右闪则会给人一种鬼祟的感觉，使人反感。

面部表情从迅速地表现心理变化来说，其功能并不亚于眼睛。比如讲到高兴时，就喜笑颜开。讲到愤怒时，就面色厉然。讲到愁闷时，就皱额锁眉……

这种多变的表情信息，必定作用于听者的视觉器官，产生相应的共鸣，收到讲话的良好效果。

手势则既可表情达意，又可摹形状物，有助于思想和情感的表达。手势表达的内容非常丰富，大致可分为四种，即情绪手势、象形手势、指示手势和象征手势。不管哪种手势，都要做到准确、自然、优雅，使动作恰当、简单、明确地说明问题，切忌过多的手势和毫无意义的手势，因为它除了分散听众的注意力以外，还会使听众费解，削弱讲话的效果。

任何场合都不失控的领袖气质

自控是抑制自己的感情和情绪；控制自己的行为；使自己以最合理的方式行动。自控的反面是失控，如感情冲动、表情异常、言行出格，以及平时人们所说的魂不守舍等。教育家马卡连柯说："伟大的意志不仅善于期待并获得某种东西，而且也善于迫使自己在必要时拒绝某种东西。没有制动器就不可能有机器，没有抑制力也就不可能有任何意志。"

自控不等于凡事都无动于衷。该喜不喜，该悲不悲，该怒不怒，没有脾气个性，"一锥子扎不出血来"，那是麻木不仁。人正常的喜怒哀乐的反映都是理所当然的。领导者在工作中表现出来的喜怒哀乐，对于被领导者的情感、行为能够产生较强的导向作用，这也是一种感染力和驱动力。问题的关键在于这种喜怒哀乐要围绕和服从于组织目标，并且适度，即程度相当，不因此而丧失理性。

良好的自控能力是领导者重要的意志品质，也是衡量领导者的涵养气度的尺度。领导者的自控能力包括很多方面。

首先，危机时保持冷静。危机可以锻炼人，也可以毁灭人。工作中的危机和个人的危机，都是对领导者的考验。而且，越是在危机中，"政敌"也就越容易出现。领导者在此时更是慌乱不得。尽晓危难于心，袒露镇静于态，这是危机中需要的领导品格。在生活中常见有两种人，一种是遭遇一点不幸，就捶胸顿足，呼天喊地。另一种是对于面临的横逆，尽管也不免感到痛苦，但决不会因此而失态，更不会一蹶不振。他们知道，如果不能克制自己，势将招致更大的不幸。即使在面临不可逆转的命运时，也能泰然自若，保持豁达的心境。领导者在部属面前，理应如此。

“沧海横流，方显出英雄本色。”从一定意义上说，危机正是给领导者提供了大显身手的舞台。危机中常常包含着转机。在困境和逆境中，领导者只有镇定自若、沉着应对，稳健地处理问题，才能稳住阵脚，掌握时机，保持主动，适时化劣势为优势，如果领导者在此时显露出的惊慌失措或悲观失望情绪，就会像疾病一样迅速传染他人，使局面愈发不可收拾。第二次世界大战中，斯大林在法西斯侵略者兵临城下时，仍照样举行节日庆典和阅兵典礼，不愧为雄才大略的军事统帅。历史上还有许多失败的英雄，他们的镇静和自尊保持到生命的最后一刻，令后人钦佩、景仰。

其次，不为内耗所干扰。领导工作中最令人头痛的事情之一是内耗。当人际群体处于某种无序或不协调状态时，其系统内各种力量之间相互抑制和冲突，从而使有用力量被减损和抵消。换言之，内耗是一种无组织力量，它瓦解群体的内部结构并削弱群体的外部功能。群体内的争权夺利，争斗不休，是不以人的主观意志为转移的客观存在，属“树欲静而风不止”。有的领导者不得不把相当多的时间和精力用于考虑如何应付复杂的派系关系。有的被闲言碎语所缚，被他人捉掇和左右，被内耗“耗”得心灰意冷，难以施其才，达其志，失去了工作的进取心和锐气，失去了自我。内耗是值得专门研究的问题，其中可能有原则性争论不能回避。但既为内耗，大都是无关大局、摆不到桌面上的无原则纠纷，或兼有上述两方面因素。因处置不当，才演变为内耗，乃至把领导者自身也牵卷进去。因此，对这类问题一方面要通过正常的组织途径来解决，另一方面要善于自控。领导者要学会正确对待围绕在身边的流言蜚语、成见，不负责任的、自由主义的小动作甚至于背后的挑拨离间、恶语中伤、人身攻击等等。

小不忍则乱大谋。作为政治谋略，很多人对此给以贬义的理解。但在现代社会中，从修养的角度，也可以褒义地理解为，应在小事上谦让忍耐，不要因计较鸡毛蒜皮而影响大局。

再次，尽快摆脱坏情绪。月有阴晴圆缺，人有吉凶祸福，每个人的情绪都会有好和坏的时候。专家认为，情绪可以影响一个人的前景，短则几小时、几天，长则几周、几个月。好情绪一般对人是大有帮助的，如乐观和自信使人充满活力；积极进取的心境像磁石一样吸引人，把人引向成功。而悲伤、焦虑、气愤、冷漠、失望、内疚或者还有没情绪等坏情绪，其影响就是消极负面的了。它消耗人的精力，使人陷入泥潭，裹足不前。领导者要善于控制、调节自己的情绪，尽快摆脱坏情绪，不要被坏情绪支配。

最后，发怒得当，善于制怒。这是领导工作中最普通和常见的问题。在一些关于领导者修养的书籍中，人们囿于固有的思维定式，总是认为凡是领导者，其待人接物永远应该端庄稳重，平易和蔼。发怒与领导者角色的行为规范不符，会损害领导者的形象。有的领导者在工作中即使碰到怒不可遏之事，也强迫自己抑而不发，似乎这样才够修养。其实，不发怒与动辄发怒一样，都会贻误工作，损害领导者的形象。“气血之怒不可有，理义之怒不可无。”不应当凭个人意气发火，但为真理、正义动怒却是理所当然、必不可少的。在原则问题上、事关重大的紧迫问题上、部属失职渎职等问题上，领导者发怒对当事人具有刺激性和震撼力，对旁观者也有警戒作用，有利于问题的解决，推动工作的进展。这类动怒是领导者忠于职守的表现。适当宣泄自己的感情，也不能算是失控。在很多部门和工作岗位上，如果领导者没脾气，“虎气”不足，“猴气”有余，文文静静得像个小媳妇，不会发怒，反而成不了好领导。

制怒的有效方式是预防。从心理上说，就是对周围的人和事有客观的认识，不抱有不切实际的幻想和希望。只要去掉这些幻想和希望，愤怒便不易产生。作为一位领导者，要明白你不会得到所有人的赞许，任何时候都会有人反对你。世界本来就是如此。工作也不会总是一帆风顺，总会有这样那样的波折，凡事都按预想的那样发展是不可能的。有了这种思想准备，就能应付不如意的、预料不到的事情，不会轻易发怒。如果意识到自己要发脾气，就要努力推迟愤怒，比如推迟15秒后再发作。等到下一次又要发脾气时，推迟30秒。这样多次的推迟就是最好的控制，逐渐把不必要的脾气减少到最低限度。

情绪管理和自我减压

想要成为一个成功领导者，在面临负面情绪时，不仅要能冷却处理自己的不满，有效管理自我情绪，还要能正面影响、管理下属的情绪。以公司立场而言，如果下属犯下过错，或是陷入对上级不满的状况时，领导者务必要先舒缓下属的怨气和怒气，设法让其情绪平稳，并且同时也要控制住自己的情绪。接下来，员工自然就会进入反省期，所有的不满将会随着时间而淡化，这样彼此之间的关系才可能有挽回的余地。

1. 能量排泄法

对不良情绪所产生的能量可用各种办法加以调整。例如，当生气和愤怒时，可以到空旷的地方去大喊几声，或者去参加一些重体力劳动；也可以进行比较剧烈的体育活动，跑两圈，扔几个铅球，把心理的能量变为体力上的能力释放出去，气儿也就顺了。在过度痛苦和悲伤时，哭也不失为一种排解不良情绪的有效办法。

2. 语言暗示法

当不良情绪要爆发或感到心中十分压抑的时候，可以通过语言的暗示作用，来调整和放松心理上的紧张，使不良情绪得到缓解。当你将要发怒的时候，可以用语言来暗示自己：别做蠢事，发怒是无能的表现；发怒伤自己，又伤别人，还于事无补。这样的自我提醒，就会使心情平静一些。

3. 环境调节法

大自然的景色，能扩大胸怀，愉悦身心，陶冶情操。到大自然中去走一走，对于调节人的心理活动有很好的效果，千万不要一个人关在屋子里生闷气。

长期处于紧张工作状态的人，定期到大自然中去放松一下，对于保持身体健康，调节身心紧张大有益处。

4. 请人疏导法

人的情绪受到压抑时，应把心中的苦恼倾诉出来，特别是性格内向的人，光靠自我控制、自我调节还远远不够；可以找一个亲人、好友或可以信赖的人倾诉自己的苦恼，求得别人的帮助和指点，可能就会豁然开朗、茅塞顿开。

5. 自我激励法

自我激励是人们精神活动的动力之一，也是保持心理健康的一种方法。在遇到困难、挫折、打击、逆境时，善于用坚定的信念、伟人的言行、生活中的榜样、生活的哲理来安慰自己，使自己产生同痛苦作斗争的勇气和力量。

6. 创造欢乐法

心绪不佳、烦恼苦闷的人，看周围一切都是暗淡的，即使看到高兴的事，也笑不起来。这时候如果想办法让他高兴起来，笑起来，一切烦恼就会丢到九霄云外了。笑不仅能去掉烦恼，而且可以调解精神，促进身体健康。国外有位专家，认为笑对人体有十大作用，这也是对笑能治病的简要的生理与心理的分析。这十大作用是：增加肺活量；清洁呼吸道；抒发健康的感情；消除神经紧张；使肌肉放松；有助于散发多余的精力；驱散愁闷；减轻各自精神压力；有助于克服羞怯情绪、困窘的感觉以及各种各样的烦恼，并且有助于增加人们之间的交际和友谊；使人对往日的不幸变得淡漠，而产生对美好未来的向往。

7. 改变事情定义

“我们没有办法阻止事情发生，但我们可以决定这件事带给我们的意义”。你可以选择是“问题”，亦可选择是“机会”，结果总是如你所愿，想想看在这件事中带给你的是什么教训及警惕，下次避免重蹈覆辙，这就是将“问题”转化为“机会”，因此你的定义就是你的结果。

8. 改变人物画面

专家研究发现，人的头脑对数字、文字很难记忆，但对画面却是历久弥新，永难忘怀，你为什么过得不快乐，是因为脑海中有不愉快的画面？因此如何修改脑中画面，创造活力，就是决定我们幸福人生的枢纽。迪士尼乐园有许多卡通人物，其中最受大家喜爱的是米老鼠，华德迪士尼把人们最讨厌的老鼠借着画面转换，成为人们欢乐的象征，你也可以。

管理好自己的时间

时间是一种特殊的资源，一旦浪费了就再也不能恢复。虽然人们总在谈论节约时间，但事实上时间是不能被节省下来的，它不能被储存起来供未来某个时期使用。这种资源的积极的一面是，它对所有领导者都是一样慷慨的；而金钱、劳动力和其他资源在这个世界上的分配却是不均等的，因而使某些领导者处于不利的地位。每一个领导者的时间都是每天 24 小时，每周 7 天，区别仅在于其中一些人在利用时间上比其他人更有效。因此要进行时间的管理，使其更加有效率。

1. 专注于可支配的时间

总经理不能控制他们的全部时间，他们的日程总是被日常工作所打断，或是不得不处理那些意外的事件。因此，区分被动时间和可支配时间是非常必要的。领导者的主要时间是花在应付下属的请求、顾客的需求和种种别人引发的问题上，我们称之为被动时间，它是一种人们可控的时间。能够由人们控制的时间称为可支配时间，大多数有关改进时间管理的建议实际上只适用于可支配时间，为什么呢？因为只有这部分时间是可管理的。

不幸的是，绝大多数领导者，特别是基层的和中层的领导者，其可支配时间仅占他们工作时间的 25% 左右。不仅如此，可支配时间趋向于是一些零碎时间，这里有 5 分钟，那里有 5 分钟，要有效地利用它们是非常困难的。因此领导者面临的挑战是，知道什么时间是可支配的，然后对活动进行适当的组织，以便将零散的可支配时间积累成大块的时间，从而能够更有效地利用这些时间。凡是善于识别和组织其可支配时间的领导者，往往更有成效，而他们用可支配时间完成的事情往往是更重要的事情。

2. 有效的时间管理的 5 个步骤

第一步：列出你的目标。你为自己和为你所管理的部门设定的目标是什么？如果你采用 MBO 方法，这些目标应该已经设定好了。

第二步：按照重要性排出目标的次序。并非所有的目标都是同等重要的，给定你的时间限制，你要确保给最重要的目标以最高的优先级。

第三步：列出实现你的目标所必须进行的活动。未来实现你的目标需要哪些具体的行动？同样的，如果你采用的是 MBO 方法，这些行动计划应该已经制定好了。

第四步：对于每一个目标，给实现目标所需进行的各种活动分派优先级。这里，你既需要强调重要性，也需要强调紧急性。如果某项活动是不重要的，你应当将其授权给下级去做，如果某项活动是不紧急的，你通常可以先把它放一放。在这一步上，你应识别出哪些活动是你必须做的；哪些是你应当做的；哪些是当你有空时将要做的；哪些是你应当授权别人去做的。

第五步：按照你分派的优先级安排活动的日程。最后一步是制定日计划，每天早晨或是前一天下班以前，列出 5 件你认为是最重要的必须在当日做的事情。如果列出的事情超过了如 10 个，那该日的工作就会十分累赘和缺乏效率。然后，按重要性和紧急性确定列出各项活动的优先次序。

3. 遵循 10/90 法则

大多数领导者 90% 的决定是在他们 10% 的时间里做出的。领导者们很容易陷在日常事务中，那些有效地利用他们时间的领导者，总是确保最关键的 10% 的活动具有最高的优先级。

4. 了解你的生产率周期

每个人都有日生产率周期，有些人在上午工作效率最高，有些人是在午后或晚上工作效率最高。凡是了解自己生产率周期并能合理安排工作日程的领导者，可以显著地提高管理效率。他们在生产率周期效率最高的时候处理最重要的事情，而把例行的和不重要的事情挪到效率低的时候处理。

5. 记住帕金森定律

帕金森定律指出，工作会自动地膨胀占满所有可用的时间。时间管理隐含着你可以为一项任务安排过多的时间，如果你给自己安排了充裕的时间从事一项活动，你会放慢你的节奏以便用掉所有分配的时间。

6. 把不太重要的事集中起来办

每天留出一些固定的时间打电话，处理未办完的事情，以及其他零碎的事情。理想的情况是，这段时间安排在效率周期的低谷阶段，这样做可以避免重复、浪费和冗余，还可以使你在处理重要的事情时免受琐事打扰。

7. 避免将整块时间拆散

只要可能，就应留出一天中工作效率最高的一部分时间作为整块的可支配时间，然后，尽量将自己与外界隔离。在这段时间里你应当限制别人进入你的工作场所，避免被别人打断，谢绝电话和来访者。你每天可以另外留出一段时间，敞开你办公室的门接待那些没有事先预约的来访者，打电话或接电话等等。你能够在多大程度上将自己隔离开，取决于你的组织文化，你的上司和下属对你的信任程度，而最重要的是你在组织中的位置。一般来说，你在组织中的地位越高，你就不必在任何紧急情况下都必须到场。

8. 当心糟糕的会议所浪费的时间

会议占去了领导者的大部分时间，而且趋向于越开越长。如果由你来主持会议，你应当在会议开始时就宣布会议的时间，你应当准备一份书面的会议日程并贴出来。还有一个建议是要求所有参加会议的人站着开会，虽然这有点不近情理，但确实能够使会议大大缩短。只要人们坐下来并找到一个舒服的姿势，他们就失去了使讨论紧紧围绕问题的动机。有些领导者的办公室没有为来访者准备椅子，从而使来访者意识到他应避免浪费领导者的时间，而领导者通常将那些需要长时间的充分讨论的会议移到会议室去开，在那里有足够的和舒适的椅子供大家坐。

总经理
管人
管事
管利润

中篇

总经理如何管事

企业中的事务，可以分为两类。

第一类事务叫例常性事务。这些事务，不一定每天发生，但却是重复出现的。主管或员工在解决这些事务时，可以制订出一套行之有效的处理规范。这些规范能够告诉当事人如何思考、遵循什么规则处置、按照什么程序步骤操作，无论当事人是谁，都能够有条不紊地予以规范处理。

第二类事务叫例外事务。这些事务，是首次发生的事务，或者重复发生但却情形各异、影响重大。因而处理起来无章可循、无规可依，唯有“能人”或集思广益才能解决。

上述两类事务，总经理应以处理例外事务为重点，而只应花很少的时间处理例常性事务。

其次，总经理管理企业事务与其下属经理，也有全局与部分、综合与专业的区别。按照管理大师德鲁克的观点，总经理的重点在于思考怎样做正确的事，而其下属经理的重点在于怎样把事做正确。

另外，总经理要有处理突发事件的本领。有的突发事件直接给企业带来危机，而有的突发事件却意味着企业机遇的降临，如何驾驭危机而抓住机遇，这正是考验总经理能耐的关键时刻。而这种风口浪尖上的刺激，也是总经理这个职位吸引勇敢者挑战的魅力之所在。

最后，总经理还要有“没事找事、无中生有”的能力。在看上去一切正常的局面下，如何发现改善和革新的方向，在小问题出现的时候，如何找出问题背后的问题……

末尾这两点，有人总结为“遇事心不乱，无事心不空”。听来颇有禅意，细思大有道理。

第9章

总经理的思考工具

总经理要善于发现问题、解决问题。

发现问题、提出问题的一个好方法，是使用分析框架。

心理学家戈夫曼将框架定义为人们用来感知和解释社会生活经验的一种认知结构，是将个人生活经验转变为认知时所依据的一套规则。

如何经营管理好一家企业，这是一个困惑了许多经理人的问题，但是很少有人能够建立一个分析框架去解决它。

你思考的问题，别人也思考过。因此通过读书和学习，你可以学习到别人的分析框架。本章将介绍一些适用于总经理的思考工具，帮助总经理运用分析框架去发现问题、解决问题。

5W1H分析法

日本著名企业家、丰田公司副总经理大野耐一总结他发现问题的秘诀：凡事要问“五个为什么”。

有一次，生产线上有台机器老是停转，经多次维修后仍不见效。大野耐一就问：“为什么机器停了？”工人答：“因为超过了负荷，保险丝就断了。”

大野耐一又问：“为什么超负荷呢？”答：“因为轴承的润滑不够。”

接着问：“为什么润滑不够？”再答：“因为润滑泵吸不上油来。”

再问：“为什么吸不上油来”答：“因为油泵轴磨损，松动了。”

至此，大野耐一还不罢休，继续问：“为什么磨损了呢？”答：“因为没有安装过滤器，混进了铁屑等杂质。”

于是，大野耐一要工人给油泵安上了过滤器，终于使生产线恢复正常。这就是被人称为5W1H的分析法。

5W1H分析法是一种综合性的分析方法，5W是指5个英文疑问词的第一个字母W，1H是指1个疑问词的第一个字母H。它被用来确定企业现行分析方法是否合理，以发现改善的地方。具体是：

为什么（WHY）。为什么一定要这样做？为什么会有这样的需要？是什么理由？如果我们不这样做，对企业会产生什么害处，这是探求企业现行办法的必要性的一个起点，进而可以分析现行办法是否与原来目标相符等等。

做什么（WHAT）。究竟做这项工作的目的何在？有哪些工作要做？做些什么工作？为达到企业的目标或解决问题，真正需要工作的内容是什么？其重点在工作内容的分析。

何地做（WHERE）。这些工作内容在什么地方做最适宜？工作顺序及地位如何？（何地做的“地”是广义的，它包括实际的工作地点、顺序、地位等。）它的前后关联性、协调性如何，等等。

何时做（WHEN）。是指工作时间方面的分析。何时做最好？何时要管制？什么时候要快做？等等。工作的时间极为重要，尤其是在财务方面，由于时间因素对金钱价值的影响，所以不能不予以注意。

何人做（WHO）。由谁做最合适？要谁去卖？有谁需要？谁会喜欢？谁有关系？谁是竞争者？谁是有助企业业务的拓展者？谁做得最好？谁做得不好？这是涉及人的方面的各项问题的分析。

如何做（HOW）。这是指如何做最好？还有没有比这更好的做法，需注意哪些事项？如何贯彻计划方案的精神和目标？例如在工作简化方面，还经常运用此项分析手段，研究工作是不是能剔除，是不是能合并？能不能重排，能不能简化？

企业“九查”术

企业“九查”术是由美国麻省理工学院斯坦·里奇教授提出的，它是指企业领导人纵观企业全局而定期检查日常工作的九项指标。

一查定购生产资料耗费的时间。有没有主要供货商的违约拖拉延长企业的产品周期现象。所以，企业领导者要定期检查，尽早发现供货方的问题，并及时处理，避免损失。

二查积压的产品订单。企业积压购货订单会失去信任，买主会不高兴，甚至退货。因此，为了维护企业信誉，建立企业与买主的良好关系，要按期（最好一个星期）列出订货额和未完成的数额，发现积压应马上调整。

三查产品从成交到交货或完成合同的时间。产品周期长短，直接影响企业是否及时履约。由于有些企业在定单应接不暇的情况下，常常不重视产品周期，推迟交货日期，导致得罪了用户再也不愿同你做生意，而且产品周期延长还会增加生产费用。

四查质询次数。外单位来函请求企业提供情况的次数，是衡量广告、推销和销售业务水平的重要标志。质询次数越多表明企业和产品的知名度越高。如果无人问津，就说明广告和宣传工作需加强了。

五查订单数量。订单猛增时，要采取措施扩大生产和加紧生产；反之，要分析具体情况，研究一下是由于行业性的萧条，还是你的产品不被买者喜欢和了解的缘故。

六查转换率（成交次数与质询次数的比例）。它可以看出企业把顾客打听生意的质询转换成为既成买卖的效率。如果出现质询的次数增加而造成转换牢下降，就要预防在质向的次数减少时发生订单减少的问题；如果转换率上升而定单（合同）的数量保持不变或减少，那就证明企业的推销工作不力。

七查流动资金量。流动资金是企业生产运转的血液。检查流动资金，看看有没有不足情况，如果有，就要采取措施缩短产品周期，减少资金占压，清理应收款项。如有流动资金激增（除季节因素），就要安排扩大生产。

八查费用支出额。如果发现支出不变或下降，销售额却增长，那就说明企业情况很好，反之，支出增长而销售额不变或下降，那就要整顿支出，采取紧缩办法。

九查应收款项。有些供货商和顾客常常拖延你定购生产资料交货时间和应付款期，造成企业资金短缺，企业领导者应定期检查应收款项，发现问题及时解决。

企业领导者在采取九查之术时，把有关数据绘制成简明图表，使领导者便于每周用不长时间掌握一周内生产经营情况，以便于决策。

“355”工作法

规范工作法是以生产、技术、管理相统一，责权利相结合，程序化、标准化、科学化为基本特征的综合性的管理方法。即“三定、五按、五干”。简称为“355”工作法。

“三定”是定岗、定责、定薪。定岗就是以劳动定额和安全技术操作规程为依据，详细制定操作工作的操作范围、操作内容、操作程序。工作量的大小，通过对生产工艺线的整体分解和对岗位操作时间分解，反复平衡、调整，达到比较合理的岗位定虽。定责就是以口标管理为主线，以经济承包的指标为基数按照生产工艺的职能、职责要求，分解到各个岗位、各个环节。定薪是按岗位的责任大小、重要程度、劳动程度、工作工艺地位、操作水平和技术要求的高低决定岗位的薪金。

“五按”是按程序、按路线、按时间、按标准、按指令操作。

“五干”是干什么、怎么干、什么时间干、按什么路线干、干到什么程度。

“三定”是以“五按”“五干”为前提，“五按”“五干”以“三定”作保证。

施行规范化工作法，拉照“三定、五按、五干”的内容要求编制操作规范。

操作规范包括岗位操作程序图、时间分解序列图、岗位规范操作表，把图表绘在展示板上，挂在操作岗位现场。执行考核细则印发成册，发到职工手中，按章执行。长期操作质量劣等的岗位工作，应受到解除操作资格参加“厂内待业”的处理；反之则受到表彰和奖励。

规范化工作法是使职工具有强烈的时间意识、标准意识、程序意识和竞争意识，解决同岗同责不同酬的逆反心理，充分调动职工积极性的一种良好方法。

SWOT 分析法

SWOT 分析法又称为态势分析法，它是由旧金山大学的管理学教授于 20 世纪 80 年代初提出来的，是一种能够较客观而准确地分析和研究一个单位现实情况的方法。

SWOT 四个英文字母分别代表：

优势：Strength

劣势：Weakness

机会：Opportunity

威胁：Threat

从整体上看，SWOT 可以分为两部分：第一部分为 SW，主要用来分析内部条件；第二部分为 OT，主要用来分析外部条件。利用这种方法可以从中找出对自己有利的、值得发扬的因素，以及对自己不利的、要避开的东西，发现存在的问题，找出解决办法，并明确以后的发展方向。

根据这个分析，可以将问题按轻重缓急分类，明确哪些是目前急需解决的问题，哪些是可以稍微拖后一点的事情，哪些属于战略目标上的障碍，哪些属于战术上的问题，并将这些研究对象列举出来，依照矩阵形式排列，然后用系统分析的思想，把各种因素相互匹配起来加以分析，从中得出一系列相应的结论，而结论通常带有一定的决策性，有利于领导者和管理者作出较正确的决策和规划。

SWOT 分析法常常被用于制定集团发展战略和分析竞争对手情况，在战略分析中，它是最常用的方法之一。进行 SWOT 分析时，主要有以下几个方面的内容。

1. 分析环境因素

运用各种调查研究方法，分析公司所处的各种环境因素，即外部环境因素和内部能力因素。外部环境因素包括机会因素和威胁因素，它们是外部环境对公司的发展直接有影响的有利和不利因素，属于客观因素。内部环境因素包括优势因素和弱点因素，它们是公司在其发展中自身存在的积极和消极因素，属主观因素，在调查分析这些因素时，不仅要考虑到历史与现状，而且更要考虑未来发展趋势。

2. 构造 SWOT 矩阵

将调查得出的各种因素根据轻重缓急或影响程度等排序方式，构造 SWOT 矩阵。在此过程中，将那些对公司发展有直接的、重要的、大量的、迫切的、久远的影响因素优先排列出来，而将那些间接的、次要的、少许的、不急的、短暂的影响因素排列在后面。

3. 制定行动计划

在完成环境因素分析和 SWOT 矩阵的构造后，便可以制定出相应的行动计划。制定计划的基本思路是：发挥优势因素，克服弱点因素，利用机会因素，化解威胁因素；考虑过去，立足当前，着眼未来。运用系统分析的综合分析方法，将排列与考虑的各种环境因素相互匹配起来加以组合，得出一系列公司未来发展的可选择对策。

L 公司成立于 1979 年，只用了 10 年的时间就发展成美国最大的运动鞋生产商之一，年销售额达到 6 亿美元，股票售价从 1988 年的每股 10.94 美元上升到每股 40 美元，被《华尔街日报》《商业周刊》和《财富》杂志选为当年表现最突出的上市公司。但时隔 1 年，L 公司的经营出现问题，影响投资者信心，股价受挫。L 公司的市场份额从 1990 ~ 1992 连续 3 年下降，从 12% 降到 8%，又从 8% 再降到 5%。由于公司经营状况不好，融资出现问题，直接影响到公司的运营，L 公司设法从一家投资公司吸资 1 亿美元，条件是让出公司 34% 的股份，并且让该投资公司在 L 公司董事会拥有三个席位。这家投资公司的入股，带来了 L 公司的内部重组，公司高层易人，公司创办人 RG 离开公司。经过内部重组后的 L 公司，面临许多挑战，有许多迫切的问题需要公司拿出对策，这其中包括 L 公司的运动鞋是否能吸引更多的少年男孩？如何改变消费者一直认为 L 公司是生产女用时装鞋的成见？如何制止市场份额继续下降？

下面运用 SWOT 分析法对 L 公司所处优势劣势进行分析。

1. 公司高层的优势

首先是董事会及公司高层主管：11 位董事中有 9 位来自其他行业，跟 L 公司没有其他关系，属于“外来人”，这不但给 L 公司带来了各种不同的经历、看法、建议，也使得董事会对公司高层主管的评定能比较客观。新任董事长兼 CEO 以及新任总裁都有将企业扭亏为盈的经验。

公司明确了近期及长远的发展目标。短期内公司继续调整产品结构，全面降低运营成本。长期目标是在 5 年内将市场份额增加 5% ~ 10%。为达到这些目标，L 公司采取了三大策略：压缩开支、产品开发、精简整编。压缩开支包括减少员工和全面降低运营成本。产品开发包括采用新的生产技术。精简整编主要是放弃公司的服装生意。

2. 职能部门的优势

市场营销：公司聘请另一家运动鞋生产商的前雇员来负责市场营销，市场营销部门的负责人既有经验又了解其他生产商的内部情况，无疑会给 L 公司增加不少实力。L 公司还聘请了体育明星来推广自己的运动鞋。在海外市场，L 公司通过来料加工、合资合作在亚洲巩固了自己的地位。

销售渠道：重新制定了销售渠道的策略，将销售渠道划分为“形象”“主流”“高销售量”“实惠”四大类，在不同的销售渠道推出不同的运动鞋产品。

产品开发：利用新技术开发新产品，使高质量运动鞋能以高价与其他厂商竞争。

公关：各种慈善捐献、公益活动树立公司形象，帮助促销产品。

3. 公司高层的弱点

董事会及公司高层主管均为新人，可能会在公司雇员里产生抵触情绪。新的企业文化与原来高层主管倡导的企业文化差别很大。

4. 职能部门的弱点

市场营销：几次邀请演艺界名流参加的促销活动花费很高但却不成功，不成功的原因是演艺界人士的参加更加深了消费者的成见，认为L公司是生产时装鞋的，不是生产高质量运动鞋的。L公司仍无法摆脱女鞋生产商、质量差的形象。

产品开发：新产品的开发落后于其他主要生产商，引起零售商的不满。

法律事务：虚报利润，遭到持股人起诉。虚报进口发票，被海关罚款130万美元。另一家生产商告L公司专利侵权，被迫支付对方100万美元庭外和解。

财务：公司毛利润连续3年下降，从1990年的28600万美元下降到1992年的10900万美元，从1990年的3100万美元净利润到1992年净亏损7200万美元。库存积压，被迫低价抛售，影响利润。

5. 机会与挑战

市场容量：美国鞋市场为120亿美元，L公司大有发展余地。海外市场持续发展，也给L公司提供了发展的空间。在很大程度上，海外市场是L公司发展的希望所在。鞋的市场，尤其是运动鞋的市场，没有季节性变化，保证了生产商一年四季都有生意。昂贵的广告费用、产品研发费用及树立品牌的难度，对其他想进入运动鞋制造业的人来说都是很大的障碍，这使得一是不会有更多的竞争者进入本行业，二是其他实力不强的竞争者不会对L公司造成很大的威胁。

消费者、文化、宏观经济、政治环境：人口增长、人们对健康的认识和要求越来越高、低利率使得融资较便宜、经济复苏使人们的消费提高。

对L公司来说，挑战主要来自行业本身和行业内部。制鞋业是个很成熟的行业，业内竞争很激烈。冒牌货越来越多，既损害了L公司的形象，又影响了销售。实力很强的另外两家制造商，营销能力强，品牌效应高，在海外市场被认为质量好，这些对L公司来说都是很大的挑战。

在消费者方面，L公司的产品始终不被认为是质量好、效果好、高性能的运动鞋。

在政府规定方面，国会拟增强对鞋类进口的配额管理，L公司的产品全部都在东南亚国家生产，严格的进口配额管理无疑是增加了又一个挑战。另外，L公司的国外制造商被认为采取了“不公平的贸易手段”，一旦证实，将会影响L公司的生产和供货成本。

基于对L公司的SWOT分析，紧缩开支，裁减员工，降低成本，处理库存，调整产品结构，是L公司必须采取的策略。同时，L公司必须对其国外的制造商进行严格的质量管理，保留质量有保证的制造商，去除质量有问题的制造商。

在公司内部进行调整的同时，L公司应该制定一个开拓亚洲市场的营销计划。亚洲市场潜力大，是L公司增加销售量、彻底改变其财务状况的最好的选择。

（由于篇幅有限，这里只提供了简单的分析，略去了L公司的详细资料，包括财务报表、媒体的报道等等。有关美国鞋业、行业状况、竞争者情况、消费者特点、经济状况等等的详细资料这里也没有详细列出）

SWOT分析法是一种能够较客观而准确地分析和研究一个企业现实情况的方法。利用这种方法可以从中找出对自己有利的、值得发扬的因素，以及对自己不利的、如何去避开的东西，发现存在的问题，找出解决办法，并明确以后的发展方向。根据这个分析，可以将问题按轻重缓急分类，明确哪些是目前急需解决的问题，哪些是可以稍微拖后一点的事情，哪些属于战略目标上的障碍，哪些属于战术上的问题。它很有针对性，有利于管理者在企业的发展上作出较正确的决策和规划。

PDCA 管理循环

管理学家认为整个管理活动可以用 PDCA 循环来表示。PDCA 循环又叫质量管理环，是管理学中的一个通用模型，最早由休哈特（Walter A. Shewhart）于 1930 年构想，后来被美国质量管理专家戴明（Edwards Deming）博士在 1950 年再度挖掘出来，并加以广泛宣传和运用于持续改善管理活动质量的过程中。

PDCA 循环是能使任何一项活动有效进行的一种合乎逻辑的工作程序，P、D、C、A 四个英文字母所代表的意义如下：

P（Plan）——计划。包括方针和目标的确定以及活动计划的制定。

D（Do）——执行。执行就是具体运作，实现计划中的内容。

C（Check）——检查。就是要总结执行计划的结果，分清哪些对了，哪些错了，明确效果，找出问题。

A（Action）——处理。对检查的结果进行处理，认可或否定。成功的经验要加以肯定，或者模式化或者标准化以适当推广；失败的教训要加以总结，以免重现；这一轮未解决的问题放到下一个 PDCA 循环。

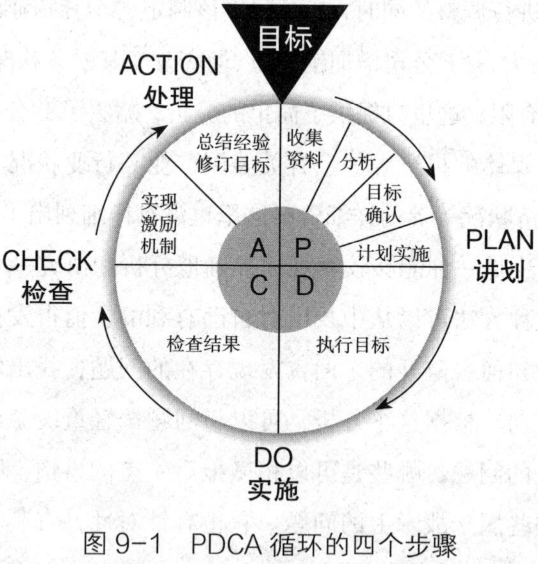

图 9-1　PDCA 循环的四个步骤

PDCA 循环，可以使管理人员的思想方法和工作步骤更加条理化、系统化、图像化和科学化。它具有如下特点：

1. 大环套小环，小环保大环，推动大循环

PDCA 循环作为管理活动通用模型，不仅适用于整个工程项目，也适应于整个企业和企业内的部门、科室、工段、班组以至个人。各级部门根据企业的方针目标，都有自己的 PDCA 循环，层层循环，形成大环套小环，小环里面又套更小的环。大环是小环的母体和依据，小环是大环的分解和保证。各级部门的小环都围绕着企业的总目标朝着同一方向转动。通过循环把企业上下或工程项目的各项工作有机地联系起来，彼此协同，互相促进。如图 9-2 所示：

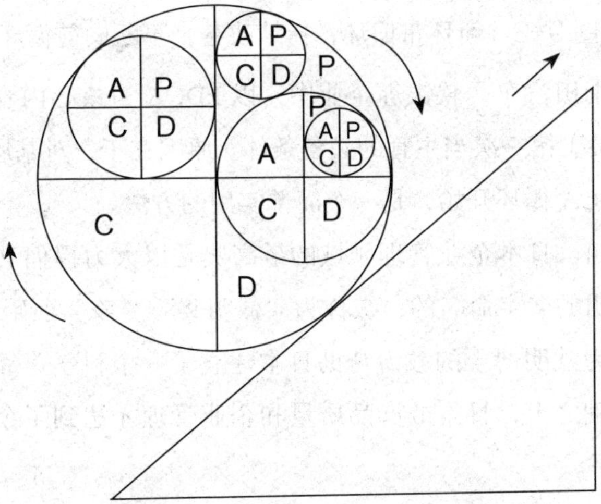

图 9-2　大环套小环，小环保大环，整体改善，推动大循环

2. 新环带旧环，持续改善，不断向前循环

PDCA 循环就像爬楼梯一样，一个循环运转结束，工作的质量就会提高一步，然后再制定下一个新的循环，再运转、再提高，不断前进，不断提高。因此，PDCA 循环可以实现一种持续的改善和上升。PDCA 循环不是在同一水平上循环，每循环一次，就解决一部分问题，取得一部分成果，工作就前进

一步，水平就进步一步。每通过一次 PDCA 循环，都要进行总结，提出新目标，再进行第二次 PDCA 循环，使管理工作的车轮滚滚向前，持续改善。如图 9-3 所示：

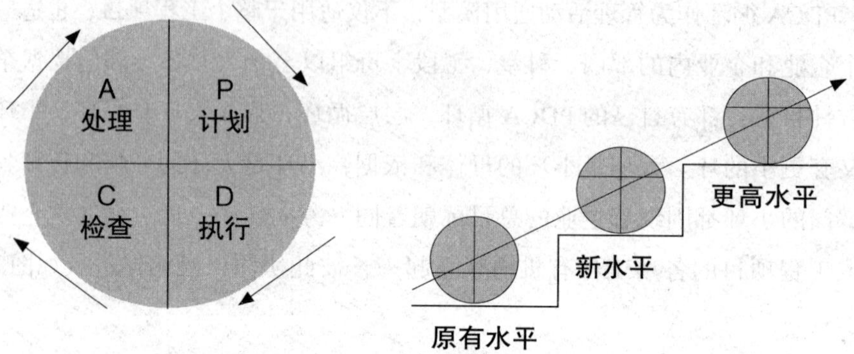

图 9-3 新环带旧环，持续改善，不断向前循环

在日本的丰田汽车、软银等企业中，以 PDCA 为核心内容的管理培训和资格证书，是员工第一次当主管的必备条件。原因在于，对基层管理者而言，学习管理从 PDCA 循环开始，是一个简单实用的方法。

顺便提一句，日本企业管理领域的最高奖是以大力提倡 PDCA 的管理学家爱德华·戴明的名字命名的，被称为“戴明奖”。该奖项始创于 1951 年，日本企业界认为戴明博士的教诲帮助日本建立了一个科学可靠的管理基础，正是在这个基础之上，日本的产品质量和企业管理才达到了今天这样被世界广泛承认的水平。

ABC 分类管理法

ABC 分类法又称帕累托分析法，它是根据在技术或经济方面的主要特征，进行分类排队，分清重点和一般，从而有区别地确定管理方式的一种分析方法。由于它把被分析的对象分成 A 、B、 C 三类，所以又称为 ABC 分析法。

ABC分析法由意大利经济学家帕累托首创的，1879年，帕累托在研究个人的分布状态时，发现少数人的收入占全部人口收入的大部分，而多数人的由入却只占一小部分，他将这一关系用图表示出来，就是著名的帕累托图，该分析方法的核心思想是在决定一个事物的众多因素中分清主次。识别出少数的但对事物起决定作用的关键因素和多数的但对事物影响较少的次要因素。后来帕累托法被不断应用于管理的各个方面，1951年，管理学家戴克将其应用于库存管理，命名为ABC法。1951—1956年，朱兰将ABC法引入质量管理，用于质量问题的分析，被称为排列图。1963年，德鲁克将这一方法推广到全部社会现象，使ABC法成为企业提高效益的普遍应用的管理方法。

ABC法大致可以分5个步骤：

（1）收集数据。针对不同的对象和分析内容，收集有关数据；

（2）统计汇总；

（3）编制ABC分析表；

（4）ABC分析图；

（5）确定重点管理方式。

我们以库存管理为例来说明ABC法的具体应用，如果我们打算对库存商品进行年销售额分析，那么：

第一，收集各个品目商品的年销售量，商品单价等数据。

第二，对原始数据进行整理并按要求进行计算。如计算销售额、品目数、累计品目数、累计品目百分数、累计销售额、累计销售百分数等。

第三，作ABC分类表。在总品目数不太多的情况下，可以用大排队的方法将全部品目逐个列表。按销售额的大小，由高到低对所有品目顺序排列；将必要的原始数据和经过统计汇总的数据，如销售量、销售额、销售额百分填入、计算累计品目数、累计品目百分数、累计销售额、累计销售额百分数；将累计销售额为60%～80%的前若干品目定为A类；将销售额为20%～30%左右的若干品目定为B类；将其余的品目定为C类。如果吕目数很多，无法全部排列在表中或没有必要全部排列出来，可以采用分层的方法，即先按销售额进行分层，以减少品目栏内的项数，再根据分层的结果将关键的A类品目逐个列出来进行重点管理。

表 9-1 分层的ABC分析表

按销售额分层范围（千元）	品目数	累计品目数	累计品目百分数（%）	销售额（千元）	累计销售额（千元）	累计销售百分数（%）	分类结果
≥6	280	260	7.5	5800	5800	69	A
5 - 6	86	346	9.9	500	6300	75	A
4 - 5	55	401	11.7	250	6550	78	B
3 - 4	95	496	14.4	340	6890	82	B
2 - 3	170	666	19.4	420	7310	87	B
1 - 2	352	1018	29.6	410	7720	92	B
≤1	2421	3439	100	670	8390	100	C

第四，以累计品目百分数为横坐标，累计销售额百分数为纵坐标，根据ABC分析表中的相关数据，绘ABC分析图。

表 9-2 ABC分类管理策略

	A	B	C
管理要点	投入较大力量精心管理，将库存压缩到最低水平	按经营方针调节库存水平	集中大量订货，以较高的库存来减少订货费用
订货方式	计算每种商品的订货量，按最优批量订货批量，采用定期订货的方式	采用定量订货方式，当库存降到最低点时发出订货，订货为经济批量	采用双堆法，用两个库位储存，一个库位货发完了，用另一个库位发，并补充第一个库位的存货
定额水平	按品种甚至规格控制	按品种大类品种控制	按总金额控制
检查方式	经常检查	一般检查	按年度或季度检查
统计方法	详细统计，按品种、规格规定统计项目	一般统计，按大类规定统计项目	按金额统计

第五，根据ABC分析的结果，对ABC三类商品采取不同的管理策略。

ABC分类法还可以应用到质量管理、成本管理和营销管理等管理的各个方面。

在质量管理中，我们可以利用ABC分析法分析影响产品质量的主要因素、采取相应的对策，例如，我们列出影响产品质量的因素包括，外购件的质量、设备的状况、工艺设计、生产计划变更、工人的技术水平、工人对操作规程的执行情况等。我们以纵轴表示由于前几项因素造成的不合格产品占不合格产品总数的累计百分数，横轴按造成不合格数量的多少，从大到小顺序排列影响产品质量的各个因素。这样，我们就可以很容易地将影响产品质量的因素分为A类、B类和C类因素。假设通过分析发现外购件的质量和设备的维修状况造成产品质量问题的A类因素，那么我们就应该采取相应措施，对外购件的采购过程严格控制，并加强对设备的维修，解决好这两问题，就可以把质量不合格产品的数量减少80%。

ABC分析法还可以应用在营销管理中，例如企业在对某一产品的顾客进行分析和管理时，可以根据用户的购买数量将用户分成A类用户，B类用户和C类用户。由于A类用户数量较少。购买量却占公司产品销售的80%，企业一般会为A类用户建立专门的档案，指派专门的销售人员负责对A类用户的销售业务，提供销售折扣，定期派人走访用户，采用直接销售的渠道方式，而对数量众多，但购买量很小，分布分用的C类用户则可以采取利用中间商，间接销售的渠道方式。

应当说明的是，应用ABC分析法，一般是将分析对象分成A、B、C类三类。但我们也可以根据分析对象重要性分布的特性和对象的数量的大小分成两类或三类以上。

第10章

总经理的决策艺术

决策是从可选方案中选出一种正确的方案以解决问题。计、策、计策、对策、策略、解决方案是不同的决策场合中人们对可选方案的不同说法，这些都属于决策的范畴。决策的逻辑顺序是这样的，首先要找到可选方案，其次是从这些可选方案中选出正确的方案，即做出决策。

与决策紧密相关的另外一个概念是策划，实际上策划更多的是指那些帮助别人做出正确决策的活动。策划现在已经成为了一个大产业即咨询业。这些决策可能是一种企业决策（企业咨询），可能是一种经济决策（经济咨询）也可能是一种政治决策（政治咨询），还可能是一种个人发展方面的决策（人生咨询）等等，这些都是咨询市场竞争不断加剧、不断细分的结果。策划是决策科学的一个部分，是决策过程的一个环节；策划——是一个艰难的抉择过程。这就说明了策划与决策的关系。

成功的总经理，总是能够洞察变化了的环境，为自己找到各种发展机会，根据本组织的人力、物力和财力状况，看哪些机会经过努力可以能够利用。一个组织的命运，往往就取决于总经理能否认清形势，发现成功的机会并努力抓住良机。为了及时抓住机会，总经理必须“当机”。“当机”的目的是为了“立断”。在出现了新的有利时机的情况下，决策者应该果断决策，切忌迟疑，犹豫不决。机不可失，时不再来。如果优柔寡断，就会坐失良机，就会失去生存和发展的前途。

科学决策的程序

什么样的决策程序才是科学的呢？科学的决策程序主要分为七个阶段即七个环节，这七个环节是依次衔接，互相联系，不可缺少的。简化和忽略其中任何一环，决策都将受到影响。

1. 发现问题

发现问题是领导工作的起点，也是总经理的职责。所谓问题，就是应有现象和实际现象之间存在的差距。通过调查、收集和整理情报，发现差距，确认问题，找出问题的关键所在，从而构成了决策的起点。决策是为了解决现实所提出的、需要解决的问题。没有问题，则不需要决策；问题不明，也难以做出正确的决策。应看到，问题的存在和问题的发现有时并不一致，由于客观事物的复杂性和主观认识上的差异，发现问题并不容易。看到了问题，进而要确认它是需要解决的问题，是一件十分严肃的事情。同一事物，有的人认为是问题，有的人则认为不是问题。有的事物，利弊参半，也为我们确认问题增加了难度。

2. 确定目标

问题发现以后，就要确定目标。所谓目标，是指在一定的环境和条件下，在预测的基础上所期望的结果。目标是决策的基础，没有目标，就无所谓决策；而目标选择的正确与否，则直接关系到决策的成败。

但是，目标的确立不能是随心所欲的。一般来讲，它有四个特征：

（1）单一性。目标是单一的，只能作一种理解。

（2）定量性。目标的成果或程度是可以计量的。

（3）明确性。设立目标必须具体明确，目标应当是可以计量成果、规定时间、确立责任的。

（4）目标必须区分主次。当决策目标不止一个的时候，总经理就要权衡轻重，列出先后次序，分为“必须达成的”和“希望达成的”目标。

3. 拟订方案

拟订方案就是寻找达到决策目标的有效途径。途径有效与否，要经过比较才能鉴别，因此必须拟订多种可供选择的方案。而且多个方案之间必须要有原则上的区别，而不只是细节上的差异。在拟订方案的过程中，应广泛采用各种智囊技术，例如“头脑风暴法”“哥顿法”“对演法”等。这些方法尽管各有不同特点，但总的要求都是尽可能开发创造性思维的方法，鼓励和推动新观念和创造性见解的涌现。

4. 分析评估

制定出各种可行方案后，接下来是分析评估，选择一个最有利于实现目标的方案。对所拟订的各个方案，都应从定性和定量两个方面加以分析评估。定性分析主要是直接利用人们的知识、经验和能力，根据已知情况和现有资料，对决策方案做出相应的评价。对一些受社会经济因素影响较大、所含因素错综复杂而多变、综合性较强的战略决策，定性分析有其极为重要的作用。但这类方法往往主观成分较强、论证不很严密，需要用定量分析方法作补充，两种方法结合起来应用。在分析评估的基础上，权衡，对比各方案的利弊得失，并将各种方案按优先顺序排列，提出取舍意见，送交最高决策机构。

5. 方案选优

选择方案是决策过程中决定性的一环，这个工作应当由决策者来完成。在这里，决策者通常依据经验、实验和分析，做出最后选择。在对各种备选方案的权衡中，并不一定各个指标都优的就是最好的方案，往往是主要指标较好，而能兼顾其他指标的方案是总经理所要选择的方案。此外，在选择方案的过程中，总经理要认真听取各方面不同的意见，包括一些尖锐的反对意见。因为，不少好的方案是根据对立的观点提出的。高明的总经理往往不是在众多方案中选取一个方案，舍弃其余方案，而是善于摄取各种方案的优点和长处，综合出一个最佳方案。

6. 方案实施

制定决策方案的最终目的是为了贯彻实施，实现预定目标。所以，决策制定以后，开始进入实施阶段。当方案选定以后，必须进行局部性试验，以验证其可行与可靠性。如果试验成功，就可以普遍实施。在普遍实施的过程中，要做好四项工作：

（1）编制具体实施计划，把决策方案具体化；

（2）组织动员群众力量，调动群众的积极性、主动性和创造性；

（3）落实责任，建立严格的责任制；

（4）建立检查监督制度。

7. 追踪决策

在决策的实施阶段，由于外部情况的急剧变化，或者由于决策本身的严重错误，原有决策方案在实施中表明已脱离实际，甚至危及决策目标的实现时，就必须对原有方案进行根本性的修正，对此我们称之为追踪决策。因为，决策是人做出的，人的错误总是难免的，再高明的总经理，也有失误的可能。所以，在进行追踪决策时，总经理要有一定的勇气，敢于承认现实，正视现实，克服阻力，尽可能地减少损失，弥补失误。

按照上述程序进行决策，是现代科学决策的重要方面，实践证明，违反了科学决策的程序，就要犯错误，走弯路。各级总经理应引以为戒，重视对科学决策程序的学习和研究。

传统的决策方法

现代决策必须采取先进的科学技术和方法，但并不排斥在现实生活中行之有效的传统的决策方法和艺术。在日常工作中，常用的决策方法和艺术有：

1. 民主法——集思广益

决策是严肃、科学而又极其复杂的事情，因此，必须善于激发一线员工的参与积极性，尤其是让执行决策的人参与决策，这不仅能够听到有价值的意见，而且对执行决策的人来说也是一种尊重和激励。

在运用这种决策方法时，通常采用的开“诸葛亮会”“神仙会”的办法就是一种好形式。它能够使与会者对所讨论的问题充分发表各种不同的意见，使“三个臭皮匠”起到“一个诸葛亮”的作用。总经理从他们所提出的多种方案中受到启发，博采众长，从而使决策方案趋于完善。这种方法还可以起到为决策统一认识的作用。经过大家认可的东西，一旦拍了板，上下左右就可以齐心协力地去实施。这里所说的各方面的意见不只是总经理和群众的意见，还应包括各方面专家和技术人员的意见。因为无论总经理多有才干，也不可能事事内行，业业精通。智者千虑，必有一失，愚者千虑，必有一得。况且，专家和技术人员并不是什么“愚者”，而是本行业和本专业的智者。领导人做出决策，一定要充分听取这些人的意见，不然，决策就难免有失误。当然，广泛听取各方面的意见，并不等于没有主见，总经理应在走员工广泛参与路线的基础上独立思考，善于取舍。

2. 比较法——权衡利弊

任何决策孰优孰劣，只有通过比较才能鉴别。一项决策有几个方案，到底哪个方案更合理、更科学，必须进行比较，通过比较，才能产生最佳方案。对于利害相近的方案，更需要采取比较权衡的办法，从中挑选出相对来说利大而弊小的方案。俗话说，“不怕不识货，就怕货比货”。通过比较，各种方案的利弊、优劣自然就清楚了。

3. 筛选法——沙里淘金

在讨论决策方案时，大家七嘴八舌，众说纷纭，仁者见仁，智者见智，常常各执一端，争执不下。这就要看领导的分析、判断、综合能力了。有的意见总地看起来是可行的，但其中也常常有不可行的成分；有的意见看来是不合理的，但也常常包含某些可取之处。这就要求总经理客观冷静地进行分析鉴别，去粗取精，去伪存真，经过不断筛选，沙里淘金，把各种好的意见集中起来，做出正确的决策。

4. 试验法——摸着石头过河

对一些关系到全局的重大问题，几经研究讨论仍然拿不准，或基本上看准了，但由于缺乏经验，感到没有把握的，就不要急于决策或实施，在时间、条件允许的情况下，可以边试验边决策，摸着石头过河。通常做法是先进行试点，通过试点，掌握第一手材料，取得必要的经验，在此基础上再进行决策，然后实施推广。这样，成功的把握较大，即使试点失败了，损失也是局部的，对全局影响不大。而且，试点所提供的第一手宝贵资料，也为进行正确决策准备了条件。如果在胸中无数的情况下，急于求成，盲目拍板，就容易出现失误。这种失误由于是全局性的，所以损失也大，而且不容易补救。

5. 应变法——当机立断

在正常情况下，决策一般应按正常程序进行，搞好预测、论证和试点，使成功的把握更大、成果更辉煌。但是，由于社会政治、经济活动的复杂性和多变性，常常会发生一些突如其来的事情，要求马上做出决策。这时，总经理稍一迟缓，优柔寡断，就容易贻误时机，造成损失。在这种情况下，就不能按部就班，四平八稳地进行论证和试点了。这就要求总经理在有限的时间内，发挥自己的应变能力，根据尽可能搜集到的有限信息和总经理自己的判断，立即做出反应，果断地做出决策，并迅速付诸实施。

运用直觉快速决策

特殊的灵感和直觉，是决策者必要的条件。经营者在许多情况下，必须通过直觉迅速而奇妙地对事物做出准确无误的决策。

这种只能意会不能言传的“直觉”，就是对领导决策起着极重要作用的一种决策思维——直觉型思维。

直觉型思维，具有感觉问题敏锐，能在缺乏信息情报的情况下洞察事物的本质，思维轨迹简洁，以及能“省略”许多不必要的决策程序等优点，它属于一种非逻辑思维。美国管理学家杜拉克在对人脑和计算机进行比较时说过：“计算机是一种逻辑的机器，这是它的优点，同时也是它的限制。外界的重要事象，不能化成为可以用计算机（或任何其他逻辑系统）处理的资料形式，而人，虽然人并不够逻辑，但是人能够觉察，这正是人的优点所在。”杜拉克在这里所说的“觉察”，也就是直觉，直觉思维能力是人脑优于计算机之所在。在夜色朦胧中，人脑能根据模糊的视觉形象识别自己熟悉的亲友和同事，而以“精确”见长的计算机却“不认识”此类目标。同样道理，根据科学的决策程序和严密的逻辑思维来判断某个缺乏足够信息资料的决策对象，可能会因为“证据不足”而迟迟做不了决策，而凭借直觉快速应变，也许一下子就能击中事物的要害。为此，作为一个成熟的总经理，必须学会运用直觉型思维来应付各种意想不到的复杂情况。

说得确切些，直觉型思维，是在科学观察和实践所取得的经验材料的基础上，通过直觉来深刻揭示事物本质和事物之间的内在联系，并提出代表创造成果的概念和假设的一种思维方式。总经理的直觉型思维绝不是从天而降的，它必须经过长期的经验和理论知识的积累过程以及艰苦的思维训练，熟练地掌握创造性的决策方法，并且，它总是以对某一问题的长期艰苦的思考为准备的。事实上，一个老练的总经理，在从事日常的领导决策时，几乎有一半以上的判断，不是凭逻辑推理来获得，而是凭直觉来获取的。

一般说来，直觉型思维，在领导决策活动中，有以下三种作用：

1. 帮助总经理省略思考程序，迅速进行决策

经验丰富的总经理都有这样的深刻体会，即每当自己遇到大量可供选择的对象，需要从中做出某种选择时，如果单纯运用逻辑思维来进行抉择，是没办法完成的，这时，就需要依靠直觉。对事物的处理是如此，对人的识别和选择也是如此。

有一次，某市一家生产矿井机械配件的小企业的总经理，忽然召集该企业有关科室负责人开会，提出：立即将当时在市场上十分畅销的某机械配件降价 50%，这一建议使大家听后一惊，都觉得不可思议。于是，该老总向大家解释了大降价的原因。原来，这种产品在市场上已经畅销一年多了，畅销的原因并非该小企业的加工工艺精，而是全国独此一家生产，用户没有别的选择。现在他突然有一种预感：肯定有一些设备条件不错的大企业也在打这种产品

的主意。倘若这种产品利润依然很高，就会促使他们下决心投产。这样一来，该小企业就将在市场竞争中失败，而这种产品，对于该小企业来说，无异于命根子，一旦市场被别人抢去，后果不堪设想。如果抢在大企业投产之前大降价，使它们觉得这种产品油水不大，那么，该小企业的命根子也就保住了。

大家听了老总的解释，都觉得很有道理，于是便一致通过了他的提议。事后，事实上完全证实了这位总经理的“预感”。有一家实力雄厚的大企业的总经理告诉他的国内同行，正当他在考虑上这种产品时，看到市场上该产品已经大幅度降价。显然，作为一家大企业，是不会为这种利润不大的产品所动心的。于是，他便取消了上这种产品的念头。

就这样，该小企业的总经理，凭着自己建立在丰富商场经验基础之上的直觉，做出了精明的决策。

2. 帮助总经理对决策方案做出预见

卓越的直觉型思维能力，不仅能够使总经理在纷繁复杂的社会现象面前迅速做出某种抉择，而且还能帮助总经理敏锐地觉察事物之间的内在联系，对某一决策方案可能产生的中远期影响以及对某一事物在今后的发展趋势，做出比较接近事实的预见。

当然，直觉型思维对决策方案或对某一事物的发展做出预见，尽管有时是朦胧的，粗略的，甚至是下意识的，但在许多时候，通常是先凭借直觉预见后果，随即在直觉指导下拍板定案，最后，才在执行决策的过程中，进行验证，加以不断完善和修正……因此，总经理仰赖直觉的预见来进行决策，也就不足为奇了。

3. 有力推动领导决策活动的开展

总经理从占有大量经验材料到提出新思想、新认识、新理论、新见解，这一过程正如爱因斯坦说的那样，有时不存在任何必然的“逻辑联系”，而只有一种“非必然的、直觉的（心理的）联系”，为此，我们说，在一些场合，直觉也能够直接产生新思想、新认识、新理论、新见解。此类例子，在领导实践中不胜枚举。

有位颇有才干的总经理，有一次，他漫步街头，忽然看见百货公司从外省运进大量与该企业生产的家用电器性能相同但外形更美观、价格更低廉的新产品。直觉提醒他：该企业在激烈的市场竞争中已经不占上风了。回到厂里，他立即召见技术科科长，让他拿出应急良策。一周以后，技术科设计出两种款式新颖的换代产品，将投产方案摆在他面前。两种方案各有长短，一时难分优劣。于是，该企业总经理再次凭借直觉，从中选择了似乎更有利的甲方案。就这样，从萌生“停产”救产品的想法，到选择“转产”新产品的甲方案，在这一创造过程中，始终是直觉型思维帮助该企业总经理直接产生新思想、新决策。

直觉是怎样来的，有些人天生就有这方面强烈的潜能，他们处事决断往往会有意料之外的神奇之笔。但多数人是经过长期锻炼不断培养出来的。

当然，在强调直觉型思维的以上三种作用时，不能不承认，直觉，毕竟属于一种“有待证实”的判断。它的局限性，明显体现在以下两点：其一，有时观察范围比较狭窄；其二，很容易把实际上不相干的事物联系起来。为此，直觉并不总是准确无误的。各级总经理在运用直觉型思维时，应当记住这一点，只要条件允许，就应该尽可能运用科学手段进行验证。即使一时无法验证，也别忘了“回过头来”加以审核。

一位高明的决策者，要经过长期锻炼和积累，培养一种临事立刻判断事实真相的能力，在紧要关头产生奇效。

日常决策的经验判断法

总经理日常面对的是大量的决策。因此，熟练掌握日常决策艺术，大有必要。日常工作，一般采用传统的经验决策方法，也叫做经验判断法。经验决策，绝非一般的感性经验或经验主义。经验决策同样应遵循科学思维的一般程序。要搞好日常的决断，要注意经验判断法的适用范围，完成决断前的准备工作，采取适当的决断步骤。

1. 经验判断法的适用范围

经验判断法也称直观判断法，是凭借丰富的经验，运用正确的思维方法，对已经掌握的情报、信息进行综合分析判断，以直接选取某一最佳或满意方案的方法。总经理在日常决断中经常运用这种方法。一般来说，它适用于以下几种情况：

（1）在决策问题不十分复杂，方案又不多，能较为明显地辨别出各方案的优劣时，可用这种方法做出方案优选。

（2）备选方案很多，它们又都可行，而且各有利弊，综合起来又相差不大，能明显地确定各方案的好坏。在这种情况下，也可用这种方法。

（3）如果决策问题具有多个目标要求，经过方案论证，各方案也都可行，但在达到各目标要求的程度上有所不同。在这种情况下，可用这种方法优选出达到主要目标要求的方案。

（4）有些决策问题的主要制约因素是社会因素和人的因素，这些都不能用数学方法去计算，有的也不能从经济方面去衡量。在这种情况下，也需要用直观判断法来做出最优方案的选择。

（5）有一些决策问题，备选方案很多，也可以用直观判断法来对各方案进行初选。按照一定的标准和要求，经过对比，去掉一些明显差的方案。这就可以减少方案的数量，为方案的最后优选减少了工作量。

2. 决策前的思想准备

做决策必须有足够的思想准备，正确的行动总要源自于正确的思想。一般说来，总经理在具体做决策之前，如果能把以下五个问题搞清楚，决策的可行性就会大大提高。

一问：这项决策必须由我来做吗？

当一项决策摆在面前时，你首先所要考虑的是该项决策所涉及的职权范围和限制因素，然后才能判断出该由谁来做决定。根据权限，决策该由下属做出的，总经理不应该代作决策，以免干涉下属的工作，或者使自己的时间消耗在细节问题上，不能考虑全局性的问题。总经理应当明确地把问题安排给合适的人去处理，这本身就是明智的决定。属于本级范围的决策又分三种情况：一是集体决定决策，是由公司内部的全体成员或其代表参加的决策，这是公司内最高的决策形式，主要适用于某些带有全面性、战略性和长远性问题的决策。二是会议决定决策，是指在公司全体会议或代表大会闭会之后，由处理日常工作的有关组织或成员通过会议形式做出的决策，这种形式的决策是被大量采用的。三是个人决定决策，是总经理通过个人决定的方式做出的决策。它一般适用于常规的或某些特别紧急的情况，但应特别慎重。

二问：这项决策值得我做吗？

任何决策，首先必须考虑决策的价值。鉴别一项决策有没有价值的最好办法，是反问一句："假如这个问题不解决，将会失掉什么？"这样做，就能很快地透视出问题的严重性了。

三问：我必须在什么时候作决策？

作决策，时间是一个重要因素，条件不成熟而作决策是冒险；条件成熟了而拖延不作决策，优势会转化为劣势。把握时机，勿失良机，乃是胜利之本。

四问：我已经掌握了作决策的必要事实吗？

在做出任何决策之前，必须掌握与此有关的、尽可能多的事实和资料，同时要考虑决策可能带来的后果。

五问：我将怎样做决策？

做决策应当仔细地衡量各种方案的优劣利弊，掌握亏损和获益的准确数据，从中选择出最优方案。

处理决策中的轻重缓急

美国决策大师皮尔斯·卡特有一句名言："决策的最佳时机并不仅仅是快速，而是适速。"

和做任何事情一样，公司决策也要有轻重缓急。这是公司老板和总经理应当把握住的问题。

一家公司的组织结构无论如何简单，无论管理如何有序，公司中有待完成的工作总是远远多于用现有的资源所能做的事情。因此，公司必须要有轻重缓急的决策，否则就将一事无成。而公司对自己之所知，对自己的经济特点、长处与短处、机会与需要的决策分析，恰恰也就反映在这些决策之中。

确定先做的事对于任何人似乎都并不困难，使人犯难的倒是决定“后做的事”，也就是决定什么不应该做。人们怎么强调也不为过的是，事情不可推迟，只可放弃。重拾先前不得不推迟的旧事，不管当时它看来是多么可取，几乎始终是一个严重错误。这当然也是人们之所以如此不愿意确定后做的原因所在。

机会和资源的最大化原则是指导公司确定轻重缓急的准则。除非少数的几个实属第一流的资源，被满负荷地用于为数不多的几个突出的机会，就不能说公司的轻重缓急已被真正确定。尤其是那些真正重大的机会，即那些可以实现潜能和那些可以创造未来的机会，必须得到它们的潜能所应得到的资源，即使以放弃眼前利益为代价，也应在所不惜。

有关公司的策划，公司的优势所在及其轻重缓急方面的几个关键性的决策，既可在意识到其影响的情况下做出，也可作为某种紧急琐事之后的亡羊补牢。既可出自最高管理层，也可出自某个普通职员，有时他对一个技术细节的处理，在事实上决定了公司的特性和方向。

但是，不管以何种方式，不管出于何处，这些决策总会在公司中做出。没有这些决策，就没有任何行动能真正发生。

虽然没有任何公式能为这些关键性的决策提供“正确”的答案，但是，倘若它们是随意工作，是在对它们的重要性茫然不清之下做出的，那么它们不可避免地将是错误的。要想获得正确答案，这些关键性的决策都必须是有计划、系统地做出的。对此，公司的最高管理层责无旁贷。

轻者当缓，重者当急，关键决策，有关公司生死攸关，更是一刻也不能忽视。

事实上，决策本身既是一件硬性工作，也是一件弹性工作，但不能固执行事，应该采取灵活的方法，控制好决策的过程，该先就先，该后就后，做点弹性处理也是公司领导的智慧所在。

面对决策中的反对意见

为什么会有反面意见，主要有以下理由。

（1）唯有反面意见，才能避免决策人陷身为组织的俘虏。在一个组织中，任何人都各有所求，都希望总经理的决策能对自己有利。

唯一能突破这一陷阱，使决策人不致成为某方面的俘虏的办法，就在于引起争辩、有实据，慎重对待经过深思熟虑的反面意见。

（2）反面意见的本身，正是决策所需的“另一方案”。决策时只有一种方案，别无其他选择，则其与赌博何异？只有一种方案，失败的机会必高。也许是这决策打从开始就错了；也许是其后因情况变易而使决策错了。如果在决策过程中有若干方案可供选择，则决策人进可攻、退可守，有多方思考和比较的余地。反之，舍此以外别无他途，决策人在遇到该决策行不通的时候，就只有背水一战了。

总经理要学会运用反面意见，只有如此，他才能避免为“看来有理，但却有疵”的看法所征服；他才能得到“另一方案”，以供他选择和决策；他也才能在万一决策行不通时不至于迷惘。同时，鼓励反面意见，正是启发他本人的想象力，启发他的共事者的想象力。反面意见能把“持之有故，言之成理”者，转化为“正确”；再把“正确”转化为“良佳的决策”。

总经理绝不认为某一行动方向为“是”，其他行动方向均为“非”。他也绝不坚持己见，以自己为“是”，以他人为“非”。总经理第一步会先找出为什么各人有不同的意见。

当然，总经理总是假定任何人提出不同的意见，必是出于至诚。所以，某人的意见纵然错了，也是由于此人所看到的现实不同的缘故，所关切的是另一个不同的问题的缘故。因之，总经理会问：“如果此人的立场果真正当、果真合理、果真有见地的话，此人的看法又将如何呢”，总经理关切的是“了解”。只有在有了确切地了解之后，他才研究谁是谁非。

身为管理者，不论他本身刻意求好如何心切，也不论他如何自信看出了别人的错误，只要他打算做一项正确的决策，他就会将了解“对方”作为他探求“另一方案”的方法。见解的冲突，正是他的“工具”；运用此一“工具”，他才能保证自己看清问题的每一面。

怎样防范决策风险

所谓防范风险的分析，是指在对各种可能方案进行评价、比较和选择时，除根据决策目标进行选择外，还必须对决策执行后可能出现的不良后果即副作用进行估计，并研究防止的措施，防患于未然。对此，也有人称之为“可能出现问题的分析”。

在防范风险的分析中，各种问题及其原因都有出现的可能，不一定真能出现，但是任何一种由可能原因造成的可能问题，都有可能影响到决策的成败，因此应当对全部可能出现的问题进行认真的考虑。为了有效地进行这项工作，一般应当按照下列步骤进行：

1. 对可能产生的副作用进行估计

在对可能出现的问题进行估计时，应尽量做到全面。由于不良后果的存在往往是潜在的，尤其是有些不良后果还不是决策执行的直接后果，而是后果的后果，即所谓第二级、第三级后果，更不容易被发现，这就要求决策者必须具有系统的观点，能对问题进行系统地分析。例如，企业的决策，就应当从企业的组织工作（单位、部门间的关系、意见沟通、协调、安全等）、员工个人的发展（素质的提高、职位提升、工作积极性等）、物资与设备的利用、产品的质量与数量、财务状况以及对外关系等各个方面进行全面的考虑。

尤其是跨部门的决策、时间紧迫的决策、推行新制度的决策以及执行中责任不易分清的决策等，都特别容易出现问题，更应进行全面系统地分析，找出可能发生的问题。

在对可能发生的问题进行估计时，不仅要估计会产生哪些问题，而且还要对每个问题进行具体地说明，如问题的具体内容，会产生在什么地方，会在什么时候发生，可能发展到什么程度等。只有这样，才有可能分析出产生这些问题的原因，并采取有效的措施加以防止。

2. 对可能发生的问题的危险性进行估计

由于可能发生的问题很多，决策者没有能力（也没有必要）认真研究他所估计到的每一个可能的问题，而只能舍其小者而集中精力于危险性大的问题。那么，如何确定问题的危险性呢，一般是通过综合以下两方面的判断来确定。

（1）这项可能出现的问题如果发生的话，其危害的程度将如何？

（2）这项问题出现的可能性（即概率）如何？

对于危害严重程度往往是用评分法来进行估计，分数越高，说明严重程度越大。在估计出问题的危害严重程度之后，将它同问题出现的概率相乘，乘积就是该项问题危险度的计量。

有了各项可能问题的危险度计量，就可以把它们按危险度大小分为以下三类：

（1）危险性最大的可能问题（也就是严重性大且发生的可能性也大的问题）。这类问题对决策有致命的影响，必须全力加以防范，否则有可能使决策完全失败。

（2）对决策有严重影响，但还不到致命程度，希望尽量加以防范，或使其影响减至最小限度。

（3）危险性很小的可能问题。这种问题对决策影响不大，可采用简便办法加以处置，或不予理会。

3. 对问题发生的可能原因及其可能性大小进行分析

可能发生问题的原因分析与已发生问题的原因分析有所不同，前者只是估计有可能发生而尚未真正发生，因而产生这些问题的原因还只是潜在的。在这种情况下，决策者无法根据实际的事实而只能根据自己的经验来进行判断。但是，由于一个可能的问题会有很多的可能原因，因此决策者要想知道需要对哪些可能原因特别加以注意，就必须在找出每项问题的可能原因之后，再对每一个可能原因的可能性大小进行大致地估计。

例如，在项目投资的施工方案中，一个危险性很大的问题是设备交货延误。这个问题的可能原因很多，如供方生产延误、供方工厂出现事故、交通运输不畅、铁路线因天灾而中断、合同日期写错、供方负责干部因更换而在交接中出现遗漏、订货单丢失，等等。其中各个原因的出现概率并不一样，因此，应当按出现概率的大小对可能原因进行排队，重点抓住出现概率大的那些原因，对于出现概率极小的原因则可以冒险不去理它。

然后，还要进一步把应当抓的原因当做可能问题来看，再深究这些问题的可能原因（即原因的原因）及其出现概率，一直到可以采取一定的直接措施加以防止为止。

例如，估计可能发生的问题是某产品出现滞销，而这个问题的可能原因之一是成本过高而无法同其他企业的同类产品竞争。在这种情况下就应采取一定的措施降低成本。可是要想做到这一点，就必须把成本过高再当做一个可能问题来看，研究出成本过高的可能的原因（对产品滞销来说则是可能原因的可能原因），如可能是原材料浪费、工时安排不合理、工艺不合理等，然后才能针对这些可能的原因采取适当的具体措施加以改进。

采取预防措施是为了消除问题的可能原因，或将问题发生的可能性减至最小限度。但是，由于每个问题的可能原因很多，因此就需要针对不同的原因采取不同的措施，以防止每个可能原因的出现，从而减少问题的发生机会。预防措施研究出来后，就应列入决策方案的实施计划中，以便落实。

4. 为使危害减至最小准备一定的应急措施

一般说来，预防措施是针对危险度大的问题和出现概率大的可能原因的，它可以通过决策的实施计划得到实现，减少不良后果出现的可能性，但是，出现的可能性减小并不等于不可能出现，不能认为有了预防措施就可以万事大吉、绝对安全了，如果基于这种错误认识而不考虑应急措施，那就无法完全消除危险的严重后果。下面就是一个典型的例子：

据报载，某酒店发生了一场火灾。大火首先出现在酒店的第九层，火警发生后，饭店的值班人员也曾拉开消火栓，但因不会打开水阀，致使火势蔓延开来。这次火灾造成的后果十分严重，291 名住宿酒店的人中就有近百人死伤和失踪。事后经过调查，发现酿成这一惨祸的主要原因是酒店缺乏防火的应急措施。虽然消防部门曾向该酒店下令安装自动防火报警设施，但酒店只安装了很少的一部分，而第八到第十层还没有安装。如果酒店能够高度重视，在事先准备自动防火报警设施，那么即使在消火栓用不上的情况下，仍可以通过自动灭火器及时将火扑灭，不致造成如此严重的后果。

由此可见，对于会产生特别严重不良后果的可能问题，除了要采取预防措施来消除其原因，或减少其发生的可能性外，还必须准备一定的应急措施，以备万一问题发生时能消除或减少其影响。当然，决策者也不能因为具有善于应付紧急事变的能力而忽视了预防措施，因为预防一个问题的发生，毕竟比问题发生之后再采取措施要好得多。

应急措施与预防措施不同，预防措施是在问题发生之前，在决策的执行过程中实施的；而应急措施则是备用的，要到问题发生的时候才能用上。不论是预防措施还是应急措施，都应选择其收益最大而代价最小的，也就是通常所说的“有效措施”，加以采用。

有了防范分析，并有了预防措施和应急措施，就可以使决策的副作用降至最小，提高决策的合理性和有效性。

决策不能完全靠制度解决

对于中国企业如何才能确保决策的正确性，理论界的普遍观点是，需要在企业内部建立规范的决策制度。他们认为，中国的许多企业总经理通常集创业者、所有者、经营者于一身，形成了独断的决策体制。正是这种独断式决策，使决策的成功率难以保证。

有人研究过中美CEO在决策失败上的不同之处。得出的结论是：美国的CEO很少犯决策上的错误，都是失败在执行上。所以美国的企业很难完全失败，换一个CEO还能东山再起。而中国的CEO决策失误不断，而且一失误就是毁灭性的失误。所以就此断定，是制度保证了美国企业的决策成功，中国企业要想提高决策的成功度，就必须仿效美国建立规范的决策制度。

但是，制度真的就能解决中国的企业决策问题吗？我们来分析制度决策的不完美性。

1. 容易错过决策时机

制度决策都是建立在民主基础上的决策，虽然这种民主的范围通常只局限在企业的领导阶层。但有一点毫无疑问，能够参与决策的人在数量上增加了。然而，在现实的经营活动中，真正有价值的决策往往是掌握在少数人的手里。如果都听任民主慢慢讨论，多半会变成滞后决策或无效决策。企业处于激烈的竞争中，绝不允许错过任何一个难得的机遇。虽然我们已经认识到“拍脑袋”决策的弊端，但对企业来说，在关键的急需拍板时刻，建立在科学依据支撑基础之上的力排众议、拍板定案才是企业里决策方式的常态，也是企业家精神的具体体现。决策包含经验的成分，也包含艺术的成分，企业家对市场敏锐的洞察力、胆识和魄力此时显得尤为重要。

邓小平关于决策，有一句话：“不搞争论，是我的一个发明。不争论，是为了争取时间干。一争论就复杂了，把时间都争掉了，什么也干不成。不争论，大胆地试，大胆地闯。农村改革是如此，城市改革也应如此。”这是把老子的话“圣人之道，为而不争。以其不争，故天下莫能与之争”用活了。所以说，正确的个人决策要比正确的制度决策意义大得多。

作家王蒙在《不争论的智慧》一文中讲了一个故事：两人争论一道算术题，一个说四七等于二十八，另一个说四七等于二十七。两个人争得不可开交，扭打到县衙门，对簿公堂。结果县令责打坚持四七二十八的人的屁股，而判定四七二十七的人无罪。王蒙认为县官打的对。与一个认为四七等于二十七的人争得死去活来，难道不该责打吗？即使你是正确的，你坚持四七等于二十八就是了，为什么要去同一个不值得认真对待的人，花费大量本可干出许多事情来的时间和精力、去认真争论这种本来不该争论也显而易见的问题呢？

2. 难以做出战略决策

由于制度下的决策失去了决策中心人物，基本上只要多数董事赞成的事就能通过。结果是谁都负责，谁也不负责。出了问题，不能找到明确责任人，参与决策的个人也不用承担太大风险和损失。由此，形成了一种“决策大锅饭”现象，决策群体中的个人不愿意去做可行性研究，不愿意做务实的战略思考。

集体决策往往是折衷的结果，因为决策的依据是过去发生的事实，决策的方法是逻辑推理，否则大多数人不可能认可，也就不可能是真正意义上的集体决策，这种决策模式适合于非竞争性决策。市场经济是竞争的经济，领先一步的竞争优势往往来源于企业家的直觉，不可能完全靠过去的事实和逻辑推理来完成。如果光靠事实和逻辑推理，你推出来的东西别人也同样能推出来，也就没有人能真正形成领先一步的竞争优势，所以，对于属于典型的竞争性组织的企业，职业企业家的个人决策不但可以对瞬息万变的市场做出及时反应，更重要的是可以依靠职业企业家的经验和直觉做出超越逻辑的预见和决定。

“美国 CEO 的失败都是执行失败，美国的企业制度保证了 CEO 不会做出错误决策”，这种观点难以让人信服。执行失败当然是决策失败的一种，没有考虑到执行问题的决策能说是成功决策吗？事实上，美国决策失败的案例比比皆是，近两年失败的大公司就有宝丽莱、安然、凯玛特、环球电讯等。

3. 制度的优势不在于制度本身

由于企业里的重大决策大多是面向未来的不确定性决策，其主要特点是决策所需当前信息不可能完备，决策行为与结果不存在已知的、必然的对应关系。也就是说实施一个决策结果到底怎么样，特别是还将发生什么料想不到的风险难以准确判断。因而，任何决策都包含着成功和失败的可能性。再好的程序及制度也只能保证形式上不出问题，仍然无法保证决策结果的对错及质量高低。

其实，建立良好的决策机制是一个方面，而更重要的一面是决策机制中人的因素。尤其是高层决策者的本身素质对一项决策成功与否起着重要作用。再好的制度，离开了优秀的决策者，也将毫无用处。制度的优势不在于制度本身，而在于制度中的人。

一个人的决策能否正确与这个人是否具有科学的思维方式有很大关系。同样的方案提供给不同的人一般会有不同的决策结果。相反，仅靠死的制度是无法保证决策思维的正确方向的，常常是发现错误的时候，实际上已造成了损失，也就是说这时你尽管可以撤换 CEO，但你的纠错是以损失为代价的。

4. 监督成本太高

在现代企业中，决策的做出和执行体现为一种制度要求，即并非服从于个人，而是服从于制度。因此仅仅存在于由制度赋予他的，有合理界限的事务管辖范围之内，这含有一种被动服从和执行任务的味道。而个人决策带有更多的主动性。前者的正常运作需以相应的制度成本（当然包括推行此制度的信息成本和协调成本）为代价，其好处是或许能降低决策的风险。而后者却因信息欠缺而无法排除主观的、情绪的、人格的因素对客观目的的干扰，但无须如前者付出昂贵的制度成本。

前面已经提到过，在执行决策制度的条件下，由于参与决策人的责任难以分清；决策项目失败受客观因素影响的程度难以人为核定；决策人个人的有限财力难以支付赔偿费用，所以决策追究制度不能建立，企业总经理在决策中的寻租行为不能从制度上屏蔽。这也导致决策制度最终只能是一个不完整的制度。

5. 决策制度在中国难以落到实处

中国一些企业普遍存在着管理中的“花瓶症”。指的是企业总经理在制定决策或在选择管理者时，追赶管理时髦，引进了各种新的管理制度和技术，造“程序花瓶”，甚至在企业内部成立了各种研究中心或决策咨询中心，聘用大批名人做顾问，建“人员花瓶”。

但实际上，决策权仍然牢牢掌握在企业所有者手中。顾问团或委员会根本不具有进行关键决策的权力，不是成了验证主要决策者决策的“弄臣机构”，就是形同虚设，纯粹是所有者用来装饰给外人看的一个花瓶。这就是为什么许多企业顾问无数，经营管理却不断下滑的原因。

我们讨论决策制度的不完美性，并不是要否定制度的重要性。目的在于提醒企业总经理不论有没有制度或制度的有效性如何，聪明的做法是在做决策前就尽量避免“事后诸葛亮式事件”的发生，自觉依照决策的科学规律办事，建立科学的思维框架，这才是从根本上降低决策风险，提高决策成功度的有效途径。

—— 第11章 ——

总经理的授权方法

管理是通过别人完成任务的艺术。从这个意义上说，管理的本质就是授权。

授权是一门艺术，如果授权运用得好，不仅可以使管理更为有成效，而且可以调动员工在工作中的主动性、积极性和创造性，提升企业运行效率。

有效的领导力来自充分授权

对于总经理来说，在给自己手下的员工分配了工作任务之后，还不等人家完成就又亲自动手，这是一个致命的错误。

把工作交给部下的最大好处在于：节约了总经理的时间。总经理将任务交给员工去处理时，他就会有更多的时间去处理别的事情。

井深大刚是索尼企业的一名功臣，说他是一名功臣可不是说他一个人撑起了索尼的一片天，而是说他将个人知识和集体的智慧结合起来，发挥团队优势为企业创造了巨大的财富。在井深大刚进索尼公司时，索尼还是一个小企业，总共才有20多名员工。老板盛田昭夫信心百倍地对他说："你是一名难得的电子技术专家，你是我们的领袖，好钢用在刀刃上，我把你安排在最重要的岗位上——由你来全权负责新产品的研发，对于你的任何工作我都不会干涉。我只希望你能发挥带头作用，充分地调动全体人员的积极性。你成功了，企业就成功了！"

这让井深大刚感受到了巨大压力。尽管深井大刚对自己的能力充满信心，但是还是有些犹豫地说："我还很不成熟，所以虽然我很愿意担此重任，但实在怕有负重托呀！"盛田昭夫对他很有信心，他坚定地说："新的领域对每个人都是陌生的，关键在于你要和大家联起手来，这才是你的强势所在！众人的智慧合起来，还能有什么困难不能战胜呢？"

盛田昭夫的一席话，一下子点醒了井深大刚。他兴奋地道："对呀，我怎么光想自己？不是还有20多名富有经验的员工嘛！为什么不虚心向他们求教，和他们一起奋斗呢？"于是，井深大刚信心满满地投入工作当中。就像是盛田昭夫放权给他一样，他把各个事务的处置权下放给各个部门，比如他让市场部全权负责产品调研工作。市场部的同事告诉井深大刚："磁带录音机之所以不好销，一是太笨重，每台大约45公斤；二是价钱太贵，每台售价16万日元，一般人很难接受。"他们对井深大刚的建议是：公司应该研发出质量较轻、价格低廉的录音机。

与此同时，井深大刚让信息部全权负责竞争对手的产品信息调研。信息部的人告诉他："目前美国已采用晶体管生产技术，不但大大降低了成本，而且非常轻便，我们建议您在这方面下工夫。"在研制产品的过程当中，井深大刚和生产第一线的工人团结协作，终于合伙攻克了一道道难关，于1954年试制成功了日本最早的晶体管收音机，并成功地推向市场。索尼公司凭借这个产品，傲视群雄，进入了一个引爆企业发展速度的新纪元。

井深大刚取得了伟大的成就，成了索尼公司历史上无可替代的优秀人物。在这个事例中，我们应该注意到最为重要的两个环节：盛田昭夫放权给井深大刚，井深大刚放权给其他部门。在充分授权下，索尼公司发挥出了团队的整体作用，调动了每一位员工的积极性，把团队的力量发挥到了极致，从而取得巨大成功。

对于总经理而言，把工作交给下属，这是一件非常重要的事情。只有把工作任务交给下属去完成，才能提高下属的知识和工作技能，从而给自己留出更多的时间进行管理工作，将自己成为一名卓越的管理者。

中国历史上对于"领导"行为的界定可谓丰富至极。《三国志》记载"蜀国正事无巨细，亮皆独专之”。诸葛亮尽管运筹帷幄，决胜千里，却仍“事必躬亲，鞠躬尽瘁”，虽一生劳顿却功名难成。

授权可以提高管理效率，但为什么管理者不愿意进行授权呢？常见的原因有以下几点：

首先，也许可以把他看做传统小生产体制时代的产物，代代相传，今天我们的主管才能把“领导的职责”定位于此。

其次，总经理相信，对于这件工作，自己是唯一的胜任者，即使让下属完成也是一百个不放心。然而，真实的情况往往是管理者并没有真正把他手头的工作重新考虑，按难易程度排序，以确认有些工作只有他自己才能做到，而其他大部分工作却并非如此。如果说下属的确给你“不能胜任这项工作”的印象，很可能仅仅因为你没有给下属机会让他们去做。还有，管理者不相信下属会完全领悟自己想表达的东西，把工作交给他们，结果自己不会满意，到头来还要自己亲自去做。

最后，总经理有时懒得费口舌向下属解释工作如何做，所以他们不知道该怎么做。如果你把工作标准化，你的解释并不麻烦，而且如果你不让下属做这一次，下一次他们又怎么可能做到使你满意呢？

有的总经理抱怨下属中没有千里马，没有将才，却没有想过作为主管，对下属所负的责任该是什么。拒绝授权的管理者还会给出许许多多各式各样的理由来证明他们的“不授权”是正确的，是唯一可能的选项。而同时，结果也往往是这样：他总是匆匆忙忙，总是埋身于事务性的工作，总是抱怨而又总是出漏洞，他的下属总是缺乏动力，缺乏责任心，总是懒洋洋的，企业总不能以他的期望运转，效率总是可望而不可即……

但是种种原因实际上都是借口，这些理由都是难以成立的，我们再来看这样一些分析：

（1）担心下属做错事的管理者，内心里所真正担心的不是下属做错事本身，而是怕被下属做错事所连累。这一类管理者一方面对下属欠缺信心；另一方面又不愿意为下属受过，所以犹如唱独角戏那样凡事皆亲自操办。固然下属难免做错事，但若管理者能给予适当的训练与培养，做错事的可能性必然减少。授权既然是一种在职训练，管理者就不能因怕下属做错事而不予训练，反而更应提供充分的训练机会以避免下属做错事。

（2）不可否认，有些管理者因担心下属锋芒太露，或“声威震主”而不愿授权。但是从另一角度看，下属良好的工作表现可以反映管理者的知人善任与领导有方，所以管理者功不可没。

（3）只有领导力薄弱的管理者在授权之后才会丧失控制。在授权的时候，倘若管理者划定明确的授权范围，注意权责的相称，并建立追踪制度，就不会担心丧失控制。

（4）基于惯性或惰性，许多管理者往往不愿将得心应手的工作授权下属去履行。另外，有许多管理者基于“自己做比费唇舌去指导下属做更省事”的理由而拒绝授权。这两类管理者的共同缺陷即是将他们有限的时间与精力浪费在他们本来可以不必理会的工作上，而使需要经由他们处理的事务无法获得应有的重视。任何一位管理者管辖的工作，大体上均可区分为五种层次：

管理者必须亲自履行的工作。

管理者必须亲自履行，但可借助下属帮忙的工作。

管理者可以履行，但下属若有机会亦可代行的工作。

必须由下属履行，但在紧急关头可获得管理者协助的工作。

必须由下属做的工作。在正常情况下，管理者对第三层次以下的工作应授权下属去履行。

（5）“找不到适当的下属授权”常被一些管理者当做不愿授权的借口。任何下属都具有某种程度的可塑性，因此均可授权予以塑造。就算真的找不到一位可以授权的下属，仍是管理者的过失，因为倘若员工的招聘、培训与考核工作做得不差，又岂会有“蜀中无大将”之理？

可见，授权并非不能，而是自身愿不愿意的问题。因此，学会授权吧，只有适度地授权，你才能成为一个卓有成效的总经理。

注意调整集权和分权的结合点

企业经营管理权限的分配方式分为集权和分权两种。集权是指把企业的经营管理权限较多地集中在企业上层的一种形式。

集权的特点是经营决策权大多数据在企业高层领导手里，他们对下级的控制较多。

分权是指把企业的经营管理权适当地分散在企业中下层。它的特点是上级的控制较少，使中下层有较多的决策权。

权利是一把双刃剑，不管是采取集权还是分权，企业都应该有相应的管理工具和方法与它相配套，尤其是在分权的过程中，制度约束和文化平衡是一种重要的保障。不恰当的集权与不恰当的分权，都会对企业造成严重的伤害。只有控制住大的风险，才能达到集权和分权的相对平衡。总的来说，领导者应该谨慎从事，采用逐步缓慢放权的“渐进”方法，在放权的过程里，根据反馈信息及时调整偏差，合理地逐步放权，而不要希望立竿见影。

案例一：

有一家主要从事食品加工的乡镇企业，老板张总事必躬亲，对员工信任度不高。每当营销员将要出征时，他就会再三叮嘱：“你们遇事一定多汇报；否则，出了问题，后果自负！”因而，在外省打拼的营销员们一个个小心翼翼，生怕办错事，结果算到自己头上。因此，张总经常接到这样的长途电话：“张总，一天 30 的旅店没找到呀！租一间一天 35 的屋子可以吗？”“张总，这边的客户表示需要我们意思意思，那我们是不是可以买几条烟送去呀？”无论事情大小，他们一律请示回报，只要未经老板认可，他们绝对不会主动做主。

最终，一些有能力的营销员感到手脚被牢牢束缚着，有劲儿使不出，只好选择离开，另谋高就。留下来那些营销员只会请示，工作起来没有丝毫主动性，领导不安排的事情一概不做，一年到头业绩平平。而张总也整日手机响个不停，忙得脚打后脑勺，上百万元广告费像打水漂一样毫无效果，好端端的一个企业处于濒危边缘。

案例二：

有一家颇具影响的民营企业，它所生产的高压锅因质量好而广获好评。这家企业的老板喜欢分权式管理，他让每个营销员承包一个省级市场，公司与其签订承包协议，产品以出厂价下浮 25% 提供给营销员，营销员必须要保证在一年内完成一定量的销售任务。至于营销员如何销售，公司一概不管。老板的这一招的确是极大地调动了营销员的积极性。大家各出奇招，短短几年，企业就在创造了上千万的销售业绩的同时，也造就了许多百万富翁。但是好景不长，市场竞争越来越激烈，富裕起来的营销员已经没有了当初的斗志，公司业绩陷入低谷。公司老板有心自己接管渠道，但是发现难度很大——渠道已经被他们牢牢地把控在手中。更让老板没有想到的是，有的营销员竟然“监守自盗”，在销售公司正品的同时，自己私设黑工厂，制造假冒伪劣产品，将其投入市场鱼目混珠，大发其横财。就这样，一家前景广阔的企业断送在这些营销员手中。

第一个案例是集权的代表，第二个是分权的代表。通过这两个例子，我们可以发现在企业管理中，“一统就死、一放就乱”是非常容易发生的现象。集权可以更便于管理，但高度的集权会导致权力欲望的高度膨胀，最终导致盲目崇拜！分权可以有效地分散权利，使权利不会过于集中，而且更有利于民主化，但是不便于管理，会有很多漏洞！

在企业操作中，企业要考虑的影响因素实际上是很复杂的。方法、理论、原则只是一种参考和指导，集权与分权是一种科学，更是一种艺术，正所谓“运用之妙，存乎一心”，集权与分权处于适宜的范围内，才能服务于业务的发展，才能创造价值。

现在，企业的兴盛越来越依靠群体的努力和团队的协作，你已不可能有时间坐下来听每一位下属向你报告。管理者必须学会成功地下放权力，让每一位下属都有机会为工作的完成做出贡献。

当企业规模发展到一定阶段，规模与效率的冲突就变得日益明显。这时，集权还是分权就成了企业管理中一个复杂而艰难的问题。处理集权与分权的关系，既要防止“失控”，又不能“统死”。

集权与分权是一对欢喜冤家，既互相矛盾，又密不可分。怎样才能化解它们之间的恩恩怨怨，使之发挥最大的整体协调效应呢？要达到这一目标，可遵循这样一条原则：战略上的集权和战术上的分权。

在现实的企业管理中，关于集权与分权的发展趋势是：最大限度地放权，实行扁平化管理。其主要依据有以下几条：

（1）随着社会生产力的发展，世界产品市场正逐步由卖方市场向买方市场转移，市场需求向多样化、个性化方向发展，市场划分越来越细，企业对市场变化做出反应的时间要求越来越短，市场机会稍纵即逝；同时，企业做出正确决策所需的信息量越来越多而详细，必然要求充分发挥底层组织的主动性和创造性，充分利用其自主权来适应他们所面对的不断变化的情况。

（2）如果决策集中在最高层组织，则传递有关决策的信息的成本会越来越大，所需时间会越来越长，不利于企业对市场需求变动快速做出反应。

（3）即使最高层领导的经验丰富，判断力极强，但如果决策职能过分集中，则会造成其负担过重，陷入具体事务而不能脱身，也就没有时间做出更重要的决策。

为了更好地适应市场，发挥多样化经营的优势，企业应该及时调整组织结构。

监控到位才能实现授权效果最大化

真正的授权是指“放手但不放弃，支持但不放纵，指导但不干预”。监督监控其实是对授权的度的平衡与把握，在给予足够权利的基础上，强调责任，将监督、监控做到位，授权的效果才会实现最大化。

很多人都知道“八佰伴”这个名字，作为著名的日本连锁企业它曾经盛极一时，光在中国就拥有了很多家分店。可是庞大的商业帝国“八佰伴”为什么顷刻间便宣告倒闭了呢？

“八佰伴” 到了后期，其创始人禾田一夫把公司的日常事务全都授权给自己的弟弟处理，而自己却天天窝在家里看报告或公文。他弟弟送来的财务报告每次做得很好。但事实上，他弟弟背地里做了假账来蒙蔽他。

最后，八佰伴集团的倒闭，禾田一夫“从一位拥有四百家跨国百货店和超市集团的总裁，变成一位穷光蛋”。几年后，禾田一夫在中央电视台《对话》栏目接受采访，主持人问他：“您回顾过去得到的教训是什么？”他的回答是：“不要轻信别人的话。一切责任都在于最高责任者。作为公司的最高领导者，你不能说‘那些是交给部下管的事情’这些话，责任是无法逃避的。”

禾田一夫的破产在于他没有意识到监控的重要性。时代的进步需要更多的头脑来武装企业，家族式的管理已经不利于企业的发展。禾田一夫让其弟弟禾田晃昌做日本八佰伴的总裁，这本身就是一个典型的失败。在这种管理体制下，报假账已经成为难以拔出的毒瘤。

海生公司隶属于一家民营集团公司。由于集团公司业务经营规模的扩大，从 2002 年开始，集团公司老板决定把海生公司交给新聘请过来的总经理和他的经营管理层全权负责。授权过后，公司老板很少过问海生企业的日常经营事务。但是，集团公司老板既没有对经营管理层的经营目标作任何明确要求，也没有要求企业的经营管理层定期向集团公司汇报经营情况，只是非正式承诺，假如企业盈利了将给企业的经营管理层一些奖励，但是具体的奖励金额和奖励办法并没有确定下来。

海生企业由于没有制定完善的规章制度，企业总经理全权负责采购、生产、销售、财务。经过两年的经营，到 2004 年年底， 集团公司老板发现，由于没有具体的监督监控制度，海生企业的生产管理一片混乱，账务不清，在生产中经常出现次品率过高、用错料、员工生产纪律松散等现象，甚至在采购中出现一些业务员私拿回扣、加工费不入账、收取外企业委托等问题。

同时，因为财务混乱，老板和企业经营管理层之间对企业是否盈利也纠缠不清，老板认为这两年公司投入了几千万元，但是没有得到回报，所以属于企业经营管理不善，不能给予奖励。而企业经营管理层则认为老板失信于自己，因为这两年企业已经减亏增盈了。他们认为老板应该履行当初的承诺，兑现奖励。双方一度为奖金问题暗中较劲。

面对企业管理中存在的诸多问题，老板决定将企业的经营管理权全部收回，重新由自己来负责企业的经营管理。这样一来，企业原有的经营管理层认为自己的付出付之东流，没有回报，工作激情受挫，工作情绪陷入低谷。另外，他们觉得老板收回经营权，是对自己的不信任和不尊重，内心顿生负面情绪。有的人甚至利用自己培养的亲信，在员工中有意散布一些对企业不利的消息，使得企业犹如一盘散沙，经营陷入困境。

海生企业是一种典型的“撒手授权”。这种授权必然引发企业运营混乱。

真正的授权就是让员工放手工作，但是放手绝不等于放弃控制和监督。不论是领导者还是员工，绝不能把控制看做是消极行为，而是应该正确认清它的积极意义。

相信你所选择的下属

一个大型酒店的老板，由于酒后肇事被判入狱 3 年。这位老板只信任他的一位吹长笛的朋友，于是将酒店交给这位朋友经营。

吹长笛的朋友上任第一天，见到的基本都是硕士、海归、博士等酒店管理人员，他们对这位吹长笛的代理老板很不屑，说：“你一个吹长笛的懂什么，凭什么管理这个酒店？”这位长笛老板回答：“我是不懂什么，我只懂如何让一群自己认为什么都懂的人给我赚钱！”

这个回答很经典。企业的管理者没必要什么都懂，他只需懂一件事：如何放权给最合适的人。这位长笛老板知道自己该干什么、会干什么，他把酒店的各项业务交给最有能力的人来负责，他整日好像什么都不干，但是酒店却经营得很好，并没有因为老板的入狱而出现停止。放权，让这家酒店持续行驶在正确的航道上。

在工作中，有的管理者为了管理好员工，让他们按照自己的意图去做事，就对员工的一举一动都横加干涉，企图让员工完完全全地按照自己的思维意识去工作，殊不知这样严重地影响了员工的主观性和创造性，即使能够保证完成任务，但是却大大压抑了员工的思想意识，束缚住了员工的手脚，最后造成员工工作压力加大或人才流失。

古语云："女为悦己者容，士为知己者死。"一个员工一旦被委以重任，必定会产生责任感，为了让领导相信自己的才干和能力去努力达成目标。

20 世纪 70 年代末，美国达纳公司成为《幸福》杂志按投资总收益排列的 500 家公司中的第二位，雇员 3.5 万人。取得这一成绩的主要原因是作为该公司总经理的麦斐逊善于放手让员工去做，以调动人员的积极性，提高生产效率。1973 年，在麦斐逊接任该公司总经理后，首先就废除了原来厚达 22.5 英寸的公司政策指南，以只有一页篇幅的宗旨陈述取而代之。

很多人反对他这样做，有人觉得有风险，毕竟政策指南是随着公司发展积累下来的，对公司业务的开展有着很好的指导作用。甚至有人当面对麦斐逊说："你不要期望所有的员工都像老板那样自觉工作。"麦斐逊依然坚持自己的做法，在他的眼里，每个员工都是值得信任的。他发布的那份宗旨简洁干练，大意如下："面对面地交流是联系员工、激发热情和保持信任的最有效的手段，关键是要让员工知道并与之讨论企业的全部经营状况；制订各项对设想、建议和艰苦工作加以鼓励的计划，设立奖励资金。"

麦斐逊的放手让员工以自己各种方式保证了生产率的增长。他曾经一针见血地指出："高级领导者的效率只是一个根本的标志，其效率的高否，直接与基层员工有关。基层员工本身就有讲求效率的愿望，领导要放手让员工去做。"

总经理让员工放手去做，就是充分信任自己的员工。管理者的授权可以营造出一种信任，让企业的组织结构扁平化，更能促进企业全系统范围内有效的沟通。权利的下放可以使员工相信，他们正处在企业的中心而不是外围，他们会觉得自己在为企业的成功做出贡献，积极性会达到空前的高涨。得到授权的员工知道，他们所做的一切都是有意义、有价值的。

美国通用电气公司总裁杰克·韦尔奇把授权看做管理必需的。杰克·韦尔奇的授权之道是——你必须松手放开他们。他认为，掐着员工的脖子，是无法将工作热情和自信注入他们心中的。你必须松手放开他们，给他们赢得胜利的机会，让他们从自己所扮演的角色中获得自信。当一个员工知道自己想要什么的时候，没有任何人能够挡住他前进的道路。

杰克·韦尔奇曾说："我的工作只是向最优秀的人才提供最合适的机遇，最有效的资源配置而已。交流思想、分配资源，然后让他们放手去干——这就是我的工作实质。"信任你的员工，企业的业绩才会蒸蒸日上！这也是管理者的一种高情商智慧，即敢于信任你的部属，真正做到"疑人不用，用人不疑"。如果你想你的下属能拼尽全力地去完成你交代的任务，那么就请把你的猜疑之心收起来。

作为一名管理者，只要能掌握方向，提出基本方针即可。至于细节问题，则应该让员工放手去干。这样不仅员工的潜能得到自由发挥，而且员工还能感到管理者对他的信任，从而达到更加显著的效果，使他们为公司做出更大的贡献。

其实，不管你从事什么行业，想要成功，管理者都必须创造出一种使员工能有效工作的环境。作为一名管理者，要正确地利用员工的力量，充分地相信自己的员工，给予他们充分的创造性条件，让员工感觉到领导对他的信任。

这样能有效激发员工的潜能，使他们表现出决断力，勇于承担责任并在一种积极向上的氛围中工作。在这样愉悦、上进的氛围中，员工不需要通过层层的审批就可以采取行动，参与的主动性就增强了，企业的目标会更快地实现。聪明的老板一定要学会充分授权——既然将权力下放给了员工，就要对员工充分信任，让员工在其职权范围之内，拥有足够的自主权，这样才能充分发挥其主观能动性。

授权也要讲究策略

授权是要讲策略的。从责、权的关联度上看，授权有两种形式：授权授责与授权留责。前者是指授权同时授责，权责一致；后者则不同，授权不授责，如果被授权者处理不当，发生的决策责任仍然由授权者承担。

一日，东京某涉外饭店的豪华餐厅里，有一位从美国来的外宾对送上来的牛排不太满意，他认为这个牛排熟得太透。于是，他叫来服务生。服务生用极其谦恭的态度认真倾听他的抱怨，之后，对他说：请您稍微等一下，符合您口味的牛排马上就能上来。说完，服务生立即拿走牛排，继而吩咐厨房按照客人的口味另烤一块送来。

看上去，这是一件很不起眼的事情。但是，在这个事情的背后，是这家饭店正在力推的组织变革——授权管理。饭店的老板认为，服务生是直接面向客人的，应该给服务生更大的权限来服务于客人。于是，我们就看到这个场景：服务生无须请示任何人，能够自主地为客人解决问题。这样，整个饭店的运行效率就会因此而大大提高。

善于授权的管理者能够创造一种“愉悦气氛”，使员工在此“气氛”中自愿从事富有挑战性的工作，使企业出现一个和谐共事、创新共进的局面。

当总经理把权利授予员工时，应该让员工知道，他拥有的不仅仅是权利，还有与权利相匹配的责任。授权的同时，强调权责一致，不仅能够避免因为权责不一致而出现的滥用职权的情况，还可以培养员工勇于承担责任的能力。

某一书店店长为了激发员工的工作激情，决定在书店内部推行“授权管理”，将管理权限下移。他规定：“各部门都可以在各自的职责范围内处理部门业务，只要是有利于书店业务发展的，不需要请示便可以自行决定。”这个店长原以为自己授权后可以轻松下来，不用再事必躬亲，然而让他始料未及的是，“授权令”一下达，反而给书店的管理工作带来了很大麻烦。表现最为突出的是，很多部门不是专心致力于书店业务的发展，而是相继制定起保护各自利益的“游戏规则”来。

比方说书店的采购部为了不受监督不再执行以前的“采购请示”制度，根本不征询销售部意见就直接决定采购的类别和数量，最后造成了大量图书滞销，销售部门意见很大；而销售部门在制订图书促销计划的时候，也不再会同别的部门一起协商，为促进业绩，他们频繁促销，甚至独断专行地降低图书折扣。虽然销售业绩扩大了，但书店的利润却下滑很多。

从这个例子我们看出，在书店适宜推行“授权授责”，即使被授权者有责任、压力，这样才可增强使用权利的责任感，避免出现滥用权利的现象。

在授权过程中应注意以下几个问题：

（1）明确目标责任是授权的前提，没有目标责任的授权，是无原则的授权，这样的授权无济于管理效益的提高和目标的实现。

（2）授权不是下放领导者的所有权利。授权的适度应掌握在能及时掌握全面信息、控制局面的前提下，通过授权发挥各级的积极性。重大方针政策的监督检查权、决策权、例外事项的决策权不应下放；否则，授权就成了放弃领导。

（3）授权的同时必须要明确指挥关系，建立信息反馈制度，规定下级应汇报的内容、汇报的时间及汇报形式等。

（4）下级在行使权利中出现失误时，不应一味责备下级。授权是把职权委让给下级，它意味着容许员工犯一些错误，但是应该把全部责任留给自己。领导者要善于耐心指导，坚持激励的原则，热心地帮助下级。

放权有度，才能达到最好效果

南宋初年，面对着金朝人的大举入侵，当时号称名将的刘光世、张浚等人，只会一味地避敌逃跑，而不敢奋起反击。这一方面因为他们天生患有软骨病，另一方面也因为他们官已高，位已尊，以为即使立了大功，也没有更大的升迁。他们便安于现状，什么国家利益、民族利益，在他们心目中根本不占什么地位。

当时岳飞入伍不久，虽然已崭露头角，毕竟还没有太大的名望和地位。只有他在和金人进行着殊死的战斗。当时有个叫郡缉的人，上书朝廷，推荐岳飞，那封推荐书写得很有意思：

“如今这些大将，都是富贵荣华到了头，不肯再为朝廷出力了，有的人甚至手握强兵威胁控制朝廷，很是专横跋扈，这样的人怎么能够再重用呢？”

“驾驭这些人，就好像饲养猎鹰一样，饿着它，它便为你博取猎物，喂饱了，它就飞掉了。如今的这些大将，都是还未出猎就早已被鲜汤美肉喂得饱饱的，因此，派他们去迎敌，他们都掉头不顾。”

“至于岳飞却不是这样，他虽然拥有数万兵众，但他的官爵低下，朝廷对他也未有什么特别的恩宠，是一个默默无闻的低级军官，这正像饥饿的雄鹰准备振翅高飞的时候。如果让他去立某一功，然后赏他某一级官爵，完成某一件事，给他某一等荣誉，就好像猎鹰那样，抓住一只兔子，便喂一只老鼠，抓住一只狐狸，就喂它一只家禽。以这种手段去驾驭他，使他不会满足，总有贪功求战之意，这样他必然会为国家一再立功。”

这位郡缉将岳飞看成一个贪功求利的人固然不妥，但他在推荐书中涉及的两种封官的手段却对我们有所启示：一是分割封官的过程，不能一步到位；二是封官不能一步到位，而且最好永远不要到位。

放权就像商品交换，给多了，他会觉得一切来得太容易。他会进一步向你要吃的，可以是光明正大，也可以暗地里蚕食。慢慢地给他，可以随时考验他的能力。

目前，各种行业中，销售的水平是相对较高的，为什么呢？因为它的计薪方式一般都是底薪加提成，或者就没有底薪，直接算提成，这样更能调动销售员的积极性，激发团队的活力，因为这种计薪方式催发了人们追求利益的欲望，会让员工更积极工作。

作为一个管理者，在授权时必须放权有度，因时、因事、因地、因境、因条件不同而确定授权的方法、权限大小、内容等。比如对刚进来缺乏工作经验的新人，一般只交给他们最基本的事务性工作，到他们具有相当经验和技能时，可将一些重要的工作交给他做。

此外，你还需要定时追踪进度，给予他应得的赞赏与具有建设性的回馈，并且传达关心之意，必要时提供员工需要的协助和指导。以防自己成为一个空壳领导，对下面的情况一无所知。对于权力过大，企图隐瞒情况、制造假象、蒙骗过关的助手，采取行动一定不能有任何的犹豫。放权不是不加监控的给予，在给予的同时，还需要进行控制，才能使他手上的权利不至于对自己造成威胁。

—— 第12章 ——

总经理的执行艺术

优秀的总经理都是务实主义者，在执行方面亲力亲为。战略的正确不能保证公司的成功，成功的公司一定是在战略方向和战术执行力上都到位。要把执行力同企业的目标、理念、文化等同起来，企业的核心竞争力就在于执行力。

人们通常会把企业的失败归咎于战略决策的失误，但在很多情况下，战略本身并不是原因，因为它们经过通盘地考虑或科学地论证；策略也没有错，因为它们谙熟地按照正确的利润模式在操作。那么，究竟是什么原因导致企业失败呢？是执行。

几乎所有的企业都会被种种导致执行力低下的问题所困扰。这些问题看上去是那么琐碎而复杂，让人焦头烂额，总经理们常常如此感叹："是啊，可又能怎么办呢？"不管他们有没有认识到，执行都已经成为企业管理中最大的黑洞。

对于任何一位企业总经理来说，他的真正任务都应该是领导全体员工去执行战略、保证公司的有效运营，而非单单制定所谓的"远景"目标，然后把实现目标的任务放手交给他人，"执行力"才是区分企业优胜成败的关键。

为什么会执行不佳

执行无疑是一个世界性难题，其之所以难，首先在于它长期被忽视，而它之所以长期被忽视，原因又在于"执行"这一行为本身并没有找到自己的逻辑起点。我们在总结大多数“执行”错误时，简单地把错误归于执行一方，而没有真正找到执行难以到位的“元凶”。

1. 只说不练

许多企业常常是目标、策略一大箩筐，议而不决，光说不练，流于“口号管理”，目标、策略都没有落实到具体的计划上，没有执行的时间表，更没有根据达到的程度订立赏罚标准。这些公司的管理常常粗而不精，只是按照一些基本的规章制度大而化之地进行。

这样的企业，必然患上一种“组织末梢神经麻痹症”，越到执行最关键的基层，员工越是对工作拖拖拉拉，习惯了不痛不痒、马马虎虎，习惯了得过且过、敷衍了事；一旦认真起来，却又呆头呆脑不知灵活变通。

我的一位企业家朋友曾说：“你要想某件事情执行不下去，就开会讨论研究一下。”这种观点虽然偏激，却反映了执行中的一个大问题。会议越多，说得越多，对事情越无帮助，议而不决，决而不解，办事的效率就会大打折扣。因此，很多事情一旦决策就要迅速落到实施上，讨论得越多越难执行。

2. 流程繁琐

IBM 的战略和具体经营策略天下一流，但在 20 世纪 90 年代初期，它却陷入四面楚歌、风雨飘摇之中。原因系统而复杂，但我们可以通过其信用公司以管窥豹。

IBM 信用公司是如何为顾客提供融资服务的？首先，现场销售人员获得一名有购买意向的客户，然后电告总部办公室人员，办公室人员将要求记录在一张表格上；第二步，这张表格被送到楼上的信用部，信用部专人将其输入电脑，并审核客户信用度，把审核结果填入表格，然后将表格交给下一环节——经营部；第三步，经营部接到此表格后，又有专人负责根据客户的申请，对标准的贷款合同做必要的修改填写；第四步，此融资申请单被送到核价员处，他将有关数据输入电脑，计算出对该客户贷款的适当利率，然后连同其他材料一起，转到下一步——办事组；第五步，办事组中一位行政人员将所有这些标准装入一个特定的信封内，并委托快递公司送到销售人员手中。

这一流程长则两星期，平均花费 7 天（后来的“综合办事员”仅 4 个小时就能完成）。在等待的 7 天中，销售代表和顾客谁也不知道他的申请公文旅行到了哪个“码头”，电话询问也不得而知。于是没有耐心等待的顾客，最后都离 IBM 而去。

显然，IBM 信用公司的流程过于繁琐，执行环节过多。曾经有一家权威公司做过一项调查：许多公司只有 15% 的时间真正在为顾客提供服务，其余 85% 的时间所做工作对顾客而言根本没有意义。换言之，公司为了维护组织自身平衡稳定，将大量的时间和精力花在企业内部流程上了，此时企业组织变成了“为了存在而存在”，而不是“为了顾客而存在”。然而顾客却必须为 15% 的价值，向公司支付 100% 的货币。显然，这样的组织是执行力低下的，更是缺乏竞争力的。

一手抓战略，一手抓执行

企业经营要想成功，正确的目标与有效的执行力缺一不可。许多企业虽有好的战略，却因缺少执行力，最终导致失败。市场竞争日益激烈，在大多数情况下，企业与竞争对手的差别就在于双方的执行能力。如果对手在执行方面比你做得更好，那么它就会在各方面领先。因此作为企业总经理亟待重新审视角色定位，改变过去是“策略上的巨人，执行上的小人”的角色定位。按照这一观点，企业总经理应该在下列诸方面增强自身和企业的执行力。

1. 企业总经理必须具备相当的执行力

执行力是否到位既反映了企业的整体素质，也反映出企业总经理的角色定位。总经理的角色不仅仅是制定战略和下达命令，更重要的是必须具备执行力。如果企业总经理认为做管理工作不需要自己去执行与推动，那么其角色定位就有问题。培养执行力是总经理角色定位的观念变革。企业总经理的亲力亲为能够弥补战略的不足，也便于在执行中发现规划中存在的问题而及时做出调整。从这个意义上，我们说执行力是战略实施乃至企业成败的关键。为了更好地实现经营目标，我们就必须反思企业总经理的角色定位——不仅要制定战略，还应该具备相当的执行力。

2. 总经理需要一手抓战略，一手抓执行力

再好的战略也只有成功执行后才能够显示出其价值。因此，作为企业总经理必须既要重视战略，又要重视执行，做到一手抓战略，一手抓执行，两手都要硬！战略和执行力对于企业的成功来说，缺一不可，二者是辩证统一的关系，战略是企业未来发展的指南，而执行力则是企业发展的保证。

3. 总经理是战略执行最重要的主体

许多企业总经理认为自己的角色定位主要在于描绘企业远景，负责制定战略，而具体执行则属于细节事务，不值得自己费神，那是下属的事情，作为总经理只需要授权就行。这个观念是绝对错误的。相反地，执行应该是企业总经理最重要的工作。实际上，真正优秀的企业总经理必须脚踏实地，深知自己所处的大环境、认清真正问题所在，然后不畏冲突勇敢地面对。“知易行难”应该是大家都明白的道理。企业总经理制定战略后也需要亲自参与执行，只有在执行中才能准确及时地发现战略目标是否可以实现，总经理才可以及时根据执行的情况进行调整，这样才能够保证战略目标的有效达成。

4. 总经理必须重视培养团队的执行力

企业总经理是战略执行最重要的主体，并非说总经理大凡小事务必须亲自去做。总经理角色定位变革很重要一点就是在重视自身执行力的同时，总经理还必须重视培养团队的执行力。执行力的提升应该是整个企业范围内的事情，而如何培养部属的执行力，是企业总体执行力提升的关键。

怎样提高员工正确做事的能力呢？也就是说，怎样使员工能够很好地理解企业的战略意图并且以正确的方法来执行呢？

第一，我们要清除一个误区，那就是认为企业战略只需要企业高层核心人物了解就可以，企业员工没有必要清楚地知道。我们不少企业的总经理都有这样的错误看法。其实，企业战略的实施需要全体员工的共同努力，所以企

业战略不仅要让每个员工清楚的了解，而且还应该通过培训等形式不断加强员工的认可度，只有这样，才能保证企业战略的有效实施，才能保证全体员工都能够朝着企业目标共同努力。

第二，就是积极地对员工进行及时的培训。IBM公司拥有全世界最强大的销售团队和最完美的售后服务。为什么？就是因为IBM对公司的每一位员工都要进行详尽细致的培训指导。在IBM，每一位表现优异的员工都要带一名刚刚加入IBM的员工或者表现不佳的员工，来对他们进行随时随地的培训指导。正是有了这样的机制，才使得IBM员工队伍的执行能力非常强，保证了所有员工都能够不断地朝着公司的总体战略方向前进，不断地为公司创造着巨大的财富。

第三，对员工的工作业绩进行及时的监督检查。IBM前总裁郭士纳的一句话："员工不会做你希望的事，员工只会做你监督和检查的事。"我觉得这句话道出了管理的精髓。我们大家可以去想一下，如果高考取消了，还有那么多人愿意去学习吗？考试就是检查，同样的，我们也必须在企业里面建立一个类似的检查系统。监督和检查是一个企业真正把执行落到实处的关键的一环。许多企业的战略目标最后沦为口号，就是因为没有一套有效的、为实施企业战略服务的监督检查机制。

总经理的执行素质

对一个企业总经理而言，执行力主要体现为一种总揽全局、深谋远虑的业务洞察力，一种"设定目标，然后坚定不移地完成"的态度和行为，一种雷厉风行、快速行动的管理风格，一种勇挑重担、敢于承担风险的工作作风等。因此，总经理的执行力是多种素质的结合和表现，而绝不是某项单一素质的凸现。

一个总经理要表现出有效的执行力，至少要具备三方面素质：思维能力、团队精神和坚韧性。

1. 思维能力

思维能力包括演绎思维和归纳思维两方面。演绎思维是指在理解问题时将其分拆成更小的部分，通过一步一步的符合逻辑的演绎，排除不相关的资料，找出事物发生的前因后果；归纳思维就是运用已有的概念和理论做归纳性的分析和总结。

执行力要求快速行动、简洁明快。因为我们生活在一个日新月异、高速发展的时代，速度已经成为决定企业成功与否的主导因素，速度就是一切，快慢决定成败。

但是，快与慢是辩证的，是相互转化的。我在与一位通信技术专家朋友交流时他说：刚工作时，点子多，出方案很快；但慢慢胆子越来越小，搞一个方案，思前想后，迟迟不敢出手；对一个领域大彻大悟了，出手又快了。在无线通讯业竞争激烈的今天，国内某家通讯运营商推出方案很快，一天就可以推出几种套餐；但有些套餐的市场效果很不好。据说，某种套餐推出半年了，只有一个用户。我认为，这样的迅捷绝不是我们希望的执行力。快速执行并不是要求我们为了提高速度，而不计后果的仓促出台抢时间，也不是为了抢速度而降低产品或服务的质量标准。

2. 团队精神

团队精神不仅仅是对员工的要求，更应该是对总经理的要求。团队合作对总经理的最终成功起着举足轻重的作用。

某企业有两位刚从技术工作岗位提升到技术管理岗位的年轻经理：A 经理和 B 经理。

A 经理觉得技术进步日新月异，自己所在的部门中又有许多技术问题没有解决，很有紧迫感，每天刻苦学习相关知识，钻研技术文件，加班加点解决技术问题。他认为，问题的关键在于他是否能向下属证明自己在技术方面是如何的出色。

B 经理也认识到了技术创新的重要性和自己部门的不足，因此他花很多的时间向下属介绍自己的经验和知识，当他们遇到技术问题时，他也帮忙一起解决，并积极地与相关部门联系和协调。

3 个月后，A 经理和 B 经理所在的部门都非常好地解决了技术问题，而且 A 经理的部门似乎更突出。但半年后，A 经理却发现自己的部门问题越来越多，自己也越来越忙，但下属似乎并不满意，觉得很委屈。B 经理却得到了下属的拥戴，部门士气高昂，以前的技术问题都解决了，还搞了一些新的技术创新项目。

对总经理而言，真正意义上的成功必然是团队的成功。因此，总经理的执行力绝不是个人的勇猛直前、孤军深入，而是带领下属共同前进。

3. 坚韧性

坚韧性是指总经理对挫折和压力的忍受力以及总经理的自我控制能力和意志力等。作为总经理应该能够在艰苦不利的情况下，克服外部和自身的困难完成任务和达成目标，在非常困难的环境下坚持工作，在巨大的压力下坚持自己的观点。

坚韧性首先表现为一种坚强的意志，一种对目标的坚持。“不以物喜，不以己悲”，认准的事，无论遇到多大的困难，仍千方百计地去完成。克劳塞·维茨《战争论》中有一句很著名的话：要在茫茫的黑暗中，发出生命的微光，带领着队伍走向胜利。战争打到一塌糊涂的时候，将领的作用是什么？就是要在看不清的茫茫黑暗中，用自己发出微光，带着你的队伍前进。谁能够挺住最后一口气，胜利就可能属于谁。

其次是在工作中能够保持良好的体能和稳定的情绪状态，能够经得起高强度的体能消耗，在与同事、领导和客户的冲突时，能够克服烦躁的情绪，保持冷静。

最后，当自己处于巨大的压力下或产生可能会影响工作的消极情绪时，能够运用某些方式消除压力和消极情绪，避免自己的情绪影响他人。我遇到这种情况时，会经常重温书画界朋友送我的两幅字画：一是“人静鱼自跃，风定荷更香”；二是“天若无雪霜，青松不如草；地若无山川，何人重平道”。

想像那山上的青松和湖中的荷花，此意境，真可使心灵升华。

锁定目标，简单重复

总经理的执行能力与企业的执行能力是两个完全不同的概念。总经理的执行能力是个人能力，而企业执行能力是组织能力或制度性的能力。

总经理的执行能力是人治，而制度性执行能力是“法制”。人治的企业家能力通常是用“能人”，背后的哲学思想是“疑人不用，用人不疑”。而制度性执行能力背后的哲学思想是：人是一定要犯错的，所以用人就一定要疑，要建立一套制度来规范和约束人们的行为。

美国著名管理学家、《基业长青》一书的作者吉姆·柯林斯从400多位声名显赫的美国企业巨头中评选出了美国有史以来最伟大的10位CEO。令人意外的是，许多赫赫有名的人物并未入选，如世界首富微软总裁比尔·盖茨、通用电气公司前CEO杰克·韦尔奇等。

相反，上榜的10位企业家有人当初根本就没想到自己是当CEO的料，例如波音公司总裁比尔·艾伦。柯林斯指出，这十大CEO的伟大之处在于：他们建立了在自己卸任之后，公司依然能够长久兴旺发达的企业机制；他们专心致志地构建一种大而持久的制度，并不刻意成为伟大的领袖；他们奠定了企业长盛不衰的基础，使企业能够持续发展。

所以，真正优秀的总经理，是用组织、制度或文化来实现执行，通过一套组织、程序来约束越轨行为，或者用文化内在地改变组织的行为观念。这样一来，在大多数情况下，执行就是一种紧盯目标下的简单重复过程。

这种锁定目标简单重复的过程，甚至可以上升到职业化的程度。所谓的职业化就是在商业行为中始终坚守基本的商业规则与商业道德，以公司利益和目标而不是个人的好恶作为自己行动的准绳。所以，职业化中的执行讲的是“认真第一，聪明第二”。

执行纪律时的措施

军有军法，山有山规。公司制定出来的各种规章制度不能成为摆设。作为领导，就应当以有效的手段保证其得以贯彻落实，一旦发现有人违规，必须加以惩治，绝不能手软。

为了促成遵守纪律自觉性的好风气，总经理应该采取以下几个明确的措施：

1. 广泛宣传

许多总经理都想当然地认为，“这些规定谁都知道”。但是，新来的员工，甚至有些老员工，直到他们违反了某条规定时才听说有这么个规定。

国外有些企业的总经理按惯例给每个员工发一份公司规章，并让他们签署一份声明，表示已经收到、阅读并理解了公司的规章。这种做法很值得效仿。

2. 保持镇定

无论违规行为有多么严重，领导都应该保持镇定，不能失控。如果你觉得自己正在失去冷静，那你就应该等一等，直到自己冷静下来时再去采取行动。

怎样才能镇定下来呢？闭上嘴巴，待会儿再开口，做些拖延时间的事情。切记千万千万不要对员工大发雷霆。

3. 调查了解

领导不应无视违反公司规定的行为。如果你这样做，那你就是在向其他员工表明你不打算执行公司的规章与条例。你也不应该走向另一个极端，草率地惩罚或处分员工。在你行动之前，在你做出处理决定之前，你必须搞清楚发生了什么问题，以及员工为什么这样做。

4. 私下处分

如果公开进行惩治，那么受处分的员工会因当众受批评而产生怨恨。

关于私下处理的规则仅有一个例外，那就是员工在其他人面前公开与你作对。在这种情况下，你必须当众迅速而果断地采取行动，否则就有失去控制的风险。如果你不能果断地行动，你会失去其员工对你的尊重。

5. 一视同仁

制定出的规章是让大家遵守的。领导、员工都要遵守，若有违规行为，都会受到处罚。

6. 坚决公正

坚决不是指粗暴或仗势欺人，不是指滥施压力和保住自己的地位，而是对员工和公司都要公道。对员工要公道是指有充分的根据。它包括解释清楚公司为什么要制定这条规章，为什么要采取这样一个纪律处分，以及你希望这个处分产生什么效果。

7. 消除怨恨

记住，处分的目的在于教育，而不是惩罚。因此，领导应该向自己的员工表示你相信他会改正错误。在执行纪律处分后以积极的调子跟员工谈话，将有助于消除员工的苦恼和怨恨的情感。

直面解雇的焦虑

一颗老鼠屎，坏了一锅汤。这个道理大家都懂，但是在企业管理中，面对那些明知需要开除解雇的员工，很多总经理却犹豫不决，迟迟无法执行心中的决定。

调查发现，解雇员工是很多企业领导在工作中最难做的事。有些领导会为此整夜难以合眼，想方设法减少这件事对员工的打击。不论你怎样想怎样做，即使解雇决定是你的上司做出的而不是你做出的，但只要是你把这个消息告诉他们，你就被看成是唱黑脸的。

如果要你来决定解雇员工，尽管你有充分的理由，面对解雇将给对方带来巨大的影响，你仍旧会感到难以痛下决心。然而这是你必须做而且还必须要做好的事。

1. 选择有利的解雇时机

解雇一个人应注意的关键问题是选择好有利的时机。无论你从事的是什么行业，如果某个员工掌握了一定的客户或公司的某项业务，在你做好替代他的准备工作之前，不要解雇他。你也许会用上几天甚至几个月的时间，来为解雇某个人做准备。但是耐心是有回报的，在解雇人时选择好时机，就意味着你能控制住局面，减少解雇他给公司带来的危害。

2. 解雇忠心耿耿的员工时应给他些面子

想解雇某人时，除了对时机的把握外，还应考虑到被解雇者对公司的忠诚度。此人对公司越忠诚，贡献越大，越应顾及他的心情。你在辞退他之前，有义务把其他安排的可能性都考虑一遍。例如，横向调动，设立一个比较能发挥其专长的职位，甚至变相降职。如果此路不通，你也得给他些时间，让他对遭到解雇有个适应过程。

3. 暗示员工辞职

解雇某人最好的方式是让他自己提出辞职。如果你能够付给优厚的解聘费，并帮助他寻找新的工作，你将获得他的好感而不是敌意。一个被体面解雇的人一般不会去说原来领导的坏话。

4. 有意让别人“挖”走他们

有一个经营有术的跨国公司的领导，很懂得解雇之道。他对某些做出过贡献的员工，特意为他们在另外的公司找好工作，然后让其“跳槽”，使其本人在没有察觉的情况下被解雇。

5. 隐蔽的降级使用

公司里常常会有一些员工，虽然对公司忠诚，但其能力却满足不了公司发展的需要。对这种人，让他到一个他所能胜任的部门去工作最好，领导的任务就是帮助他们找到这样的部门。

6. 果断炒“烂苹果”的鱿鱼

对于那些背叛公司的人，要果断下手解雇。有一家企业领导，察觉到他的一名员工，打算在离开公司时带走他接触的客户、卷宗、机密文件等，这位领导立即安排他出一天差，趁他不在时，彻底清理了他的办公室，并更换了所有的锁。当这个员工回来后，立即将他解雇。这是对背叛公司的员工迫不得已的绝招。

7. 解雇地点的选择应灵活掌握

你选择什么场合解雇某个人，取决于你当时的想法，没有一定之规。如想给对方保留一点面子，应在私下暗示或通知。如希望警戒其他员工，则应当着公司员工的面当众宣布解雇。

第13章

总经理的流程管理方案

无论干什么事，无论在生活、休闲还是工作中，都有一个“先做什么、接着做什么、最后做什么”的先后顺序，这就是我们生活中的流程，只是我们没有用“流程”这个词汇来表达而已。

除了“先做什么、接着做什么、最后做什么”的先后顺序外，还经常说某人能办事，某人善于做事，能办事、善于做事是说他们做事情有方法，比别人做得更有效果，到底有哪些不同呢？可能是先后顺序不同，也可能是做事的内容不同。

因此，流程就是做事方法，它不仅包括先后顺序，还包括做事的内容。

同时，我们做任何事情都需要资源投入，都需要借助资源的效用，包括资金、信息、精力、人员、技术等，因此对投入的资源也要善加管理，否则也难以成事。

总经理要把具体事务的处置权授予下级，但是在授权之前应审批其处理事务的流程，甚至要主导流程的设计。

按流程办事

任何组织或者个人，要想执行到位，就必须重视流程的作用。如果没有制定出可行的流程，执行工作就无法到位。很多工作执行不到位，就是因为不按照流程办事造成的。

微软中国研究开发中心一位部门经理曾经对媒体举了个例子。有一次，他乘坐的飞机在深圳机场出了故障，乘客被告知这个航班将换一架正从外地赶来的飞机，可此时乘务员已经超时飞行了。怎么处理这个“超时”？深圳方面做不了主，便频频请示北京航空总局，时间被一拖再拖，机场一片混乱。这位在美国工作了10年的经理评价说：“这明显是缺乏办事流程。”乘务员超时飞行是个老问题，在国外，这类事早写到规章制度里了，“一二三四五，照着条文上写的办就是了，不管谁当班都能处理”。我国这里却是“乘客和航空公司都急得团团转”。

其实，用不着在美国待10年，只要与西方企业打几次交道，对他们那种“按流程办事”的做法就会有所体验。这种体验有时还相当强烈，因为对方的某些做法所表现出来的“流程意识”，几乎到了刻板的程度。一个会议日程表，能把从起床到就寝的所有时间段安排得滴水不漏，连早上有“电话叫醒”，10分钟休息在哪儿活动这样的细节都打印在表格上，而且执行起来绝不走样。两年前笔者随大中国区记者团采访Sun公司总部，时间表上写着9点钟开会，当时不少记者还在吃饭，人家已宣布“现在开会”了，一看表，一分钟也没等。有人把这种现象叫做“文本文化”，即把要做的事情一律形成文字，而且写下来就要照着做。

有人会不以为然，认为按照流程的条条框框做，是自找麻烦，把一件简单的事情做复杂了。那么大家有没有想过，这些条条框框是如何来的呢？难道制定流程的人，是为了给大家制造麻烦才这样要求的吗？举一个交通上的例子，交通法规有两个非常明确的规定：严禁超载和疲劳驾驶。这两条规定从何而来？事实上是从历年的重大交通事故调查数据中总结出来的。

即使是已经执行了多年，现在打开电视和报纸，仍然经常看到由此原因导致的交通事故，且不说造成的经济损失，就是人员伤亡，让亲友如何承受？交通法规是因为它事关人命，所以需要人人严格遵守；而工作流程事关工作开展，这是组织的灵魂，所以也需要人人遵守。如果编制的流程在某些地方确实不合理，它也不是一成不变的，而是可以按照适当的程序进行改进的。

但是在改进的版本未发布之前，就要按照原有的要求执行，而不能以其需要改进为由不操作，否则不就是有法不依了吗？这叫做尊重流程。

还有人说，流程是把人僵化了，但是实际上不是流程僵化了人，而是人在理解流程时把自己僵化了。理解了流程产生的背景，还要理解流程要求的每一步为什么要这样做，而不是那样做，这就要充分了解流程的目的。

原因就在于我们大部分人，执行观念不强，不尊重流程。即使人人理解了流程的内涵，也不能保障每个人都这样做。

事实上，设定流程的最终目的是为了提高工作效率，提高管理水平，从而节约管理成本。

建立流程有以下几点好处：

（1）使得工作有序进行，不致杂乱；

（2）在工作出现错误时可及时分析出是哪个环节发生了问题；

（3）由于每一个流程中的节点都有相应的责任人，所以很容易就可以找到相应的责任人；

（4）在员工进行流动时，不至于因员工的流动而使得工作进度缓慢；

（5）可实现“傻子工程”，因为有了很详细的流程，所以新员工在入职以后，只要认识汉字，按照流程操作就没有问题了。

“按流程办事”作为系统封闭的一整套管理制度，它更意味着企业运行的基本环节被控制在一种“秩序”之中。一个被“过来人”重复了千百遍的经验是：企业起家时靠冲劲靠灵气，成熟后靠规范靠制度。说起缘由，最常见的解释是企业规模的变化导致管理模式的变化。创业阶段只有十几个人、七八支枪，老板不过是个班排长的角色，指挥起来得心应手；待发展到成百上千人，攒下成千万上亿元的家私，企业运行的复杂性就超出老板个人的控制力了。这只是一个理。还有一个也许是更重要的理——企业运行由创业时的“非常态”进入了“常态”。对于企业家来说，区分企业运行的这两种状态是非常重要的。处置非常态的事件要靠风险决策，而处置常态事件则可借助于他人或自己以往的经验。这些经验用“文本”固定下来，就成了企业的流程了。

但随之问题也出现了，企业内部流程过于烦琐和复杂往往成为高效执行的主要障碍，有时一个文件需要各个部门逐层审批，每个部门处理的时间只需要 5 分钟，但是在传递过程中耽误的时间却长达五六天，这不仅影响到执行者的耐性和执行结果，还会影响到企业的竞争力。

有一个例子很能说明问题。美国的办公设备生产巨头施乐公司一手创造并垄断了自动办公设备产业多年，它曾经发明了许多包括鼠标、图形用户界面、激光打印机在内的最具革命性的技术。对于施乐公司的成就，《财富》杂志曾撰文评价说："施乐 914 型普通纸复印机是美国有史以来生产的利润最大的产品。"但后来这家历史悠久的老牌企业效益一度下滑，差点被日本复印机制造商所淘汰，施乐公司悲剧产生的重要原因之一就是其庞大的官僚体制使得公司内部业务流程过于繁杂，不能迅速地提供资源使其先进的技术快速转化为现实生产力，从而阻碍了新技术产品的开发，失去了一次次的市场良机。

对于施乐公司这种突变，曾经担任过施乐公司顾问、被称为"有史以来对美国营销影响最大的人"杰克·特劳特评价说："施乐的高层认为他们是一家成功的技术公司，很可惜人们只把它看作是一个复印机公司，仅此而已。"可见，烦琐的业务流程可以导致执行效率低下，对企业造成致命性的危害。

20 世纪的 70 年代至 80 年代，美国人把流程问题重视了起来。当时美国的企业遭到了日本企业的狙击，竞争力逐渐下降。美国人就开始研究美国企业落后于日本企业的原因，结果发现本国企业的生产效率并不比日本低，技术上也不比日本企业差，产品质量上也相差无几，最后美国人发现导致两国企业出现差距的根源在于双方的业务流程不同。日本企业业务流程较为简明，这大大缩短了将一项技术变成产品、把产品推向市场的时间。美国人在认识到这一差距之后，才真正开始重视流程问题，为了保持流程的连续性，企业开始打破部门之间阻碍流程运转的界限，消除不同部门各自为政的现象，简化业务流程。

反观中国的企业，大多没有竞争力，执行力偏低，在很大程度上与业务流程的繁杂有关系，业务流程繁杂问题得不到解决，即使投入再多的硬件和人力，执行力也无法得到提升。尤其对于规模迅速膨胀的大中型企业而言，由于业务量大而且内容复杂，部门也多，队伍庞大，分布广泛，同样的流程一天要重复十几次、几十次，这个环节慢一些，那个环节漏一点，到最后一个环节的时候，问题就会像“雪崩”一样，变成巨幅震荡。流程问题会影响工作效率，尽管员工天天加班，手忙脚乱，也是错误百出，企业的各项计划常常落空，甚至还会出现资产上的损失。一般来说，越是大型企业越容易出现流程烦琐的问题。

优化流程可根据企业的实际情况采取以下三种方式：垂直工作整合、水平工作整合和工作次序最佳化。

（1）垂直工作整合。它是指给予员工充分的信任，适当地给予下属员工自愿自主处理事情的权力，不必凡事都要层层汇报、层层审批而影响到问题解决的效率。这样，可以锻炼员工的现场执行力，使其创造性地开展工作。

（2）水平工作整合。它是指将企业分散的资源加以集中，或将分散在不同部门间的相关工作整合成一个完整的工作交由一个部门或一个人负责，这样可以减少人员之间或部门之间沟通的时间，还可以明确工作的责任人，提高员工的责任感，避免出了问题之后互踢皮球的扯皮现象。

（3）说工作次序最佳化。它是指做任何事情都是有先后顺序的，但 ABC 与 BAC 的效果肯定有所不同。这就需要利用工作步骤的调整，达到流程次序最佳化，提高效率节省成本的目的。

总之，优化流程的一个重要理念就是业务判断理性化、知识化，一般业务常规化，甚至自动化、傻瓜化，从而减少执行层人员的要求，提升执行的效率。

最后补充讲一下，员工在工作中应该养成优化个人工作流程的好习惯，也就是要按照正确的步骤做事。管理学家的研究表明，依照以下步骤做事，可以获得事半功倍之效。

（1）接受工作指示或命令。一般员工做某一工作时，会接到上司的工作指示。这时候，不能只听上司所交代的，还要明确地掌握住工作目的才行，所以，员工要深思的事情有：工作目标是什么？为什么必须达到这个目标？何时达到？如何做会更好？

（2）收集有关的资料、情报。即收集与工作的计划、执行等相关的文件、资料、情报，而且对于情报的选择，要有判断。

（3）考量工作的步骤与方法。越是需要花长时间工作的事情，越需要依照工作的步骤与流程来做，这样才比较有效率。

（4）决定工作的步骤与方法。不妨从所拟定的几个方案中挑选较合理的，决定时应该考虑到“更早、更好、更轻松、更便宜”这几项因素，再做筛选。

（5）制定行事表。

（6）实施时须留意。确实依照所计划的步骤和方法去做；很有自信地去执行；时时审核实际进度和预定计划的差距，必要时修改所定计划。

（7）检讨与评估。从品质、期限、成本等层面，将工作的结果和当初的计划做一比较，如果不能达到预期结果，就应该找出其原因。

（8）做完后，向上司报告结果。

像这样按步骤来完成工作，那么，执行到位就是一件很容易的事了。

战略企划操作流程纲要

第一步：界定战略企划案主题

战略企划部在界定战略企划案主题时应遵循以下条例：

1. 准备精当

（1）确定战略企划对象；

（2）调查并研究战略企划对象。

2. 找出并确立战略企划重点

（1）明确战略企划主题；

（2）选择战略企划主题。

3. 确定战略企划目标

（1）勾勒战略企划的轮廓；

（2）确定战略企划的目标；

（3）量化战略企划目标。

第二步：战略分析

包括环境分析以及资源和战略能力分析。

收集战略企划案的基础资料

（1）立足对现有资料的充分获取；

（2）注重利用团体智慧；

（3）注惫个人创意的开启。

第三步：寻求战略企划案切入点

1. 从消费者的抱怨切入；

2. 从消费者的希望切入；

3. 从市场畅销产品切入；

4. 从市场发展趋势切入；

5. 从与购买者的谈话切入。

第四步：战略企划案创意的产生

1. 全面把握战略问题；

2. 战略外围情报资料的收集；

3. 战略问题的调查；

4. 排出战略问题的顺序；

5. 设定战略企划的截止日期；

6. 设定战略的解决目标；

7. 战略企划创意印象的描绘；

8. 企划观念和思路的调整；

9. 进一步类比战略企划的创意印象；

10. 完善性的思考产生创意。

第五步：撰写战略企划案

1. 简明具体地表现战略企划的内容；

2. 准确预测战略企划的效果与结果；

3. 战略企划创意主题明确；

4. 按预定的截止时间终止战略企划创意活动；

5. 长期战略企划需设定中期与近期目标。

第六步：战略企划案的选择

战略企划案的选择要充分考虑本公司的企划意图和采用的客观标准与方法。

第七步：战略企划案的确立

1. 做好准备工作；

2. 选择适当的提案时机；

3. 努力沟通各方，确立战略企划案。

第八步：战略企划案的修正

进行战略企划实施结果分析，并做好以下工作：

1. 正确把握预测值与结果的差异；

2. 分析差异原因；

3. 找出战略企划案实施过程中的相关问题，发现反省点和改进点；

4. 针对故略企划案的不足进行改进；

5. 总结战略企划立案及实施的经验和教训。

第九步：战略的适用性评估

人力资源管理流程纲要

一、总则

第 1 条　为使本公司人力资源管理走上正规化、制度化、现代化的道路，在有章可循的情况下提高人力资源管理水平，造就一支高素质的员工队伍，特制定本制度。

第 2 条　公司的用人原则是：德才兼备，以德为先。

第 3 条　公司的用人之道是：因事择人，因才使用，保证动态平衡。

第 4 条　公司人力资源管理基本准则是：公开、公平、公正，有效激励和约束每一个员工。

（1）公开是指强调各项制度的公开性，提高执行的透明度；

（2）公平是指坚持在制度面前人人平等的原则，为每个员工提供平等竞争的机会；

（3）公正是指对每个员工的工作业绩作出客观公正的评价并给予合理的回报，同时赋予员工申诉的权利和机会。

二、管理机构

第 5 条　人力资源部是公司从事人力资源管理与开发工作的职能部门，主要职责包括：

（1）依据公司业务实际需要，研究组织职责及权限划分方案及其改进方案；

（2）负责制定公司人力资源战略规划，配合公司经营目标，根据人力分析及人力预测的结果，制定人力资源发展计划；

（3）设计、推行、改进、监督人事管理制度及其作业流程，并确保其有效实施；

（4）建立广泛、畅通的人才输入渠道，储备人才；

（5）建立和维系良好、稳定的劳动用工关系，促进企业与个人的共同发展；

（6）致力于人力资源的可持续开发和利用，强化人力资本的增值；

（7）创造良好的人才成长环境，建立不同时期下高效的人才激励机制及畅通的人才选拔渠道；

（8）致力于组织队伍建设，建立一支具有奉献精神的，精干团结的核心骨干力量；

（9）建立健全人力资源工作程序及制度，确保人力资源工作符合公司发展方针并日趋科学化、规范化；

（10）负责公司定岗定编、调整工作岗位及内容等工作；

（11）制定公司招聘制度、录用政策并组织实施；

（12）管理公司劳动用工合同、员工人事档案；

（13）负责员工异动的管理工作；

（14）负责员工考勤、人事任免及奖惩工作；

（15）制定员工的薪资福利政策；

（16）制定教育培训制度，组织开展员工的教育培训；

（17）制定人事考核制度，定期组织开展员工的考评，重点是员工的绩效考评；

（18）负责公司与外部组织或机构的人事协调工作；

（19）指导、协助各部门，做好人事服务工作；

（20）其他相关工作。

第6条　公司实行全面人力资源管理，各部门须由第一负责人主管本部门人力资源工作，有义务提高员工工作能力，创造良好条件，发掘员工潜力，同时配合人力资源部传达、宣传人力资源政策，贯彻执行人力资源管理制度，收集反馈信息。

三、员工及编制

第7条　凡公司聘用的正式、试用、临时、兼职人员，均为公司员工。公司将员工划分为管理人员、技术开发人员、市场营销人员、一般行政人员、工人及其他人员五大类别。公司员工的基本行为规范包括：

（1）热爱祖国，热爱公司；

（2）遵守国家法律、法规，遵守公司各项规章制度；

（3）认同公司文化，与公司同舟共济，维护公司的利益和声誉；

（4）勤奋、敬业、忠诚；

（5）严守公司秘密；

（6）保证公司财产安全。

第 8 条 人力资源部须就各项工作职责的任务以及工作人员的条件等进行分析研究，制作《职务说明书》，作为员工聘用、管理、考评的依据。

第 9 条 公司实行定员定岗定编管理，在保证经营运行的前提下控制人力成本。

第 10 条 根据编制，本公司应定期召开人力检查会，就现有人员工作能力、流动率、缺勤情况及应储备人力与需求人力进行正确、客观的检查及建议，作为人力资源部制定人力计划和开发人力来源的依据。

第 11 条 各部门如需增补人员，应先到人力资源部领取并填写《人员增补申请单》，交人力资源部办理。

第 12 条 人力资源部受理人员增补申请时，应审查所申请人员是否为编制内需求，其职位、薪资预算是否在控制之内，增补时机是否恰当。审核通过后提出正确的拟办建议，呈总经理审批。

四、招聘管理

第 13 条 公司将招聘划分为计划内招聘、计划外招聘、公司战略性招聘及特殊渠道引进人才。

（1）计划内招聘须经用人部门的上一级领导批准，人力资源部依据人员编制计划实施控制；

（2）计划外招聘由董事长审批；

（3）公司战略性招聘实行专项报批，由总经理提出申请，报经董事长审批。

第 14 条 计划内招聘程序为：

（1）用人部门填写《员工招聘计划书》及《职务说明书》，并提供笔试考卷（针对需要笔试的招聘），报上一级领导审批通过后，在招聘开始前 3 日，送人力资源部；

（2）人力资源部决定招聘方式，并发布招聘信息；

（3）用人部门依据求职者提供的资料进行筛选，确定面试人员名单；

（4）用人部门主持进行面试，人力资源部或公司领导视需要情况参加；

（5）用人部门和人力资源部共同组织笔试；

（6）面试后 3 日内（需笔试的为笔试后 3 日内），用人部门应向人力资源部提交面试评价表或笔试结论。人力资源部收到后，实施终审，终审有权否决；

（7）人力资源部向终审合格的人才发出录用通知书；

（8）员工报到入职；

（9）员工背景调查。

第 15 条　计划外招聘程序：计划外招聘首先经董事长批准，然后履行计划内招聘程序。

第 16 条　战略性人才招聘程序

（1）人力资源部根据总经理提供的经董事长批准的招聘计划，组成招聘小组；

（2）招聘小组对人才进行初步选择；

（3）用人部门及人力资源部对人才进行面试、笔试；

（4）人力资源部对人才进行终审，终审合格者发出录用通知书；

（5）员工报到入职；

（6）员工背景调查。

第 17 条　特殊渠道引进人才的程序

特殊渠道引进人才，限于高级管理人才或具有特殊才能的人才，程序为：

（1）各类渠道直接向董事长推荐人才，或者由人力资源部委托猎头公司搜索人才；

（2）人力资源部组成招聘小组，由董事长亲自主持初试；

（3）素质测试；

（4）招聘小组综合评定，必要时聘请人力资源专家协助；

（5）录用；

（6）人力资源部为人才办理入职手续。

第 18 条　经核定录取人员，报到时须携带下列资料：

（1）近期免冠照片；

（2）身份证复印件；

（3）体检表；

（4）毕业证书复印件；

（5）学历证书复印件。

第19条　人力资源部应引导新入职人员依程序办理下列工作：

（1）领取员工手册及工作卡；

（2）领取考勤卡并向其说明使用方法；

（3）领制服及制服卡；

（4）领储物柜锁匙；

（5）如有需要，填写《住宿申请单》；

（6）登记参加劳保及参加工会；

（7）视情况引导其参观及安排职前训练有关准备工作。

第20条　公司实行员工担保制度，新进人员报到工作后，应进行第一次对保，以后每年度视有无必要复核一次，并予记录。对保分亲自对保及通信对保两种。被保人如无故离职，导致移交不清，本公司应发《保证责任催告函》，并作好采取司法处理的准备。

第21条　人事部依据报到程序办理以下事项：

（1）填写《人员报到记录簿》，登记《人员状况表》；

（2）登记对保名册，安排对保；

（3）填制《薪资通知单》，办理薪酬核定；

（4）收齐报到应缴资料连同甄选名单建立个人资料档案，编号列管。

第22条　人才试用规定

（1）除特殊渠道引进的人才外，其余人员试用上岗前，均须接受岗前培训，培训合格后方可上岗；

（2）用人部门负责人有义务对新进人员进行上岗指导；

（3）新员工试用期为3～6个月。特殊人才经董事长批准可免予试用或缩短试用期。

第23条　正式聘用规定

（1）试用期满，直接主管部门严格对照《职务说明书》的任职资格，如实填写《试用员工评定表》并提出意见，意见包括：同意转正、予以辞退、延长试用期；

（2）人力资源部审查，决定是否采纳直接主管部门的意见；

（3）凡需延长试用期限，其直接主管与中层管理人员应详细述说原因。不能胜任者予以辞退，试用期事假达5天者予以辞退，病假达6天者予以辞退或延长试用期，存在迟到、早退达三次或旷工记录者予以辞退；

（4）试用合格者，在出具原单位离职证明后，由人力资源部代表公司与其签订为期1年的聘用合同；

（5）聘用合同期满，按双向选择续签合同，续签合同的合同期限见《第五章劳动合同管理》。

五、劳动合同管理

第24条　劳动合同是劳动者与用人单位确定劳动关系、明确双方权利和义务的协议，凡在公司工作的员工都必须按规定与公司签订劳动合同。

第25条　劳动合同签订规定

（1）试用员工与公司签订《劳动试用协议》，用以明确试用期间双方的权利和义务关系；

（2）临时或兼职员工与公司签订《临时（兼职）劳动协议》，明确双方权利和义务关系；

（3）试用合格，正式聘用的员工在接到由人力资源部通知后5日内到人力资源部签订《劳动合同》。如因特殊原因不能5日内签订劳动合同，应及时说明理由，否则视为自动延长试用期。

第26条　劳动合同期限规定

（1）公司高层领导职务15年；

（2）中级管理岗位职务10年；

（3）中级以下管理岗位职务5年，一般技术人员3年，一般行政人员和工人为1年；

（4）正式员工如不愿按要求的年限签订劳动合同，可与公司协商劳动合同年限，协商年限须人力资源总监批准。

第27条　签订3年以上劳动合同的员工须承诺保守公司商业机密。

第28条　员工首次签订劳动合同时，应书面声明无原单位或已与原单位依法解除劳动合同关系。

第29条　在员工劳动合同期满前10日，由人力资源部通知员工本人及用人部门，用人部门根据员工合同期内工作表现确定是否继续聘用该员工，并将结果及时通知人力资源部。人力资源部根据双方续签劳动合同的意愿，通知员工签订劳动合同。员工在接到通知3日内到人力资源部签订劳动合同，逾期不签且未作说明，即视为自动待岗。

第30条　员工劳动合同期满而原工作部门不同意续签，员工又不能联系到新工作部门的，劳动合同终止；合同期满员工不愿意再在公司工作的，可以终止劳动合同；合同约定的终止条件出现，合同亦应终止。

第31条　人力资源部于合同终止当日通知合同终止，员工办理终止劳动合同及离职手续。

第32条　在试用期被证明不符合录用条件，或者严重违反公司规章制度、严重失职、营私舞弊，给公司利益造成重大损失，或者被依法追究刑事责任的员工，公司有权随时解除劳动合同。

第33条　员工在试用期可以随时要求解除劳动合同，非试用期内要求解除劳动合同应提前30天提出申请，经批准同意后办理离职手续。

第34条　员工提出解除劳动合同，在未得到批准和办完解除劳动合同手续前应坚持本岗位工作，不得在外应聘、兼职和就业。

六、员工档案管理

第35条　员工档案包括：

（1）员工求职资料；

（2）职位申请登记表、应聘人员面试评价表、试用员工登记表、新员工声明、试用合同；

（3）身份证、学历证、学位证、外语等级证书、各种资料证以及其他相关证件的复印件；

（4）员工档案照片；

（5）员工转正申请表、员工履历表、声明、劳动合同；

（6）员工异动申请表、异动交接手续；

（7）其他反映员工信息的材料。

第36条　公司员工内部档案应及时、全面地收集到人力资源部统一保管；各部门应主动将平时形成的应归档材料及时送交人力资源部保管；驻外机构在当地招聘的人员须建立详细的人事资料存档备查，并将所聘人员的主要个人资料整理汇总后交公司人力资源部存档。

第37条　人力资源部对收集的归档材料按规定进行整理、装订并按员工顺序号进行存放保管。为确保档案的准确，每半年对内部档案进行检查、核对，同时不定期查看，做到防蛀、防潮。每年年底清理当年离职员工档案，并将离职员工档案移交公司档案馆保存。

第38条　查阅、借阅员工档案的人员须是中级及以上管理人员，且只能查、借其下属的档案。查阅、借阅员工档案的人员须填写《档案查阅（借阅）登记本》。档案借出时间不超过5个工作日。查阅、借阅档案者负有保密义务和保管责任。

七、干部任命制度

第39条　公司设有行政管理职务、市场管理职务、技术管理职务，每一位员工可以根据自己的情况规划发展方向。

第40条　担任管理职务的人员必须达到以下要求：

（1）诚实正直，坚持原则，廉洁奉公，一切从公司利益出发，不徇私情；

（2）经测试证明思维能力、领导能力、监控能力、组织能力、自律能力、合作能力、交往能力等均良好，且意识超前；

（3）具备丰富的理论知识和实践经验。高层管理人员需 6 年以上相关工作经验，中层管理人员需 5 年以上工作经验，中层以下管理人员需 3 年以上相关工作经验；

（4）上一年度目标任务完成，绩效明显，证明具备较强的管理能力。

第 41 条　干部任命规定

（1）董事、监事由股东会选举产生；

（2）董事长由董事会选举产生；

（3）总经理由董事会任命；

（4）副总经理、财务负责人由总经理提名，经董事会审议通过后任命；

（5）其余管理职务由分管总监（副总经理）提名、人力资源部审查、总经理办公会审议通过后，由人力资源颁发任命书。

八、员工异动管理

第 42 条　员工异动包括：调动、待岗、休长假、辞职、辞退、资遣、除名等情形。

第 43 条　出现员工异动，原工作部门应监督其及时办理异动手续，若因部门管理不善，离职人员带走公司财物和技术秘密，一概由原工作部门负责人承担责任。

第 44 条　员工异动的主管部门是人力资源部，其他部门无权对员工异动作出批准决定。凡未经人力资源部认可的私自异动均为无效异动，当事人将受到相应处罚。

第 45 条　内部调动是指员工在公司内部的部门变动，调动方式包括两种：

（1）新工作部门因工作需要，经与拟调动员工原部门领导协商同意的员工调动；

（2）员工认为现工作岗位不适合，经与新工作部门联系，并得到原工作部门同意的员工调动。

第 46 条　员工内部调动须经原工作部门领导及上一级领导和新工作部门领导及上一级领导签字同意，公司人力资源总监批准，在办理完异动交接手续后方可到新工作部门上岗。

第 47 条　员工内部调动程序为：

（1）员工调出、调入部门协商调动事宜；

（2）调动员工到人力资源部领取《员工异动申请表》和《员工交接手续登记表》；

（3）调动员工原工作部门领导和上一级领导同意；

（4）办理员工异动交接手续；

（5）报人力资源部批准；

（6）调动员工到新工作部门工作。

第 48 条　员工外调是指因工作需要，本公司员工被公司安排到其他公司协助工作，公司保留其员工资格，但由新公司发放其薪资并解决福利。

（1）员工的外调由公司安排，员工无权主动提出外调；

（2）员工外调须经原工作部门领导和上一级领导同意，经人力资源总监批准和总经理批准，并办理异动交接手续；

（3）员工外调，公司将与员工新公司签订《员工租借协议》；

（4）外调员工外调期满回公司，应由外调单位出具外调期间工作评价，作为员工考评档案存档；

（5）外调员工必须严格保守公司秘密，不得损害公司形象及利益。

第 49 条　员工待岗的情形包括：

（1）正式员工不适合现任工作岗位，被用人部门退回人力资源部，人力资源尚不能另行安排适合工作者；

（2）部门人员精简，被用人部门退回人力资源部，人力资源部尚不能另行安排适合工作者；

（3）接到续签合同，逾期未签，且未说明原因亦未按程序提出离职者；

（4）主动申请待岗获批准者。

第 50 条　待岗程序为：

（1）办理员工异动交接手续；

（2）到人力资源部办理待岗手续；

（3）待岗。

第 51 条　待岗期间只发放最低生活费，按当地政府规定标准发放，待岗者待岗期间不享受福利。

第 52 条　待岗者如果在待岗期间另谋职业，须先按辞职程序办理离职手续，否则视为违反双方签订的《劳动合同》。

第 53 条　待岗期限为 3 个月，若待岗期满未能联系到接收单位，按员工辞退办理，特殊情况经人力资源总监批准者可延长待岗时间，但当法律规定可解除劳动合同的条件具备时，应当立即解除劳动合同。

第 54 条　公司正式员工因各种原因较长一段时间不能正常工作，经公司同意，可以保留其在合同期限内的员工资格，当原因消除时允许该员工再次上班，此为休长假。

第 55 条　休长假办理程序为：

（1）休长假员工提前 5 个工作日填报《员工异动申报表》；

（2）原工作部门领导和上一级领导同意；

（3）人力资源部和总经理批准；

（4）办理员工异动交接手续；

（5）签订合同期内休假协议；

（6）休假。

第 56 条　休长假者不连续计算工龄，再次上班时视为试用新员工。

第 57 条　休长假期间不发放工资、津贴，不享受公司福利。

第 58 条　辞职是指员工因本人原因离开公司而与公司终止劳动合同关系。辞职办理程序为：

（1）辞职员工提前30天（试用期员工可以不提前）填报《员工异动申报表》；

（2）原工作部门领导和上一级领导同意；

（3）办理员工异动交接手续；

（4）人力资源部批准；

（5）员工离职。

第 59 条　员工辞职手续办理完，由人力资源部代表公司与其签订《解除劳动合同协议》。

第 60 条　员工辞职必须办理辞职手续，对未提出辞职申请或办理正常辞职手续即离开公司的员工视为自动离职。

（1）对自动离职者，公司将作除名处理；

（2）员工自动离职后，其原工作部门负责人应在 2 日内向人力资源部递交员工异动说明，异动说明应经部门领导签字，并写明员工离岗时间；

（3）员工自动离职，其原工作部门负责人应在 2 日内到财务、物资、金融等职能部门查清该员工是否有财、物问题，如有问题应及时报行政部，由行政部转法律顾问。

第 61 条　员工存在下列情形之一，将被公司辞退：

（1）在试用期内被证明不符合录用条件；

（2）不能胜任应聘工作；

（3）被依法追究刑事责任；

（4）严重违反公司有关规章制度；

（5）待岗达 3 个月仍无用人部门接收；

（6）1 年内两次待岗；

（7）《劳动合同》期满，用人部门不同意续签合同。

此外，公司生产、经营状况发生严重困难或濒临破产，需裁减人员时，公司可辞退员工。

第 62 条　辞退员工程序如下：

（1）部门填报《员工异动申报表》并出具辞退员工事实依据；

（2）部门上一级领导审批同意；

（3）办理员工异动交接手续；

（4）人力资源部批准；

（5）辞退。

第 63 条　中级管理人员辞退，最终审批权属总经理；高级管理人员辞退，最终审批权属董事长。

第 64 条　出现下列情形之一，公司对员工实行资遣：

（1）公司歇业或转让；

（2）公司严重亏损或业务紧缩；

（3）因不可抗力暂停营业一个月以上；

（4）业务性质发生重大变化而原有员工不再适用；

（5）其他特殊原因。

第 65 条　资遣费标准如下：

（1）有效工作时间在一年以内者，发相当于一个月基本工资的资遣费；

（2）有效工作时间一年以上三年以内者，发放相当于三个月基本工资的资遣费；

（3）有效工作时间三年以上的，在发放相当于三个月基本工资的资遣费的同时，每增加一年，增发相当于一个月基本工资的资遣费。

第 66 条　资遣顺序为：首先是在职期间有违纪行为并受到处罚者，其次是工作绩效差者，再次是工龄相对较短者，最后是职务低于他人者。

第 67 条　员工在收到资遣通知后，应于一周内办理离职手续，逾期作辞退处理且不发放资遣费。

第 68 条　当公司再次招聘时，被资遣人员可以优先录用，并且可以连续计算以前工龄。但再遇资遣，只按新工作年限发放资遣费。

第 69 条　员工存在下列情形之一时，公司将予以除名：

（1）自动离职，未按公司规定办理相关辞职手续；

（2）一年内累计旷工达 6 天或连续旷工 3 天；

（3）营私舞弊、挪用公款、收受贿赂；

（4）违抗命令或玩忽职守，情节重大；

（5）聚众罢工、怠工、造谣生事、破坏正常工作和生产秩序；

（6）盗用公司印信，或涂改文件者，或者伪造证件；

（7）年终考核不合格，经留用考察仍不合格；

（8）在外兼职；

（9）利用公司名义，进行个人技术与经济商贸活动；

（10）泄露公司重大机密；

（11）在工作中利用职务之便犯有严重经济问题，给公司带来重大损失；

（12）严重违反公司有关规章制度的其他行为。

第 70 条　对拟除名的员工，由相关部门提出书面报告，人力资源部核实，报公司总经理批准后，人力资源部发出除名通报。

九、考勤制度

第 71 条　工作时间规定

（1）公司实行每周五天工作制，每周工作时间为星期一至星期五；

（2）公司实行的作息时间为：

10 月 1 日 ~ 4 月 30 日实行上午 8：30 ~ 12：00，下午 13：00 ~ 17：00。

5 月 1 日 ~ 9 月 30 日实行上午 8：30 ~ 12：00，下午 13：00 ~ 18：00。

第 72 条　病假规定

（1）请病假须持市级以上医院休假证明；

（2）中级管理人员及以下职位人员，休病假审批权限为：2 天以内由分管副总（总监）批准，3 ~ 5 天由总经理总裁批准，5 天以上由董事长批准；

（3）高层领导休病假审批权限为：5 天以内须经董事长办公室审批，5 天以上须经董事长审批；

（4）对于公司正式员工，休病假 1 个月以内，按 70% 发放工资，1 ~ 3 个月以内，按 50% 发放工资，超过 3 个月以上不发工资。

第 73 条　事假规定

（1）请事假须提前 1 天向部门负责人提出书面申请，1 天之内由部门负责人批准，3 天之内由公司分管副总（总监）批准，4 ~ 7 天由总经理批准，7 天以上由董事长，获准后报人力资源部备案；

（2）事假无薪；

（3）试用期员工请事假，应延长试用期。

第 74 条　婚假规定

（1）达到法定婚龄的员工（男年满 22 周岁，女年满 20 周岁）结婚，凭结婚证可按请假程序请婚假 3 天；

（2）达到法定晚婚年龄的员工（男年满 25 周岁，女年满 23 周岁）结婚，凭结婚证可按请假程序请婚假 7 天；

（3）婚假须至少提前 1 周申请，经批准后方可休假且一次休完，不得分期休假。

第 75 条　产假规定

（1）符合国家计划生育政策的被正式聘用的女员工享受产假；

（2）符合国家计划生育政策的被正式聘用的女员工怀孕期间，每月可享受 1 天孕期检查假，该假为有薪假；

（3）符合国家计划生育政策的被正式聘用的女员工产假为 90 天，持医院证明的难产为 105 天，多胞胎生育的，每多一孩，增加产假 15 天；

（4）产假结束后需续假的，按事假处理；

（5）符合国家计划生育政策的被正式聘用的女员工怀孕 3 个月以上流产或死产的凭医院证明休假 15 天，假期按 70% 发放工资；

（6）妻子分娩，男员工可享受 5 天护理假，护理假无薪；

（7）产假、护理假均须提前一个星期凭生育指标和结婚证申请；

（8）产假、护理假一次休完，不得分期休假。

第 76 条　丧假规定：员工亲属（父、母、岳父母、公婆、配偶、子女）去世，凭亲属死亡证明复印件或病危通知书休假 5 天，该假为有薪假。

第 77 条　年休假规定

（1）工龄 1 年以上的中级以上管理人员，每年享受 10 天年休假；工龄 1 年以上的中级以下管理人员，每年享受 5 天年休假；

（2）年休假提前 1 个星期申请，上级负责人批准后到人力资源部备案；

（3）休假一次休完，不得分期休假；

（4）年休假为有薪假。

第 78 条　迟到、早退规定

（1）上班推迟到岗 30 分钟以内为迟到；

（2）提前离岗 30 分钟以内为早退。

第 79 条　旷工规定

（1）旷工最小计量单位为半天；

（2）迟到或早退 30 分钟以上，视为旷工半天；

（3）无故不到岗，或者不请假不到岗，或者未获准假不到岗为旷工。

第 80 条　考勤执行

（1）考勤统一由人力资源部执行，各部门配合执行；

（2）员工上班、下班打卡，不得请人代打卡，不得代他人打卡；

（3）考勤须按时统计，迟报、错报、不报将对考勤员实施处罚；

（4）考勤由稽查部实施监督检查，发现弄虚作假者重处。

第 81 条　考勤处罚

考勤处罚按下表执行：

项目 员工类别	迟到或早退			旷工
	一次	两次	三次	
试用员工	扣薪 30 元	扣薪 60 元	辞退	辞退
正式员工	扣薪 30 元	扣薪 60 元	视旷工半天	按旷工时间扣三倍工资
中层管理人员	扣薪 50 元	扣薪 100	降薪两级	按旷工时间扣三倍工资，并降薪三级
高层管理人员	扣薪 10%	扣薪 20%	降职	降职

十、员工培训

第 82 条　公司员工培训的种类包括：新员工培训、试用转正培训、转岗晋级培训、在职培训和特殊专项岗位培训。

第 83 条　人力资源部负责培训计划的制定

（1）于每年12月底之前，根据公司次年总体经济目标，结合培训需求调查，制定培训目标和计划，报人力资源总监和总经理审批；

（2）各部门应于每年 12 月 15 日前提出次年培训需求，报人力资源部；

（3）培训计划的内容包括：培训种类；培训对象和培训目标；培训的时间和地点；培训内容形式；培训教师及培训教材；培训负责人及工作人员；协助部门和负责人；费用预算；培训考核及效果评估。

第 84 条　新员工培训规定

（1）新员工在上岗前，一律参加由人力资源部统一组织的新员工培训；

（2）新员工培训内容包括：企业文化、经营理念、公司发展历史及现状、行业状况、公司组织机构、各部门的功能和业务范围、规章制度、员工行为规范；

（3）新员工培训原则上每月组织一期。人力资源部在培训前 3 日向应参加培训的新员工所属部门发出培训通知。接到通知后，原则上应组织全部新员工参加，如果特殊情况不能参加培训，应在收到通知后 24 小时内向人力资源部递交由部门领导批准的报告，经人力资源部审核以后，参加下一期培训；

（4）新员工培训由内部管理人员担任讲师；

（5）新员工培训每期时间为一个星期，采用讲座、参观、军训三种方式；

（6）新员工培训材料由人力资源部根据授课教师提供的教案及培训录音整理稿编制；

（7）新员工培训结束后，实行统一考试，考试不合格，予以辞退；

（8）人力资源部设计《培训评估表》，于培训结束时交由培训学员填写。人力资源部汇总后对本期培训效果作出评估，包括对培训教师、培训内容、培训形式及技巧和培训实施等各方面评估；

（9）新员工培训合格是转正的重要条件之一，未参加培训的新员工不予转正。

第 85 条　在职培训的规定

（1）在职培训不定期，原则上将时间安排在星期六及星期日；

（2）公司全体员工每年均须参加培训，并且不低于30课时，培训考试成绩将作为考评依据；

（3）在职培训方式包括：聘请业内资深人士到公司授课；参加学术交流、专家讲座；现场参观考察、交流、研讨；网络远程教学；到同类领先企业研修；

（4）在职培训内容

①管理类职员培训内容包括：市场及技术发展趋势、企业发展案例、企业文件和法规的深入领会及理解、企业管理现状与市场战略、社交、公关、礼仪等；

②技术研发类职员培训内容包括：技术发展动态及趋势、新技术发展及运用情况、语言能力的强化、企业文化等；

③金融、财务类职员培训内容包括：金融法规、财政法规、税务法规、工商管理法规、金融新运作方式及管理法规、市场发展动态与财务的融合、企业文化在财务运作中的实际应用等；

④市场类职员培训内容包括：市场发展动态趋势、市场运作经验及教训、市场行为学、营销学、政府行为学、公共关系、宣传、广告、传媒、企业文化战略、CIS应用等。

⑤后勤服务类职员培训内容：后勤服务与市场的关系、后勤服务与管理的关系、仓储及采供管理、后勤服务与财务的关系、企业文化在后勤服务中的实际运用等；

⑥行政助理类职员培训内容：现代秘书学、公关、礼仪、社交、协调训练、电脑及网络技能培训、文字处理技能、艺术教育和形体训练、企业文化与个人的工作关系。

第86条　试用转正培训、转岗晋级培训和特殊专项岗位培训由人力资源部根据需要组织实施。

十一、员工考评

第87条　员工考评的目的包括：

（1）公开、公平、公正、客观地分析和评价公司员工的素质、能力及工作实绩，适时向领导提供真实可靠的人力资源管理与开发的相关数据；

（2）通过考评正确实施奖惩，合理配置人力资源，全面提升员工绩效，保障公司的可持续高速发展。

第 88 条　员工考评结构：公司员工考评由业绩考评、能力考评和态度考评三方面构成。

第 89 条　员工考评原则包括：

（1）公开、公平、公正、客观原则。统一考评标准及程序，科学制定考评表及指标，多渠道收集考评信息，及时处理考评投诉；

（2）绝对性评价原则。以事实为依据，按照职务职能标准对员工的工作行为进行评价，而非人与人之间的相对评价；

（3）分析性评价原则。按事先确定的考评要素及重点逐条进行观察、判断、分析和评价，而非对人进行总体评价。

第 90 条　考评层次规定

（1）高层管理者由董事会考评；

（2）中层及以下人员实行三方考评，三方成绩汇总为考评最终成绩。此处“三方”指的是直接上级、直接下级、服务部门，三方所占权重为 30%、30%、40%。

第 91 条　考评期限规定（见下表）：

考评目的	考核期限		考核开始	考核结束	备注
发放月薪	1 个月	每月 1 日 ~ 30/31 日	次月 1 日	次月 5 日	
晋升	1 年	1 月 1 日 ~ 12 月 31 日	1 月 16 日	2 月 16 日	
提薪	1 年	1 月 1 日 ~ 12 月 31 日	1 月 16 日	2 月 16 日	
奖励（上半年）	6 个月	11 月 16 日 ~ 5 月 15 日	5 月 16 日	6 月 10 日	
奖励（下半年）	6 个月	5 月 16 日 ~ 11 月 15 日	11 月 16 日	12 月 10 日	

第 92 条　员工考核要素及评分规定

考核要素及评分详见下表：

类别	要素	分值	评分标准
业绩考核（60分）	工作效率	12	优12分、良10分、中6分、合格1分、差0分
	工作质量	12	优12分、良10分、中6分、合格1分、差0分
	工作的严密性	12	优12分、良10分、中6分、合格1分、差0分
	工作改进与改善情况	12	优12分、良10分、中6分、合格1分、差0分
	指导和教育	12	优12分、良10分、中6分、合格1分、差0分
能力考核（30分）	基本知识	3	优3分、良2.5分、中1.5分、合格0.5分、差0分
	基本技能	3	优3分、良2.5分、中1.5分、合格0.5分、差0分
	理解能力	3	优3分、良2.5分、中1.5分、合格0.5分、差0分
	判断能力	3	优3分、良2.5分、中1.5分、合格0.5分、差0分
	创新能力	3	优3分、良2.5分、中1.5分、合格0.5分、差0分
	计划能力	3	优3分、良2.5分、中1.5分、合格0.5分、差0分
	表达能力	3	优3分、良2.5分、中1.5分、合格0.5分、差0分
	协调能力	3	优3分、良2.5分、中1.5分、合格0.5分、差0分
	管理能力	3	优3分、良2.5分、中1.5分、合格0.5分、差0分
	指导能力	3	优3分、良2.5分、中1.5分、合格0.5分、差0分
态度考核（10分）	积极性	2	优2分、良1.5分、中1分、合格0.5分、差0分
	责任感	2	优2分、良1.5分、中1分、合格0.5分、差0分
	合作意识	2	优2分、良1.5分、中1分、合格0.5分、差0分
	服从意识	2	优2分、良1.5分、中1分、合格0.5分、差0分
	成本意识	2	优2分、良1.5分、中1分、合格0.5分、差0分
合计			

第93条　绩效考评的程序

（1）考评开始日10天前，人力资源部做好考评准备工作，并成立考评小组，专门组织考评工作的开展；

（2）考评开始日5天前，下达考评通知，要求各部门做好考评准备；

（3）考评实施；

（4）人力资源部审核、整理、复核考评表，计算考评成绩，填写绩效考评成绩统计表，编制并上报绩效考评综合报告。

第 94 条 考评结果的保管与查阅

（1）绩效考评成绩统计表、素质考评成绩统计表以及专项考评资料存入员工档案；

（2）员工履行查阅手续后，可以查阅本人的考评成绩；

（3）考评成绩的查阅按人事档案查阅有关规定执行。

第 95 条 考评申诉规定

（1）被考评者若对考评结果有异议、疑问或有不同意见，可以直接向人力资源部申诉；

（2）人力资源部必须在接到申诉后一周内听取有关考评者的意见，拟定申诉处理意见经各方协商后通知申诉员工。员工若依然有异议，可以越级申诉。

十二、工资及福利

第 96 条 公司薪酬管理坚持如下基本原则：

（1）保证生活、安定员工的原则；

（2）有利于能力开发原则；

（3）谋求稳定、合作的劳资关系原则；

（4）工资增长率低于劳动生产增长率，工资增长率低于利润增长率的原则；

（5）综合核定原则，即员工薪酬参考社会物价水平、公司支付能力以及员工担任工作的责任轻重、难易程度及工龄、资历等因素综合核定。

第 97 条 公司实行年薪制与月薪制并存的工资体制。

（1）公司中层以上管理者实行年薪制，其余人员实行月薪制；

（2）年薪分为 5 个档次 15 个等级（如下表），根据员工实际情况，由董事会确定具体人员的年薪标准；

档次	一档			二档			三档			四档			五档		
级次	1	2	3	4	5	6	7	8	9	10	11	12	13	14	15
标准	10万	15万	20万	25万	30万	35万	40万	45万	50万	55万	60万	65万	70万	75万	80万

（3）享受年薪制的员工，年薪的60%按月发放，其余40%在年终时根据目标完成情况核算发放；

（4）享受年薪的员工均须每年与公司签订《目标责任书》，明确目标责任，作为年终考核和发放年薪的重要依据之一。

第98条　在实行月薪制的员工中，又分计件工资、提成工资和结构工资。

（1）生产一线人员实行计件工资；

（2）营销一线人员实行提成工资；

（3）其余人员实行结构工资。

第99条　实行计件工资的生产一线人员，工资由基本工资和件薪构成。

（1）基本工资根据生产人员技术、资历、工龄等由人力资源部确定，分为6个级次：

级次	一级	二级	三级	四级	五级	六级
基本工资	200元	300元	400元	500元	600元	700元

（2）级次每年调整一次，根据年终考核情况，可升可降，或者维持不变；

（3）件薪按公司《定额手册》规定的具体标准执行，定额手册由技术开发部会同财务、人力资源等部门制定和修订。

第100条　实行提成工资的营销一线人员，工资由基本工资和提成构成

（1）基本工资根据营销人员能力、资历、业绩等由人力资源部和营销部确定，分为6个级次：

级次	一级	二级	三级	四级	五级	六级
基本工资	400元	450元	500元	550元	600元	650元

（2）级次每年调整一次，根据年终考核情况，可升可降，或者维持不变；

（3）销售提成比例按照公司《营销管理手册》执行，该标准由营销部会同财务、人力资源等部门制定和修订。

第101条　实行结构工资的员工，工资由岗位工资和绩效工资构成。

（1）人力资源部会同相关部门，依据岗位要求、工作量和难易程度、员

工能力和素质、员工前期业绩，对每一位员工实行定级，共分为9级，如下表：

级次	1	2	3	4	5	6	7	8	9
岗位工资	600	800	1200	1300	1500	1800	2100	2500	2900
绩效工资	0~400	0~600	0~800	~1000	0~1400	~1700	0~2100	0~2500	0~2900

（2）员工根据不同级次，享受不同的岗位工资和绩效工资；

（3）对级次每年调整一次，根据年终考核情况，可升可降，或者维持不变；

（4）绩效工资根据考核情况发放，最低可以为0元，但不能突破上限。

第102条　实行月薪的员工享受半年奖（每半年发放一次），半年奖金额最低为0元，最高为该员工前6个月平均月收入的两倍，具体金额根据半年考核确定。

第103条　月薪以及年薪按月发放部分，均在每月6日以银行转账方式发放。

第104条　工资实行保密发放。

第105条　薪资岗位职员须负责工资明细表和总额表的制作、报批、统计、汇总，并于次月初将工资发放总表分别报财务部，同时负有保密的责任，若薪资岗位工作失误造成泄密事件，将对其严惩直至除名。

第106条　工资薪酬实行统一管理，驻外机构人员工资统一由总部核定、发放（每月6日通过银行转账到员工工资卡上）。

第107条　人力资源部在发放工资时，附上工资组成及扣款项目的详细说明，若员工当月工资有误，可到人力资源部查询。

第108条　凡公司正式员工，享有的福利包括：休假、劳动保护、培训、住房补贴、健康检查、社会统筹保险、伤残伤亡抚恤。

第109条　公司福利除休假、培训、健康检查按公司制度执行外，其余均按照国家和地方法规定标准执行。

十三、附则

第110条　本制度从颁布之日起执行。

第111条　本制度由人力资源部负责解释、修订和补充。

生产管理流程制度纲要

第一条　总则

生产是工业企业各项工作的中心，生产管理是工业企业管理的重要组成部分。为做好生产管理，就要合理地组织生产过程中的劳动力、劳动工具和劳动对象。只有有计划地均衡组织生产活动，加强在制品的管理，建立良好的生产秩序，才能取得良好的经济效益。这是制定本制度的目的所在。

第二条　生产计划管理

生产计划是根据企业的全年生产任务及其安排，适应情况的变化 具体规定每个生产环节（车间、工段、班组及个人）在单位时间内的生产任务。生产部应根据企业生产能力水平及生产指标，合理计划、安排全年生产任务。逐月编制生产计划，督促、检查计划执行情况，加强调度，确保各项计划的完成。现就生产计划制定做如下规定：

1. 每月 25—30 日向各车间下达下月生产计划（数量、品种、规格）等方面的详细计划；

2. 各车间每月 1—3 日对班组下达生产计划，并做到认真督促、检查；

3. 分日、周、月检查生产计划的实施情况，不断地平衡生产进度，以保持生产计划的严肃性；

4. 不断改进和完善生产计划；

5. 如发现产品的生产进度不合理，要及时填写《计划调整通知单》，以便保证各品种的按时完成；

6. 经常同并行科室互通情报、共同努力、互相协作，保证年、季、月生产任务的按时完成；

7. 经常向有关领导汇报生产进度和生产中存在的问题，使问题能够得到及时解决；

8. 生产中抓好薄弱环节、排除不利因素，保证生产任务的完成。

第三条　生产现场管理

1. 生产管理单位，依据月生产计划、制造通知单、制造变更通知单、实际的生产进度以及现有人力、设备资料，于每周定期分配安排次日起 10 天内的生产进度；

2. 依预定和实际的生产进度。发出工作命令和发料单。

工作命令一联给现场制造各科组，一联通知质量管理单位。发料单一联给现场制造各科组，一联通知库管单位备料。要在开工 3 天之前发出工作命令和发料单；

3. 由现场各科每日递送报表，了解生产进度；

4. 现场制造各科组如无法按照进度如期完成任务，应尽快将原因通知生产管理单位，予以调整工作；

5. 制造完工后，将工作命令填写在有关栏处，送回生产管理单位销令；

6. 于每批产品（订单）完工后，要将有关资料，如生产日报表等资料汇总，并将实际生产所发生的问题进行研讨汇报，还需汇总成本分析、产销资料等；

7. 生产管理单位要经常地与业务单位、存货管理单位、质量管理单位、技术单位以及现场制造各科组保持密切的联系，确实了解实际情况与预定进度是否超前或落后。

第四条　生产调度会议

1. 每月定期召开一次各车间生产主任、调度员会议；

2. 各车间向生产部汇报本周的生产进度，各品种的完成情况及生产中存在的问题。及时向有关部门反映，力争尽快解决；

3. 建立调度会议记录，防止遗漏问题；

4. 不断总结调度会议的经验，克服不足、提高会议质量和办事效率。

第五条　半成品流转

1. 流转要有计划；

2. 存放有标记；

3. 收入付出有账簿；

4. 产品入库、领取有手续；

5. 定期清查仓库，预防积压。

第六条　在制品管理

1. 在制品堆放整齐；

2. 在制品流转有明显标记；

3. 在制品必须按定额存储。定期对仓库进行盘点，不经生产部同意不得加大库存，保持最低限度的存货量。

第七条　交接班

1. 提前 10 分钟进厂，开好班前碰头会；

2. 下班后召开下班碰头会，及时处理生产中的遗留问题；

3. 做好上班前的准备工作，穿戴好劳保用品，女工不准留长发；

4. 做好交接班工作，做到工艺交接清楚、准确，机器运转情况清楚，工卡器具齐全，生产情况明了；

5. 建立交接手续，一般工种口头交接，主要工种必须建立交接班记录。

第八条　安全文明生产

1. 建立安全卫生负责制，在车间主任的领导下，作为一项经常工作来抓；

2. 划分卫生区域，分片包干，资任到人，定期性查；

3. 凡在规定的范围内，要做到日清理、班检查；

4. 要不断地对员工进行防火、防盗、防事故发生的安全教育，维护正常生产秩序；

5. 边角下料、废纱头、废染化料、废旧零配件等要分门别类按指定地点存放；

6. 严禁违幸操作。

第九条　本办法由生产管理部制定并实施，报总经理批准后执行。

质量管理控制流程纲要

一、制定严格质量准则及检验标准

第一条　目的

为保证本公司质量管理制度的推行，并能提前发现异常、迅速处理改善，借以确保及提高产品质量符合管理及市场需要，特制定本细则。

第二条　质量标准及检验规范的范围规范包括：

（一）原物料质量标准及检验规范；

（二）在制品质量标准及检验规范；

（三）成品质量标准及检验规范的设订。

第三条　质量标准及检验规范的设订

（一）各项质量标准

总经理室生产管理组会同质量管理部、制造部、营销部、研发部及有关人员依据“操作规范”，并参考：①国家标准、②行业水准、③国外水准、④客户需求、⑤本身制造能力、⑥原物料供应商水准，分原物料、在制品、成品填制《质量标准及检验规范设（修）订表》一式二份，呈总经理批准后质量管理部一份、技术开发部一份，并交有关单位凭此执行。

（二）质量检验规范

总经理室生产管理组召集质量管理部、制造部、营业部、研发部及有关人员分原物料、在制品、成品将①检查项目、②料号（规格）、③质量标准、④检验频率（取样规定）、⑤检验方法及使用仪器设备、⑥允收规定等填注于《质量标准及检验规范设（修）订表》内，交有关部门主管核签且经总经理核准后分发有关部门凭此执行。

二、严格对仪器管理控制

第四条　仪器校正、维护计划

（一）周期设订

仪器使用部门应依仪器购入时的设备资料、操作说明书等资料，填制《仪器校正、维护基准表》设定定期校正维护周期，作为仪器年度校正、维护计划的拟订及执行的依据。

（二）年度校正计划及维护计划

仪器使用部门应于每年年底依据所设订的校正、维护周期，填制《仪器校正计划实施表》《仪器维护计划实施表》做为年度校正及维护计划实施的依据。

第五条　校正计划的实施

1. 仪器校正人员应依据《年度校正计划》执行日常校正，精度校正作业，并将校正结果记录于《仪器校正卡》内，一式二份存于使用部门；

2. 仪器外协校正：有关精密仪器每年应定期由使用单位通过质量管理部或研发部申请委托校正，并填立《外协请修单》以确保仪器的精确度。

第六条　仪器使用与保养

1. 仪器使用人进行各项检验时，应依《检验规范》内的操作步骤操作，使用后应妥善保管与保养；

2. 特殊精密仪器，使用部门主管应指定专人操作与负责管理，非指定操作人员不得任意使用（经主管核准者例外）；

3. 使用部门主管应负责检核各使用者操作正确性，日常保养与维护，如有不当的使用与操作应予以纠正教导并列入作业检核扣罚；

4. 各生产单位使用的仪器设备（如量规）由使用部门自行校正与保养，由质量管理部不定期抽检；

5. 仪器保养

（1）仪器保养人员应依据《年度维护计划》执行保养作业并将结果记录于《仪器维护卡》内；

（2）仪器外协修造：仪器邦联保养人员基于设备、技术能力不足时，保养人员应填立《外表请修申请单》并呈主管核准后送采购办理外协修造。

三、原料质量检验控制

第七条　原物料质量检验

（1）原物料进入厂区时，库管单位应依据“资材管理办法”的规定办理收料，对需用仪器检验的原物料，开具《材料验收单（基板）》《材料验收单（钻头）》及《材料验收单（一般）》，通知质量管理工程人员检验且质量管理工程人员于接获单据三日内，依原物料质量标准及检验规范的规定完成检验。

（2）《材料验收单》（一般）、（基板）、（钻头）各一式五联检验完成后，第一联送采购，核对无误后送会计整理付款，第二联会计存，第三联料库，第四联质量管理存，第五联送保税。且每次把检验结果记录于《供应厂商质量记录卡》，并每月根据原物料品名规格类别的结果统计于《供应商质量统计表》及每月评核供应商的行分于《供应商的评价表》，提供采购作为选择对抗厂商的参考资料。

四、制造前质量条件复查控制

第八条　《制造通知单》的审核（新客户、新流程、特殊产品）

质量管理部主管收到《制造通知单》后，应于一日内完成审核。

（一）《制造通知单》的审核

1. 订制料号—PC 板类别的特殊要求是否符合公司制造规范；

2. 种类—客户提供的油墨颜色；

3. 底板—底板规格是否符合公司制造规范，使用于特殊要求者有否特别注明；

4. 质量要求—各项质量要求是否明确，并符合本公司的质量规范，如有特殊质量要求是否可接受，是否需要先确认再确定产量；

5. 包装方式—是否符合本公司的包装规范，客户要求的特殊包装方式可否接受，外销订单的 Shipping Mark 及 Side Mark 是否明确表示；

6. 是否使用特殊的原物料。

（二）制造通知单审核后的处理

1. 新开发产品、《试制通知单》及特殊物理、化学性质或尺寸外观要求的通知单应转交研发部提示有关制造条件等并签认，若确认其质量要求超出制造能力时应述明原因后，将《制造通知单》送回制造部办理退单，由营业部向客户说明。

2. 新开发产品若质量标准尚未制定时，应将《制造通知单》交研发部拟定加工条件及暂订质量标准，由研发部记录于《制造规范》上，作为制造部门生产及质量管理的依据。

第九条　生产前制造及质量标准复核

（一）制造部门接到研发部送来的《制造规范》后，须由科长或组长先查核确认下列事项后始可进行生产。

1. 该制品是否订有《成品质量标准及检验规范》作为质量标准判定的依据；

2. 是否订有《标准操作规范》及《加工方法》。

（二）制造部门确认无误后于《制造规范》上签认，作为生产的依据。

五、制程质量检验控制

第十条　制程质量检验

1. 质检部门对各制程在制品均应依《在制品质量标准及检验规范》的规定实施质量检验，以提早发现异常，迅速处理，确保在制品质量；

2. 在制品质量检验依制程区分，由质量管理部负责检验；

3. 质量管理部于制程中配合在制品的加工程序、负责加工条件的测试；

4. 各部门在制造过程中发现异常时，组长应即追查原因，并加以处理后将异常原因、处理过程及改善对策等开立《异常处理单》呈（副）经理指示后送质量管理部，责任判定后送有关部门会签再送总经理室复核；

5. 质检人员于抽验中发现异常时，应反应单位主管处理并开立《异常处理单》呈经（副）理核签后送有关部门处理改善；

6. 各生产部门依自检查及顺次点检发生质量异常时，如属其他部门所发生者以《异常处理单》反应处理；

7. 制程间半成品移转，如发现异常时以《异常处理单》反应处理。

第十一条　制程自主检查

1. 制程中每一位作业人员均应对所生产的制品实施自主检查，遇质量异常时应即予挑出，如系重大或特殊异常应立即报告科长或组长，并开立《异常处理单》见（表）一式四联，填列异常说明、原因分析及处理对策、送质量管理部门判定异常原因及责任发生部门后，依实际需要交有关部门会签，再送总经理室拟定责任归属及奖惩，如果有跨部门或责任不明确时送总经理批示。第一联总经理室存，第二联质量管理部门（生产管理），第三联会签部门，第四联经办部门。

2. 现场各级主管均有督促所属确实实施自主检查的责任，随时抽验所属各制程质量，一旦发现有不良或质量异常时应立即处理外，并追究相关人员疏忽的责任，以确保产品质量水准，降低异常重复发生。

3. 制程自主检查规定依《制程自主检查实施办法》实施。

六、成品质量检验控制

第十二条　成品质量检验

成品检验人员应依《成品质量标准及检验规范》的规定实施质量检验，以提早发现，迅速处理以确保成品质量。

第十三条　出货检验

每批产品出货前，品检单位应依出货检验标示的规定进行检验，并将质量与包装检验结果填报《出货检验记录表》呈主管批示后依综合判定执行。

七、质量异常反应及处理控制

第十四条　原物料质量异常反应

1. 原物料进厂检验，在各项检验项目中，只要有一项以上异常时，无论其检验结果被判定为“合格”或“不合格”，检验部门的主管均须于说明栏内加以说明，并依据《资材管理办法》的规定呈核与处理。

2. 对于检验异常的原物料经核决主管核决使用时，质量管理部应依异常项目开立《异常处理单》送制造部经理室生产管理人员，安排生产时通知现场注意使用，并由现场主管填报使用状况、成本影响及意见，经经理核签呈总经理批示后送采购单位与提供厂商交涉。

第十五条　在制品与成品质量异常反应及处理

1. 在制品与成品在各项质量检验的执行过程中或生产过程中有异常时，应提报《异常处理单》，并应立即向有关人员反应质量异常情况，使能迅速采取措施，处理解决，以确保质量。

2. 制造部门在制程中发现不良品时，除应依正常程序追踪原因外，不良品当即剔除，以杜绝不良品流入下制程（以《废品报告单》提报，并经质量管理部复核才可报废）。

第十六条　制程间质量异常反应

收料部门组长在制程自主检查中发现供料部门供应在制品质量不合格时，应填写《异常处理单》详述异常原因，连同样品，经报告科长后送经理室绩效组登记（列入追踪）后，送经理室品保组人员召集收料部门及供料部门人员共同检查料品异常项目、数量并拟定处理对策及追查责任归属部门（或个人）并呈经理批示后，第一联送总经理室催办及督促料品处理及异常改善结果，第二联送生产管理组（质量管理部）做生产安排及调度，第三联送收料部门（会签部门）依批示办理，第四联送回供料部门。制造科召集机班人员检查改善并依批示办理后，送经理室品保组存，绩效组重新核算生产绩效及督促异常改善结果。

八、成品出厂前的质量检验控制

第十七条　成品缴库管理

1. 质量管理部门主管对预定缴库的批号，应逐项依《制造流程卡》《QAI进料抽验报告》及有关资料审核确认后始可办理缴库作业。

2. 质量管理部门人员对于缴库前的成品应抽检，若有质量不合格的批号，超过管理范围时，应填写《异常处理单》详述异常情况及附样并拟定料品处理方式，呈经理批示后，交有关部门处理及改善。

3. 质量管理人员对复检不合格的批号，如经理无法裁决时，把《异常处理单》呈总经理批示。

第十八条　检验报告申请作业

1. 客户要求提供产品检验报告者，营业人员应填报《检验报告申请单》一式一联说明理由，检验项目理由，检验项目及质量要求后送总经理室产销组。

2. 总经理室产销组人员接获《检验报告申请单》时，应转经理室生产管理人员（质量要求超出公司成品质量标准者，须交研发部）研判是否出具《检验报告》，呈经理核签后把《检验报告申请单》送总经理室产销组，转送质量管理部。

3. 质量管理部接获《检验报告申请单》后，于制造后取样做成品物性实验，并依要求检验项目检验后将检验结果填入《检验报告表》一式二联，经主管核签后，第一联连同《检验报告申请单》送总经理产销组，第二联自存凭以签认成品缴库。

4. 特殊物、化性的检验，质量管理部接获《检验报告申请单》后，会同研发部于制造后取样检验，质量管理部人员将检验结果转填于《检验报告表》

一式二联，经主管核签，第一联连同《检验报告申请表》送产销组，第二联自存。

5. 产销组人员在接获质量管理部人员送来的《检验报告表》第一联及《检验报告申请单》后，应依《检验报告表》资料及参酌《检验报告申请单》的客户要求，复印一份呈主管核签，并盖上“产品检验专用章”后送营业部门转客户。

九、产品质量确认控制

第十九条　质量确认时机

经理室生产管理人员于安排《生产进度表》或《制作规范》生产中遇有下列情况时，应将《制作规范》或经理批示送确认的《异常处理单》由质量管理部门人员取样确认并将供确认项目及内容填立于《质量确认表》，连同确认样品送营业部门转交客户确认。

1. 批量生产前的质量确认；

2. 客户要求质量确认；

3. 客户附样与制品材质不同者；

4. 客户附样的印刷线路非本公司或要求不同者；

5. 生产或质量异常致产品发生规格、物性或其他差异者；

6. 经经理或总经理指示送确认者。

第二十条　确认样品的生产、取样与制作

（一）确认样品的生产

1. 若客户要求确认底片者由研发部制作供确认。

2. 若客户要求确认印刷线路、传送效果者，经理室生产管理组应以小时制作供确认。

（二）确认样品的取样

质量管理部人员应取样二份，一份存质量管理部，另一份连同《质量确认表》交由业务部送客户确认。

第二十一条　质量确认书的开立作业

1. 质量确认书的开立

质量管理部人员在取样后应即填《质量确认表》一式二份，编号连同样品呈经理核签并于《质量确认表》上加盖《质量确认专用章》转交研发部及生产管理人员，且在《生产进度表》上注明确认日期后转交业务部门。

2. 客户进厂确认的作业方式

客户进厂确认需开立《质量确认表》质量管理人员并要求客户于确认书上签认，并呈经理核签后通知生产管理人员排制，客户确认不合格拒收时，由质量管理部人员填报《异常处理单》呈经理批示，并依批示办理。

第二十二条　质量确认处理期限及追踪

1. 处理期限

营业部门接获质量管理部或研发部送来确认的样品应于 2 日内转送客户，质量确认日数规定国内客户 5 日，国外客户 10 日，但客户如需装配试验始可确认者，其确认日数为 50 日，设定日数以出厂日为基准。

2. 质量确认追踪

质量管理部人员对于未如期完成确认者，且已逾 2 天以上者时，应以便函反应营业部门，以掌握确认动态及订单生产。

3. 质量确认的结案

质量管理部人员于接获营业部门送回经客户确认的《质量确认表》后，应即会经理室生产管理人员于《生产进度表》上注明确认完成并以安排生产，如客户不合格时应检查是否补（试）制。

第二十三条　制程质量异常改善

《异常处理单》经经理列入改善者，由经理室品保组登记交由改善执行部门依《异常处理单》所拟的改善对策确实执行，并定期提出报告，会同有关部门检查改善结果。

第二十四条　质量异常统计分析

1. 质量管理部每日依 IPQC 抽查记录统计异常料号、项目及数量汇总编制《各机班、料号不良分析日报表》送经理核示后，送制造部一份以了解每日质量异常情况，以拟改善措施。

2. 质量管理部每周依据每日抽检编制的《各机班、料号不良分析日报表》将异常项目汇总编制《抽检异常周报》送总经理室、制造部品保组并由制造科召集各机班针对主要异常项目、发生原因及措施检查。

3. 各科生产中发生异常时拟报废的 PC 板，应填报《成品报废单》会质量管理部 MPB 确认后始可报废，且每月 5 日前由质量管理部汇部填报《制程料号别报废原因统计表》送有关部门检查改善。

第二十五条　质量管理圈活动

为培养基层干部的领导统御及领导能力以促进自我启发提高人员的工作士气及质量意识，以团队精神共谋产品质量的改善，公司内各部门得组成质量管理圈，以推动改善工作。

第二十六条　实施与修订

本流程呈总经理核准后实施，增补修改亦同。

营销管理制度流程纲要

第一条　制订市场营销目标

分为长期和短期目标。

1. 目标利润；

2. 市场占有率和增长率；

3. 销售额或销售量和增长率；

4. 销售价格；

5. 质量水平与投诉；

6. 产品体系构成；

7. 营销渠道；

8. 促销活动；

9. 品牌（知名度、美誉度）；

10. 与竞争对手的对比度。

第二条　市场环境分析

1. 行业动向分析；

2. 目标市场分析；

3. 购买行为分析；

4. 企业形象分析；

5. SWOT 分析（优势、劣势、机遇和挑战）。

第三条　确定目标市场

1. 市场细分

将市场分为具有不同需要、特征或行为，因而需要不同产品或营销组合的不同购买者群体的过程，被称为市场细分。

2. 目标市场选择

企业在划分好细分市场之后，可以进入既定市场中的一个或多个细分市场。目标市场选择是指估计每个细分市场的吸引力程度，并选择进入一个或多个细分市场。

3. 市场定位

市场定位是指为使产品在消费者心目中相对于竞争产品而言占据清晰、特别和理想的位置而进行的安排。因此，营销人员设计的位置必须是他们的产品有别于竞争品牌，并取得在目标市场中的最大战略优势。

第四条　确定营销组合战略（4P）

1. 产品组合（Product），产品定位、产品特色、产品品质、产品品牌与形象 、产品包装、使用与售后服务；

2. 价格组合，价位、折扣、定价对销售影响 、付款条件；

3. 销售渠道组合，顾客区隔、销售地点、营销通路与网络、中间商、零售商、仓储与配送、库存量 、商圈；

4. 促销组合，与顾客沟通、广告宣传、促销活动、公共关系、受理投诉；

第五条　营销管理

（一）市场营销管理主要内容

1. 具体销售事务

（1）签订销售合同、合同管理、合同进度管理；

（2）成品库存管理；

（3）开销售发票、发货、包装、运输管理；

（4）销售货款收回、催款、拒付业务处理。

2. 市场供求研究

（1）企业内部各种销售业务数据的收集和信息处理；

（2）组织收集企业外部信息和开展（委托）市场调查；

（3）组织开展（委托）市场预测。

（二）市场拓展

（1）产品顾客管理。对顾客的基本情况、交易状况、信誉状况及顾客意见进行管理；

（2）推销员管理。推销员的计划安排，检查考核和奖惩；

（3）促进销售管理。有计划地开展广告准备宣传产品说明书等；

（4）销售渠道管理。对销售渠道的开发、联系、考核评价和支援；

（5）组织商品的包装、装潢和商标设计；

（6）品牌管理。

（三）市场营销组织结构类型

组织平台 1：单纯推销型

成立销售部门，并由一位副总领导，主要管理推销员，关兼管若干市场调研和广告宣传工作。

特点：生产什么（多少），则销售什么（多少），为被动推销。

组织平台 2：具有辅助功能的推销型

在弦推销部门，专设一位营销主管，负责经常性的营销、广告宣传及其他促销活动。

特点：营销活动成为专门职能。

组织平台 3：独立营销部门

分立出两个部门：销售部（推销）和营销部，并分属两位副总领导。

特点：

（1）推销与营销成为平行的职能部门；

（2）两部门分别注重短期、长期效益，昴产生矛盾，造成对立冲突。

组织平台 4：现代营销部门

在一位副总领导下，分设推销与营销部门，并统一管理。

特点：能够协调配合

组织平台 5：现代营销企业

在“以顾客为中心”的服务经营哲学指导下，不仅营销部门而且企业全体员工和职能部门都落实为顾客服务的思想和行动。

特点：完成了真正意义上的营销管理革命。

（四）营销控制

营销管理者对营销计划实施情况进行判断、调整和采取纠正措施，主要控制内容为

1. 月度计划控制

由业务人员按制度提出工作报告，一线管理者认真审核并作出处置意见。

报告类型：

（1）月度工作计划报告；

（2）月度计划执行进度报告；

（3）费用报告；

（4）新增顾客报告；

（5）失去老顾客报告；

（6）区域或营业点的定期情况报告；

（7）其他专题报告。

2. 年度计划控制

主要对销售额、市场占有率和费用率进行控制。

3. 盈利控制

对各种产品、地区、顾客群、销售渠道、合同额等方面的获利能力进行评价、控制。

4. 战略控制

利用营销审计，定期重新评估企业的战略计划及执行情况。营销审计是对企业或战略业务单位的营销环境、目标、战略和营销活动诸方面进行独立的、系统的、综合性的定期审查，以发现营销机会、找出问题、提出改善营销工作的计划和建议。

销售管理制度流程纲要

第一条　销售员工作步骤培训纲要

销售员工作通常包括以下几个步骤：

（一）寻找潜在顾客

潜在顾客须具备两个基本条件：一是愿意购买；二是有支付能力。

寻找潜在顾客的主要途径有：朋友、熟人、广告、邮寄信件和电话等。在这个阶段，销售人员应努力收集尽量多的信息。

（二）访前准备

一般来说，接触前的准备是正式接触前的所有活动，销售人员应对他们的行业、公司产品或劳务、竞争对手和顾客等都非常熟悉，尤其是潜在顾客的个人和商业信息活动。销售人员准备得越充分，成功的可能性必然就越大。

（三）接近并与客户建立良好的关系

初次会晤是销售人员与潜在顾客的首次真正接触，在初次见面中，销售人员必须与潜在的客户建立良好的关系，销售人员必须吸引顾客的注意力，否则销售人员以后的行动可能会不起作用。

在这一阶段，销售人员要进行大量的提问和倾听。提问有助于吸引顾客的注意力，销售人员聆听顾客的回答，可以在双方之间建立起一种互相信任的关系；在倾听的过程中，一旦发现问题，销售人员就可以向潜在顾客介绍解决问题的方法。在介绍方法时，应富有创造性，并努力创造一个轻松愉快的氛围。销售人员提出的每一个问题，都暗含着对潜在顾客的关心与兴趣。销售人员越多地倾听潜在顾客的谈话，顾客就会越喜欢并信任销售人员。由此，销售人员可以和潜在顾客建立良好的客户关系。

（四）了解客户的需求

在这一阶段中，销售人员能从客户的谈话中了解客户所面临的问题及客户希望获取的信息等，进而达到销售的目的。

（五）描述产品

在明确顾客存在的问题之后，销售人员就要准备解释并生动地描述相关产品的特征和优点。在描述产品的过程中，销售人员要与顾客不断地交流，描述要针对客户的需求，一定要让顾客知道为什么要听你讲、利益是什么以及对他们有什么好处？

（六）异议的处理

销售人员要解决有关顾客购买的一切问题。

（七）成交

销售人员在顾客满意的情况下完成销售，此时应对客户的合作表示感谢，谢意的表达必须是真诚的，应让客户感受到交易的达成是值得庆贺的，他们随时都会受到认真的热情接待。

（八）回访

交易达成后继续与客户保持经常的联系，对于重复销售和更大市场的开拓具有重要的意义。在回访过程中，销售人员不但要确认客户对产品是否满意，还要进一步巩固与客户的关系。

第二条　订立合同注意事项

（一）订立合同时愈慎重愈有利

1. 交易开始时的合同，不论是以书面或口头约定，都要格外地慎重；

2. 设想双方的财力状况，及随着交易所发生的一切条件，将之列入合同里；

3. 要有耐性地交涉，尽量争取有利的条件。

（二）拟定交易规定或合同书

1. 合同应尽量根据规定或文件，尤以签订重要的交易或大批交易的合同时，应更加慎重；

2. 共同的、基本的交易，必须依交易规定来决定（如代理商的交易规定等）；

3. 重要的和交易内容复杂的合同书，必须请专家、律师（公司内、外的）过目；

4. 任何一种合同书，经理都必须过目，对于特约事项，更需特别留意。

（三）违反合同或发生纠纷时

1. 销售售经理必须亲自想好对策加以处理，不可完全交予部属去处理；

2. 不管是由哪一方所引起，不可轻易地撇弃或随意处理；

3. 不管任何纠纷，均应将情形呈报上司。

第三条　货款回收的注意事项

（一）最重要的是防止呆账

1. 要让推销员彻底地明了收回货款才算完成销售；

2. 准备以信用制度交易前，应彻底作好信用调查，并决定正确的信用限度；

3. 交易开始后，需定期性的重新研讨信用限度；

4. 应迅速获得客户经营或支付情况的异常情报；

5. 若发现异常情况，应即采取必要措施。

（二）债权管理及促进回收

1. 债权管理虽然属于推销员及财务经办人所辖，但不可将全部责任委任他们；

2. 销售经理对于各自的销售额、收款额、未收款额等，应经常留意是否异常；

3. 要特别注意把握实态，以免部属对未收货款、回收情况等，计算错误或作为呆账等；

4. 有关货款的回收，应经常叮嘱经办人，以期收到良好的效果。

第四条　销售人员奖惩办法

（一）奖励

1. 小功；

2. 大功。

（二）惩罚

1. 小过；

2. 大过；

3. 解职；

4. 解雇。

（三）计算方法

1. 全年度累计三小功 = 一大功；

2. 全年度累计三小过 = 一大过；

3. 功过相抵：一小功抵一小过、一大功抵一大过；

4. 全年度里计三大过者解雇。

第五条　销售人员奖励实施细则

（一）奖励“营销新构想”

1. 提供公司“营销新构想”，而为公司采用，即记小功一次；

2. 该“营销新构想”一年内使公司获利 10 万元以上者，再记大功一次，年终表彰。

（二）提供竞争者动态，被公司采用为政策者，记小功一次

（三）客户信用调查属实，事先防范得宜，使公司避免蒙受损失者，记小功一次

（四）开拓新客户，成效卓著者，记小功一次

（五）开拓新客户，单个客户销售额一年达到 50 万，记大功一次

（六）业绩达标奖励

1. 达成上半年业绩目标者，记小功一次；

2. 达成全年度业绩目标者，记小功一次；

3. 超越年度目标 20%（含）以上者，记小功一次。

（七）其他表现优异者，视贡献程度予以奖励

第六条　销售人员惩罚办法

（一）挪用公款者，一律解雇。本公司依照法律途径向保证人追踪

（二）与客户串通勾结者，一经查证属实，一律解雇

（三）做私生意者，一经查证属实，一律解雇。直属主管若有呈报，免受连带惩罚。若未呈报，不论是否知情，记小过两次

（四）凡利用公务外出时，无故不执行任务者（含：上班时间不许喝酒），一经查证属实，以旷职处理（按日不发给薪资），并记大过一次。若是干部协同部属者，该干部解职

（五）挑拨公司与员工的感情，或泄漏职务机密者，一经查证属实，记大过一次，情节严重者解雇

（六）涉足职业赌场或与客户赌博者，记大过一次

（七）结合销售指标的惩罚

1. 上半年销售未达销售目标的 70% 者，记小过一次；

2. 全年度销售未达销售目标的 80% 者，记小过一次。

（八）未按规定建立客户资料经上司查获者，记小过一次

（九）不服从上司指挥者

1. 言语顶撞上司者，记小过一次；

2. 不遵照上司使命行事者，记大过一次。

（十）私自使用营业车辆者，记小过一次

（十一）公司规定填写的报表，未交者每次记小过一次

第七条　销售人员考核方法

（一）每月评分一次

（二）公司于次年元月核算每一位业务员该年度考核得分：业务员该年度考核得分 = 业务员该年度 1—12 月考核总分；

（三）业务员的考核得分将作为“每月薪资的奖金”“年终奖金”“调职”的依据

第八条　销售人员考核依据

（一）年销售完成情况：占 60%

（二）纪律及管理配合度：占 40%

1. 出勤；

2. 是否遵守本公司管理办法；

3. 收款绩效；

4. 开拓新客户数量；

5. 原有客户的升级幅度；

6. 对主管交付的任务，例如市场资料收集等，是否尽心尽力完成；

7. 其他。

（三）“奖惩办法”的加分或扣分

（四）分类考核

1. 业务员的考核，由销售部经理评分，总经理复审；

2. 经理的考核，由营销总监评分，报总经理审核。

第九条　附则

本办法由销售部制定，经批准后执行。

促销管理制度流畅纲要

第一条　包装外赠品

（一）赠品的选择

赠品的选择 必须符合以下原则条件：

1. 易于了解，赠品是什么，值多少钱，须让顾客一看便知；

2. 具有购买吸引力；

3. 尽可能挑选有品牌的赠品；

4. 要选择与产品有关联的赠品；

5. 紧密结合促销主题；

6. 赠品要力求突出，最好不要挑零售店正在销售的商品作为赠品。如果所选的赠品相当平凡，最好在赠品上印上公司品牌、商标或标志图案，以突出赠品的独特性。

（二）注意事项

赠品活动不可过度滥用，因假如经常举办附赠品的促销活动，会误导消费者该产品只会送东西，而忽略产品本身的特性及优点。

第二条　免费样品派发

（一）实施的主要方法

1. 随 DM 信函直接邮寄目标消费者；

2. 入户派送；

3. 目标消费者聚集的公共场所内派送；

4. 媒体分送；

5. 零售点派送；

6. 选择非竞争性商品来附送免费样品；

7. 工会派送。

（二）优点分析

创造高试用率及惊人的品牌转变率，促使试用者成为现实购买者的可能性高。

1. 将产品信息直接展现在消费者面前，变被动接受为主动了解信息；

2. 口碑效应明显；

3. 有利于树立企业形象；

4. 有关产品的信息是全真的。

（三）实施要点

1. 适合产品

（1）大众化的日用品，最好是每个人都可能用到它，且使用频率高的。

（2）产品成本应较低或可制成小容量的试用包装。此外，有短使用期限的产品不适合使用此促销方式。

（3）派发品要有独立品牌，并有一定的知名度。

2. 设置监察制度，监督派送效果。

3. 根据企业营销策略定具体的派送区域。

4. 在产品旺销季节派发。

5. 一个月内，派发若覆盖目标区域 80% 左右的家庭数便较为理想。

6. 在新产品上市广告前 3 至 5 周，同时零售终端铺货率达到 50% 时，才可执行免费派送。

7. 要防止漏派、重派、偷窃、偷卖派送品的现象。

8. 派送品的规格大小，通常让消费者能体验出商品利益的分量就可以了。包装应以原产品包装色彩要统一，便于消费者去零售点指定购买。

9. 注意派送人员的形象及语言美，统一标识，并培训以产品知识。

第三条　折价券

（一）折价券的两种形式

1. 针对消费者的折价券。

主要散发方式：

（1）直接送予消费者；

（2）媒体发放；

（3）随商品发放；

（4）促销宣传单发放。

2. 针对经销商的折价券。

由经销商散发给自己的下游商家及其消费者。

（二）实施要点

1. 折价券的设计，通常按照纸币的大小形状来印制。折价券的信息传达应清晰，以引人注目。内容应用简单的文字将使用方法，限制范围，有效期限，说明文案一一描述。如果能加上一段极具销售力的文案诉求以鼓励消费者使用，效果更佳。

2. 选择好兑换率高的递送方式，报纸虽然是目前最常使用的递送工具，但包装内，包装上折价券的兑换率却是报纸的 6 至 10 倍。

3. 充分考虑折价券的到达率。消费者对商品的需要度，对品牌认知度，品牌忠诚度，品牌的经销能力，折价券的折价条件，使用地区范围，竞争品牌的活动内容，促销广告的设计与表现等影响兑换率的问题，制定相应的措施。

4. 折价券的面值 通过大多数研究获悉，零售价 10% ~ 30% 的金额是理想的折价券面值，也能获得最好的兑换率。

5. 尽量避免误兑发生。

（1）限制每次购物仅使用一张折价券，回收后，上交公司统一销毁；

（2）折价券的价值不宜过高，以免不法分子伪造获利；

（3）单一品牌的折价券，其价值不应超过产品本身的价值；

（4）折价方法清晰易懂，务必让分销店易于处理和承兑；

（5）限制在某一特定商店或连锁店使用。

第四条　减价优惠

实施要点

1. 减价优惠至少要有 15% ~ 20% 的折扣，并要有充分的理由，才能吸引消费者的购买。如果是低市场占有率的产品，应对领导品牌付出更高的减价优惠，才能增加销售效果。此外新品牌运用效果要优于旧品牌，当减价只有 6% ~ 7% 时，只能吸引某些老顾客的注意。

2. 减价标示的设计，要把原价及减价后的现价同时标注，形成明显的对比，标示牌的大小讲求美观、清晰，但要不影响消费者对商品的观察。

3. 减价优惠不易过度频繁使用，否则会有损品牌形象。

4. 消费者购物心理有时候是“买涨不买落”，要把握时机利用消费者此心理来促销产品。

5. 特别注意现场的安全管理。

第五条　自助获赠

自助获赠是指顾客将购买某种商品的证明附上少量的金钱换取赠品的形式。

（一）优点

1. 不受季节限制，全年任何时间都适合，也可根据各种不同的市场状况，灵活变化；

2. 花费低，易处理；

3. 可提高品牌形象；

4. 用以强化广告主题；

5. 用以回馈目前使用者并维护品牌忠诚度。

（二）实施要点

1. 需要媒体广告配合

2. 赠品价值。通常选择低价品。选择赠品时必须考虑：

（1）赠送是否适当？

（2）促销的支持是否充足？

（3）是否符合消费者所需？

最理想的兑换赠品付费，应是比赠品市面零售价低 30% 至 50%，大部分的付费赠品以 10 至 80 元为主要范围。

3. 效果反应。一般兑换率不会超过此活动的总媒体广告发布率的 1%。最主要的影响兑换率的因素在于赠品的好坏、顾客阶层、商品的售价和促销优待价值的认同等等。

4. 出色的自助获赠促销活动，关键在于所提供的赠品只能从此次赠送中获得，决无法从别处寻到。

5. 限制兑换地点。

第六条 退款优惠

退款优惠是指消费者提供了购买商品的某种证明之后，参与摸彩，根据摸彩的奖额退还其购买商品的全部或部分金额。

第七条 以旧换新

以旧换新是指消费者在购买新商品时，如果能把同类旧商品交给商店，就能折扣一定的价款，旧商品起着折价券的作用；如果消费者没有旧商品，新产品就只能原价售出。

（一）目的

主要是为了消除旧商品形成的销售障碍，免得消费者因为舍不得丢弃尚可使用的旧商品，而不买新产品。

（二）优点

1. 能消除新产品销售的障碍；

2. 能提高一个非名牌商品在市场上的竞争力；

3. 以旧换新实际上是变相降价，但能避免直接降价带来的副作用。

（三）缺点

1. 促销成本高；

2. 促销范围狭窄，只适用于促销高、中档耐用品消费品；

3. 操作较麻烦。

（四）实施要点：

1. 如何对旧商品折价

一般考虑以下因素：①新商品定价高，销售利润高，旧商品的折价幅度也可高些；②如果同类竞争性商品也在搞促销活动，那么折价幅度可高些。反之，可以降低一些；③名牌商品，折价幅度可低一些。非名牌，可高一些。

2. 对旧货确定不同的折价标准。

3. 必要的时候，向消费者公布回收来的旧货去向。

4. 回收来的旧货尽可能加以利用，以降低促销成本。

5. 选择促销时机。

6. 为方便消费者，可将此活动纳入社区推广活动中。

第八条　合作广告

合作广告是指通过合作和协助方式，赢得经销商的好感和支持，促使他们更好地推销本公司的产品。

第九条　搭配促销

1. 可消除或缓解销售竞争，使不同行业的企业联合建立起强有力的市场地位；

2. 让新产品 h 可以搭已被大众接受的产品 m 的便车，直奔消费者的内心和意识之中。

第十条　针对批零商的促销之道

（一）价格折扣

1. 现金折扣。提高公司资金周转率，对现期付款的客户给予的优惠。一般为付款金额的 2%。

2. 数量折扣。需根据产品在不同阶段的目的下巧用，使商家与公司在市场各个阶段，达到占有率与利润的一致性，同时也适合市场的变化。主要分为：

（1）累计性数量折扣。

（2）一次性数量折扣。通常是 2% ~ 7%。

3. 季节折扣。是为均衡产品淡旺季利益的方式，最大 30% ~ 40%，通常只有百分之几。实施时间以两个月为宜。时间过长易造成心理惯性，上去下不来。

4. 销售折扣补贴，分为：

（1）针对衰退期的产品的补贴。

（2）完成销售目标的折扣。通常为 2% ~ 5%。

5. 功能折扣，根据通路中的不同功能，给予不同的折扣。

6. 协作力度折扣，分为：

（1）陈列展示折扣；

（2）按指定价格出售；

（3）开展促销活动给予支持配合。

（二）销售竞赛

是指采用现金，实物或旅游奖励等形式来刺激批零商扩大进货量，加快商品到达消费者手中的速度。此方法也可对公司业务人员的激励。

（三）合作广告

是指通过合作或协助的方式，与经销商合作广告，向经销商提供详细的产品技术宣传资料，帮助经销商培训销售人员，帮助经销商建立管理制度，以及协助经销商进行店面装潢设计等。

（四）现场演示

（五）业务会议

（六）文化奖励

小到一张贺卡，一块金匾，激励其自尊，满足其更深层的心理需求。

（七）对批零商的促销活动注意事项

1. 一旦停止，往往会受到批零商种种不合作行为的报复。

2. 竞争厂商都要是开始采用时，很难发挥激励作用。

3. 有时候，成为批零商选择订货单位的标准。

4. 对提货量少的经销商更喜欢直接的返扣。

5. 在产品上市设计与通路操作上，切忌一让到底，一定要预留价格空间与促销手段，为市场调节作准备。

6. 对经销商的阶段性促进，最好能用促销品的方式搭赠，而不是现金和货物搭赠，以免变相降价。另外，操作时间一定要短，要有针对性。

7. 奖励要及时。准确送达经销商，防止奖励流失。

8. 一旦作出承诺，就一定要兑现。

第十一条　促销活动实施流程

（一）建立促销目标

促销目标，概括来说有两大类：短线速销和长期效果。

1. 短线速销。一般可通过三个途径达到此目的。

（1）提高购买的人数。常用方法：pop推广、竞赛、减价优惠、免费试用等。

（2）提高人均购买次数。常用方法：赠品、折价券、减价优惠、酬谢包装等。

（3）增加人均购买量。常用方法：折价券、减价优待、赠品、酬谢包装等。

2. 长期效果，常用方法：竞赛和赠品。

（二）选择促销工具

在选择促销工具时要考虑以下因素：

1. 促销目标。特定的促销目标往往对促销工具的选择有着较为明确的条件制约和要求，从而规定着促销工具选择的可能范围。

2. 产品特性。

3. 消费者的消费心理及消费习惯。

4. 促销对象（消费者、经销商、零售商）。

5. 竞争对手的情况。

6. 促销预算。

（三）设计促销方案

1. 促销形式。即采用何种促销形式。

2. 促销范围。分为两项内容：产品范围和市场范围。

3. 确定折扣率。要对以往的促销实践进行分析和总结，力求引起最大的销售反应。并结合新的环境条件确定适合的刺激程度。

4. 选择促销对象。

5. 促销媒介的选择。

6. 促销时间的选择。包括：何时促销、何时宣布、持续时间及频率等。

7. 促销预算的分配。

8. 确定促销的期限和条件。

（四）试验、实施和控制方案

通过试验来确定促销工具的选择是否适当，刺激程度是否理想，现有的途径是否有效。可采用询问消费者，填调查表。经试验后与预期相近，便可进入实施阶段。在实施中要精心注意和监测市场反应，并及时调整促销方案，保持良好的实施控制，以顺利实现预期的方案和效果。

（五）促销策划中的注意事项

1. 在确定促销目标和预算后，才推出促销计划；
2. 只有选好正确的促销工具，才能实现目标；
3. 促销对象必须针对促销商品的目标消费人群；
4. 促销活动文案要简单易懂；
5. 参与促销活动的条件要求不要过多；
6. 注意与其他营销沟通工具整合运用（如广告、人员推销、公关）；
7. 新产品的促销活动必须先试销后实施；
8. 促销计划要在活动实施前两个月制订出；
9. 促销活动前要合理备货；
10. 促销活动实施期限要适宜；
11. 公司及营销部门必须具有综合性的促销计划和实施方法；
12. 在决定销售方针、销售政策前，必须充分调整综合性的效率；
13. 企划、计划的事项必须在不失时效的条件下，确实地施行；
14. 关于销售的促进，不可以完全依赖企划；
15. 让各销售人员实行独自的销售计划；
16. 综合性的、基本性的销售计划所需的情报和构想，应由销售经理提供；
17. 销售部门是否能够提高销售，这完全是经理的责任。

（六）广告、宣传的要诀

1. 应将宣传、广告政策，当作市场开发的一环；
2. 根据营业与营销的基本政策、营销战略，订定与之有密切关系的宣传、广告政策；

3. 有关宣传、广告方面，应同业务部门开研讨会，及时调整政策；

4. 宣传、广告业务的管理应由专任管理，并且最好能够予以专门化；

5. 宣传、广告预算要在年度计划中，依广告主题、内容、方法编列预算；

6. 当一起研商时，不要以个人的构想，或外行人的技术为凭借，应尽量采用专门意见；

7. 对于每一次的广告主题，都要充分地洽商、研究。

客户管理工作流程纲要

第一条 客户服务管理流程

（一）接待客人的方法

1. 对待客人，不可因客人的身份、服装等而有不同态度，应以和蔼、机敏的态度来对待。

2. 当客人进店时，应立刻与其打招呼。打招呼可用点头示意，亦可用简单的“您好”“欢迎光临”等寒暄用语。

3. 要尽可能记住客人的特征、个性，尤其是耐性不佳、不易应付的客人特别要用心对待，设法与之谈成交易。

4. 在接待客人的途中有必须起身接电话或办理其他重要事，须以眼神向客人示意，并示歉意。特别留心注意，在将物品交给对方时，应适时推荐合于该店的商品。

（二）对客服人员进行教育培训

1. 针对“新进业务员”：①由经理安排“新进业务员”受训；②讲师：营销经理；③受训的最后一节课由总经理讲话。

2. 针对“全体业务员”：全体业务员每年集训两次，每次两天。总公司将设计课程，安排讲师（含内聘、外聘）。

（三）培训内容

1. 电话礼仪；

2. 着装礼仪；

3. 处理问题的技巧；

4. 客户服务的十大注意事项；

5. 客户满意度；

6. 业务服务标准。

（四）客户意见处理

1. 为加强对客户的服务，并培养服务人员“顾客第一”的观念，特举办客户意见调查，将所得结果，作为改进服务措施的依据。

2. 客户意见分为客户的建议或抱怨及对技术员的品评除将品评资料作为技术员每月绩效考核之一部分外，对客户的建议或抱怨，服务部应特别加以重视，认真处理，以精益求精，建立本公司售后服务的良好信誉。

3. 对客户的建议或抱怨，其情节重大者，本部门应即提呈总经理核阅或核转，提前加以处理，并将处理情况函告该客户；其属一般性质者，服务部门自行酌情处理之，并应将处理结果，以书面或电话通知该客户。

4. 凡属加强服务及处理客户的建议或抱怨的有关事项，业务部门应经常与客服中心密切的联系，随时予以催办，并协助其解决所有困难问，对抱怨的客户，无论其情节轻重，均应由业务主管亲自或专门派员前往处理，以示慎重。

（五）客户索赔问题的处理规定

1. 对于索赔，无论大小，应慎重处理；

2. 防止索赔问题的发生才是根本的解决问题之道，不可等索赔问题发生时，才图谋对策；

3. 要迅速、正确地获得有关索赔的情报；

4. 索赔问题发生时，要尽快制定对策；

5. 销售经理对于所有的资料均应过目，以防部下忽略了重要问题；

6. 每一种索赔问题，均应制定标准的处理方法（处理规定、手续、形式等）。

（六）处理客户关系的注意事项

1. 根据一定的格式，作成客户总账（或卡片）；

2. 客户很多时，只要作重要的或大客户的总账即可；

3. 客户的卡片往往容易被忽略，因此，关于如何有效地活用，经理应充分加以指示和指导；

4. 应随着客户情况的变化，加以记录；

5. 通过广告宣传、销售计划的综合对策及推销员的个别接触，与客户保持良好关系；

6. 销售经理不要只去访问特定的客户，而应普遍地作巡回访问；

7. 不管如何，与客户沟通意见与保持良好的人际关系最为重要；

8. 销售经理必须充分了解每一位客户的销售、回收和经营的内容；

9. 积极地将有利的情报提供给客户；

10. 对于改善销售及经营等问题，要经常地指导客户；

11. 客户提出意见时，要坦诚、热心地接受。

第二条　客户售后服务管理流程

（一）公司售后服务的作业分类

1. 收费服务（A）

凡为客户保养或维护本公司出售的商品，而向客户收取服务费用者属予此类。

2. 合同服务（B）

凡为客户保养或修护本公司出售的商品，依本公司与客户所订立商品保养合同书的规定，而向客户收取服务费用者属于此类。

3. 免费服务（C）

凡为客户保养或维护本公司出售的商品，在免费保证期间内，免向客户收取服务费用者属于此类。

（二）客户服务中心或各分公司服务组，于接到客户之叫修电话或文件时，该单位业务员应即将客户的名称、地址、电话、商品型号等，登记于《叫修登记簿》上，并在该客户资料袋内，将该商品型号的《服务凭证》抽出，送请主管派工。

（三）技术人员持《服务凭证》前往客户现场服务，凡可当场处理完妥者即请客户于服务凭证上签字，携回交于业务员于《叫修登记簿》上注销，并将《服务凭证》归档。

（四）凡属有费服务，其费用较低者，应由技术人员当场向户收费，将款交于会计员，凭以补寄发票，否则应于当天凭《服务凭证》至会计员处开具发票，以便另行前往收费。

（五）凡一项服务现场不能处理妥善者，应由技术员将商品携回修护，除由技术员开立《客户商品领取收据》交与客户外，并要求客户于其《服务凭证》上签认，后将商品携回交与业务员，登录《客户商品进出登记簿》上，并填具《修护卡》以凭施工修护。

（六）每一填妥的《修护卡》应挂于该一商品上，技术员应将实际修护使用时间及配换零件详填其上，商品修妥经主任验讫后在《客户商品进出登记簿》上注明还商品日期，然后将该商品同《服务凭证》，送请客户签章，同时取回技术员原交客户的收据并予以作废，并将《服务凭证》归档。

（七）上项携回修护的商品，如系有费修护，技术员应于还商品当天凭《服务凭证》，至会计员处开具发票，以便收费。

（八）凡待修商品，不能按原定时间修妥者，技术员应即报请服务主任予以协助。

（九）技术员应于每日将所从事修护工作的类别及所耗用时间填《技术员工作日报表》送请服务主任核阅存查。

（十）服务主任应逐日依据技术人员日报表，将当天所属人员服务的类别及所耗时间，填《服务主任日报表》。

（十一）分公司的服务主任日报表，应先送请经理核阅签章后，转送客户部。

（十二）服务中心及分公司业务员，应根据《叫修登记簿》核对《服务凭证》

后，将当天未派修工作，于次日送请主任优先派工。

（十三）所有服务作业，市区采用六小时，郊区采用七小时派工制，即叫修时间至抵达服务时间不得逾上班时间内六小时或七小时。

（十四）保养合同期满前一个月，服务中心及分公司，应填具保养到期通知书寄与客户，并派员前往争取续约。

第三条　客户意见调查

1. 本公司为加强对客户的服务，并培养服务人员“顾客第一”的观念，特举办客户意见调查，将所得结果，作为改进服务措施的依据。

2. 客户意见分为客户的建议或抱怨及对技术员的品评除将品评资料作为技术员每月绩效考核之一部分外，对客户的建议或抱怨，客户部应特别加以重视，认真处理，以精益求精，建立本公司售后服务的良好信誉。

3. 服务中心及分公司应将当天客户《叫修登记簿》于次日寄送客户部，以凭填寄客户意见调查卡。调查卡填寄的数量，以当天全部叫修数为原则，不采抽查方式。

4. 对技术员的品评，分为态度、技术、到达时间及答应事情的办理等四项，每项均按客户的满意状况分为四个程度，以便客户勾填。

5. 对客户的建议或抱怨，情节重大者，服务部应即提呈副总经理核阅或核转，提前加以处理，并将处理情况函告该客户；其属一般性质者，客户部自行酌情处理之，惟应将处理结果，以书面或电话通知该客户。

6.凡属加强服务及处理客户的建议或抱怨的有关事项，客户部应经常与服务中心及分公司保持密切的联系，随时予以催办，并协助其解决所有困难问题。

7. 服务中心及分公司对抱怨的客户，无论其情节大小，均应由服务主管亲自或专门派员前往处理，以示慎重。

第四条　客户投诉处理办法

（一）目的

为求迅速处理客户投诉案件，维护公司信誉，促进质量改善与售后服务，制定本工作流程。

（二）范围

包括客户投诉表单编号原则，客户投诉的调查处理、追踪改善、成品退货、处理期限，核决权限及处理逾期反应等项目。

（三）适用时机

凡本公司产品遇客户反应质量异常的申诉（以下简称“客户投诉”）时，依本施行办法的规定办理。

（四）客户投诉处理流程

	客诉调查及处理				成品退回处理		客诉改善及追踪				
项目	客诉反应	调查	责任归属判定	处理期限管理	检验	收料	改善表提出	改善项目拟定	改善项目确认	改善项目执行	改善项目督促
主办部门	服务中心	制造部（质量管理部）	客户部	客户部	品检科	仓储单位	客户部	制造部	客户部	有关部门	客户部

1. 服务中心接到客户投诉将情况反馈到相关部门；

2. 客户投诉的调查。调查投诉的原因、责任，确定处理决定告知客户；

3. 上门维修或成品退回处理；

4. 客户投诉的改善；

5. 客户服务跟踪，调查客户对服务满意度。

（五）处理职责

各部门客户投诉案件的处理职责

1. 业务部门

（1）详查客户投诉产品的订单编号、料号、数量、交运日期；

（2）了解客户投诉要求及客户投诉理由的确认；

（3）协助客户解决疑难或提供必要的参考资料；

（4）迅速传达处理结果。

2. 质量管理部

（1）客户投诉案件的调查、提报与责任人员的拟定；

（2）发生原因及处理、改善对策的检查、执行、督促、防之提报；

（3）客户投诉质量的检验确认。

3. 客户部

（1）客户投诉案件的登记，处理时效管理及逾期反应；

（2）客户投诉内容的审核、调查、提报；

（3）处理方式的拟定及责任归属的判定；

（4）客户投诉改善案的提出、洽办、执行成果的督促及效果确认；

（5）协助有关部门与客户接洽客户投诉的调查及妥善处理；

（6）客户投诉处理中客户投诉反映的意见提报有关部门追踪改善。

4. 制造部门

（1）针对客户投诉内容详细调查，并拟定处理对策及执行检查；

（2）提报生产单位、机班别、生产人员及生产日期。

（六）客户投诉案件处理期限

《客户抱怨处理表》处理期限自客户部受理起 24 小时内给客户以回复。根据具体情况确定处理期限。

（七）客户投诉责任人员处分及奖金罚扣

1. 客户投诉责任人员处分

客户部每月 10 日前应审视上月份结案的客户投诉案件，凡经批示为行政处分者，经整理后送人事单位提报《人事公布单》并公布。

2. 客户投诉绩效奖金罚扣

责任归属单位或个人由投诉案件发生的原因决定责任归属单位，并开立《奖罚通知单》呈总经理核准后复印三份，一份自存，一份会计单位查核，一份送罚扣部门罚扣奖金。

（八）处理时效逾期的反应

客户部于客户投诉案件处理过程中，对于逾期案件应开立《催办单》催促有关部门处理，对于已结案的案件，应查核各部门处理时效，对于处理时效逾期案件，得开立《洽办单》送有关部门追查逾期原因。

（九）本办法由客户部制定并负责解释，经总经理批准后执行，修改亦同。

新产品开发管理流程纲要

第一条　设立新产品开发委员会，由税务委员、投资分析委员、生产技术委员、销售管理委员组成，委员会设立执行秘书一名。

第二条　主任委员由副总经理担任，执行秘书由秘书室经理担任，其他委员依个案性质不同，由主任委员就公司组织内现有人员指派。

第三条　职责划分。

1. 主任委员职责

（1）负责新产品开发工作顺利开展事宜；

（2）负责新产品开发会议召开及主持开发会议；

（3）负责对其他委员会的指派；

（4）新产品全部投资及利润分析方案拟订及呈报。

2. 执行秘书职责

（1）拟订开发时间规划及产品开发计划；

（2）协助主任委员从事开发会议联络及记录；

（3）协助主任委员对新产品开发工作进度跟踪；

（4）提供开发所需材料及物品。

3. 销售管理委员职责

（1）从事有关市场调查；

（2）提出产品现有生产厂家及市场信息；

（3）提出新产品未来市场需要潜力报告；

（4）根据市调查资料及成本分析资料，拟定销售价格、销售渠道及销售预测；

（5）编制企划广告费用预算。

4. 生产技术委员职责

（1）负责新产品有关设备、原物料策划工作；

（2）负责新产品试制及生产包装设计技术问题；

（3）负责新产品样品试验及品质检查；

（4）提出新产品有关成本分析及生产能力、设备投资资料。

5. 税务委员职责：提供新产品在税务上的有关资料

（1）是否属于鼓励投资项目；

（2）盈利事业所得税最低百分率多少；

（3）配合税务机关办理各项手续；

（4）其他有关税法问题。

第四条　产品开发操作流程

（一）调查研究与分析

1. 调查研究范围。新产品可行性分析必须对产品的社会需求、市场占有率、技术现状、发展趋势及资源效益等 5 个重要方面进行分析论证与科学预测。

2. 调查研究

（1）调查国内市场和重要用户以及国际重点市场的技术现状和改进情况；

（2）以国内同类产品市场占有率高的前 3 名以及国际名牌产品为对象，调查同类产品的质量价格及使用情况；

（3）广泛收集国内外有关情报和专刊进行可行性分析研究。

3. 可行性分析

（1）论证该产品的技术发展方向和动向；

（2）论证市场动态及发展该产品具备的技术优势；

（3）论证该产品发展所具备的资源条件和可行性；

（4）初步论证技术经济效益；

（5）提交该产品批量投产的可行性分析报告。

（二）新产品设计

1. 技术任务书设计；

2. 技术设计；

3. 工作图设计。

（三）新产品试制

1. 样品试制。样品试制是根据设计图纸、工艺文件和少数必要的工装，由试制车间试制出一件作标设备或数十件样品，然后按要求进行试验，借以考验产品结构、性能和设计的工艺性。考核图样和设计文件的质量。此阶段完全在研究所内进行。

2. 小批试制。小批试制在样品试制的基础上进行，主要目的是考核产品的工艺性，检验全部工艺文件和工艺设备，并进一步校正和审验设计图纸。此阶段以研究所为主，由工艺科负责工艺文件和工装设计，部分试制工作扩散到生产车间进行。

3. 在样品试制和小批试制结束后。应分别对考核情况进行总结，并按有关标准要求编制试制总结、型式试验报告、试用（运行）报告。

（四）新产品试制程序

1. 进行新产品简单工艺设计。根据新产品任务书，安排利用厂房面积、设备、测试条件等设想和简略工艺流程。

2. 进行工艺分析。根据产品方案设计和技术设计，做出材料改制、元件改装、复杂自制件加工等项工艺分析。

3. 进行产品生产图的工艺性审查。

4. 编制试用工艺卡片：

（1）工艺过程卡片；

（2）关键工序卡片；

（3）装配工艺过程卡。

5. 根据产品试验的需要，设计必不可少的设备，本着经济可靠保证质量的原则，充分利用现有设备、通用设备、组合设备、简易设备、过度设备。

6. 制定试制用材料消耗工艺定额和加工工时定额。

7. 零部件制造，总装配中应保证计划质量，加强质量管理和信息反馈，并做好试制记录，编制新产品质量保证要求和文件。

（五）整理试制文件

1. 编写试制总结：着重总结图样和设计文件验证情况，在装配和调试中所反映的有关产品结构、工艺及产品性能方面的问题及其解决过程，并附上各种反映技术内容的原始记录。样品试制总结由设计部门负责，供样品签定用，小批试制总结由工艺部门编写，供批量试制鉴定用。

2. 编写试验报告：这是产品经全面性能试验后所编的文件，型式试验所进行的试验项目和方法按产品技术条件，其试验程序、步骤和记录表格参照试制鉴定大纲规定，并由检验室负责编制型式试验报告。

3. 编写试用报告：是产品在实际工作条件下进行试用试验后所编制的文件，试用试验项目和方法由技术条件规定，试验通常委托用户进行，其试验程序、步骤和记录表格按试制鉴定大纲规定，由研究所设计室负责编制。

4. 编制特种材料及外购、外部协作零件定点定型报告，由研究所负责编制。

（六）新产品鉴定要求

1. 在完成样品试制和小批试制的全部工作后，按项目管理级别申请鉴定。

2. 鉴定分为样品试制后的样品鉴定和小批试制后的小批试制鉴定，属于已经投产的系列开发产品，经过批准，样品试制和小批试制鉴定可以合并进行，但必须具备两种鉴定所应有的技术文件、资料和条件。

（七）新产品鉴定作业

1. 按鉴定大纲完成样品或小批试制产品的各项测试。

2. 按鉴定大纲备齐完整成套的图样和设计文件要求：鉴定应具备的图样及设计文件；正常生产应具备的图样及设计文件，供产品定型后，正常投产时，制造和验收和管理用成套资料；随产品出厂应具备的图样及设计文件。

3. 组织技术鉴定，履行技术鉴定书签字手续。技术鉴定包括：

（1）样品鉴定结论内容：审查样品试制结果、设计结构和图样的合理性、工艺性以及特种材料解决的可能性等，确定能否投入小批试制，明确样品应改进的事项，搞好试制评价（B 评价）。

（2）小批试制鉴定结论内容：审查产品的可靠性、审查生产工艺、工装与产品测试设备，各种技术资料的完备及可靠性，以及资源供应外购协定等，确定产品能否投入批量生产；明确产品制造应改进的事项，搞好产品生产工程评价（c 评价）。

（3）各阶段应具备的技术文件及审批程序按照产品图样设计文件、工艺文件的完整性原则和有关的审批程序办理。

（八）新产品移交投产

1. 新产品的开发都必须具有批准的设计任务书，由设计部门进行技术设计，工作图设计经批准、审核、会签后进行试样。

2. 每一项新产品要力求结构可靠，技术先进，具有良好的工艺性。

3. 产品的主要参数、型号、尺寸、基本结应采用国际同类产品的先进标准，在充分满足使用需要的基础上做到标准化、系列化和通用化。

4. 每一项新产品都必须经过样品试制和小批试制后方可成批生产。样试和小批试制的产品必须经过严格的检测，具有完整的试制和检测报告。部分新产品还必须具有运行报告。样试、批试均由总工程师召集有关单位进行鉴定，在确定投产与否后与下一步工作安排在同一系列中，个别工艺上变化很小的新产品，经工艺部门同意，可以不进行批试，在样品试制后直接办理成批投产的手续。

5. 新产品移交生产线由总师办组织，总工程师召开有设计、试制、计划、生产、技术、工艺、全质办、检查、标准化、技术档案、生产车间等各有关部门参加的鉴定会，多方面听取意见，对新产品从技术和经济上做出评价，确认设计的合理性，工艺规程、工艺装备没有问题后，提出是否可以正式移交生产线及移交时间的意见。

6. 批准移交生产线的新产品，必须有产品技术标准、工艺规程、产品装配图、零件图、工装图以及其他有关的技术资料。

7. 移交生产线的新产品必须填写《新产品移交生产线鉴定验收表》，并经各方签字。

（九）新产品开发周期

1. 对于简单产品、工厂已经具有成熟的制造和应用技术的产品以及由老型发展来的变型产品，周期定为 1—3 个月。

2. 从大专院校或有关科研设计机构移植过来的经过试验考验的产品，必须索取全部论证、设计和工艺技术资料，并应重新调查论证，开发周期定为 2—5 个月。

3. 属于老产品在性能和结构原理上有大的改变的研究以及新的类别产品的开发，开发周期一般定为 6—7 个月，最长为一年（特别情况不得超过一年半），具体程序周期规定如下：

（1）调研论证和决策周期：一般产品 1 个月、复杂产品 1.5 个月；

（2）产品设计周期（含技术任务书、技术设计和工作图设计）为 1—2 个月；

（3）工艺（含工装制造）周期；

（4）样试 1—2 个月（含样品鉴定）；

（5）批试 2—3.5 个月；

（6）产品鉴定和移交生产周期为 1 个月。

（十）成果评审和报批规定

1. 新产品根据鉴定级别，按照国务院、国家科委有关科技成果与技术进步有关奖励条例和本公司《关于技术改进与合理化建议管理办法》办理报审手续；

2. 为节省开支，新产品（科研）成果评审会应尽量与新产品鉴定会合并进行；

3. 成果报审手续必须在评审鉴定后一个月内办理完毕；

4. 成果奖励分配方案由公司研究所共同商定后报总工程师批准执行。

（十一）新产品试制经费

（1）属于国家下达的新产品（科研）项目，由上级机关按照有关规定拨给经费；

（2）属于工厂的新产品（科研）项目，由工厂自筹资金中按规定拨给经费；

（3）工厂对外的技术转让费可作为开发新产品（科研）费用；

（4）新产品的试制经费按单项预算拨给，单列账户实行专款专用，经费由总工程师审查，厂长批准后，由研究所掌握，财务科监督，不准挪为他用。

（十二）新产品证书办理

（1）新产品证书归口总师办负资办理；

（2）研究所负责提供办理证书的有关技术资料和文件；

（3）在新产品鉴定后一个月内，总师办负责办理新产品证书的报批手续。

（十三）技术资料管理

1. 图纸幅面和制图要符合有关国家标准和企业标准要求。

2. 成套图册编号要有序，蓝图与实物相符，工装图、产品图等编号应与已有的编号有连贯性。

3. 产品图应按会签审批程序签字。总装图必须经总工程师审查批准。工艺工装图纸资料由工艺科编制和设计，全部底图应移交技术档案室签收归档。

4. 验收前一个月应将图纸、资料送验收部门审阅。

5. 技术资料的验收汇总、归口管理由研究所负责。

第14章

总经理的沟通艺术

美国某工厂曾就工作方面的评价做了一项实验。实验首先将员工分为A、B两组，记录双方作业的进度。A组是在当天进行琐碎的作业之后，先确认琐碎工作“完成”“未完成”，之后再继续下一个步骤的。B组则是待所有的工作全部完成之后，再核对工作“完成”与否。

实验结果显示，A组的进度远比B组快。

这项实验也使我们了解到：在作业或工作时如果不及时进行评估和沟通，员工的作业效率及学习能力均会降低；反之，在工作中，如果能够在告一段落时便予以评估，并就评估的结果与员工及时沟通，便可提高员工的作业及学习效果。

这便是心理学上所谓的“即时确认”，形象地揭示了沟通的重要性。

表扬的艺术

每个下属都希望得到总经理的表扬，因为这意味着自己的工作受到了肯定，也说明自己在领导心中有一定的地位。同样，总经理也要不断地通过表扬与赞美下属，使他们有一种成就感。

但是，这并不等于所有的表扬与赞誉都能赢得好的效果，事实上，不加注意、随意的表扬或赞美往往还不如不表扬。

1. 要注意场合

要善于在公众场合或在第三者面前表扬、赞美一个人。

譬如领导表扬下属最好是在公众或第三者面前，这可以取得较好或最佳的效果。国外有一位著名的企业家说过这样一句话："如果我看到了一位员工杰出的工作，我会很兴奋，我会冲进大厅，让其他所有的员工都看到这个人的成果并且告诉他们这件工作的杰出之处。"

举一个有意思的例子，一个大单位的技工和妻子的关系搞得很糟糕，其妻经常骂他窝囊、没本事，导致该员工无心工作。他的领导知道后，微微一笑。在一个晚上，该领导来到了这位员工的家中，当着他妻子和家人的面表扬这位技工，对他过去的工作进行了肯定，并关切地询问这位员工有什么困难，最后又勉励他努力工作、再接再厉。结果是这位妻子对丈夫的态度从此大变，不再是辱骂，而是给予支持和宽慰。很快，这位员工的技术和业绩便迅速地上升，为单位发展做出了重要贡献。

2. 要注意时机

表扬不只是事后的肯定与回忆，而应是当面和及时的。

当下属们在业务和工作上取得了成绩的时候，要及时予以鼓励，这对于受鼓励者是至关重要的，因为他会觉得，领导在时刻关心着自己。这里有两个非常好的例子可以说明这一点。一个是美国企业家老托马斯·沃森对公司巡回管理时，每每见到下属们有创新和成就时，就当场开写支票进行鼓励，并立即贴出告示公开予以表扬。

另一个例子是有关美国福克斯博罗公司的。当时，该公司急需一项生死攸关的技术改造。有一天深夜了，一位科学家忽然解决了这个问题，于是，他招呼都没打就闯进了公司总裁的办公室。总裁听完他的来由和介绍后，不仅没有生气，反而不断地赞美他的高明，并在心里琢磨着该怎样给他最快的奖励。时值半夜，总裁在办公室里找来找去也只找到一个香蕉，但他仍然躬身对那个科学家说："我现在实在找不到更好的东西奖给你了，这个先给你吃。"自此以后，"金香蕉"形的东西，就成了该公司对有突出贡献者的最高奖赏了。

3. 要注重挖掘

那些哪怕是表现很一般的下属，也一定有属于他的优点，哪怕他只有一个小小的优点，领导也要予以挖掘并表扬他，使他感受到自己的存在价值。

4. 每一次表扬与激励都要给员工以新鲜感

事实证明，陈旧的、单调的、传统的激励方法已不能使员工们兴奋，因而也就很难达到激励和表扬的效果。现代企业最常用的激励和表扬方法就是发奖金，总经理们不难发现，这样的效果往往并不是很好。怎样才能给员工和下属们一些新鲜感呢？这就需要总经理开动脑筋，别出心裁地想出新颖的办法来，如像企业优秀员工旅游观光，或给他们适量的自由时间，也可以组织各类活动等。

新的表扬和激励方法可给员工们留下不可磨灭的印象，也可使表扬者得到了预期的效果。例如某一企业的经理在给优秀的下属们发奖金的同时，又在地方电视台为他们点播歌曲和文艺节目，此举取得了很好的效果。因此，表扬与激励方式一定要富于变化。

5. 挖掘下属的闪光点

不是每个下属在工作和业务中都会有显著的成绩，许多员工表现看起来很平庸。事实上，在任何一个单位中，真正出类拔萃的员工：总只是少数，而大部分员工都处于一种中间状态。那么怎样对待这些表现一般的下属呢？这些下属虽然表现一般，但并不说明他们没有能力，其中有些员工是很不错的，只不过他们的能力还没有被激发出来，他们也同样甚至更需要领导的关注和激励。这就要求总经理要有挖掘这些一般下属优点的眼光。如果领导能够在日常的工作事务中发掘出他们的优点并予以哪怕是口头上的表扬，就可能改变很多人，使他们的潜能被大大地激发出来。

国外有一句名言：有两件东西比金钱和性更为人们所需要——认可和赞美。这话是由年利润高达 6 亿美元的美国的玫琳凯化妆品公司经理所讲的。

的确，金钱在调动下属们的积极性方面不是万能的，而赞美却恰好可以弥补它的不足，有时在这方面表现得更为有力。因为生活中的每一个人，包括你的下属们都是有自尊心和荣誉感的人。你对他真诚的表扬与称赞，就是对其价值的最好承认和重视。而能真诚赞美下属的领导，能使员工们的心灵需求得到满足，因此更容易得到他们的拥护，缩短他们与领导间心理的距离。

当然，赞美一个人是要发自内心的、真诚的，有具体内容的，与其随便、廉价地夸奖一个人，不如不夸奖。因此，赞扬一定要有可赞扬的事实和内容，在赞扬时，语言要发自内心，要有真诚的态度。

不断地表扬与赞美他人是处理好人际关系的一个重要手段，那种整天不说一个字，不看别人成绩与优点的领导是不受欢迎的。因为，任何人都有从别人那儿得到表扬与赞美的心理需求，无论是夫妻、同事同学、左邻右舍，还是上下级之间，表扬和赞美都是这些关系间不可缺少的润滑剂。

尤其是领导与下级之间，这一润滑剂更有超出其他关系的作用，因为领导的表扬与赞美，就意味着自己的工作受到了肯定，自己得到了领导的重视与注意，不仅会使被表扬者更加努力工作，而且还会使他对领导产生好感。但领导如何满足下属这种心理与精神上的需要，则是很有艺术和方法的，搞得好，可以倍增总经理的威信，能顺利地开展工作，使手下人愉快地接受和听从其指示、命令。反之，领导只一味指责下属的不足和缺点，或不加选择、随意滥用这一手段，就会适得其反。因此，领导要想使自己的表扬与赞美恰到好处，一定要掌握这方面的技巧。

6. 在第三者面前赞美下属

诚如以上所述，“赞美”乃是提高下属学习意愿、强化教导效果的方式之一。在此值得一提的是，当上司直接赞美下属时，下属常常以为那不过是一种口是心非的应酬话、恭维话，目的只在于安慰下属罢了。

然而，赞美若是透过第三者传播出去，效果便截然不同了。此时，当事者必认为那是认真的赞美，毫无虚伪，于是便真诚地接受，并为之感激不已。

当然在深受鼓励之下，其下属会更加努力学习，这是可想而知的。

事实上，在我们的生活中，可采用这种方法的地方很多。例如父母希望孩子用功读书时，也可利用此法。例如让下属的顶头上司说句好话，或故意在下属的妻子面前赞美该下属。这些方法都是为了抓住下属的感情，以使其产生学习的意愿。

7. 不以地位论功行赏

论功行赏，几乎是总经理的日常工作。论功行赏做得好，能极大地调动下属的积极性，形成人人力争上游的局面，给企业带来活力。反之，论功行赏做得不好，其后果可能比不做还坏。其中很重要的一条，就是不能以地位论功绩。

地位和功绩是两回事。地位一般是依据人的能力与特长来安排的，功绩则应依据各人在不同岗位上的努力程度和实际效果予以评定。地位高的人，不一定取得的功绩就大，地位低的人也不一定功绩就小。安排地位高低，固然有竞争作用，但主要还应考虑能否胜任。论功才能促使每一个人在不同的岗位上努力工作，做出成绩。如果是以地位高低来决定功绩大小的话，两者就会合二为一，实际上“论功行赏”的意义也就失去了。

社会是一架庞大的机器，每个人都在一定的位置上工作，我们不能要求大家都来做电脑，因为，一台机器，总需要动力和传动装置的，其他还有许许多多东西，直至一枚小螺丝。

地位的安排，属于合理组合，即把每个人放到最合适的位置上。

论功行赏，就是鼓励每个部件都发挥出最好的作用，最终求得整个机器的高效率运转。抛弃了论功行赏的方法，而只留下地位竞争，其结果是不难想象的。

8. 巧妙运用明奖暗奖

下属工作勤恳卖力，使企业蒸蒸日上。下属为企业做出了突出贡献，那么作为领导，你要不失时机地给他们以精神的和物质的奖励，让他们感觉到，自己的努力没有白费，多付出一滴汗水就会多一分收获。

奖励可分明奖及暗奖。我国企业大多实行明奖，大家评奖，当众评奖。

明奖的好处在于可树立榜样，激发大多数人的上进心。但它也有缺点，由于大家评奖，面子上有些过不去，于是轮流得奖，最后奖金也成了“大锅饭”

了。同时，由于当众发奖也容易产生嫉妒，为了平息嫉妒，得奖者，常常要按惯例请客，有时不但没有多得，反而会倒贴，最后使奖金失去了吸引力。外国企业大多实行暗奖，老板认为谁工作积极，就在工资袋里加钱或另给“红包”，然后发一张纸说明奖励的理由。暗奖对其他人不会产生刺激，但可以对受奖人产生刺激。没有受奖的人也不会嫉妒，因为谁也不知道谁得了奖励，得了多少。

鉴于明奖和暗奖各有优劣，所以不宜偏执一方，应两者兼用，各取所长。比较好的方法是大奖用明奖，小奖用暗奖。例如年终奖金、发明建议奖等用明奖方式。因为这种奖不易轮流得奖，而且发明建议有据可查，无法吃“大锅饭”。月奖、季奖等宜用暗奖，可以真真实实地发挥刺激作用。

9. 提升是最有效的奖励

提升，是对员工卓越表现最具体、最有价值的肯定方式和奖励方式，提升得当，可以产生积极的导向作用，培养向优秀员工看齐和积极向上的企业精神，激励全体员工的士气。因此，领导在决定提升员工时，要做周详的考虑，以确保人选的合适。提升时还应讲求原则，不能凭个人的喜好而滥用领导大权。

什么是提升依据呢？过去工作业绩的好坏，是最重要的提升依据，其余条件多是次要的。因为一个人在前一工作岗位上的表现，是可以用来预测他将来表现的指标。切忌将人的个性作为提升的标准。提升不是利用他的个性，而是要发挥他的才能。这也是最公正的方法，不但能堵众人之口，服众人之心，而且能堵住后门，让众多“条子”失效，避免陷于员工间的钩心斗角。

这个道理虽然简单明了，可是许多总经理却往往做不到，主要是因为他们跟着感觉走，被表面现象所欺骗，以致失去了判断力。总经理在提升员工时，千万要记住：不管你喜欢他的个性也好，不喜欢也好，不管他个性乖戾、孤僻也好，温顺柔和也好，都不必过多地考虑，而要把注意力集中在他们以前的工作业绩上，谁的工作实绩好，谁就是被提升的候选人。

批评的艺术

对部下的批评是领导正常工作程序中不可避免的一项，是一种负强化激励手段，是对人的某种行为给予否定或惩罚，使之逐渐减弱、消退，使下属克服缺点，改正错误，努力上进。由于人都有受尊重的需求，批评应从人性化管理的角度出发，根据不同的人、不同的事运用恰当的方法进行。

1. 看重批评带有“传染性”的错误

什么是带有“传染性”的毛病呢？就是指如你不及时查处和肃清的话，就会很快在员工中蔓延的毛病。比如说发牢骚。

别小看牢骚，员工在工作中的牢骚绝大多数的情况下都不是空穴来风。那么如果员工中出现了牢骚，你又该如何对待呢？

第一，不可压制牢骚。压制牢骚是十分幼稚而武断的行为，根据牢骚的产生根源，可以看出牢骚的产生是必然的。古代曾有一位暴君，他因为十分憎恶百姓们对他昏庸残暴的议论而大兴牢狱，对人们任何言语所犯的忌讳都要兴师问罪，最后弄得人们都不敢随便说话，只是“以目示路”，即路上遇见熟人也只是使个眼色，表示打招呼。一位正直的大臣直谏道：“您虽然可以用这种手段控制住百姓的口，但却不能控制住他们的心，这样下去早晚会激起民愤的。”昏君不睬。果不多久，人们再也无法忍受这个暴虐的国君而纷纷揭竿而起，推翻了他的统治。所以，强迫别人隐藏自己的看法，尤其是一些对事物持否定意见的看法，是十分危险的，因为这会潜移默化为一种聚集的力量。就好比火山的活动，对于一个时常有些小活动的火山来说，出现大规模的火山爆发的可能性，要比那些每隔一个较长的时间才爆发一次的火山小得多。因为它时常有些小的喷发，没有为以后留下多少能量的积累，而活动周期较长的火山却因为自然能量的不断的长时间积累，容易造成大规模的岩浆喷发。所以适时的让员工们发发牢骚也是让他们随时释放自己内心中不满情绪的一个很重要的方法，只要控制得当不会造成太大的危害。

第二，寻因。了解牢骚是如何产生的，是最终消除牢骚的要诀。从某种角度上说，牢骚也为你提供了一些发现问题的机会。比如，最近部门里加班的时间越来越长，而且次数越来越多，但全部都是为了一些没有意义的工作；或者办公室里的旧电脑运行速度越来越慢，大型的办公软件根本无法使用，这大大降低了员工们的工作效率；或是小王好像有点不对劲，老是让同组的同事替他做工作……总之，许多令你平常注意不到的问题，都是通过发牢骚而使其外现。

第三，公开解答。有一些牢骚是针对一些公司规定和既成的事实，比如工资少，福利不够高或是别的什么你在短期内不可能也没有必要去解决的问题，那么消除牢骚的最好方法，就是在公开场合明确地对这些问题予以答复。并要告诉员工，即使他们再不满意、有些东西也只能试着去接受它，一味地发牢骚是毫无用处的。

2. 对典型性的错误行为要严惩

根据管理需要运用杀鸡儆猴策略，有助于树立总经理的威严，增加对下属的控制力。同时，能及时抓住个别害群之马，从严处理，以告诫其他下属遵纪守法，服从指挥，以确保整个领导活动顺利进行。

总经理在管理下属时，只采取奖励的办法来鼓励先进是不行的。有时候，还必须采取严厉措施，坚决惩罚那些违法乱纪、屡教不改的捣乱分子，以维护管理制度的严肃性。这种选择个别坏典型，惩一儆百，以确保整个领导活动得以顺利进行的用人谋略，就叫做“杀鸡儆猴”。

3. 一手掌握合理性，一手掌握人情味

一般人的特点是凡事讲求合情合理，如果在用人中掌握了“情”“理”二字，也就掌握了用人的精髓。日本松下电器公司的老板松下幸之助的体会是，所谓“情”，就是在公司营造一种良好的家庭氛围；所谓“理”，就是制定公司的规章制度并予以遵守。

良好的家庭氛围和严厉的管教并行不悖。营造和谐的公司气氛，是松下精神的重要内容。松下认为，没有良好的人际关系，谈不上精诚团结，相互扯皮、相互拆台，扯不出企业效率。高悬在各工厂、各事业部、各关系公司的所谓“松下七精神”，涉及人际关系的就有三条，它们是：光明正大精神、团结友好精神和礼节谦让精神。可见松下对养成良好人际关系的高度重视。

松下说：“大家都推心置腹，坦诚相见，互相了解对方的长处和短处，怀着这样的心情与周围的人们相处，是合作共事、顺利前进的重要保证。”远道而来的地方子公司经理，在汇报完工作后，常有一种忐忑不安的心理，担心自己的工作经不起“经营之神”的检验。事实上，松下并不是爱挑毛病的人，他总是先以赞赏的语气对经理们的工作加以肯定，然后再指出今后工作中应该注意的一些问题，使人听起来十分顺耳。这大概也是松下的谈话艺术。最使地方经理感动的是松下请客。按理，这应该是公司业务，公司请客才是正当道理。而松下则不然，他喜欢自掏腰包，将经理们请至家中，以家宴招待。在这种家庭氛围中，松下与经理们的关系就不再是一般的上下级关系，而是“亲朋好友”的关系，松下的用意之深令人叹服。

上行下效。松下电器各部部长、子公司经理、工厂厂长以至班长、组长都以模仿松下“为人处世”方式为荣。一位部长说：“企业家必须右手掌握合理性，左手掌握人情味。”严父与慈母的形象，连松下电器的部长也学会了扮演，实在不易，而且他们做得更具体、更实际。

松下公司下属佐贺工厂的村井说：“工人的情绪对质量有明显的影响。改善人与人之间的关系是我们日常工作中很重要的一部分。为了做好这一工作，以组长为中心，加上班长，我们一起十来个人，每隔几天就组织一次家庭走访，每次走访三五家。这成了我们的制度。”后来，佐贺工厂的突出表现，受到了松下公司的表彰。

松下认为，经营者对于部下，应是慈母的手紧握钟馗的利剑，平日里关怀备至，犯错误时严加惩戒，恩威并施，宽严相济，如此才能成功统御。

严父的呵斥和慈母的关怀是孩子成长的必要条件，缺一不可。松下电器这个庞大家庭管理得如此有条不紊，是什么原因呢？你只要看一看松下的两副面孔，严父与慈母，就不难找到答案了。

4. 表扬对的，教育错的

当领导的常常会遇到这种情况，就是大多数人犯错误，比如单位开会，大多数人都迟到了。

面对这种错误，你不提出要求，不做批评会使这种风气日盛，从而影响单位纪律的严肃性。批评吧，中国有句古话叫“法不责众”，挨批评的人多了，大家会觉得无动于衷；而点谁的名进行批评，谁就会心中不服：“大家都是这样，又不是我一个，凭什么单挑我的刺？”大多数人有着共同心理，会觉得你的批评是故意找茬，挑人毛病，与人过不去，说不定还要“触犯众怒”。

那么，这个时候应该怎么办呢？聪明的领导会采取表扬少数的办法来服众，以达到教育多数人的目的。

比如说，总经理召开工作会议，只有财务部主任准时到达会场，其他人全部迟到。总经理大为恼火，但他没有批评任何人，只是表扬了财务部主任，高度赞扬了他的守时作风，结果其他人都面带愧色。

因为迟到的人当中很可能有人有正当理由，如果不分青红皂白，将他们批评一通，那么有正当理由者必然心中不服，觉得冤枉而要申辩。他一申辩，其他人也会纷纷申辩，结果不但达不到目的，还把大多数人都给得罪了。

其实在场的人谁也不怕批评，因为有这么多人陪着，又不丢脸，一旦有人申辩，何不跟着起哄？若将“有正当理由的”和“没有正当理由的”区别对待又不可能。就算你能区分，后者也会恼怒。

所以，表扬少数是最佳做法，既扬了正又压了邪，受表扬者当然高兴，对大多数人来说，虽然你含蓄地批评了他们，但并没有得罪他们，他们一方面感到羞愧，一方面还觉得你给他们留了面子，会对你更加感激和服气。

5. 当面指不足，背后论长处

热爱体育的人没有不知道袁伟民的。袁伟民的名字，是和女排“三连冠”这个字眼紧紧联系在一起的。在他的带领下，中国女排走出低谷，取得了举世瞩目的“三连冠”。

结合普遍意义的原则和排球运动的实际，袁伟民逐渐形成了自己一套行之有效的工作方法。例如在如何运用批评与表扬武器这个问题上，袁伟民总结出的经验就是：当面指不足，背后论长处。在磨炼孙晋芳的过程里；袁伟民就使用了“当面指不足，背后论长处”的促进方法。

一次训练，孙晋芳练得不错，袁伟民却故意说她情绪不够高，要求她把大家带动起来。孙晋芳生气了，不吭声也不理睬，和袁伟民顶起牛来。袁伟民就吹哨叫大家停下来，大声说：“你们都别练了，过来看小孙练。小孙今天什么时候练顺了，什么时候完事。”救球练习开始了。场上的气氛紧张起来，大家都挺为孙晋芳担心。练了好一阵，袁伟民还是不停，而且发出的球越来越刁。孙晋芳救球不够理想时，他就当面指出缺陷，根本不顾及孙晋芳在众目睽睽之下的面子问题。这样足足练了 40 分钟，孙晋芳终于走到袁伟民跟前，说：“袁指导，我的气顺了。”

袁伟民看到孙晋芳能当着大家在这种情况下说出这句话，说明她已经基本稳定了自己的情绪，于是就给她一个台阶下，发了一组容易救起的球，使她逐渐恢复了正常状态。事后，袁伟民又找孙晋芳做了细致的思想工作，使她真正理解了教练的用意，明确了队长的责任。

其实，袁伟民非常喜欢孙晋芳这个队员，在其他教练和队员面前，他经常表扬孙晋芳的沉稳、机敏和场上作风。但是为了把孙晋芳培养成场上的灵魂队员，避免她身上滋长出骄傲之气，他采用了这种“当面指不足，背后论长处”的工作方法。后来有人说“孙晋芳是袁伟民在场上的影子”；可见他的方法产生了明显效果。

“当面指不足，背后论长处”，站在以人为本的立场上，从理解的角度出发，进而掌握下属的性格、气质、心理等特点，最终达到对其全方位的把握，这种激将批评法具有非常好的激励效果。

6. 不在愤怒时批评下属

批评是管理的手段，其作用在于让下属纠正错误，保持优点，寻找最佳的工作精神和方式。但是，认为只有通过批评，才能解决下属工作中存在的问题，这样的企业领导本身就应该得到反批评。也就是说，管理要靠批评来完成，但不意味着批评就是管理。

假如一名企业领导专施批评，肯定会制造许多对立面，结果下属不是成了帮手，而是成了对手。要知道，批评的艺术性在于能否批评、何时批评、怎样批评，而不是批评至上。

批评下属本已是一件值得反思的事情，在愤怒中批评下属更是绝不容许！因为，没有一个人能在愤怒中保持清醒理智的头脑。

日本著名企业学家德川家康曾说："外来的敌人固然可怕，内部的人造反了，更可怕！"一个总经理在愤怒中批评下属的时候，往往不是根据事实，而是根据自己的情绪，这是绝对错误的！批评人要尊重事实，公平合理，说话有分寸，批评有根据，才能使对方信服。这是因为每个人都有自尊心，对批评意见都比较敏感，一旦与事实有出入，会引起抵触、对立情绪。因此，证据充分、事实确凿非常重要。为了批评取得好效果，在批评之前要做些调查研究工作，要向有关人员询问被批评人犯错误的过程，分析错误的性质、程度及原因，情况摸得越透，批评就越能切中要害。千万别"横挑鼻子竖挑眼"滥施批评，一看到点表面现象就发火、就批评，往往效果不佳。

7. 该批评时不拖延

身为上司，经常会遇到棘手问题，除了公事，还包括一些私事，如下属闹情绪、发生矛盾纠纷……都需要你去调解。对这些事，作为领导的你必须以朋友的口吻去问对方："有什么可以帮忙的吗？"或："有什么问题吗？看看我是否可以替你解决。"这样，有助于了解问题的因由。

还有，要掌握速战速决的分寸，一发现错误，应立刻采取行动，切勿拖延下去。拖延的不妙之处是，对方会想："我一直都是如此办事，为什么过去没有意见？"以为另有原因，就更加不肯合作了。正面批评别人，是一件十分尴尬、为难的事，但作为领导，这亦可算是你的必要工作之一，所以应该把握一下批评的分寸。当你要进行严厉批评时，请预先跟当事人约好一个时间，让对方有心理准备，你也可以提前思量该事件的处理方法。经常提醒自己："把握分寸""保持冷静""不要匆忙""态度自然"。记着，正面和诚恳的语态，可以令受批评者较易接受和免却尴尬。开场白是很重要的，切忌凡事用"我认为”来开头，以免给对方过大压力。可以婉转地说：“你经常迟到早退，是否有什么隐衷？”“单位有单位的规矩，你迟到早退，实在对其他同事的工作有影响，而且不公平。”“我欣赏你做事速战速决，但希望你能依单位规矩而行，以免阻碍正常工作。”总之，及时把缺点、毛病灭失在萌芽状态，把刚出现在员工身上的不良行为去掉是利用批评艺术的要点之一。

8. 批评也要因人制宜

对于一个总经理来说，有两种下属比较容易接受你的批评，一种是性子比较直率的下属，另一种是能力和魅力强的下属；当然也有一种人面对你善意的批评，好像“才大气粗”一样并不在乎，他只是在表面接受，而在深层次你的批评不会对其产生多大的效果。

直率的下属接受批评后会很快变得振作起来。软弱的下属被批评之后，多数不会有任何反抗，但是老板批评得越严厉，他们会越畏缩不前、胆小怕事。因此，对这种下属有时候采用提醒式的批评就能把问题解决了。

每一个领导都有同样的体会，心怀不满的人最不好管理。因此批评这种人时必须要十分注意批评的方法。对于那些油头滑脑的下属则应不必介意对他们使用过分严厉的批评。这种人只有彻底修理才会痛改前非，再不偷懒怠工、胡作非为。

每一个人都有各自的性格特点。如果只用一种方法去批评所有人，在多数情况下，则很难得到你所希望的效果。

9. 尽可能不在众人面前批评员工

有的领导喜欢在众人面前斥责员工，不给下属面子，这是不对的。设想一下，假若员工因为被你当众责备而觉得下不了台，抱着横竖都挨责备的心理，无所顾忌地和你争吵起来，甚至把本部门一些不该为外人知道的东西也抖露出来，当领导的本为保全自己的“面子”，如此一来，岂不是连“面子”都保不住了吗？

倾听的艺术

苏格拉底说过："上帝赋予人类一张嘴、两只耳朵，也就是要我们多听少说。"

研究表明，在听、说、读、写四种沟通形式中，听话占沟通时间的40%，而说话、阅读、和写作分别占31%、15%、11%。那么，作为企业中的总经理，我们如何才能做到认真地倾听呢？

（1）全神贯注。认真仔细地聆听对方所说的话是尊重对方的基本前提，热情友好地对待对方，及时肯定对方所说的话，是尊重对方的重要之举。只有这样，才能获得对方的信任和敬重。

（2）抓住要点。只有尽快发现对方谈话意图，才能从容自如地跟随对方，将话题引向深入。对方也会因为我们能敏锐地理解他的话而表现出敬佩和赞赏。

（3）适时插话和提问。在别人说话时，中途打岔争着去说，会使对方感到不快；但在听话中金口不开，毫无反应，也会使对方感到遭受冷淡。因此，适时的插话和提问，不仅表示自己在认真倾听，而且能促使话题向共同关心的方面发展。

（4）不急于下结论。兼听则明，偏听则暗，我们听别人陈述时，不要刚听一两句就感情冲动，而要保持冷静和理智的态度。要在听的过程中进行分析判断：是真还是假？是不是别有用心？总之，要冷静地听，理智地分析，下结论时更要慎重，以免被动。

（5）必要的沉默。沉默就像乐谱上的休止符，运用得当，含义无穷，可以真正达到以无胜有的效果。但一定要运用得体，不可不分场合故作深沉而滥用沉默。

在倾听中适时运用沉默，可获得如下效果：

第一，沉默能松弛彼此紧张的情绪。若对方情绪化地说了一些刻薄的话，往往会内疚、自省，但若你当场质问或反驳，犹如火上浇油。这时若利用沉默战术，有利于平复双方情绪。

第二，沉默促进思考。适时创造沉默的空间，有利于引导对方反思或进一步思考，在对方说谎时，此举尤其能引起对方的恐慌，促使其改变态度。

第三，沉默可控制自我情绪。在自己心生怒火时，开口极易失言，影响谈话气氛和自身形象，保持沉默可渐渐克制自己激动的情绪，保持良好的形象。

（6）注意自己的身体语言。谈话时，可以用各种对方能理解的表情与动作，表示自己的理解。如，适时地与对方保持眼神接触，身体稍稍倾向于说话者，适当地点头以示同意，面带微笑表示你听得很有兴致。

（7）以听为主，辅之以视。在倾听时，要注意对方的面部表情和手势等非语言暗示。这有助于我们深刻理解对方说话内容，还能领会言外之意。

（8）复述对方要点。最好把对方含蓄的意图恰当地表达出来，以示自己在认真听，而且完全听懂了他的话。

（9）控制情绪。尽管自己情绪波动，但还要静下心来倾听。如果实在无法静下心来听，我们就应把谈话延期，等心无杂念时再去处理。

交谈的艺术

狄摩西尼说过：“交谈是了解一个人最好的办法。”交谈是人与人沟通的主要方式，当你与别人说话时，如果你事先对听话者和交谈的内容未进行了解、分析，未能选择合适的话题，那么你就注定要失败。

1. 了解交谈的主题

在我们交谈前，我们必须先了解这次谈话的主题是什么，主要想与对方谈些什么。也就是说，我们选择什么话题与对方交谈。如果我们不事先了解自己交谈的主题，不知道自己选择什么话题，那么，我们的交谈必然达不到预期的效果。

2. 了解交谈的方式

（1）并列式交谈。这种交谈方式的特征为：交谈双方或多方带有明确的相互交流性：从交谈过程的总体来看，交谈的各方都需要表述自己的主张和感情，各方比较均衡地轮流充当说话者和倾听者。例如，一般的工作讨论、业务洽谈等。

（2）主辅式交谈。由于交谈目的的需要，各方地位和作用存在着差异性，以其中一方为主要说话者，成为表达思想的主体，而其他方主要充当倾听者，对交谈起到辅助作用，交谈的各方明显地存在着说话和听话的不均衡现象，这样的交谈就属于主辅式交谈。比如，记者采访、医生问诊等。

（3）调查式交谈。这种类型的交谈目的在于互相配合，一方就另一方所做的调查和询问进行答复。这种交谈的目的，决定了它常以问答为基本形式。这就要求问话者的语言要具有目的性、明确性和启发性；答话者的语言应具有针对性、真实性和完整性。只有交谈双方彼此配合，才能完成调查和交谈任务。

（4）说服式交谈。这类交谈的目的，是一方要就某个或某些问题对另一方进行劝导说服。因为它以说服为目的，所以说服者在交谈中既是交谈方向和内容的控制者，又是发话的主体，在交谈中起关键作用。但是由于说服是矛盾转化的过程，说服者是外因，被说服者是内因，因此被说服者在交谈中也起着重要的作用。

（5）倾泻式交谈。这类交谈的目的，是一方将自己的欣喜、苦恼、怨恨以及打算和决定通通告诉对方，让其帮助评判和解决。这类交谈以说话者对听话者的极大信赖为基础，并表露出强烈的感情。

（6）静听式交谈。这类交谈的目的，是一方在交谈中一时把握不住对方的思路，于是通过静听争取时间，理清头绪，变被动交谈为主动交谈。

（7）论辩式交谈。这类交谈的目的，在于交谈各方对某些问题各抒己见，展开辩论，辨明真理，比如法庭辩论、学术争论等交谈活动。这种论辩性交谈，应该注意说话的科学性、针对性和严肃性。

（8）商讨式交谈。这类交谈的目的，是通过交谈者的相互讨论，共同协商，就某些问题统一意见，或达成合作协议，比如外交谈判、经贸洽谈等交谈活动。这种交谈应具有统一性、建设性和合作性的特点。交谈各方严肃认真地表述自己的见解，耐心听取对方的意见，从一定的原则立场出发，求同存异，达到交谈的目的。

（9）闲谈式交谈。这是生活中常见的交谈方式。它虽然没有十分明确的宗旨和专一的目的，但它一般起着联络感情、传递信息的功能，比如探亲访友、邻里聊天等。这类交谈具有随意性和广泛性的特点。

不同的目的决定了不同的交谈方式。在进行交谈前，我们要了解不同类型交谈方式的特点，然后根据交谈内容的特点，选择恰当的交谈方式，这样才能取得交谈的成功。

3. 了解交谈对象

考虑对方的个性特征。如：对虚荣心强的人要学会赞美；对心胸狭窄的人要表示谦恭；对冷漠孤僻的人要多关切；对坦诚直率的人要多进忠言；对胆小怯懦的人要多鼓励。

关注对方的心理状态。如：在对方苦闷时要善于倾听；在对方高兴时要善于助兴；在对方悲伤时要善于安慰。

4. 选择合适的时机和地点

（1）时间的选择。首先，在约定好的交谈时间内应当准时，因为会面是否准时，反映出对会面者的态度；其次，交谈时间的长短，也可以反映出交谈双方关系的密切程度。

（2）时机和顺序。交谈如果不是正式的，很难真正定个时间进行，所以要切记“机不可失，失不再来”。关键在于：不错过任何一个哪怕只有万分之一希望成功的机会。另外交谈的顺序不同，其传递的信息也会不同，一般来说，所要强调的信息总是在后面出现。例如：“屡败屡战”与“屡战屡败”，“查无实据，事出有因”与“事出有因，查无实据”，传递的信息就大不一样。

（3）保持合适的交谈距离。亲热距离：一般 15 厘米左右；熟识距离：一般 1 米左右；交际距离：一般 1 ~ 2 米之间；陌生距离：一般在 2 米以外。

（4）地点选择。一般来说应根据谈话的内容选择一个不受他人打扰的谈话地点，如；闲谈可找一个轻松愉快的环境；商谈应找一个正式的场合。

5. 设计好的你的开场白

开场白的方式主要有以下几种：

（1）用故事作为开头。一般来说，可供使用的故事有两类：幽默的故事和一般的故事。幽默的故事不可妄加使用，除非有幽默的禀赋，否则效果不会理想；而后一类故事，无论是关于中外历史上的著名事件，还是关于现实生活中的平常趣事，只要叙述时有具体情节、具体内容，就能吸引人。

（2）借助物品开始。可以展示一张地图、一幅画、一张统计表、一张照片、一件实物等，只要有助于阐述观点就行。

（3）用提问的方式。开始交谈时，若提出问题，对方就会按照这个问题的思路去思考，产生一种想要知道正确答案的欲望。但是要注意，提出的问题不一定要与交谈的主题有关，但是要侧重于开放型问题。

（4）以名言警句开始。名人在一般听众的心目中的形象总是崇高的，他们的话也总有一种吸引听者的魅力。

（5）用令人震惊的事实开始。它可以使对方从一系列触目惊心的事实中醒悟过来，并产生一种要对述说的事追根究底的“悬念”。

（6）用赞美的话开始。一般来说，人都喜欢听称赞的话。因此，开始说话时，可以赞美对方的衣着得体、气质高雅；可以称赞所在地区的悠久历史和光荣传统；可以赞美当地的丰富文化遗产和勤劳勇敢的人民等。

（7）用涉及对方切身利益的话作为引子。有经验的交谈者经常使用的开始谈论的方法，就是把自己表达的内容与听者的切身利益联系起来，以引起对方的关注和重视，吸引对方。

（8）寻求共同点。这些共同点可以涉及双方以往相同经历和遭遇，也可以涉及双方以前的密切合作，还可以展望双方友谊发展的前景等。

6. 学会陈述你的想法

在陈述过程中，要切中要领。一般来说，在陈述中要注意的问题有：

（1）以攸关对方的言辞叙述你的问题；

（2）清楚地说明你为何提出这一问题，并想加以讨论的原因；

（3）清楚地说明你所想、所求、所希望或期待从对方身上获得的东西；

（4）切勿发牢骚、吐苦水或推卸责任；

（5）勿发表无凭无据或极端的评论；

（6）尽量叙述事实所造成的影响；

（7）陈述时，语音切勿太大或过于软弱；

（8）勿说自贬或致歉的话，以免损及你所说话语的力量。

7. 学会与人讨论问题

一般来说，在讨论时，要注意以下几个问题：

（1）专心聆听对方对你的信息有何看法，特别是在他出现排斥或情绪化反应时；

（2）勿对对方的意图采取负面假设；

（3）以中性字眼叙述，不带责难；

（4）保持开阔的心胸，听听对方说些什么；

（5）发觉自己变得情绪化时，不妨以言语描述你的情绪，切勿以行动表现；

（6）询问对方的想法；

（7）可以的话，不妨讨论你针对此问题所愿意做，或已经做的事。

8. 谈话结束的注意事项

一般来说，收尾阶段的注意事项有两点：一是概述彼此达成的一致意见；二是尽可能心平气和地结束谈话。

9. 与人交谈时的细节

（1）尊重。尊重的态度意味着你平等地看待对方。

（2）理解。在交谈时，对方可能因为有烦心事或者刚遭受打击而心事重重，满脸忧愁。此时，我们应该设身处地，站在对方的角度去理解他，并引导他释去心中的烦恼。

（3）关心。关心，就是把对方放在心上。不仅从心里理解他，而且关注他内心的感受，用言语关心他，让他知道你正在为他着想。如果我们用关心对方利益的话去与其交谈，肯定能达到效果。

（4）鼓励。交谈是双向的，如果在交谈时一个人喋喋不休，使他人毫无开口的机会，这很难说是一次愉快而有效的交谈。因此我们需要掌握激发他人说话的技巧，达到谈话的效果。

（5）用词不要过多重叠。在汉语中，有时的确要使用叠句，或者加强语气来引起别人的注意；但是如果滥用叠句，就会显得累赘。一般来说，听者总是希望对方的语言丰富多彩。所以我们应该在许可范围内尽量使表达多样化，避免多次重复同一词汇。

（6）避免口头禅。出现口头禅的原因之一，是对所讲的内容不熟悉，说了上句，忘了下句。所以，我们有必要事先熟悉要表达的内容，并总结自己喜欢用的口头禅，在说话时不断提醒自己少用。

（7）视对象使用专业术语。在交谈之前，要对对方进行一定的了解和分析，决定是否该使用专业词汇。

（8）用词典雅。常言道，语言是一个人学问品格的衣冠。如果在交谈中用词粗俗，别人马上就会产生反感。要想让自己谈吐不凡，必须多阅读书籍，掌握相当多的知识。

（9）避免过多使用“我”。西方古代哲学家苏格拉底曾经说过：不要说“我想”，而要多说“你想呢？”亨利·福特二世认为令人厌烦之人就是那种“张开嘴巴却将所有优点都藏在嘴里的人”。令人生厌者是那种不停使用“我”，随时随地地说“我”的人。说话者就如汽车司机必须随时留意红绿灯一样，必须随时与听众进行交流，并观察他们的反应。

（10）言之有的。言之有的包含两层意思：其一是指交谈要根据谈话的宗旨、紧扣中心主题；其二是指交谈要针对谈话对象的特点，因人施语。

（11）言之有益。交谈的内容可以说是无边无际，但是就每一次交谈来说，应该有一个具体的正当的目的，不应该是漫无边际、无所禁忌的。

（12）言之有物。交谈最忌废话、大话、空话。不论是什么形式的交谈，都应该有充实的谈话内容，要有理、有据、有情。

（13）言之有理。在交谈中，表达的观点和看法都要有充分的理由，观点和证据之间有必然的逻辑联系，才能令人信服。

（14）言之有序。就是根据交谈中的主题为所设计的话语安排好先后的顺序。

（15）言之有情。在交谈中，以情动人往往比冷静的说理更具有魅力。同情心和富有感情的语调，可使交谈获得良好效果。

说服的艺术

“说服”一词，听上去似乎是这样一种方法：让别人去做他们不想做的事，或者让别人去相信他们不相信的事。

其实，说服既不同于强迫，也不同于操纵。强迫意味着使用暴力，或用武力恐吓别人改变其行为：操纵则是通过不老实或幕后指使的方式使别人的行为发生转化。

相比之下，说服是指出一些可以自由取舍的论据，以影响别人的信仰、价值观、态度或行为。说服是使人们赞同你的观点、用同一个角度看问题的艺术。

说服既然是一门艺术，它就不是三言两语可以奏效的，要有一定的技巧。因此，在进行说服之前，必须懂得一些基本原则。

1. 以情动人，以理服人

说服别人，是总经理必备的一种能力。说服别人，理由要充分，一味地说空话、套话是不管用的。

旁征博引往往会使你的说服工作更有力量，这要以丰富的知识作为条件，否则，你的说服工作就会成为无源之水，无本之木。培根曾经讲到，读书足以怡情，读史使人明智，读诗使人隽秀，数学使人周密，科学使人深刻，伦理学使人庄重，逻辑思维学使人善辩。

如果你是一个知识浅陋的人，你的语言也就不可能有见地，说服工作也会漏洞百出。说不定你去说服他人，到最后反被对方说服。

你的话语里若是没有一句至理名言，没有一丝真知灼见，没有一处幽默的描绘，没有一个形象的比喻，没有一条值得称道的独特见解，没有一点儿真实的情感，你仍不自量力地去说服别人，那么，你的说服将是苍白无力的，你只能做一个平庸的说服者。

你的说服力大概是同你的知识多少、学问深浅成正比的。

明白了这个道理，你就应该在学习和实践中不断丰富、加深自己的知识文化修养。

“冰冻三尺，非一日之寒”，只有平时努力、刻苦的积累，等到用的时候，才能厚积而薄发，言简而意赅，说出的话也才有分量。

说服别人话越少越好，不要喋喋不休一大堆，应努力加强语言的力度。说话要有内容，不要空洞说教，言之无物。还要条分缕析，脉络清晰。

一些领导在做下属的说服工作时，喜欢从头到尾像流水账一样，罗列许许多多理由。这些理由堆积在一起，既无主次之分，又无重点可言，让人听了毫无眉目。主要原因是次要理由掩盖遮挡了主要理由，眉毛胡子一齐抓，因而失去了劝说语言应有的力度。

不懂得有效节制自己的语言，是恶劣的语言表达习惯之一种。你总是唠唠叨叨，没有中心，重复拖沓，别人会认为彼此都在浪费宝贵的时间。而且你废话连篇，会使情绪不好的人变得愠怒，哪怕再有耐心的人，也会听得昏昏欲睡。

2. 采用影射

当两种意见对立的时候，往往需要一种缓冲的说法来调和，影射就是一种很好的方式。它使用一些小故事，或生活中一目了然的道理，先与对方取得相同的立场。既为下一步提出自己的意见埋下伏笔，又维护了对方的自尊心，比较容易奏效。我国古代史籍记载中，有许多贤臣劝谏君主的著名故事，如“狐假虎威”“鹬蚌相争”“杯弓蛇影”等，都是以影射的办法让他人相信某个事理。让我们看下面的例子：

战国时期，吴王夫差决心攻打齐国，朝中大臣多数反对，但他一意孤行，将直言进谏的伍子胥赐死，还下令：敢谏阻伐齐者死。

这一天，夫差的儿子友来见他。夫差见友瘸着腿就问他是怎么弄的，友回答说：“我早晨见一只大螳螂欲捕蝉，而一只黄雀正准备把这只螳螂作为美食，我用弹弓赶打黄雀，却不小心掉进了一个大坑中。”夫差听完，大笑友愚笨。友于是说道：“我只顾眼前利益，没有想到身后的祸患，所以才愚成这个样子，可天下还有比儿臣更愚笨的人呢！”夫差问：“那是谁？”

太子友鼓足了勇气说了一番话，终于让夫差不得不深思伐齐之事。

友说：“那蝉、螳螂、黄雀都只图眼前之物，忘却身后之忧，是贪而愚的。儿臣只顾打黄雀而坠入深坑，也是贪而愚的，但我失去的仅是一只黄雀。父王攻打齐国，也是贪而愚的，但失去的却是国家！父王只想到称霸诸侯、扩大疆土，想到征服齐国的利益而劳民伤财，疲师伐远，殊忘了越王勾践会趁机来攻打我们，所以说父王比儿臣更愚笨！父王不听大臣劝阻还下了死令。儿臣说完了，请父王处置吧！”夫差听了，觉得有些道理，就没有处罚友，而是重新考虑伐齐之事。

友没有拼死直谏，只用了生活中的一件小事就使吴王动了心，可见采用影射的方法更能让人动心。

3. 巧妙利用数字

数字本身是冷冰冰的，但是用它来为列举的事实作精确统计时，就会变得有强烈的说服力。

20世纪初，美国一位政治家在伦敦参事会介绍美国劳工情况，讲到一半时，突然停下来，取出表，站着看听众一分十二秒之久。正当人们窃窃私语以为他忘了词时，他才说：“诸位，刚才大家感到局促不安的一分十二秒时间，就是每个普通工人垒一块砖的时间。”

利用数字来说服要注意准确，不准确的数字会让人觉得虚假。

4. 重复申述

把一件事重复申述，是加深对方认识的常用方法。特别是那些新鲜观点，只讲一次两次是不会留下印象的。刘备三顾茅庐才说服诸葛亮出山辅佐自己。多次申述也可使被说服者感受到你对他的重视与尊重。当然，重复申述的次数也要掌握好，次数过多，用的不当，会使人产生厌烦。

5. 举出具体例证

优秀的说服者都清楚，个别的、具体的事例和经验比概括的论证和一般原则更有说服力。在说服他人时，举出一些实例，把亲眼看过的人和事说出来，人家也会自然而然得出这个结论。这种让听者自己得出的结论，比强灌给他的结论要深刻得多。

6. 用名人的话来支持言论

名人的话往往有一种号召力，因此借助名人的话，有时可省去与对方许多不必要的对话。引用名人的话要引证得明白确切，有针对性，要把名人的姓名说出来，对原话至少要记得大意。再则，所引用的名人，必须是对方崇敬的，否则，即使引用得再恰当，人家还是听不进的。还要注意某些名人在某个问题上不一定是权威，此时引用他的话，听者会产生某种心理障碍。如，介绍经商经验以引述大企业家的话为好，引用战斗英雄的话未必奏效。

7. 提示具体方法

一旦对方对我们所讲的原则有所理解时，不要以为自己的说服工作已大功告成。接受了，但并不等于懂得具体处理问题的方法，所以紧接着应该给对方指点迷津，告诉他一些切实可行的解决办法。这样有利于对方了解行动的步骤目标，自动付诸实现。

8. 让人多说“是”——苏格拉底问答法

让人多说“是”的方法，是说服他人的一个重要技巧。其全部内容就是：开头先让对方连连说“是、是”，假若有可能，尽量不要对方说：“不”。据说这是两千多年前古希腊哲学家苏格拉底常用的方式，故称苏格拉底问答法。

9.“使人信”定式

美国心理学家杜威提出了说服他人的“使人信”定式。“使人信”定式由五个密切相关的步骤构成：

首先，直截了当告诉对方某处存在着某个极其严重的问题（状况）。

其次，帮助对方分析研究该严重问题产生的原因。

第三，帮助对方搜集各种可能解决问题的办法。注意，必须尽可能穷尽一切办法，并把自己准备提出的观点放在最后介绍。

第四，帮助对方依次分析和斟酌这些可能的解决方法。

最后，最终使对方认可并接受其中最理想的解决方法，也就是放在最后提出的你认为最正确的方法。

这个定式在实际运用中，各个步骤可详可略，但其精髓不会改变。

10. 归纳和演绎

逻辑推理中的归纳法和演绎法，是说服他人的最基础的逻辑手段，也是人们在说服中最常用的两个方法。

（1）归纳法

所谓归纳法，是一种从众多的个别事例中归纳出其共同点的推理法，曾在科学研究中发挥过无比的威力，有时也被称为科学法。它从大量的实例或观察开始，然后得出某个结论，结论的可靠性取决于用于证明的论据要有一定的数量及真实度。具体地说，归纳法说服技巧的特征是：

第一，先举出许多例证；

第二，把例证中的各种共同点全部集中起来；

第三，借此强调结论的真实性与可靠性。

显而易见，归纳法是我们用以说服他人的有利武器。

（2）演绎法

说服他人的另一种利器，便是跟归纳法逆向运行的演绎法。这是一种“闻一知十”的方法，是从抽象的原理断定具体事实的演绎手法，也可以说是由普遍原理判定“特殊事实”的方法。更简单地说，就是从某种共同点去举出众多实例，最后把它集中投向对方，形成锐不可挡的说服力。演绎推理的基本形式是绝对三段论，即大前提、小前提以及从两个前提中得出的结论。

归纳法是从各种特例中，引出某些共同原理：演绎法则是从共同原理中推出各种特例。或者说，当从论据中得出结论时，用的是归纳推理；而当把信念应用于实际情况时，所用的就是演绎推理。两者过程相反，效果上却是殊途同归。归纳法和演绎法虽然是说服中最常用的手法，但在具体应用中，并非像我们上面讲的那么简单，它们在实际应用中变化无穷，在各自基本原理的基础上，演化出种种说服妙法来。

第15章

总经理的指挥艺术

在实际生活中，常常可以看到这样的领导者，他对一个新来的干部，首先表示欢迎他到这个单位来工作，然后让他与原有的人见见面，向他简单介绍几句本单位的情况，再后，三言两语交代一下他做什么工作，然后，就扔下他不管了。

另有一些领导者在布置工作时，常常犯一种毛病，就是从来不明确地告诉下属干什么、怎么干，他以为自己了解和掌握的东西，下属也应该懂得；或是有意识地不向下属交底，放任不管，而当下属的工作没有达到他所要求的标准时，他就批评一顿。

这些做法都是不当的。如果你也有类似的表现，说明作为总经理，你的指挥艺术还有待提高。

学会布置各项工作

（1）交代必须明确。在布置工作时，以下各项应当十分清楚：什么任务，属什么性质，有什么意义；应达到什么样的目标和效果；什么时候完成；向谁请示汇报；应遵循哪些政策原则；执行任务者在人、财、物和处理问题方面有哪些权力；步骤、途径和方法是什么；可能出现哪些情况，需要注意什么问题。当然，以上各项要因人因事而异。重要的事就要交代得严肃、明确、具体，简单的事就可以粗略一些；对于头脑聪明、经验丰富、一点就透的人，可以简明扼要，不必耳提面命，啰啰嗦嗦；对于新手和能力差的人，要尽可能把想到的东西都告诉他，使他少走弯路。

（2）要同下属商量。下达指令、布置任务之前，自然要充分准备，把问题想得周密些。但在向下属交代的时候，还是应当抱着商量的态度。对于自己感到不太有把握的意见，要虚心向下属征询，如果下属的意见有道理，就要及时采纳；即使对于自己的设想感到很有把握，也要善于启发下属动脑筋，提看法，以便使指令更完善、更切合实际；如果执行者没有什么意见可提供，可以通过适当的问话，来检验一下他对指令是否充分理解了，是否变成了他自己的思想；对于那些执行者有权随机处理的细枝末节，则不必过多纠缠，议论不休，以免束缚下属的手脚。所以，在一般情况下，不要形成领导者居高临下，一二三四布置一大套，执行者俯首听命、机械服从、不置一词的僵硬气氛。事实证明，在布置任务时只有对下属抱着信任、尊重、平等、虚心的态度，下属才容易理解，乐于接受，也才能更好地执行。

（3）任务与职能相称。这里有两层意思：一是你所分配的任务应当是他的职责范围之内的，是属于他岗位责任制范围之内的事，而不能把本应属于上层的事交给下一层去干，把下层的事交给上一层去干，或是把本应由甲完成的任务让乙去做，乙的事让甲去做。如果那样乱摊派，势必打乱工作秩序，使人无所适从。当然，一些特殊情况下的特殊任务，也需要临时变通，但不能太多，特殊情况一过，还应当各司其职，各负其责。

二是所分配的任务要与他的能力相一致，有多大能力的人就分配给他多重的活儿，如果不然，让能力强、水平高的人去干简单的活儿，既浪费了人才，又使他心情不舒畅，认为领导瞧不起他，重要的事不让他去做；如果让能力差、水平低的人去完成复杂、艰巨的任务，不仅容易误事，而且执行任务的人也有反感，认为领导是故意找别扭，强我所难。此外，在工作量上也要考虑，工作交得太多，会使他感到承担不了，太少又使他感到英雄无用武之地。

学会对各项工作进行检查

有布置而无检查，是领导者失职的表现；虽有检查，但不得其法，缺乏这方面的领导艺术，也收不到良好的效果。根据许多领导者的经验，要做好检查工作，必须从以下几个方面去努力：

事先要有准备。检查工作是一件严肃而细致的事情，如果毫无准备，心中无数，就不要下去，而应准备好了再说。所谓准备，就是对所要检查的工作，在总形势上有一个基本的了解，在方针政策上比较熟悉，对倾向性问题也要胸中有底，以便更有针对性地进行检查。不然，下去之后，就容易出现一问三不知，或说错话，出歪主意的现象。同时，对检查的重点在哪里，哪个是关键部位，何处是薄弱环节，也要基本掌握，不然就会收效甚微。对于一些大规模的、复杂的检查项目，事先要有一个较详尽的计划，人力如何配备、时间如何安排、达到什么要求、采取哪些方法步骤，都应事先讨论明确，然后按照要求分工，各负其责。

不要为检查而检查。检查下属的工作，主要是检查对路线、方针、政策的执行和落实情况，看下属是否准确迅速、积极主动、卓有成效地完成应该完成的各项任务，这是检查工作的主要目的和内容。但检查工作不是一件单一的、孤立的事情，如前所述，它也是搜集信息、考察培养干部、推进工作、提高自身领导素质的重要渠道。既然检查工作这件事有着如此丰富的内涵和重要的意义，它也就理所当然地成为领导者的一个重要职能，就应当把它放到应有的突出位置上，下大力量抓好。如果能意识到这一点，就不会为检查而检查，或把检查工作看得过于简单，在行动上，就不会粗枝大叶，草率从事，而是自觉地把上述要求作为努力实现的目标，坚持标准，从严要求，达到高质量、高效益。

检查要有标准。检查工作没有标准，大家就无所遵循。一般地说，要以原来制订的目标和计划为标准，但是又不能把这个标准看死了。它既是确定的，又是不确定的。所谓确定的，是说必须拿目标、计划作为尺度来衡量实际工作情况，非此不成为检查工作。所谓不确定的，就是不能削足适履，硬要客观事实符合主观认识。为此，检查可以分为两步：第一步是以既定目标和计划为标准，衡量工作进展情况及绩效；第二步是以实践结果为标准，同时，也有利领导者集思广益；第三步是专门班子与领导者相结合。在现代化大生产条件下，没有一个领导者可以对错综复杂的情况洞察一切，即使是有才干的领导者，也无法靠自己来检查一切工作、掌握一切信息。所以在检查工作中，应当充分发挥反馈系统、监督系统等职能机构的作用，或者组成临时性的专门班子，吸收这种职能机构的专家参与工作。然而，领导者亲身参加检查也是绝对必要的。因为检查总结是领导者的一项职能，不亲身参加，就难以对贯彻执行决策的情况有深切了解和亲身感受，当然也就不能充分发挥检查工作的作用，对于再决策也会产生不利影响。即使有需要指正的地方，也要看准了再说，不要乱表态。作为上级领导的意见，下面的同志是很重视的。如果乱发议论，不但会使自己被动，降低自己的威信，而且会给下级造成思想压力，形成瞎指挥，给工作带来损失。

要敢于表扬和批评，但要注意方法。领导者在检查工作时，必然要对下级的工作作出评价，或表扬或批评，目的是更好地调动积极性，激励他们做好工作。为此，首先要坚持原则，敢于讲话，是非要清楚，功过要分明，正确的坚决支持，错误的坚决纠正，好的要表扬，坏的要批评，不能含糊敷衍，模棱两可。其次，要掌握分寸，不能过头。表扬要实事求是，留有余地；批评要诚实中肯，恰如其分，严而不厉，同时不抹杀对方作出的努力和成绩。只有这样，才能使其口服心也服，便于今后改进。

防止主观性、片面性和表面性。凡是不从实际出发看问题，而是戴着有色眼镜看问题，先入为主，自以为是，就是主观性。片面性就是不能全面地客观地看问题，只知其一，不知其二，只见树木，不见森林。所谓表面性，就是走马观花，蜻蜓点水，知其然不知其所以然。这些都是检查工作的大忌，一定要注意防止和克服。下去之后，不要带框子，抱成见，而要一切尊重客观事实，具体问题具体分析；好话坏话都要听，缺点成绩都要看；要扎扎实实，了解真情况，获取真知识，不要作风漂浮，浅尝辄止，等等。

要在解决问题上下工夫。只看病不治病，只调查，不解决，是一些领导者检查工作时常犯的毛病。为什么要检查工作？说到底，就是要发现问题，解决问题，把事业推向前进。当然，与发现问题比起来，解决问题是要费力气的，领导者就是要知难而上，努力从解决问题上看本事，见高低。凡是当时就能解决的，就要立即解决；当时不能解决的，也要本着为事业负责的精神，创造条件，抓紧做工作，争取尽快解决。

掌握现场办公的艺术

现场办公是指领导者亲自深入现场，对某种事件、问题、方案当场作出决定，以推进领导工作进程的方法。现场办公具有以下几个特征：一是经验性；二是灵活性；三是时效性；四是复杂性。

在现实生活中，不是所有的问题都适合领导者现场办公的，只有当领导者对遇到的问题真正了如指掌，而且在下属无法解决或不去解决时，这种领导方式就是有效且必要的。这种领导方式一般适用于以下六种情况：一是各种突发性的意外事件发生时；二是某一项工作进入关键时期；三是工作进程遇到了重大困难；四是需要运用现场办公协调和解决工作进程中的各种矛盾时；五是领导者职责范围内的工作失误，引起了不良后果，仍需领导者出面挽回影响；六是对所要解决的问题，情况不太明了，条件不太成熟，需要到现场去边观察边研究边解决。选用现场办公的方式的关键在于，现场发生的情况是否需要领导者到现场指挥，需要哪一级领导者到现场指挥。现场办公时机选用得好，可以收到事半功倍的效果，选用不好，容易牵扯各级部门的工作精力，打乱工作秩序。

把现场办公与培养下属成员结合起来。领导者在现场办公时，不要忙于作指示，提出答案，要善于引导，启发下属成员分析、思考和解决问题，使他们在下一次遇到同类问题时知道“就这么做”。

不为诸多矛盾所缠绕，抓住工作中的重要环节，实施有重点指挥，切忌“眉毛胡子一起抓”。

现场办公不可能一次解决一切矛盾和问题，只有抓住主要矛盾，其他的矛盾才会迎刃而解。

严格按分工，按时限工作。对于下一级职权范围的事，在不违背原则的前提下，无论其如何处置，都不能横加干涉。在其遇到困难时应主动为其撑腰。

力戒戴有色眼镜，避免感情用事。领导者现场办公有不少即兴因素，情绪的影响是很大的。在精神愉快时，遇到感兴趣的问题，就有可能信口开河，随意决断；在心情不快时，遇到了讨厌的问题，可能听不进逆耳忠言。因此，在现场办公时，领导者应戒戴有色眼镜，尽量不要把个人的感情带到现场办公中来。

尊重事实，不怕丢面子。紧急情况下的现场办公，由于上阵急促，准备不足，因此，对现场中的问题不一定都有能力拍板解决，对那些不宜现场拍板解决的复杂的重大问题，不要硬行现场解决，以免留下后患。

实施现场办公，由于直观指挥现场，各类矛盾尽收眼底，因此，领导者最容易犯的毛病是，擅自打乱工作程序，眉毛胡子一把抓，既想抓西瓜，又舍不得扔芝麻，本级工作想管，下一级的也想管。这是现场办公的一大忌，弄得不好，将可能适得其反，不但贻误时机，也将影响工作效率。怎样在现场办公中既能保证高度统一，又能尽职尽责，调动各方面的积极性呢？这是需要认真研究的一个问题。从近些年现场办公的实践看，领导者要使现场办公卓有成效，应掌握现场办公的艺术和技巧。

正确运用奖惩制度，注意保护下属的积极性。对于一般性的问题不必指责，以防干扰下级领导者。即使是批评，也应当注意场合以暗示为主，劝导其自行改正，不能什么事都直接端出来一捅到底。那样只会使人难堪，其效果不佳。无论是表扬或批评都一定要弄清事实，并要掌握好“度”，留有余地。

学会听取工作汇报

听取汇报是领导者了解下情的重要方法。然而，在日常众多的汇报中，从程序上，既有按组织程序的逐级汇报，也有越级汇报。从形式上，既有有组织（或代表组织）的集体汇报，也有特殊情况下的单独汇报；既有不拘形式的顺便汇报，也有爱登领导家门的秘密性汇报。从内容上，既有建议和报告工作的实情汇报，也有道听途说、捕风捉影的虚假汇报；既有捉摸上司心态，观测风向的汇报，也有拨弄是非、贬低他人的恶意汇报。因此，领导者常被真真假假、花样翻新的汇报所困扰。为不误人误事，实现科学决策，树立良好政风，领导者在听取汇报时，应坚持“八要八不要”，严格把好接待关，力争使自己听的汇报富有实效，并在众多错综复杂的汇报面前耳聪目明。

要听职能范围的汇报。对部属各层次范围的事，下级怕负责任，故意上交矛盾，或玩忽职守，出了问题汇报而开脱自己的，不要含糊放纵。

要听主渠道的汇报。不是代表组织的个人汇报和借口陈述所谓“群众反映”的非原则性问题的汇报不听，因为听了只能因小失大，自寻烦恼。

要听按正规程序来的汇报。对不按组织程序和以不负责任的匿名信以及不符合送发文程序的“跳跃型”、传单式的汇报，不要失掉政治警觉。

要听怀着正确动机的汇报。对在非正常情况下，带有自私心理，巧施伎俩，实现“招”“转”“调”“提”等非分要求的，应善于洞察，明确表态，不给留有半点钻空子的余地。

要听正面人物的汇报。对利用老婆参政和老同学、老战友、老同事、甚至内部职工队伍中的后进层无原则地捆成一团，以汇报工作为名，互相抬轿子，诬陷好人的应予制止，不要轻信。

要听多数人的汇报。对个别人为着某种企图，人为夸大事实，故弄玄虚，采取“加油放醋，添枝加叶”的汇报，在没有取得多数人印证的情况下，不要轻易定性表态。

要选择适宜听汇报的地点。对非特殊情况或非紧急公务的登门汇报，特别是勤于串门的“常客”，应坚持家中不谈工作或不予接待。

一些单位长期不安宁，正气难树起，歪风难顶住，不能不看到部分汇报者的虚假和听汇报者的不规范所产生的负效应。因此，要鉴别众多汇报的真伪，不妨一试，来个“八要八不要”，带头兴规矩、讲程序、堵邪门。

要听合理化建议的汇报。对不是出于公心为了事业，而是编造谎言、以假乱真或借题发挥，制造矛盾的，不要偏听偏信。

学会对工作经验进行总结

打开国内外管理专家和企业家的著作，稍加留心就会发现，他们都不约而同地认为：领导者要想提高自己领导和管理能力，必须每隔一段时间就坐下来冷静地思考一下问题。其中，日本的中山谕建议：要利用星期天或节假日，从容不迫地回顾一下自己的工作。因为这时既没有上级也没有下属在场，安静的环境会给你创造一种重新认识自己、重新反省本单位工作的良好气氛，能使你把平常完全不能考虑的问题认真思索一番。这样的思索最好每月都要有一两次，每半年再较系统地回顾一次，每一年进行一下全面总结。他说这“的确是以高水平考虑事物的一种方式”。

这种做法，用习惯的话说，就是要善于总结经验。做工作只有计划而无检查和指导不行，光有检查指导而无总结也不行。因为：只有注意总结经验，才能使感性认识上升到理性认识，从而发现领导工作中的规律性。总结经验的过程，就是对以往工作实践中的感性经验进行分析综合、研究提炼的过程，它能使零星的表面的感性认识上升到系统的本质的理性认识，从中揭示出若干规律性的东西。不善于总结，头脑中就永远是一团乱麻、一堆杂物，有价值的东西就永远清理不出来；只有注意总结经验，才能更好地运用客观规律，实施科学的领导。发现规律不是目的，目的是通过掌握和运用规律把工作做得更好。不通过总结经验，就不知道哪些事情是按客观规律办事，所以成功了；哪些事情违背了客观规律，所以失败了；就不会减少盲目性，增强自觉性，所谓科学领导也就成了空话。只有注意总结经验，才能切实提高领导水平。有些同志从事领导工作多年，实践经验也不算少，可领导水平却十分平庸。其中一个很重要的原因就是不善于把实际工作经验加以条理化。哪些事做对了，为什么对？哪些事做错了，为什么错？在他那里是一笔糊涂账，当然他就找不到使自己的领导能力“更上一层楼”的“楼梯”。所以，领导者既要考虑问题于事前，又要注意总结经验于事后。从某种意义上讲，只有当好“事后诸葛亮”，才能成为“事前诸葛亮”，因为这次的事后正是下次的事前。不愿在事后下功夫总结经验教训的人，永远不会成为“事前诸葛亮”。那么，领导者应当怎样总结经验呢？

不要只总结成功的经验。正面的、成功的经验固然需要，但从错误和挫折中总结出来的教训往往更为宝贵。“失败是成功之母”“吃一堑，长一智”，一个聪明的领导者，应当既重视从成功的经验中学习，又善于从失败的教训中学习。

不要面面俱到。无论是领导者自己，还是他所领导的单位，需要总结的东西很多，不能不分大小主次，一起总结。每次总结必须从具体情况出发，抓住要点。它包括三个意思：一是根据实际需要，选取那些最有用的、最基本的东西来总结，不要“眉毛胡子一把抓”。二是要重点总结那些符合时代特点、有开拓意义的新经验，以便使我们在新形势下更好地解决新矛盾，处理新问题，不要总在老题目上做旧文章。三是在总结经验时，要把那些偶然性的、表面性的东西舍去，抓住那些带有必然性的、能够说明本质问题的东西，加以总结提高。

不要“一点论”“一分法”。既要看到成绩，又要看到缺点，一是一，二是二，好就是好，不好就是不好。对成绩不夸大，对缺点不回避，既报喜又报忧。切忌好大喜功，搞虚假浮夸。同时，要注意这些经验与当时当地主客观因素的联系，研究它们的历史环境和具体条件。这样就可以明确，哪些经验在什么条件下可以继续沿用和推广，哪些经验则不能；哪些经验虽然在其他条件下可以运用，但要作哪些改进等等，这样，可以少犯主观主义的错误。

不要请人代劳。领导者自己的工作经验当然要自己总结，别人不能代替。对于单位的工作总结，领导者最好也亲自动手，不要让秘书或助手代劳。因为这样可以使领导者对做过的工作进行重新清理，加深自己的感受和认识，使思想得到升华，同时对领导者分析能力和写作能力也是一个锻炼。对于一些大型总结，如领导者因事实在不能亲自动手写，也要做到“三管”：一管总结的开始，明确总结的目的、要求、方法、步骤，指定人员，提出设想。二管总结的过程，随时掌握进展情况，广泛听取各方面意见，重大调查要亲自参加，重要的汇报和座谈会要亲自听。三管总结的结束，把自己的认识与大家的意见进行归纳和概括，形成一个高质量的、有指导意义的总结。对于那种为总结而总结、一切由“秀才”关门干的办法，完全是自欺欺人，对于提高领导能力、改进工作毫无帮助，完全失去了总结工作的意义。

不能一劳永逸。工作在不断前进，事业在不断发展，情况在不断变化，新的课题需要人们去实践，新的经验教训需要人们去总结。所以总结经验不能一次完成，一劳永逸。一个领导者，既要善于有计划分阶段地总结经验，又要善于随时随地总结经验，要工作到老，总结到老，不断向更高的境界和水平前进。

不要囿于一种思维方式。实际上，总结经验是一种很复杂的脑力劳动，既需要经验式思维也需要理论性思维；既需要平面思维也需要立体思维；既需要单维式思维也需要多维式思维；既需要封闭式思维也需要开放式思维；既需要求同性思维又需要求异性思维。就拿比较法来说，它实质上包含多种思维方法。这种方法可以有效地区别好与坏、落后与先进。使人们认清差距，找出不足，从而更好地改进工作。但如果思维方法不灵活，不科学，也容易出毛病。譬如，比较法只有在事物之间有了可比性时才适用，否则就会得出错误的结论。再如，跳出本单位的小圈子，用开放式思维来总结经验当然好，可以使人们从更高更新的角度来看问题，但如果不善于把纵向比较与横向比较结合起来，进行立体思维，而是单独进行横向比较或纵向比较，就会产生片面性。还有，比较有以己之长比人之短、以己之短比人之长、以己之长比人之长、以己之短比人之短等多种，需要视具体情况灵活运用，而且要尽可能多选择一些比较对象。如果只与一个对象比，而且只用自己的长来比人家的短，就会导致盲目乐观，不能正视自己存在的问题，给今后的工作埋下隐患。

领导者怎样作指示

领导工作离不开下命令、做指示。有的人把它看成是一件比较简单的事，认为只要决定是正确的，怎样下达，关系不大。事实并非如此。我们有些工作上的失误，有些事情久拖不办，相互扯皮，其中一个很重要的原因，就是因为领导者的指示不明确、不完整，或者下达的方法不对，使下级不知道怎样执行才好，或者挫伤了下级的积极性。那么，领导者怎样才能使自己的指示得到很好的贯彻执行呢？在做指示时要注意以下几点：

1. 指示必须完整准确

指示是指挥人们去做事，因此，它必须清楚地告诉人们要干什么，谁负责执行，怎样取得完成任务所需的人、财、物等资源，何时开始，何时完成，必要时，还要说明完成的方法和注意事项。这样的指示才是完整准确的，下属才好运作。

2. 指示必须用词准确

领导者做指示的时候，必须注意遣词用字，如果用词不当，就可能造成下级执行失误。有些词是精确的，有些词就比较含混。例如，怎样“快”才算“尽快”呢？什么程度和数量才算“适当”呢？领导者应该避免用这样含混不清的词做指示。

3. 指示必须因人因事，采取不同语气

指示的对象不同，事情的性质不同，当时当地的环境不同，要区别情况，采取不同的语气，才能收到良好效果。

（1）商量。“这份报告要得很急，你能抓紧时间，在今天下班前完成吗？”这种指示，带有商量的口吻，有一定回旋余地，对方会觉得领导者亲切和蔼，如无特殊困难，一般会尽力完成。这也是较为常用的；

（2）请求。“马上就要进行财务大检查了，请你们在今明两天把各种材料准备好。”这种指示的语气比较缓和，并扼要解释了为什么要这样做，下属容易接受。在多数情况下，对多数人，都可采用这种语气；

（3）教训。“怎么这项工作到现在还没有完成，必须在这周内结束。”这种指示，态度生硬，刺激性强，可以使下属深感失职，下次再也不敢拖拉了。不过，领导者的这种指责必须有理有据，一般情况下，不要过多地采用这种口吻训斥下级；

（4）建议。“这份材料要得很急，请你最好在这周内拿出来，如果你一个人干不完，可请其他同志帮助查找资料和誊清，你看怎样？”这种指示，语气和缓，征求了对方意见，为对方着想，提出了具体建议，下属很容易接受；

（5）要求。“马上把这项工作完成。”这种指示不容商量，必须执行。在紧急情况下，或是下属工作有拖拉的毛病，用这种语气下达指示，效果较好。

4. 指示必须和检查督促相结合

领导者并不是做完指示就没事了，还要认真检查、督促指示的贯彻落实。可以通过调查、询问、听汇报、测验等方法，了解指示的贯彻执行情况。

5. 指示必须通过正确的途径下达

指示是领导者履行领导职能的一种方式，必须遵循责权统一的原则，通过正确的途径下达，不要搅乱领导层次。在一般情况下，领导者不能越级下达指示。否则，就会侵犯下属权限，影响下属的积极性，损害下属的威信，最终还是对领导工作不利。依据同样的原则，除非迫不得已，上级不应直接取消下属主管人员的指示。

怎样处理计划外的工作

在日常工作中，许多领导者感到头痛的是计划外的工作太多。这种计划外的工作，主要来自四个方面：第一是本单位职工上访。大都是为了工作安排、子女就业、落实政策、住房、工资、奖励、提升、调转一类的个人问题；也有的是来向领导提意见建议和反映问题的；还有的是上下左右的一些人找你托人情、走后门、让你帮助办事的。第二是下属干部来请示工作，请领导签字、表态，或出马帮助他们解决问题。第三是上级领导机关下来检查指导工作及兄弟单位之间的横向交往。第四是内部和外部的一些可有可无、与自己关系不大的会议。

对于这些计划外工作，可以说每个领导者都无法回避。但如何处理，却有巧拙之分。如果处理得好，既可以密切干群关系和上下级关系，提高领导威信和工作效率，又可以赢得大量时间，去处理更重要的问题，使工作更有成效；如果处理得不好，就会使该做的事未做，而把不该做的事做了，便身不由己地把大部分时间用在琐碎事务上面，使工作受到损失。

对这些计划外的工作，作为领导者应当怎样看呢？笔者认为，这里面有许多是送上门来的群众工作，领导者不应因其未列入自己的工作计划，而将其拒之门外；有些事情，如必要的接待工作，也属于领导职责范围之内的，只是因为它常常不期而至，难以预料，因而不好排入计划，只能随时到随时处理。还有些事情，则纯属对领导工作的干扰，没有什么积极意义，如，不必要的应酬、不应参加的会议等。

有些领导不区分哪些计划外的事情应当做，哪些不应当做，一概斥之为对领导工作的干扰而不予受理，或抱着无可奈何的态度消极应付；还有的领导者，对这些事情不加分析，一律看作是自己应该做的，因而事无巨细，来者不拒，久而久之，事务缠身。这两种做法都是缺乏领导艺术的表现。

那么，怎样才能处理得好呢？

总的原则是：对于那些属于自己职责范围内的、能够对工作起促进作用的事情，不应因为工作忙而一推了之，而应耐心地、认真负责地处理好；对于那些不该自己处理的，或纯属干扰自己工作的事情，就不要纠缠于其中，以免贻误正业。下面从三个角度来谈：

1. 如何对待下级来请示工作

下级向上级请示工作，这是正常的领导活动，问题是现在“请示”太多，该请示的请示，不该请示的也请示。原因可能有以下几个方面：有的下属听“喝”惯了，处理问题能力差，遇事不得不向上级求救；有的下属唯恐请示少了领导不高兴，担心自作主张，不尊重上级；有的下属处事圆滑，怕负责任，本来是该他决定的事，他非要讨个“尚方宝剑”，出了问题也好往上推；有的单位上下职责不明，分不清哪些事该由下面定，哪些事该向上级请示；有的上级领导过于揽权，下属只好事事请示。解决这些问题，应从以下几方面着手：

按照不同领导层次职能和任务的不同，明确划分上下的职责权限，做到各司其职，各负其责，上不揽权，下不越权，下不上推，上不下卸。

加强干部考核，提高干部素质，对于能力低的干部，要促使其尽快提高。对于怕负责任的干部要加强教育。能力太低或极不负责任、经教育不改的，不要姑息迁就，要另行安排。

领导者要经常深入基层，深入群众，主动发现和解决问题，不要坐等下面来请示，学会掌握工作的主动权。

2. 如何对待内部下属的来访

有些上访内容虽属个人问题，但在自己职责之内，是自己的直接下属，就不应支吾搪塞，而应认真地听取意见，作出正确处理。比较简单的问题，立即能解决当然最好。如果问题较复杂，工作量较大，则可以责成信访部门、有关职能部门或自己身边工作人员，搞好调查研究，拿出解决意见，然后再作决定。这样可以减少自己的工作量。

如果下属上访是为了个人问题，则要首先区分是否应该由自己处理。一般来说，领导者不代替下属处理这类问题，凡是下一层或职能部门职权范围内的事，虽然下属找上门来，领导也不应直接处理。特别是领导层次较多的大单位，上面的领导更不应直接干预隔层次的个人生活问题。长期以来，在下属和群众中有一种印象，似乎越找高层次领导，越找主要领导，就越能解决问题。有些领导者也有意识地在群众中树立这种形象，不管哪个层次，不管是否属于自己的职权，来人就谈，有求必应。这样，就会引起更多的职工上访，找你的人就会越来越多，而你并不了解那个层次的实际情况，往往处理不得当，弄得下级领导不好工作。如果明知道是不该自己处理的，就请来访者到所在单位和部门去谈。如果事先不知道，谈完之后发现不应由自己直接过问，也要请他到应去的地方。如问题比较重要，上级可以提醒和督促下属单位或有关部门及时、正确地予以处理。这个尺度，在工作时间之外主要由领导者自己掌握，在上班时间，则可让秘书或办公室对来访者进行“过滤”，应该接待的，也要根据轻重缓急排个顺序，依次受理，不该接待的，由工作人员介绍到有关部门去。群众一看本单位也能解决问题，再有事就不会直接来找你了。如果是下级领导不负责任，上推下卸，你就要对他进行批评教育，让他负起自己的责任。

如果下属上访不是为了个人问题，而是对领导提出批评，对工作提出建议，或反映一些有价值的情况和问题，领导就应当热情接待，虚心听他们讲话，并对他们勇于负责的精神给予表扬和鼓励，对下属切身利益中带有普遍性、倾向性的问题，领导者要多从整体上采取措施，尽量多创造一些条件，积极主动地给予解决。一时解决不了的，应在创造条件的同时做好宣传解释工作，取得群众的理解，从而减少上访。

3. 如何对待会议和外部客人

对于兄弟单位来访，要友好热情，不失礼仪。一般采取兵对兵、将对将的对应接待办法，不必什么人都由领导出面接待。

对于上级领导或领导机关来检查指导工作，领导要亲自接待，汇报工作，听取他们对本单位工作的指导意见。有的可以一陪到底，有的则不一定，在不少情况下，也可以由职能部门汇报，参观可由有关人员陪同。

对于会议，要根据情况，区别对待。上级召开的会议，如果是自己负责的工作，或是受本单位领导班子的指派必须参加的会议，就应当到会；有一些职能部门召开的业务会，部门领导去就可以的，领导就不一定参加。下属或本单位各部门开的会，也要先考虑一下，该不该自己参加？该不该讲话？如果逢会必到，逢到必讲，不仅领导者精力难以胜任，而且弊病甚多。

第16章

总经理的协调艺术

企业中的冲突有这样几种类型：

一是任务冲突，是指不同的下属所从事的任务之间有冲突。例如，甲和乙都接到了去拜访丙客户的任务。

二是行为方式冲突，是指上下级之间、部门之间在处理相关问题、类似问题或同一问题时，彼此的行为方式之间有冲突。例如销售部门发愁产品卖不出去，而生产部门还在加班增加库存。

三是利益冲突，是指企业成员之间、部门之间的利益分配，因出现了不合理、不公平、不理解等而导致的分歧与矛盾。例如，电商渠道销售人员奖金暴涨，导致地面卖场销售人员的不满。又如行政人员天天在办公室，却拿着与销售、客服等外勤人员相等的手机通信补助。

四是人际冲突，是指人与人之间因为嫉妒、猜疑、竞争、敌对、地位、角色等诸多社会心理因素导致的分歧和矛盾。例如，甲认为乙看不起自己，因而出现的冲突。

总经理要处理这些冲突，就是要协调彼此的任务、行为、利益与社会心理，通过调整、合作、纠正、说服、平衡等手段，实现企业成员的有效分工与协作。

领导者协调下属关系的法则

一要信任。凡属下属职权范围内的事情，要充分信任他们，放手让他们大胆去工作。对下属最忌半信半疑，让他干了，还总不放心，这会影响下属积极性的有效发挥。

二要体谅。遇有下属工作失误时，要给予充分的体谅，主动为下属承担责任，推功揽过，切不可推过揽功。有了成绩是自己的，有了错误是下属的，这种领导者，不仅不被信任，而且受人防范。

三要尊重。尊重是一种巨大的力量。上级与下属，领导者与被领导者，只是分工的不同，在政治上和人格上是一律平等的，没有高低贵贱之分。有些领导者由于修养比较差，加之性格方面的原因，遇上不合自己心意的下属，常常说出一些有伤下属自尊心的话。在这种情况下，即使领导者的话是正确的，也不会产生好的效果。

四要支持。对下属提出的意见和设想要重视。只要对事业和工作有利，即使与自己的想法相反，也要给予积极支持，尽量促其早日实现。如不能采纳，也要做好说服解释工作，以免挫伤下属的积极性。

五要鼓励。对下属应多进行表扬，即使是很小的成绩，也应及时地肯定，使下属感到上级对他的注意和赞赏，从而增强工作的积极性。

六要商量。对下属布置工作，一般要采取商量的口气。不要以为自己是领导者，就采取下命令的方式。商量，可以调动下属的积极性，引导他们谈出自己的想法和意见；命令，意味着只能服从和执行，不利于集思广益。

七要冷静。如与下属发生争执时，作为领导者头脑一定要冷静，要用理智控制住感情，先让下属把话讲完，然后再根据具体情况，心平气和地妥善处理。

八要体贴。情感是一种巨大的力量，领导者对下属的工作、学习和生活要关心体贴，要经常了解下属的思想：他目前在想什么？他最关心的问题是什么？他有什么困难需要帮助解决？等等。如果领导者真正这样做了，上下级之间的关系，一定能亲密无间。

九要带头。领导者要严以律己，处处起表率作用。要求下属做到的事情，自己首先必须做到；自己必须做到的事情，不一定要求下属都做到。不能完全用衡量自己工作好坏的标准，去衡量下属的工作，也不能用领导者应达到的标准，去衡量群众的行为，在这方面如不注意，也会影响上下级关系。

十要帮助。对下属的工作要以诚恳的态度给予热情的帮助。下属工作出了失误，要帮助分析具体原因，总结经验教训，并找出解决问题的办法。对下属需要批评时，也要有分寸，如本人已经认识到了，就不要抓住不放。

抓住关键，才能举一反三

对于领导来说，处理管理中的冲突并不需要太多的原则，只需要记住下面两点，所有冲突的处理都不是太难的事情。

一是要学会感激。著名成功学家安东尼指出：成功的第一步就是先存一颗感激的心，时时对自己的现状心存感激，同时也要对别人为你所做的一切怀有敬意和感激之情。如果你接受了别人的恩惠，不管是礼物、忠告，或帮忙，而你也够聪明的话，就应该抽出时间，向对方表达谢意。无数的事实证明，及时回报他人的善意且不嫉妒他人的成功，不仅会赢得必要而有力的支持，而且还可以避免陷入不必要的麻烦。嫉妒逼人不仅难以使自己“见贤思齐”，虚心向善，而且也会影响自己的心情和外在形象，更主要的是，这会使自己失去盟友和潜在的机遇，甚至还会树立强敌——因为一般来说，被别人嫉妒的人应该不会是弱者，以“一报还一报”的心理，他也不会对你太客气。

二是一切着眼于未来。就像女孩子需要真诚地去追求一样，领导处理冲突也是需要一些耐力的。在这个意义上，宽容就是耐心，就是给第二次机会。即便有过一次背叛和冒犯，但只要不是死怨，就要以一切着眼于未来的心态，给对方改正的机会，从而有助于重新合作。事实上，这种机会往往也是给自己的，就像自己会荒唐，会短视，会无意冒犯别人一样，别人也是可以原谅的，但同样的错误只能犯一次，确认可以无意一次，却不可能无意二次。要学会对事不对人，在你给别人第二次机会之前，一定要告诫自己“是事错了，而不是人错了”。这样你就可以给他一个完整的机会。对于领导来说，使未来显得比现在重要，也是利于促进合作的。

处理刺头的技巧一定要高明

对于公司领导来说，要想处理好冲突，首先必须了解公司中的刺头。这类人是引起冲突的根源，只有对他们进行充分的了解，才能够更好地解决冲突。我们可以将这些较为典型的“棘手”人物分为以下三类：

一是有背景的员工。这些员工的背景对领导来说，是一个现实的威胁。“背景”就是他的资源，可能是政府要员，可能是公司的老板，也可能是你工作中的某个具有重要意义的合作伙伴。这些背景资源不但赋予了这类员工特殊的身份，而且也为你平添了许多麻烦。这些员工在工作中常常展现他们的背景，为的是获得一些工作中的便利。即便是犯了错，某些“背景”也可能使他们免受处罚。

二是有优势的员工。这些人往往是那些具有更高学历、更强能力、更独到技艺、更丰富经验的人。正因为他们具有一些其他员工无法比拟的优势，所以能够在工作中表现不俗，其优越感也因此得到进一步的彰显。这种优越感发展到一定的程度时，直接体现为高傲、自负以及野心勃勃。他们往往不屑于和同事们做交流和沟通，独立意识很强，协作精神不足，甚至故意无条件地使唤别人以显示自己的特殊性。

三是想跳槽的员工。他们显然是一些“身在曹营心在汉”的不安分分子，这些人往往是非常现实的家伙，他们多会选择“人往高处走”。如果仅此而已，也就罢了，但偏偏有些人觉得，反正是要走的，不怕你公司拿我怎么样，就干脆摆出一副“死猪不怕开水烫”的姿态，不把公司的制度和管理规范放在眼里，工作消极，态度恶劣，甚至为了以前工作中的积怨，故意针对某些领导和同事挑起组织冲突，到最后，人虽然走了，但留下的消极影响却很长时间无法消除。

领导要区分不同的情况来对待以上三类员工，千万不能采取贸然措施将三类员工全部炒掉，以保持组织的纯洁度。因为这样的结果肯定是你得到的是一个非常听话然而却平庸无比的团队——根本无从创造更高的管理绩效。

对那些有背景的员工来说，在工作能力上，这些人不一定比其他同事强，但是，他们的心理状况一般好于他人，做人做事方面更自信，加上背景方面的优势，更能发挥出水平。对待这种人，最好的办法是若即若离，保持一定的距离。如果在工作中有上佳表现，可以适当地进行褒奖，但一定要注意尺度，否则，这些人很容易恃宠而骄，变得越来越骄横。

对于那些有优势的员工来说，他们并不畏惧更高的目标、更大的工作范畴、更有难度的任务，他们往往希望通过挑战这些来显示自己超人一等的能力以及在公司里无可替代的地位，以便为自己赢得更多的尊重。因此领导如果善于辞令、善于捕捉人心理，就可以试着找他们谈谈心、做做思想工作。如果领导并不善于辞令，那么就要注意行动。行动永远比语言更有说服力，在巧妙运用你的权力资本时，为这些高傲的家伙树立一个典范，让他们看看一个有权威的人是怎样处理问题、实现团队目标的。

对于那些想跳槽的员工，机会、权力与金钱是他们工作的主要动因。因此领导在对这些员工进行管理的过程中，要注意以下一些原则：一是不要为了留住某些人轻易做出很难实现的承诺，如果有承诺，一定要兑现，如果无法兑现，一定要给他们正面的说法。千万不要在员工面前言而无信，那样只会为将来的动荡埋下隐患；二是及时发现员工的情绪波动，特别是那些业务骨干，一定要将安抚民心的工作做在前头。

不要畏惧下属的顶撞

水至清无鱼，人至察无徒。这就是告诉我们，待人处事太刻薄了，结果人缘难处。作为朋友，你就不能用自己的标准去要求和衡量所有的人，不能责备别人的“另类”。如果面对下属的顶撞，领导应该如何做呢？

首先必须强调一点的是，异己的存在，可以促使你在决策时格外谨慎，力求科学严谨，以免被异己找出破绽，发现纰漏。同时他可以避免你无意识地发生错误，造成不可挽回的严重后果。可以说，下属的顶撞，就是竞争对手的存在，就是监督者的存在，他可以促使双方更加勤勉。

美国前海军司令麦锡肯去看望陆军司令马歇尔时说：“我的海军一直被公认为世界上最勇敢的部队，希望你的陆军也一样。”马歇尔不肯示弱，说：“我的陆军也是最勇敢的。”麦锡肯问他有没有办法证实一下。“有！”马歇尔满怀信心地说。他随便叫住一个士兵，命令道：“你给我过去，用身体去挡那辆开动的坦克。”“你疯了？”士兵大叫，“我才没那么傻呢！”

此时，在这种关乎自己的面子和威望的非常时刻，自己的下属公然顶撞自己，领导一般都会勃然大怒。然而，马歇尔没有这样做，他笑了笑，然后满意地对麦锡肯说：“看见了吧，只有最勇敢的士兵才会这样同将军说话。”马歇尔把士兵公然顶撞自己的行为，视为勇敢的举动，这正是大将军的气魄与胸怀！这就是成大事者的独特认识。试想一下，假如马歇尔将军视那个士兵为异己，并且一味地去扼杀，他必定会置士兵于死地。最终，他不仅失去了一个士兵，而且损害了自己的威望，挫伤了所有士兵的勇气。

解决矛盾采用正确的技巧才是真理

在处理冲突，解决矛盾的过程中，领导要注意以下一些技巧：

一是要暗中解决矛盾。因为人们都有爱面子的心理，私下解决就是给矛盾的双方保留了面子。因此矛盾应尽量暗中解决，不要张扬出来。但对那些不伤面子，同时又有普遍教育意义的可以公开出来，起到教育其他下属的目的。

二是原则和灵活相结合。原则就是不能侵害组织利益，灵活就是解决矛盾的方法不要千篇一律，不要教条式地解决问题。有些矛盾要防患于未然，有些矛盾可以事中控制解决，而有些矛盾可以让它量变到一定程度发生质变时再解决。

三是有些矛盾不解决比解决好。有一个广为流传的历史故事：楚王举行晚宴招待群臣时，在突然灯灭的情况下，楚王的爱妃被人非礼！面对此种情况，怎么办？这位聪明的国王采取了不解决矛盾的办法，其最后结果大家都是知道的，那位非礼王妃的将军为国家立下巨大的战功。楚王采取了不解决矛盾的办法从而产生了积极的效果。其实从某一方面来讲，不解决也是一种解决方法。

四是不是工作矛盾，不要轻易介入。现实中下属之间的有些矛盾不是工作矛盾，如恋人之间的矛盾，不要轻易介入。一旦介入，很有可能把自己套住甚至套牢，因为清官难断家务事。当然，部属之间的这些非工作原因产生的矛盾有时确实也会对工作产生不良影响，那么作为领导应该从影响工作的角度来做其思想工作，必要时做善意的提醒。

五是对恶意制造矛盾者绝不能手软。恶意传闲话者，故意制造事端者，生怕天下太平者，甚至与外部勾结，找内部员工的麻烦者，要果断解决，坚决辞退，无论他有多高的才能都不能用。

不要排斥与下属的合作

与人合作最棘手的问题之一，就是人与人之间的磨合常常令人身心疲惫。有人甚至深有体会地说，人与人之间的合作在管理中花去的成本始终是最高的。一般来说，作为员工不外乎有以下四种类型：

一是分析型。这种员工是完美主义者，做事力求正确，但完美倾向也会导致墨守成规，优柔寡断。分析型的人喜欢独立行事，不愿意与人合作。尽管他们性情孤傲，但患难之中却最见其忠诚。

二是温和型。他们常常喜欢与人共事，淡漠权势，精于鼓励别人拓展思路，善于看到别人的贡献。由于对别人的意见能坦诚以待，他们往往能从被其他团队成员否决的意见中发现价值。温和型的人常常为团队默默耕耘，往往成为团队中无名的幕后英雄。一般说来，温和型的人往往能在一个发展稳定的、架构清晰的公司中表现出色。一旦他们的角色界定、方向明确，他们就会坚定不移地履行自己的职责。

三是推动型。他们注重结果，最务实，并常常引以为自豪。他们喜欢确定高远却很实际的目标，然后付诸实施。他们极其独立，喜欢自己制定目标，不愿别人插手。他们善于决断，看重眼前实际，具有随机应变的本事。但有时太好动，往往因仓促行事而走弯路。无论表达意见还是提出要求，推动型的人都很直率。

四是表现型。这种员工好出风头，喜欢惹人注目，是天生的焦点人物。他们活力十足，总喜欢忙个不停。他们偶尔也会显露某种疲态，这往往是因为失去了别人刺激的结果。表现型的员工容易冲动，常常在工作场所给自己或别人惹出一些麻烦。他们喜欢随机做事，没有制定计划的习惯，不善于进行时间管理。他们善抓大局，喜欢把细节留给别人去做。

对于领导来说，要针对不同类型的员工采取不同的管理方法。

达成共识，才能共同前进

IBM 的创始人沃特森被誉为“企业管理天才”。他相信：只要尊重员工并帮助他们自己尊重自己，公司就会赚大钱。

沃特森善于发掘员工的潜力，善于调动员工的创造精神与献身精神，想方设法去刺激员工为公司出谋划策。为了保护员工的工作热情，增强员工对公司的亲近感与信任感，他广开言路，广泛倾听各种意见。

IBM 规定：公司内任何人在感到自己受压制、打击或冤屈时，都可以上告。他亲自接见告状人，对有理者给予支持。他鼓励员工们在工作中不怕失误和风险，为了公司敢于承担似乎不可能完成的任务。他本人则一天工作16个小时，几乎每晚都在这个或那个雇员俱乐部中出席各种集会和庆祝仪式。他作为员工相识已久的挚友，同员工们谈得津津有味。

对于一个优秀的领导来说，有了目标之后，就要与群众分享并逐步达成共识。柯达公司进入影印机市场后，把重心放在复杂技术与高级设备上，成本居高不下，几乎没有利润，而且库存问题非常严重。1984年，查克临危受命，担任影印产品事业部总经理。查克希望加强与员工的沟通，为此，他每周和直属部下开会；每月举行“影印产品论坛”，和每个部门的代表员工直接沟通；每周与重要干部及最大的供应商开会，谈论重大的变迁及供应商关心的事情；每个月员工都会收到4到8页的《影印产品通讯》，并向员工提供直接与高层管理人沟通的机会。

短短6个月以后，公司终于与1500个员工达成共识。公司状况开始出现转机，库存量减少50%，部门生产率平均提高31倍。事实证明，只有走近员工，才能了解员工，只有和员工达成共识，才能和员工同心协力地成就一番事业。

第17章

如何应对危机和变化

从字面上看，“危机”中既包含“危”——危险和危难，也包含“机”——时机和机遇，危机的危险性和机遇性是同在的。

在新的经济时期，现代企业管理的使命不再仅仅是为企业创造最大的价值，而是要在为企业创造最大价值的同时，规避经营风险，确保企业长远健康地发展。也就是说，企业管理不仅仅是管理企业的现在，更重要的是管理企业的未来。面对瞬息万变的经济环境，迎战企业危机，帮助企业突破逆境，是对现代企业管理提出的更高要求。在竞争越来越激烈的经济环境中，面对众多难以预测的动态因素，企业在成长历程中不可避免要经历曲折和坎坷，并经常面临风险的威胁。简单的字面理解，企业面临的风险威胁就是企业危机。

商场如战场，企业是一个经济组织，随着行业竞争的日益加剧，经营管理不善导致的人才、资金、能源、公共关系、信誉等多项危机正全方位地威胁着企业的生存。排除不可控因素的影响，现代企业的危机往往不直接体现为企业某些具有危害性的突发事件，而总体反映的是企业的管理素质（综合素质）。

企业管理素质是指企业各管理环节的专业化管理水平。企业管理素质高，经营管理的不良行为就少，危机的免疫能力就强；企业管理素质低，经营管理不良行为就多，危机的免疫能力就弱。而危机的预控及应对能力也都通过企业的管理素质来体现，企业管理素质高，危机预控及应对的能力就强；企业管理素质低，危机预控及应对的能力就弱。微软总裁比尔·盖茨总是告诫他的员工：我们的公司离破产永远只差十二个月。他这可以说是企业管理素质高的表现。

站在狭义的角度，企业危机可以定义为：企业经营过程中涉及的具有危害性的事件或状态；站在广义的角度，企业危机可以定义为：企业管理素质偏低造成的不良经营状态。

企业危机的特征

1. 突发性

危机往往都是不期而至，令人措手不及，危机发作的时候一般是在企业毫无准备的情况下瞬间发生，给企业带来的是混乱和惊恐，并随即引发一系列可能的严重后果。但是，这种突发性并非无原因的，而是一种企业内部各方面因素演变发展的过程，是一种量变到质变的发展历程。一个企业的发展有着各种力量的支持与制约，正是这些来自内外部的各方面因素的相互融合与促进，才使得企业日益壮大。但事物总是多样性的，这些因素中的某个或许不可避免地在日后成为危机爆发的导火索。在经过一段时间的潜伏与隐藏后，如果企业未能及时意识到或者意识到其隐患却未能及时采取有效的措施加以控制的话，这些危机因素就会突现出来，并导致危机事件的爆发，危机的突发性可谓来势汹涌却又始料未及。

2. 难以预测性

危机事件的突发性让企业在毫无防范的情况下突然面对，正是在如此短的时间内突然发生，企业危机总是让人难以预测防范。引起企业公共关系危机的因素大多是非常性因素，其中包括偶发性因素和渐进性因素。偶发性事件包括各种自然灾害如地震、洪水暴发、台风、海啸等和各种人为破坏。在这种情况下，企业基本上没有前瞻预测的可能性，只得措手不及地应付，要想控制是非常难的。而渐进性因素是一种必然性因素，当某种危机因素的“量”积累到一定程度后，如对其控制不力，就会突然恶化，达到“质”变。这些都会让企业立即陷入困境，其引发的严重后果也是难以估计的。值得注意的是，渐进性事件是有一个发展过程的，其间必然有一定的征兆，这也给了我们防患于未然的可能。只要能够切实地做好预防措施，渐进性危机是可以避免的，这一点我们将在危机的预防中详细介绍。

3. 不确定性

事件爆发前的征兆一般不是很明显，企业难以做出预测。危机出现与否与出现的时机是无法完全确定的。

4. 急迫性

危机的突发性特征决定了企业对危机做出的反应和处理的时间十分紧迫，任何延迟都会带来更大的损失。危机的迅速发生引起了各大传媒以及社会大众对于这些意外事件的关注，使得企业必须立即进行事件调查与对外说明。

5. 破坏性

危机发作后可能会带来比较严重的物质损失和负面影响，有些危机用毁于一旦来形容一点不为过。危机事件往往是影响巨大的，对公众和环境的危害都十分严重，从而使企业遭受惨重的损失。

6. 舆论关注性

危机事件的爆发能够刺激人们的好奇心理，常常成为人们谈论的热门话题和媒体跟踪报道的内容。当一个企业爆发企业危机时，企业越是束手无策，危机事件越会增添神秘色彩引起各方的关注，势必会以迅雷不及掩耳之势成为舆论与公众关注的焦点。一时间，媒体会以"打破砂锅问到底"的执著去报道该事件和该企业发展过程的相关内幕，社会公众也会以旁观者的姿态关注企业处理突发危机的能力与方式，同行业的竞争者也有可能会乘机指出其经营破绽，抢占市场，从而影响企业的正常运作，甚至也会使恶意中伤者有机可乘。总之，企业危机的爆发会给企业引来意想不到的舆论关注，社会上下各界都会对之有一定的反应，使企业陷入被动的社会环境。

7. 普遍性

小到一个企业，大到一个国家，都可能发生危机。尤其是企业，发生危机的可能性和普遍性更大。美国《危机管理》一书的作者菲克曾对《财富》

杂志排名世界500强的大公司的董事长和总经理就企业危机展开调查，其结果表明：80%的被调查者认为，现代企业界面临的危机就像死亡一样不可避免；在寄回调查问卷的公司中，74%的人认为曾接受过严重的危机的挑战；几乎100%的被调查者认为他们的公司容易发生危机，其原因不外乎以下几种：生产性意外、环境问题、劳资争议及罢工、产品质量、股东丧失信心、具有敌意的兼并、股票市场上大股东的购买、恶意的谣言或向大众传媒泄漏组织内部机密、恐怖破坏活动、组织内部人员的贪污腐化等。许多跨国公司，如可口可乐、雀巢、强生和三星等，都遭遇过大的危机。危机谁都可能遇到，而谁能在危机过后仍然屹立在商海潮头，就要看各个公司危机处理的功夫了。

8. 复杂性

无论是处理危机、控制危机，还是协调与危机有关的各方面的关系，都非常复杂，即所谓“牵一发而动全身”。一个企业在经营过程中所要涉及的方方面面都要列入在危机处理的考察范围，调查周全，仔细斟酌。任何一个环节的错误都会导致危机管理的失败，将企业引入巨大的灾难。

9. 信息资源紧缺性

危机往往突然降临，决策者必须做出快速决策，在时间有限的条件下，混乱和惊恐的心理使得获取相关信息的渠道出现瓶颈现象，决策者很难在众多的信息中发现准确的信息。

企业危机的分类

企业在生产经营中面临着多种危机，并且无论哪种危机发生，都有可能给企业带来致命的打击。

从危机的表现上来分：

1. 灾变危机

灾变危机包含的内容很多，包括有地震、海啸等自然灾害所带来的企业运行危机，企业所处的社会突然爆发的经济危机冲击所带来的危机，科技进步使企业生产过程日益透明化的经营危机以及企业内部高层人员集体跳槽所带来的危机等。例如，1997 年东南亚爆发的金融风暴；2005 年，由中央电视台等媒体揭露的高露洁等牙膏检测出含“三氯生”致癌物质的危机等。灾变危机是企业外部的社会大环境改变所引起的，因此更加难以预测，也更为复杂。

2. 运行危机

任何一个企业在发展成熟的过程中都会有遭遇挫折和危机的可能性。政治因素如政府禁令、国家之间的政治关系破裂或有关经济贸易的合约的签订等；企业战略战术不切实际，财务资金严重不足或银行冻结资金而使企业运营的资金链断裂；安全防护意识淡薄导致造成严重的人员伤害事故等，这些都有可能会使企业陷入步履维艰的运行危机。如号称中国最大民营企业的德隆公司财务危机、2005 年上半年广东等地的煤矿矿工遇难事件等。

3. 形象危机

企业形象是指企业经营管理政策和方针等在社会公众中的反应和总体印象。企业商誉形象危机是指企业由于自身产品的质量或售后服务不到位，商标被恶意抢注，或者与同行业竞争者产生法律纠纷，或是企业遭竞争对手恶意诽谤等原因产生的影响企业形象的危机。例如，CECT 手机的“China Show”事件、西门子公司在海外抢注海信商标事件等。企业形象的好坏直接影响到企业战略的实施和企业的发展前景，对每一个企业来讲都是非常重要的。而现今媒体资讯业发达，企业的任何一点问题都很容易迅速扩散开去，导致对企业形象的不良影响。因此，在危机处理时，不管是何种危机，都要做好形象危机的应急措施，早做防范，尽力保护好企业自身的形象。

4. 媒体危机

综观现代企业发生危机的原因，其重要因素之一便是媒体对内幕的曝光或报道不实而引起来自公众等直接利益相关者对企业产品认可度的下滑，这对企业来说可谓是致命的打击。分析各种案例，我们发现爆发媒体危机的企业公关通常有如下特点：第一，平日与大小媒体的关系处理得不是很到位，只是停留在发布官方新闻、召开记者招待会等层面；第二，当危机真正发生时，对媒体的报道要么置之不理，要么反应过激，给企业带来更多负面的影响。媒体危机是由媒体和企业两方面因素引起的，因此要预防媒体危机应该在平时就处理好和媒体的关系。企业的公关部门应该广泛与各界交往，特别是与某些权威媒体建立朋友般的关系，经常与他们互通信息，了解彼此动态，这对双方来讲都是互利的。这样在危机爆发时就可以借助平时与各界建立的融洽关系，再适当运用相关媒体处理技巧，将影响降到最低。

处理好媒体危机是企业必需的应对考验的能力，需要从平时做起，这也是企业建立管理体制时值得引起高度关注的问题。

从危机的范围来分：

1. 内部危机

内部危机是指由组织内部原因导致的对企业日常运营和经营产生危害或潜在危害的危机。主要包括以下几种：

· 企业财务危机

· 生产安全危机

· 产品质量及服务危机

· 高层人事及人才危机

· 商誉形象危机

· 企业内部素质危机

· 企业管理危机

· 企业公关行为失当危机

2. 外部危机

外部危机是指由组织外部原因导致的，对企业的具体运营和生产经营造成不利影响的危机。具体包括以下几种：

· 自然灾害危机

· 政治、经济体制危机

· 社会危机

· 科技进步危机

· 同行业恶性竞争危机

· 媒体危机

从危机的危害程度来分：

1. 大型恶性危机

大型恶性危机主要是指对企业正常运营起到巨大破坏性甚至毁灭性影响的危机。一般有以下几种：

企业在飞速发展过程中突然面临“资金链”的断裂而使企业陷入谷底深渊，不能重生；

企业高管人事的突然离职或突然死亡给企业以致命一击，使整个企业运行陷入瘫痪状态；

产品质量危机，如雀巢奶粉含碘超标事件、肯德基“苏丹红”事件、高露洁牙膏“致癌物质”事件等。

之所以称之为大型恶性危机，顾名思义，就是因为其影响重大。因此在处理这类危机的时候要格外用心，企业高管要给以更多的重视。在此类危机爆发时，盈利已经不是企业经营的首要目标了，除了基本的运营管理外，企业应该集中所有力量度过危机。只有在危机中生存下来，企业才有发展壮大的可能。在这个过程中，管理者可能会被迫做出很多艰难的决定，这些决定很可能给公司带来巨大的损失，但是企业的文化是不可以放弃的，“服务社会、顾客至上”的原则是不可以违背的，只有赢得了大众的信任，才能赢得今后更广大的市场。

2. 中型危机

大部分企业所遭受的都是中等危害程度的危机，即使有时候遭遇的是大型恶性危机，也会通过一些手段和应急措施，大而化小，逐步转变为中型危机，将其影响降低到可控制的最低限度。中型危机主要有以下几种：

企业内部由于制度的不完善或管理沟通不善而导致的风波等。如 2005 年 6 月的“光明牛奶”事件。

媒体关系不和谐而导致的媒体危机。如四川长虹“海外遭巨额诈骗”事件。

外部经济、政治事件带来的影响。如2005年9月2日国务院出台的《直销管理条例》对安利公司的影响。

其他。包括侵权危机、合同危机、文化冲突危机、权力交接危机等。

中型危机的种类繁多，虽然也会给公司带来很大的损失，但是只要处理得当不会有毁灭性的影响。因此对待中型危机，企业要在处理好危机的同时继续做好其他的生产经营工作，不要因为危机的产生就乱了阵脚，失去了工作的重心。中型危机的影响一般不会很长远，除了对一些与危机联系紧密的项目作适当调整外，其他的各项工作都应照常进行，并为危机过后的经营做好准备。

3. 小型危机

其实任何一个危机情况的出现对企业本身来说都是有着相关利益危害的，只有采取有效的危机应急措施或提前预防，将危机扼杀在摇篮里，才算是小型的危机，以此作为企业发展的教训罢了。“吃一堑，长一智”，小型危机能够使企业认识到预防危机的重要性，这才是最关键的。但即使是小型危机企业仍不可掉以轻心。如果认为影响不大，便毫不在乎、任其发展的话，到头来，任何补救措施都将无济于事，不可能出现力挽狂澜的奇迹。因此，对待任何危机，企业都要诚心地去处理，这样才能尽可能地减小损失，在危机中成长。

综上所述，企业危机是复杂多变的，危机公关是难上之难，更是重中之重。企业关注、重视并迅速着手解决所遇到的任何一种危机都是至关重要的。“千里之堤，溃于蚁穴”，危机的影响力是不可小视的，要想企业能够有长足的发展，做好各项危机工作的处理是非常必要的。

危机事件的分析

法国管理学家费尧曾说过，管理不是一个点，而是一条线，是相互联系的运动过程。危机管理也是这样，它的过程是消除企业危机因素的系列活动，是组织或个人通过危机监测、危机预控、危机决策和危机处理，从而避免减少危机产生的危害，甚至将危机化为转机的过程。其具有不确定性、应急性、动态可变性和可操控性等特征。

对于企业来说，首先应该明确危机的形成和发展过程，才能根据相应阶段所呈现出来的特征采取最合适的处理危机的手段。危机大致分为以下四个阶段。

1. 潜伏期

只是有细微问题的出现，常常被管理者忽略。这是危机处理的最佳时期。此时的危机尚未对企业造成大的影响，波及范围不广，容易控制。

2. 爆发期

各种危机问题总爆发，带来极大的影响力。此时是危机处理最棘手的时期，由于危机已经全面爆发，如正在喷发的火山，危害极大，任何犹疑或错误都将直接导致企业组织的崩溃。因此及时、果断、明智的处理是绝对必要的，也不可只静观事变，错失时机。

3. 处理期

企业组织采用各种手段对危机进行控制、处理，力求保护原有的企业形象、文化内涵、商誉地位等。眼前的危机告一段落了，并不意味着就脱离危机了。事件也许结束了，但它的影响还在。不及时处理善后，长此以往，很可能引发新的经营危机、销售危机。如何做好善后工作，也是危机处理的一个决定性步骤。行之有效的处理宣传不仅可以挽救企业于危亡，甚至有可能化腐朽为神奇，变危机为契机。

4. 总结期

这是对危机爆发和处理后的总结反思阶段。总结经验教训，规避不足之处，这也是在风平浪静后必不可少的功课。危机纵然有很多偶然因素，但也有着它的必然性。前事不忘，后事之师。如何在已经经历的事件中汲取教训，为今后的生产经营工作打好预防针，避免类似事件的再次发生，是总结的重中之重。居安思危，通过危机的出现，看清企业潜在的问题，及时给出相应的对策，才是企业发展的长久之策。

在上面四个阶段中，对潜伏期进行有效准确的控制处理无疑是抓住了最佳时段。在此阶段中需要管理者用敏锐的眼光及时捕捉各种隐患，提高警惕并采取各种手段尽可能消除隐患，清除危机因子。因此，相关信息的监控是十分必要的，具体措施有：

（1）随时关注国家出台的与企业发展息息相关的各种经济政策，关注金融市场的变化、国民消费总值变化情况等国家宏观经济环境。

（2）时刻与利益相关者保持产品服务等满意程度的沟通，包括对企业的生产管理、产品质量、服务态度、宣传等各方面的抱怨都要引起足够的重视。

（3）观察企业内部员工的工作状态，检查财务方面有关企业利益的数据走向，如资产负债率、销售增长率、应收账款比率等。

（4）关注同行业和相关行业的状态，所谓知己知彼，百战不殆，需要用心去经营企业。

下表是一些基本的危机预警信号和潜在危机的联系。

表 17-1　企业危机预警信号与潜在危机的关系

预警信号	潜在危机
员工有不满情绪	工作地点暴力事件
令人失望的财务结果	消极的媒体报道，员工流失，士气低落
顾客抱怨	产品回收，失去业务，产品遭到诉讼
年龄过大的总经理或高层决策者	突然或严重的伤害
忽视代理人、会计师或税务代理的建议	罚款或处罚，消极的媒体报道，丧失信任 / 信用
不健全的环保过程	罚款或处罚，昂贵的诉讼，丧失的信用
研究和投资减少	丢失市场份额，糟糕的财务绩效，声誉受损
没有充分考虑员工的工作计划	严重的质量问题，事故，失去业务
没有持续的计划	工作业绩不佳，精力过多集中于组织内部和责任分摊
没有经营计划	由于缺乏战略或技术及长期计划，工作业绩不佳
没有危机管理计划	危机管理不当，消极的媒体报道，声誉受损

中国有句谚语：凡事预则立，不预则废。危机就像是企业成长中的病痛，虽不可避免，但不是不治之症。只要有良好的危机处理机制，有好的治疗方法，还是会很快痊愈，不会对企业的发展产生不良的影响。

危机管理的步骤

如何使危机爆发次数或程度减到最低值，甚至阻止所有危机的到来呢？根据对危机事件形成和发展过程的分析，我们可以制定相应的危机处理应急措施。具体可分为以下六个阶段，分别是危机的预防、准备、确认、控制、解决和最终的总结反思。

第一阶段：危机的预防

危机管理的重点就在于预防危机，而不在于处理危机。对危机进行预防可以将危机扼杀在摇篮里，把损失降到最小。出色的危机预防管理不仅能够预测可能发生的危机情境，积极采取预控措施，而且能为可能发生的危机做好准备，拟好计划，从而自如应付危机。这本该是危机处理中可操作性最强、投入精力最多的部分，但是作为控制潜在危机最简单、花费最少的方法，危机的预防却经常被管理者完全忽略，这也是现代企业家认识的盲区所在。一个完善的企业，不仅要生产经营上力争上游，良好的危机监控也是必不可少的。这也是大多数成功的跨国公司所奉行的原则。危机预防措施主要有如下几个部分。

1. 危机预防措施

（1）树立强烈的危机意识。危机管理的理念就是居安思危，未雨绸缪。在企业经营形势不好的时候，人们容易看到企业存在的危机，但在企业如日中天的时候，居安思危则并非易事，然而危机往往会在不经意的时候到来。所以，企业进行危机管理首先应树立一种“危机”理念，营造一个“危机”氛围，使企业经营者和所有员工面对激烈的市场竞争，充满危机感，理解企业有危机，产品有危机。

（2）建立危机预警系统，编写危机管理培训教程。在企业中培养专业的危机处理人员，随时做好应对危机的准备。

（3）成立危机管理小组，制定危机管理计划。危机管理小组不应该在出现危机的时候才有，而是应该长期存在于企业中，实现对危机的监控和管理。在百事可乐公司，有一个四人组成的核心危机小组对潜在可能升级的事件保持着警惕。这个小组由来自公共事务部、管理事务部、客户关系部及运营部的有经验的危机管理人员组成，它对每一事件进行评估，在需要时还可借用百事可乐公司内部的各方面专家。它要迅速地解决问题，并与客户、管理官员、媒体和其他任何受到这一事件影响的人进行有效的沟通，确保出现任何问题时，公司最高管理者能迅速地了解状况，及时地做出反应。

（4）对方案进行实践性演习。实践证明，实践性演习是十分必要的。危机管理是一个复杂的过程，中间有太多细节性的问题需要注意，因此再好的计划也难保周全。演习的过程使人们能身临其境，发现很多平时注意不到的问题，同时也能增加团队的实战经验，使今后的危机处理工作更加万无一失。

（5）保持与政府、媒体及相关部门的沟通。当危机发生时再四处求助，往往会错失危机处理的黄金时间。公关部门应当随时和当地政府、媒体以及相关部门保持良好的关系，及时了解各方面的信息，以便在危机来临前能有所准备，并在危机发生时赢得更多的支持，而不是四面楚歌。

2. 危机计划的审定

比较重要的一点是，在危机计划进行实战演习前，我们要对其进行审定，增强其应用性，使实践更加接近现实。危机计划的审定应把握住以下几点。

（1）可行性。可行原则是指危机管理计划要具有可行性，不可只求表面的新颖别致。危机管理计划不是做来看的，是要付诸实践的，真实有效才是最重要的。有的危机管理计划只有空洞的想法要点，没有具体内容，在应对危机时不能发挥指导作用；有的则过于纷繁，耗资巨大，根本无法实施。因此在审定时，要结合实际，剔出不可行的计划。

（2）务实性。务实原则是指审定危机管理计划是否符合社会组织的实际情况。组织往往会根据专业知识和以往的成功经验来制定危机管理方案。殊不知，时过境迁，经验有时已不再适用。不同的社会组织规模、经营范围、经济实力、公共关系基础等都会影响到计划的实施效果。如果不经过审定就草率实施，很可能是漏洞百出，甚至无法执行。所以，制定危机管理计划时应该深入了解本社会组织的实际情况，审定适合自己的计划。

（3）仔细。仔细原则是指审查危机管理计划是否遗漏了某些重要的方面。危机管理的复杂性决定了每个计划都要涉及非常多的方面，稍有不慎就有可能遗漏重点，酿成大祸。而危机管理小组成员在制定计划时，往往因为对问题太过熟悉或太过自信而不会将所有的细节都一一研究，并做成书面文件。在审定的时候，应该考虑：危机管理计划的详细程度和标准是怎样的，它的阅读对象是危机管理小组的成员还是一般员工，必须针对不同的岗位设立不同的标准、不同的表达。只有做到让所有人拿到这份危机管理计划都能看懂，计划才能真正得以实施。

（4）全面性。全面原则是指审定危机管理计划的内容应保证涵盖危机管理的全部过程和各个方面。为了确保危机处理的彻底性，在突出重点的同时，还要兼顾危机涉及的各个方面。例如，危机预防、爆发、处理和善后各个阶段的工作是否都有了安排，是否有对其间突发事件的处理预案，相关方面的协调是否都列在了计划中。在审查危机管理计划时，一定要从全面和全局的角度来考虑。

当然，由于一些不可抗力的因素，预防并非就能保证万无一失，所以在预防这个关键的过程中，管理者的心态很重要。预防的目的就是要尽量减少风险和潜在危机爆发的可能性；但是当危机真的不可避免时，也要调整心态，正确面对，确保收益与危机相称。值得注意的是，即使对于无法避免的危机，事先也必须有恰当完善的保障机制。只要有专业的危机处理机制，在危机发生时，正确、迅速地做出反应，危机并不可怕，相反有时还会给企业带来意想不到的收益。

第二阶段：危机管理的准备

当预防工作失败的时候，灾难必将来临，这就引出了危机处理的第二个阶段——危机管理的准备。大多数的管理者整天都要面对来自市场各方的压力，根本无暇考虑还未发生的事情。但是危机是随时可能发生的，等到其爆发时才着手处理，损失已成定局，再也无法避免。此时的打击很可能是沉重的，甚至可能将经营者多年的心血毁于一旦。因此，无论多忙，想要企业健康长久的发展，危机处理的准备工作一定不能放松。

即使作了预防措施，为保险起见，企业还是必须做好危机来临的各项准备。除了做好各种应急措施及处理小组人员的准备以外，还需要做好心理上的准备。在任何时刻，都需要怀着最坏的打算去努力，这样才能在危机来临时从容不迫，并按照既定计划有条不紊地实施，将损害降到最低。请注意，在这个过程中，细致谨慎的做事态度是必不可少的。企业在危机中是非常不稳定的状态，媒体的关注度极高。“千里之堤，溃于蚁穴。”任何一个员工的失误都有可能引发新一轮的危机。因此，和预防工作一样，在危机管理的准备工作中，演习也是十分重要的。

所以，除了建立一个危机处理中心、制定应急计划、事先选好危机处理小组成员以外，还应提供完备的、充足的、有效的通信系统，这是危机处理时实现良好的团队协作的保障。因为有时上级的决策是正确的，但是由于信息传达不及时或不准确，导致了最终执行上的错误，使整个处理过程显得上下不一，这对已处于危机的企业来讲无疑是雪上加霜。良好的通信条件能使企业高层管理者的决策能迅速、准确地传达到下级执行者，避免了因传输问题而带来的不必要的麻烦。

第三阶段：危机的确认

在危机发生时，即使有所准备，人们还总是不愿承认这个事实。但逃避并不能解决问题，它只能延误时机，带来更大的灾难。因此当危机发生时，我们首先要做的就是坦诚面对。管理者需要对之前预想的危机是否真正发生进行确认，并在此阶段中准备鉴别危机的性质、特征、影响范围以及今后可能的发展方向，并以此为导向，策划后面的危机管理工作。危机确认的结果将直接影响到今后所有危机处理工作的方向，此时决策失误是难以弥补的。而在危机处理中，时间又是最宝贵的，管理者不可犹豫不决，要迅速地做出判断，并赶紧展开行动。因此，这一阶段的工作也是最具挑战性的。

第四阶段：危机的控制

危机不可避免地爆发后，企业应立即着手解决、控制局面。在这个过程中，需要具体情况具体分析，根据不同的状况采取不同措施，但首先要做的就是控制住损失。这中间可能要求做出一些艰难的决定，并且要果断迅速，这是很困难的。此时的管理者不是掌握的信息太少，就是一下子突然了解到许多从来不知道的信息，因此抓住重点、平衡处理问题的能力受到了影响，容易有判断上的失误。但此时你一定要做些什么，因为人们往往不关心企业所遭遇到的危机是什么、有多严重，而是关心负责人的关注态度和处理方式。

值得注意的是，当威胁公司声誉和生存的情况出现时，公司的最高管理者必须亲自前往"救灾第一线"，这是公司重视程度和良好处理态度的最好体现。处于灾难中的员工们需要的不是一个传令者，他们更希望得到最高统帅的直接领导，来振奋士气。

另外，危机发生后，不要怕对外公布。经验证明，多披露比少披露好，即使要冒损害自身法律地位的风险也是值得的，毕竟信誉比法律地位要重要得多。危机爆发的企业处于媒体的高度关注下，如果没有准备好，急着结稿的记者会找准备好的人来说的。"无可奉告"这类话在全球通信迅猛发展的今天是危机处理的大忌。

选择不对外公布往往会弄巧成拙。美国最伟大的商人沃伦·巴菲特曾说过："首先，清楚地说明你并不了解全部情况，然后迅速地将你知道的说出去。你的目的是正确对待，迅速处理，公布消息，最后将问题解决。你一定懂得，问题不会因时间的推移而自行得到改善。"我们在行动，危机就有化解的希望。具体来说，首先需要让已经有所准备的危机小组专职人员开始行动；其次才是专门的新闻发言人发表统一的言论，这也是非常重要的，只有统一口径才能真正避免灾难的发生；最后，采取各种可能的途径去弥补，包括保护消费者的利益、与政府等相关部门沟通等。

第五阶段：危机的解决

危机不等人，解决危机，最关键的就是速度。这就如逆水行舟，如果没有及时有力的补救措施，以前的努力也会前功尽弃。在情况稍微稳定后，企业要做的就是处理好企业内部的问题，切断危机的根源。这时的关键是要安顿人心。危机爆发后，不仅运营商和消费者对企业的信任会受到影响，企业员工的信心也将大大受挫，这就是危机爆发期员工流动率增加的原因。俗话说“攘外必先安内”，想要解决好企业自身的问题并化解危机，员工的配合是根本，因此必须先做好员工的情绪管理，稳定企业的情况，再开展进一步的工作。根据危机的种类和危机产生的原因，企业管理者应该对症下药，尽快解决问题。

而且，在问题的处理过程中，要懂得利用媒体，将企业的决策、解决办法和成效有选择地、及时地向媒体通报。这不仅可以逐步消除运营商和消费者的疑虑，也可以增加企业的曝光率，提高企业的知名度。正确地运用媒体关系，有可能进一步提高企业的声誉，这也是危机公关最终的目的，即做到在危机中受益。例如，危机管理中的经典事件——强生“泰诺”危机发生时，虽然危机导致的大批药品召回和产品的重新包装给公司带来了巨大的损失，但正是这次危机让公司再一次强有力地向世人证明他们对客户的关心和对于标准的坚持，为公司赢得了更高的声誉。此外，公司对营销商的优待也为公司赢得了更多的支持，为今后其他产品的销售打开了一个更广的销售网络。

最后，在危机末期，受害公众的相关赔偿一定要妥善处理，除了金钱上的赔偿外，还应在允许的范围内给予适当的精神上的慰藉。受害公众的处理是危机处理的最后一步，千万不可在此处出任何差错，否则将引发新的信誉危机，以前所做的努力都将成为泡影。

第六阶段：总结反思

这是危机处理后的一个阶段，也是收获最大的一个阶段。“吃一堑，长一智。”企业需要在每次危机过后认真总结反思，为日后更好地管理企业和内部员工起到战略性的作用。具体来说，应该对危机处理情况作全面调查、评估，并将检查结果写出详细的书面报告，以便向董事会和股东汇报，向公众和媒体公布；有些重大事故也可以采取刊登广告的形式进行自我检讨。通过总结反思，找出企业潜在的问题，将经验教训写入危机管理的培训教材，以事实为鉴，教育其他员工，唤醒整个企业的危机管理意识。同时进一步修正危机管理计划，使其在实战中不断完善，以应对今后可能到来的更大的危机。此外，企业公关部门还要根据危机的影响情况，迅速制定恢复企业社会形象、产品信誉和重返市场的具体措施计划。在危机发生后的最短时间内完全消除危机的不良影响，使企业能够最快地重返战场。

总结以上所说的，危机管理流程见图 17-1。

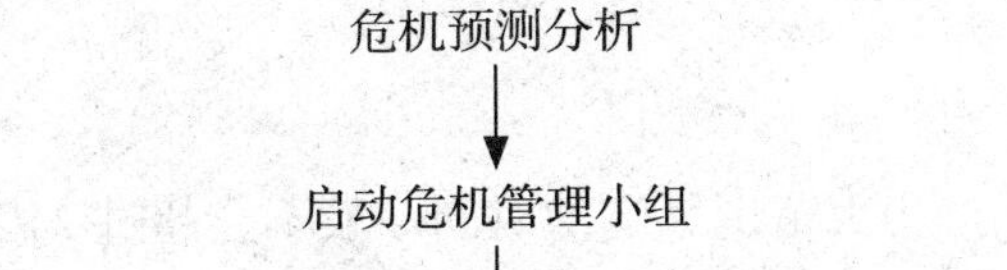

图 17-1　危机管理流程

此外，在管理的过程中，对专业危机管理小组人员进行培训、建立处理危机关系网、印制危机管理手册等都是值得借鉴的好方法。总之，企业在没有发生危机之前，要竭尽全力避免让公司陷入危机之中；一旦发生危机之后，则需要用平静的心态接受它，并及时采取有效的手段进行控制，力求不影响企业商誉形象，这对企业的长远发展有很深远的意义。

如今大多数企业的经营都是面向大众的，因此我们不可以无视公众的存在。机构的信誉比大多数人所认识到的要重要得多。企业经营的制胜关键是信誉。当你迫切需要人们相信你的时候，人们能否相信你，取决于在危机前的多年间你的公司在公众心中建立起的信任度。

危机处理的原则

1. 快速反应

危机从发生到产生大范围影响的时间一般不会超过 24 小时，所以一定要在第一时间做出反应，把握好“黄金 24 小时”。危机处理的难度是与企业处理危机的速度成反比的，速度越快，损失就越小。快速反应原则是指危机一旦爆发，就必须及时地予以控制。危机爆发时，会造成一定程度的混乱，给人造成心理上的恐惧和紧张，各种谣传也随即四起。如何引导舆论、稳定人心便成为危机处理的首要任务。危机发生后，公关人员应该协助组织积极采取应急措施，及时处理，并与各新闻媒体取得联系，及时做好报道。如果对危机采取不屑一顾或不以为然的态度，就会延误危机解决的时机，使企业蒙受更大的损失。

2. 态度真诚坦率

组织在实施危机公关的过程中，无论是对组织内部的员工，还是对新闻媒体、受害公众等，都必须坚持真诚坦率的原则，不能隐瞒事实真相。俗话说“纸包不住火”，事实是掩盖不住的，与其让媒体或竞争对手来揭露，使企业处于意外被动的地位，不如主动承担。在事情发生时及时处理，并适时向公众揭露真相，使公众了解情况，理智地做出分析判断。这样就可以掌握主动，创造有利于自身的媒体导向。

组织领导者应持积极的心态处理危机事件，以认真负责的态度对待公众媒体等。通常，领导者的态度与危机处理的速度和难度是成正比的。态度越好，处理速度越快，处理难度也越小，效果越好。

3. 透明公开

在处理和解决危机事件的过程中，应该积极主动地公布相关信息，以避免公众产生误解，从而影响企业在公众心目中的形象。任何危机事件的产生都必然会引起社会公众和新闻媒体的关注，封锁消息只能增加公众的主观臆断或推测，无助于问题的解决。“流言止于智者”，增加透明度，公开相关信息，流言会不攻自破。

4. 维护信誉

在任何时候企业的信誉就是企业的生命，没有信誉的企业是无法长久的。因此，在处理危机事件时，企业领导者必须重点维护组织的形象和信誉，并通过卓有成效的努力重塑形象，重建信誉。危机事件发生后，组织的公关部门应该及时公布真相，并积极主动地采取各种措施。无论组织要付出多大代价，一定要获得公众的信任，争取公众的谅解与配合，把握社会舆论的主动权，变不利因素为有利因素，尽快恢复社会声誉。

5. 积极、准确、专业化

要有专门的危机管理小组来处理该过程中的细节，准确传达事实情况，并明确企业对此危机的反应对策等，做到企业处理危机的系统化。适时积极出击，让外界感觉到企业对该危机是抱着处理解决的态度的。专业化的队伍会使企业的危机处理更适合、准确，可以提高危机处理的成功率。

6. 以人为本

要急他人之所急，想他人之所想，及时地沟通有关信息，关爱危机中的受伤群体。无论危机事件有多严重，也无论组织是主要责任者还是次要责任者，组织都要勇于承担和面对危机事件。做到时刻把受害者和公众的利益放在首位，敢于承担责任，对财产损失应合理赔偿，对伤亡人员应为其本人或其家属提供医疗、伤亡抚恤等，从而以负责的态度和积极有效的行动赢得公众的谅解和支持。2003年8月的“假红牛”事件里，起初红牛公司对事件的严重性估计不足，但当事件发生后，他们临阵不慌，出手“快、准、狠”，立即确认危机的性质，召开紧急会议，向公众如实地澄清事件的真相，最终消除了可能带来的负面影响。在这过程中，红牛公司处理最恰当的便是遵循了企业经营的“黄金准则”——顾客第一。红牛公司充分考虑了消费者的利益，与客户进行了及时有效的沟通，取得了消费者的信任，成为危机中的赢家。

7. 加大力度

组织管理者必须力挽狂澜；采取有针对性、超常规、强有力的措施控制事态蔓延，加快危机解决的速度，把损失降到最低。每当公众关注某一事件之时，公众的尺度往往较平时更为苛刻，因而只有采取比平时更严厉、更迅速、更强有力的措施，才可能在公众面前赢得信任，昭示诚意。

危机处理的方式

企业遇到危机事件时应及时调查，迅速了解事件全貌，判断危机的性质和原因，认真听取公众意见，选用恰当的方式处理，恢复发展企业的良好形象。应对不同种类的危机，有很多不同的方式，应当根据实际情况的发展灵活应用。以下介绍几种比较有特色的方式。

1. 快速式

快速式处理危机，强调只依靠自己，通过企业自身的努力来迅速确认危机性质，深入危机公众，控制事态发展，消除危机事件。主要针对企业外部原因导致的中小型危机。例如，由公众误解引起的危机，如社会上的流言和不良报道、专家及新闻工作者的误报、竞争对手的恶意中伤等都会造成公众对企业的误解、指责和怀疑，使企业陷入危机中。在这类误解性危机中，企业本身并没有实质性的问题，不涉及人身、财产等重大伤害，影响范围不会太大。因此企业可以独立处理，快刀斩乱麻，尽快解决问题，以免由于处理不及时或牵扯过多的精力，导致大范围扩散。这时采取快速式的处理方法比较好。

2. 协商式

协商式处理危机，关键是争取意见领袖的支持。所谓“意见领袖”是在某些时间较长、危机性质比较严重且涉及人身、财产的重大伤害的危机处理过程中，公众中出现的代替受难者的组织领导，如受害公众、政府部门、新闻部门和民间权威性组织等。这些“意见领袖”对其他公众有较大的影响力，能左右公众舆论。这时组织要消除危机，就必须和这些“意见领袖”进行协商，争取他们的配合，借助他们的力量来说服公众。这样才能更快、更好地消除公众心中的疑虑，使其转变态度。协商式的处理方法需要双方当事人的共同努力，因此需要的时间周期较长，主要适用于大型危机，尤其是危及公众利益的危机。

3. 进攻式

进攻式处理危机，重点是要找准出击的地点和时机，在要害处给以致命一击，迅速从根源上解决问题。组织面临受害型危机时，采取进攻式危机处理方法比较合适。所谓受害型危机是指他人未经许可以假冒企业产品或其他卑劣手段来陷害竞争对手，使企业形象受到损害，遭受损失。对于这类危机事件，企业要正面反击，通过自己的力量，依靠法律，解决危机。

4. 迂回式

迂回式处理危机，是通过各方的通力合作，依托相关的权威机构或人士向社会公众发布信息，提出约请，以影响乃至调节环境系统，从而改变危机局面。危机的复杂性决定了在危机处理的过程中必定要有企业上下的合作，在危机波及范围较大的时候也需要企业主动去寻求外部帮助。对于那些单凭自身之力无法有效控制解决的危机，应该依据不同情况，采取迂回战术，通过不同的渠道，一步步地减小问题的影响，进而解决问题。

5. 以退为进式

以退为进式处理危机，是指企业在危机产生的初期就迅速地承认错误，承担责任，而后再通过对企业内部问题的解决处理来向公众昭示企业的实力和危机的解决。企业危机的原因和责任在于企业自身是需要以退为进来处理的。即使当危机的原因和责任不在于企业自身，而在企业外部甚至是消费者或传媒误导时，企业运用以退为进的方式也是一个很好的选择。它可以更好地体现出企业的大度和对消费者的诚心，有利于更好地树立企业形象。

危机后的形象重塑过程

危机意识的真正境界就是，在危机得到了有效的控制解决后，还能清楚地知道这并不意味着危机处理的工作结束了。为什么呢？有研究表明，危机困扰的时间平均为 8 周半，没有应变计划的公司要比有应变计划的公司长 2 ~ 5 倍；危机后遗症的波及时间平均为 8 周，没有应变计划的公司要比有应变计划的公司长 2 ~ 5 倍。这样算来，在企业积极准备应对并使危机得以控制解决的情况下，危机影响企业正常生产经营的时间大概是 16 周，也就是 4 个月；未做准备和应变的公司的影响周期将是 8 个月，甚至两年。在当今经济迅猛发展的时代，每天都有很多新企业诞生，每天都有很多不同的公司面临倒闭关门的危险，两年后企业经营的项目也许早已停产，企业关门了事。但是 4 个月又会有什么变化呢？当时的沙场是否已江山易主？想要在危机过后重振雄风，继续企业在业内的霸主地位，不仅要有专业的危机处理机制，同时还要有有效的危机后的形象重塑计划。

在危机处理结束后，企业需要在危机处理的中期就根据各种已发生的事件制定相关的危机后的形象重塑计划。其主要内容有以下方面：

1. 总结教训

对事故发生的原因和影响进行分析，以避免类似事件的发生，也为将来的危机处理积累经验。

2. 确立重塑形象的目标

明确的目标可以给我们的形象重建工作以指引，使我们在工作上能够抓住重点，加大效率。重建良好的公关形象的目标大致可分为以下四个方面：

（1）使危机事件的受害者及其家属得到最大的安慰；

（2）使利益受损者重新获得作为支持者的信心；

（3）使观望怀疑者重新成为真诚的合作者；

（4）更多的获得事业上的新的关心者和支持者。

3. 制定有效措施

这些有效措施主要包括两个方面：

（1）对组织内部，组织应急机构，研究应对方案，所有领导对外表态都应按方案实行，不得各行其是使公司利益和形象受损。

措施研究期间，一是要以真诚和坦率的态度安排各种交流活动，以形成组织内领导与员工之间的上情下达、横向连通的双向交流，保证信息畅通无阻，增强组织管理的透明度和员工对组织的信任感；二是要以积极主动的态度动员全体员工参与决策，制定出组织在新的环境中的生存和发展计划，让全体员工对企业的未来充满信心；三是要进一步完善组织管理的各项制度和措施，有效地规范组织行为；四是要教育员工树立“预防就是一切”的危机管理意识，把危机管理纳入企业的正常管理之中。

（2）对组织外部，一是要与媒体沟通，争取他们“公正地、客观地、全面地、深入地”报道，也就是说，争取媒体不要遗漏对已有利的宣传报道；二是要同平时与组织息息相关的公众保持联络，及时告诉他们危机后的新局势和新进展；三是要重新开始广告宣传工作，针对组织公关形象受损的内容与程度，重点开展有益于弥补形象缺损的公关活动，与广大公众全面沟通；四是要设法提高组织的美誉度，争取拿出某些过得硬的服务项目和产品在社会上公开亮相，从根本上改变公众对组织的不良印象；五是开展重建市场的工作，使企业在最短的时间内恢复最大的市场占有率，挽回将来可能存在的经济上的损失。

4. 借助公众和政府的力量，广开言路，集思广益，收集、整理对公司管理上、制度上的意见、建议，有必要的可以在网上、电视上、报纸上公开征集，进行梳理后，尽可能地给予采纳，使公司真正从事故中吸取教训，得到进步提高。借助政府的力量，树立公司的形象。

5. 重新争取市民的认同。创造和利用新闻、适当开展赞助活动、树立先进典型，运用名人效应、适当降价、实行管理公开等。

危机得到了处理并不意味着企业就脱离了危机，危机公关还没有进入重建的组织良好形象的营运阶段，只有当组织形象重新得到建立，才谈得上是转“危”为“安”。

总之，危机并不等同于企业失败，危机事件会给企业带来极大的危害，但危机之中往往孕育着转机，往往也是组织向社会显示其高超的传播能力和生存能力的好机会。只要做好危机处理工作和危机后的形象重塑工作，企业在危机中收获信誉还是很可能的。

例如，危机处理的经典案例——强生公司“泰诺”事件就是一个很好的证明。

1982年9月，美国芝加哥地区发生有人服用含氰化物的泰诺药片中毒死亡的严重事故，一开始死亡人数只有3人，后来却传说全美各地死亡人数高达250人。其影响迅速扩散到全国各地，调查显示有94%的消费者知道泰诺中毒事件。事件发生后，首席执行官吉姆·博克（Jim Burke）认为必须采取强有力的措施来保证公众的安全和恢复公司最畅销产品的信誉。首先，强生公司立即抽调大批人马对所有药片进行检验。在最终的死亡人数确定为只有7人后，强生公司仍然按照公司最高危机方案原则，即“在遇到危机时，公司应首先考虑公众和消费者利益”，不惜花巨资在最短时间内向各大药店收回了所有的数百万瓶这种药，并花50万美元向有关的医生、医院和经销商发出警报。

对此《华尔街日报》报道说：“强生公司选择了一种自己承担巨大损失

而使他人免受伤害的做法。如果昧着良心干，强生将会遇到很大的麻烦。”泰诺案例成功的关键是因为强生公司有一个“做最坏打算的危机管理方案”。该计划的重点是首先考虑公众和消费者利益，这一信条最终拯救了强生公司的信誉。

此外，日本名古屋褚木电力公司曾因污染当地海水，严重影响渔民生计而引起渔民的强烈抗议，公司形象严重受损；在环境污染风波刚平息时，又因电的成本提高而提升电价，引起消费者的强烈不满。为了改变这一形象，公司在随后的几年中花大力气开展了一系列消费者亲善运动，收效显著。尤其是让公司员工在工作时间访问顾客，让公众了解能源危机和公司正在采取的措施的举动，使公司在公众心目中的形象得到了很大的改善。

总经理
管人
管事
管利润

下篇
总经理如何管利润

经营企业，最终的衡量指标只有一个：有没有利润？赚不赚钱？

美国英特尔公司前CEO安迪•格鲁夫曾说："做企业不赚钱就是犯罪。"

无独有偶，2014年7月中旬，京东商城创始人刘强东在母校中国人民大学演讲时，也谈到了这个话题，"当一家不赚钱公司的总裁可耻，我也有可耻的感觉，不能为股东创造利益……"

关于企业和利润的关系，营销管理大师吉姆•柯林斯说过这样一段话："利润就如生命所需要的阳光、空气、食物和水，没有这些生命就无法生存，但这些既不是生命的本身，也不是目的。"

在中国电视机产业史上，发生过一段遗憾的往事。1995年以来，中国的彩电企业异军突起，长虹、TCL、康佳、海信、海尔、创维等中国企业，通过价格大战的方式，兼并重组了各省市效率低下的小厂商，与此同时，把原来占据中高端彩电市场份额的日本电视机，也赶出了中国的家用市场。但是长期的价格大战，让整个彩电企业整体利润微薄，没有能力投资开发新一代的数字电视。到了2005年之后，居民的彩电需求更新换代时，日本和韩国的等离子电视机、平板电视机卷土重来，凭借其先进的技术和稳定的性能，重新夺回了民族品牌的市场份额。

这一段产业往事，至今令人记忆深刻。如果企业长期没有利润，或者利润微薄，那么短时期内尽管可以靠着低价格抢城掠地，但长期看却是发展乏力的。

第18章

不懂财务，就当不好总经理

总经理作为企业的决策者和经营者，必须时时刻刻紧绷着财务这根神经，要学会从财务的角度去考量管理措施的可行性。

有一家拉面馆的老板，雇了一名拉面师傅，自己既是收款员又是服务员。当他出去送外卖的时候，只能请店里的客人吃完饭后把钱放在桌子上。但是竟然有客人逃单，不付钱就走了。

记者采访了这位老板，并刊发了新闻，引起了社会的热烈讨论。有的人指责那些逃单的客人，批评他们的人品和道德。有的人指责这位老板不懂管理，为何不请一名员工专门送外卖？

指责客人的道德，在短期内是解决不了问题的。如果你是这位老板，你会再请一名员工专门送外卖吗？

这个问题看上去是一个管理问题，实际上却是一个财务问题。

这位老板最终还是没有请人来送外卖。因为他经过统计，发现客人逃单的现象虽然时常发生，但每月的总额却不会超过500元。如果雇一个人来干活的话，至少每月要增加3000元的薪金开支。因此，增加人手这个建议，虽然在解决客户逃单问题上是高明的，但在财务上却是不明智的。

这就是看问题角度的差异，从管理角度看，雇一个人解决顾客逃单问题，是没有什么问题的，但是从财务的角度看，这却是一个不理性的决策。

企业管理者必须懂财务，懂账目

当今社会，市场信息瞬息万变，使任何一个市场主体的利益具有不确定性，存在着蒙受经济损失的可能。同时，市场经济条件下，企业经营环境复杂多变，风险越来越大，企业要确保利润最大化，必须增加销售、降低成本，确立财务管理在企业管理中的核心地位，发挥财务的预测、决策、计划、控制、考核等方面的作用，这也是由财务管理工作的性质和特点所决定的。如果一个企业家既拥有西方先进的财务管理知识，又能与中国企业实践密切结合，他将有可能成为中国企业的管理大师。

我们很难相信一个看不懂财务报表，不能进行企业分析的人能对企业做出正确的经营决策，因此也就没有资格担任企业的管理者。近几年来，这种概念逐渐被国内企业所认识。国内大中型企业也都陆续开始安排管理层人士加入对财务管理、企业分析等方面的学习。

现代的商业经营，也是一个数字化经营的年代，因此，每一个企业管理者，必须具备识别账目的能力，因为企业的各种会计报表，无非是一些数字，对于外行的人来说，只是一些无联系的数字堆积，其实这些数字也堆积着无穷的经营信息，这些信息能使经营者了解企业过去或当前的经营状况，也能预测未来的经营前景诊断企业遇到的问题。可以说一套完备、详尽的会计资料就是一个企业的画像，就是一个企业的解剖图。但是很少有企业家主动关心财务知识。他们总是似乎害怕这些数字，在等待签字的财务人员面前装知识的高深："就这么定了。"

所以管理者要学习财务知识，看懂账目，喜欢数字，只有这样才能合理筹集资金，满足生产经营活动的需求，使资金取之有道，用得其所，得到合理配置，增收节支，即降低成本费用，增加盈利，必然会产生各种各样的耗费，并取得一定的成果；正确分配盈利，及时完成上级财政税收的任务。

管理者可以做到以下几点：

（1）经营者可以吸收不同的资金筹集办法、方式。不同来源的资金，其可以使用的时间长短，对条款的限制以及成本的大小都不相同，这就需要经营者在筹集资金时认真考虑其资金结构的合理性，所担风险和资金成本的大小等因素，从中选择最有利的筹资方案。

（2）经营者要倾向资金对服务态度的控制、调度、核算和分析工作，增产节约，增收节支。处处精打细算，把有限的资源用在刀刃上，少花钱多办事。在资金运转中，首先要及时组织资金偿付债务，避免出现资不抵债的问题，其次应根据现有资金，把握投资机会，最后是建立健全资产管理责任制度。

（3）应按规定履行纳税义务，好按规定交纳增值税、营业税、所得税。并合理分配利润，将所实现的利润分为三部分，一是提取各种基金，形成企业积累；二是向投资者分配利润，如上交国家、发放福利等，三是作为未分配利润，待留以后年度分配。

（4）实行财务监督，维护财务纪律，财务监督是根据国家和财务局的有关政策、法令，借助价值形式对企业活动所进行的控制和利润，其目的在于执行国家财经纪律，促进企业规范经营。

任何项目，财务先行

财务就是企业的粮草，项目开发前，先要敲定财务计划。因为资源配置是一门学问。企业的资金配置是企业怎样将有限的资金运用到边际效益最高的用途上去。通俗地讲，就是用最少的钱办最大的事。人才、资金、技术、信息都是现代企业重要的生产要素，而资金由于其可计量性和管理手法成熟等特点，往往成为判断企业管理效益的首要指标。优化企业资金的内部管理对企业利润的增长有极为重要的意义。

很多企业的财务管理都滞后于项目启动，资金在内部的分配极为不合理，存在着如生产环节费用少、管理费用多等各种弊端。这些问题充分暴露出我国的财务制度和企业的财务工作有诸多问题。

没有明确的财务计划。财务计划是联结采购、生产、销售、行政管理等计划的中心环节，应该在经营计划中处于核心地位，是实现企业战略的根本保证。为了避免“不该花钱的时候乱花，该花钱的地方没钱花”的情况发生，小到个人的理财计划，大到国家的财政预算，处处体现资金预先有计划配置的重要性。

企业财务计划包括一般性的支出约束和具体项目的财务报告两方面，前者是为了维持企业内部的经营秩序，后者则表明了财务部门对企业决策的态度，任何一个大的项目都是需要财务可行性分析的。

而“爱多”VCD 的多项经营活动，根本没有财务部门出具的可行性报告，也就难免造成资金浪费。如当“爱多”的市场认知度已经达到 90% 的时候，采取一般性的广告投入即可维持，继续大量做广告也难以使认知度有显著提高，因为广告的效应也是边际递减的。然而“爱多”此时仍然以天价去争中央电视台标王，这个决策固然浪漫，但却缺乏基本的财务理性。

财务管理漏洞大也是当前我国经济生活中突出的问题。如果说财务计划、财务监督等方面不完善是由于制度建设不够而产生的客观问题，那么财务管理漏洞的主观性更突出一些。尤其在国企，损公肥私的手法大多是通过人为的财务漏洞实现的。我们所知道的已破产的国企哈尔滨阿城糖厂是财务管理混乱的典型。该厂的人员从农民手里收购甜菜是每吨 100 多元，到了厂里就变成了每吨 356 元，谁也说不清楚这中间的差价是怎么来的。在该厂破产以后，清理人员在横七竖八摆放的账本里查出 1665 万元的银行账款不知去向，混乱情况可见一斑。

我们不应该只停留在正确认识资本、善待资本的呼唤和论证中，更重要的是懂得资本来了我们怎样运用并使其发挥最大的作用。而在学会使资本收益最大化的漫漫征程上，财务管理就是我们极为重要的第一课。

总经理必须看懂的三张表

会计报表是综合反映企业一定时期财务状况和经营业绩的总结性书面文件，它是在日常会计核算资料基础上，对其进行加工、整理归类、汇总、编制而成的，是对企业经济活动方面的货币资讯逐步进行高度概括、集中、汇总，使之条理化的过程。因此，会计报表是对企业经济业务的最高度概括总结，是每一个经营者在短期内了解企业经济状况的必经之路。学会看懂、分析会计报表，对企业经理人员有非常重要的作用。

财务报表主要指资产负债表、利润表和现金流量表这三份主表，那么，企业经理人员怎样才能用最少的时间从财务报表中获取满足自己的资讯？主要方式如下：

（1）如果企业经理人员取得的是企业的年报表资料，由于年报比较详细，在阅读时可以先阅读报表后面的《财务状况说明书》，然后再看《报表附注》，最后再将《财务状况说明书》上所计算资料与会计报表进行简单核对。

（2）如果企业经理人员取得的是企业没有财务状况说明书的月报或季报，可以先简单阅读报表中大的专案，然后再根据看表的目的，决定计算分析哪些指标：

第一，当经理人员决策是否向对方投资或贷款时，应重点分析对方三个方面：一是对方营运资金的多少。营运资金是指企业流动资产超过流动负债的数额，营运资金越大，表明对方偿债能力越强；二是分析对方资本结构，特别是资产与负债、资产与所有者权益的比例；三是分析对方获利能力。

第二，当经理人员要了解企业短期偿债能力时，重点分析流动比率、速动比率、现金比率、应收账款周转率和存款周转率。

下面分别介绍企业家如何通过三张主表获得自己所需要资讯的原则。

一、浏览资产负债表的作用

1. 企业所掌握的资产—资产

在资产负债表上，资产分为流动资产、长期投资、固定资产、无形资产、递延资产和其他资产等类别。

2. 企业所负担的债务—负债

在资产负债表上，企业负担的债务分为流动负债和长期负债两类。

3. 企业的偿债能力

企业偿债能力大小可以通过资产负债表中有关资料的比例关系看出，在后面报表分析中要进行详细介绍。

4. 所有者在该企业持有的权益

企业资产总计减去负债总计后的余额表示企业所有者对企业净资产的拥有权力，称为所有者权益。

5. 企业未来的财务形势和趋向企业未来的财务形势和发展趋向主要是通过企业报表本年资料与上年资料比较来获取。

二、利润表的作用

1. 利用损益资料衡量业绩

一个企业刚刚开张，需要购买存货和购置设备，可能会出现严重的现款短缺，不能就此判断企业的资金状况很坏。衡量业绩的好坏，经理人员必须充分利用有关企业损益的资讯。如果该企业本年度利润为正，说明有利可图，创业期经费紧张是很正常的。如果与同行业水平去年同期相比，企业利润呈增长势头，说明企业发展具有潜力，值得持续经营下去，解决经费短缺问题自然不在话下。

2. 用损益资料调节矛盾

损益是企业内部和外部对各种利害冲突和不同目标起调节作用的一种力量。对内，发展和生产新产品的成本和收益的相互关系，将会调和甚至左右业主在设计考虑上的特别想法。比如，一家企业的某种产品价廉物美，市场反应良好，然而企业的经营者却做出要停产转让生产线的决定。究其原因，关键在于入不敷出，该产品的营业利润为负数，它不能给企业创造价值，增加收入。如果提高价格，又会失掉相当部分消费者，得不偿失。所以经营者作出停产的决定是明智的，即使消费者是多么的不愿意。对外，分配股东股息时，公司的净收益是一项极其重要的参考资料。如果，公司多盈利，股东就多分点股息；公司少盈利，股东就少分点或者不分股息。通过公司净收益的资料来决定分配方案是投资者和经营者都能接受的标准，从而避免了矛盾的产生。

3. 利用损益资料发现问题

如果某企业在不久的将来必然要设法应付一次现款短缺的危机（可从资产负债表的流动比率和速动比率分析得出，即流动比率 2，速动比率 1），经理人员可以利用损益表资讯，从生产率和销售率之间，是否出现不平衡现象；是否潜伏着存货过时报废的危险；推销、财务和生产三方面的开支，会不会过于集中而发生周转困难分析问题找出原因，对症下药。

三、现金流量表的功能

现金流量表为企业管理者提供企业一定会计期间内现金和现金等价物流入和流出的资讯，以便于报表使用者了解和评价企业获取现金和现金等价物的能力。该表主要可提供如下资讯：

（1）提供企业现金流量资讯，从而对企业整体财务状况做出客观评价，特别是对了解企业销售收入的回笼情况十分重要。

（2）可以分析企业应收账款和存款的质量，以帮助经理人员进行正确决策。

（3）可以反映企业投资活动和筹资活动中的现金流入和流出情况。

（4）可以预测企业未来的发展情况。如果现金流量表中各部分现金流量结构合理，现金流入和流出无重大异常波动，表明企业的财务状况较好。如果企业较长期间内现金流量情况较稳定，说明企业经营前景较稳定。

孤立地看，会计报表中的数位是静止的，这些数位本身是肤浅的、没有意义的。如果孤立地看问题，就不可能通过会计报表深入了解企业整个的财务状况和经营成果，各种会计报表之间以及每一会计报表内部各专案之间都相互联系，比如，负债是要用资产来偿还，流动负债是要用流动资产来偿还，那么，我们要了解企业的偿还能力，光看资产数位不行，要把资产同负债联系起来分析，而要了解企业的盈利能力，光看利润表中的最后一栏肯定不行，还要把利润同资产联系起来分析。因此要快速读懂财务报表还有多方面的因素配合。

（1）合理避税。合理避税不是偷税、漏税，它是指纳税人在法律允许的范围采取一定的形式、方法、手段，逃交纳税义务的行为。避税是有意识、有手段，在主观上达到少缴或不缴税款的目的。而漏税是无意的，无手段的，只是客观上造成了未缴或少缴税款的结果。而偷税则是采取了非法手段，有意识地不缴或少缴税款的行为。避税是避税人针对税法不完善及各种难以在短期内消除的税收缺陷，回避纳税义务的活动。这种回避是在充分了解税法缺陷的前提下，并尽可能在形式上符合税法的限定。这是一种企业降低成本的极好办法，下面是一些避税的常见方式，风险企业家可以适时而用，在对安置残疾人员就业给予诚税或免税的情况下，没有安置残疾人就业的企业与安置残疾人员就业并使其占生产人员的比例达一定标准的企业在纳税多少方面存在差别。

（2）企业通过兼并亏损企业，减少税额，扩大企业自有财产。有的企业通过将自己盈利大的产品让给其他企业经营，或本企业办的劳动服务公司等企业经营，减少本厂利润，接连增加关联企业留利。

总经理必须抓住七个指标

总经理看懂了那三张表以后，如果再牢牢抓住以下七个指标，那么工作就会井井有条，毫厘难逃：

1. 利润

企业应该先弄清楚“营收”“毛利”“净利”这 3 个名词，免得被数字给牵着走。相反地，有些企业常是自愚愚人地对外大肆宣传营收（实际收入的金额），但对毛利乃至最重要的净利（真正赚的钱）却是避而不谈。

2. 现金

很多骄傲的企业家都不是因为销售问题而出现状况，而是花钱没有控制，不知账上有多少现金，现金流一旦被阻断，随时都有可能被一刀毙命。

3. 损益平衡点

随时掌握公司的损益平衡分析，了解月营收要多少才能收支平衡，心中随时有数，便无须等到财务报表出来才知有没有赚钱。

4. 库存

为了维持一定的营运活动，大部分的企业或多或少都有存货，却要适当。存货是要成本的，多一天存货，就多一天现金支出。但若抓得太紧，不仅原物料与生产无法正常衔接，更糟的是客户可能就一去不返了。

5. 订单和退货纪录

企业订单若未即时处理，误了交货期，恐得面临赔偿的问题。盯紧订单才能实践营收；有了订单，却频遭退货，表示质量管理有问题，不只造成损失，长此下去必将声名扫地，淡出市场。

6. 员工数

企业组织常在不知不觉中变大，但收益和利润增长未见得成正比。有些经理阶层常以直接管理的人数多寡，作为自己在组织里重要性的依据，如此“大头病”换得的是人事费用只上不下。

7. 产品销售量

市场占有率与产品调价关系是否得到有效及时掌控；如果企业家只看营收报表，这中间势必潜藏很多漏洞。例如，某公司虽然营业额不断提高，但销售量却在下跌，市场占有率在萎缩。营收之所以成长，是因为产品调整价格的关系。因此，企业家还要定期查看销售量，才能如实掌握公司业务状况，盯紧利润。

掌控企业现金流

企业的现金流动可以说控制着企业的命脉，能不能让其合理地流动周转直接关系着企业的生死存亡，这也可以说是企业财务管理当中的成本在作怪。

某生产型企业生产一种很畅销的产品，在财务账面上的收入高达千万，该企业的老总本该高兴，可目前却陷入破产危机。原因就在于签了合同，货发出去了，账款却收不回来。而原材料的货款、员工的工资、生产用水电等已经支付出去了。公司的资金陷入了一种僵死的状态，在很短的时间内要回收账款也是不太现实的事，最后关头，只得把公司低价转让。

从上面的例子可以看到，企业如果不能够掌控自己的现金流动，就会使企业资金进入干涸期。现金流对于企业，就像血脉对于人体，只有血液充足且流动顺畅人体才会健康，良性现金流可以使企业健康成长；企业若没有充足的现金就无法运转，更可能危机企业生存。

现金预算管理、现金的流入与流出的管理、现金结算管理、现金使用效率管理，包括诸如存货周转期、应收账款周转期、应付账款周转期等都属于现代广义的现金流管理内容。在有些大企业，这些财务指标可以由该企业专业财务人员计算得出，将结果上报于企业管理层。但是，一些中小企业没有实力来完成这些，针对这一点，这里介绍几种简单易行的现金流问题解决办法。

1. 尽量延期支付原材料费用

对于下游的原材料供应商来说，你可能就是他们的忠诚客户，而且是长期的固定客户。第一次合作提前支付货款以表示诚意，在以后的合作当中，需要尽量把付款条款修改为，先取货后付款。当然，付款协议签署以后，一定要按章办事，货到30天内付款，一定要第30天付款，不要一拖再拖，以免影响公司的付款信用。

2. 应收账款尽量提前收取

如果客户是第一次购买拟的产品，那么就要求对方先付全款，然后提货。并随时记录各个客户的付款情况，制定相应的付款条款。对于信用好的客户，可以将预付款的比例适当降低，但最多不低于成本。一旦原来信用好的客户发生拖欠行为，其信用水平就要立即降低，马上提升预付款的比例。这样，给客户以警示，并能把风险减到最低。

3. 尽量租用大型生产设备或固定资产

对于占用资金巨大、建设周期长的大型生产设备或固定资产，企业应当尽量租用。这样，虽然短期内支付的租金相应多些，但能保留下足够的现金流，支撑企业良性运转。而当企业的资金积累到一定程度，完全可以支付这样一笔巨款的时候，才是考虑购置自有固定资产的时机。

4. 延期支付雇员薪水

现阶段，企业支付员工工资的方案主要有以下几种：

（1）月初发本月工资式

这个方式一般国家政府机构、事业单位实行，每个月月初发放本月工资，属于提前预付工资制。

（2）月底发本月工资式

这个方式某些国有大型企业、资金雄厚的上市公司采用，每个月月底发放本月工资，属于一天都不拖欠的类型。

（3）延期支付工资

这种方案有常见的以下两种时间延迟：一种时间延迟是每月 15 日发放上月 1 ~ 30 日工资式，很多私营企业都采用这种方式。这样，员工工资可以有半个月的延迟，这笔钱就可以在这半个月里面投入公司运营，相当于半个月无息贷款。另一种时间延迟是每月 25 日发放上月 1 ~ 30 日工资式。延迟发放的时间延长到 25 天，公司可以有 25 天的无息贷款可以利用。

从上面几种工资支付方案来看，第三种是现金流转最好的。但是，这仅是员工工资的延期支付，切忌不要拖欠员工工资，否则，可能就会给自己造成损失，得不偿失。

5. 按季度支付雇员奖金

员工的奖金一般可以占到该员工年薪的 20%~ 50%，这是一笔非常大的资金。吸取员工工资发放方式的优点，可以将奖金按照季度、年度来统一发放。如此一来，不仅可以将这笔资金投入运营，还可以避免员工频繁离职的情况发生。

6. 接受的订单尽量不要超过公司生产能力 15%

一般来说，大订单就意味着这里面有很可观的利润可赚，但是，就像刚开始提到的例 2 的案例那样，企业极有可能没有足够的资金支持，最后可能会使企业资金耗尽而亡，这就需要企业谨慎地权衡得失。不过，企业考虑是否可以把订单的一部分转包给可信的同业公司，这样风险就不会自己承担了。

总之，企业应能够尽量掌控自己的现金流转，不要让其耗尽。

精益成本管理

企业成本的控制在很大程度上反映了一个企业所具有的优势或者劣势，低成本也可以作为衡量企业是否具有竞争力的一个主要标准。因此，一个企业能否加强成本管理，能否有效地降低成本对企业起着很重要的作用。

追求最小供应链成本是精益成本管理思想的精髓所在，在供应链的各个环节中不断地消除不为客户增值的作业，杜绝浪费，从而达到降低供应链成本，提高供应链效率的目的，最大限度地满足客户特殊化多样化的需求，使企业的竞争力不断增强。

下面将精益成本管理的几个方面介绍如下：

1. 精益采购成本管理

很多学者认为：在销售收入中，采购成本约占到 40% ~ 60%。可见，采购成本在企业整个供应链成本中占有很大的比重，如果要想降低供应链成本，那么就需要先从降低采购成本开始。精益采购成本管理正是以采购为切入点，通过规范企业的采购行动，实施科学决策和有效控制，以质量、价格、技术和服务为依据，在需要的时候、按需要的数量采购需要的物资，杜绝采购中的高价格和一切浪费。

精益采购成本管理依托于精益采购来实现，精益采购要求建立健全企业采购体系，使采购工作规范化、制度化，建立决策透明机制，实行必要的招标采购，使隐蔽的信息公开化，防止暗箱操作，在保证质量的前提下，使采购价格降到最低；以公正、公开的原则，来选择好供应商，采用定向采购的方式，即对每一种所需的物料，按质量、技术、服务和价格几方面的竞争能力，来选择供应商，并与之建立长期、互惠互利的战略伙伴关系，实现供应渠道的稳定和低成本；通过与供应商签订在需要的时候提供需要的数量、需要的品种的物料协议，实施适时采购，得到缩短提前期、减少物料库存。精益采购使采购的每一环节、每一过程的成本实现了精益化控制的目标，精益成本管理思想得到了充分体现。

2. 精益设计成本管理

据国外很多的研究资料表明：80% 的产品设计成本成因是在产品设计阶段形成的。因此，精益设计成本的管理应当重点放在产品开发阶段，成本规划贯穿产品开发始终。可以采用下面的程序来进行：

（1）确定新产品开发任务的同时规定新产品开发成本。目标成本是按照市场预测的销售价格、企业中长期计划目标利润应用售价减法公式来确定的。

（2）目标成本按照产品结构分解落实到产品的各个总成本和零件上。

（3）产品开发的每个阶段对目标成本实际达到的水平进行预测和对比分析。

（4）根据分析对比中发现的问题，通过价值工程和价值分析方法，研究和采用降低成本措施，保证不突破目标成本。

在产品设计任务书中，目标成本与性能指标、质量指标一样对产品开发有着重要的指导作用。新产品目标成本在产品设计任务书中，与主要性能指标、质量指标一样，对指导产品开发工作有刚性指令作用。当开发出来的新产品达不到目标成本又无法改进时，它就会像一把锁一样把开发出来的新产品锁住。因为它直接关系到一个产品投入市场的命运。作好新产品目标成本控制工作，产品开发人员的业务素质至关重要，设计人员既要精通产品设计开发技术，又要掌握必要的成本业务知识；而成本控制人员应当是既懂技术经济分析，又懂产品设计制造的复合型人才。

3. 精益生产成本管理

生产制造领域进行的降低成本的活动也是通过彻底排除生产制造过程的各种浪费达到降低成本的活动，可以采用以下几种方法来降低精益生产成本管理。

（1）改善制造技术降低成本，制造产品有生产技术、管理技术这两种，其中生产技术也就是固有技术；管理技术指的是能够熟练地掌握使用现有设备、人员、材料和零件的技术，精益生产成本管理正是借助了管理技术才超越传统成本管理的。

（2）开展价值工程和价值分析，把技术和经济结合起来考虑，在确保必要功能的前提下，求得最低成本。

（3）依赖精益生产，消除一切浪费，实现精益生产成本管理。精益生产方式的成功实现需要全体员工的积极支持。团队活动和全体员工自觉化，是精益生产方式很重要的特征。

（4）采用作业成本管理，作业成本管理是一种以作业为基础的成本管理方法，它将管理重心放在作业上，并以提高客户价值为目标。作业成本管理模式下，通过作业对资源的消耗过程、产品对作业和资源消耗过程的成本动因分析，判别作业和产品对资源的耗费效率，识别有效作业和无效作业、增值作业和非增值作业，从而消除无效的或不增值作业，使成本控制从产品级精细到作业级，在一定意义上真正体现了精益成本管理思想。

4. 精益物流成本管理

在企业供应链成本中，物流成本拥有较高的比重，在制造业、零售业中更是如此。在保证客户价值需求的情况下，追求物流成本最小，这是精益物流成本管理的根本目标。

精益物流成本管理可以通过精益物流来加以实现。精益物流要求以客户需求为中心，从客户的立场来确定什么创造价值，什么不创造价值；对供应链中的采购、产品设计、制造和分销等每一个环节进行分析，找出不能提供增值的浪费所在；根据不间断、不迂回、不倒流、不等待和不出废品的原则制定创造价值流的行动方案。及时创造仅由客户驱动的价值，一旦发现有造成浪费的环节就及时消除，努力追求完美。

5. 精益服务成本管理

它指的是在满足客户一定价值需求情况下的最小服务成本。服务成本是企业的支出，旨在通过服务从而增加客户价值，在价格相同的情况下，吸引更多的客户。服务成本与消费者购买成正比，企业支出的服务成本越大，为客户提供的各种服务项目就越多，方便和满足客户程度就越大。为了增强竞争力，现代企业越来越重视对客户的服务，服务成本已成为企业供应链成本的重要组成部分。

服务成本的增加形成企业总成本的增加，过高的服务，超出了客户预期的满意水平，造成了资源的浪费，不符合成本效益的原则。精益服务成本管理就是要将服务成本控制在一定的客户价值需求的基础上，保证客户满意的最小值。精益服务成本管理的思想体现在既满足客户需求，又不造成任何服务成本的浪费。

精益成本管理是一种新的成本管理思维空间，它不像传统的成本管理模式那样，以利润为导向，而是以客户价值的增值为导向，以企业供应链成本分析为基础，实现对企业供应链成本空本控制，以成本达到最小为最终目标。

—— 第19章 ——

读懂公式：利润 = 收入 - 成本

企业战略家迈克尔·波特提醒我们，尽管我们有三百六十行生意，但不管哪行，都遵循一个基本的赚钱模式：价格一成本一利润。因此，波特也从这个最简单的公式中，推导出了差异化和总成本领先这两条最为普遍的竞争战略，成本领先就是要全力以赴降低成本。

企业经营就好比 10-8=2，收入 - 成本 = 利润。企业家只要做两件事，第一增加收入，第二控制成本。 每砍掉一分钱，企业就增加一分利；每杀死一个成本，企业就增加一倍利润！

成本降一成，利润翻一番

成功的企业家会把降低成本看成企业成功之道。比如，金融帝国花旗银行的 CEO 桑迪就是一个压缩成本的好手，他甚至会对一张纸的浪费暴跳如雷。对于他能看到的每一件可能浪费成本的事情，无论大小，他都要雷厉风行不顾一切地砍掉。

成本是企业维持简单再生产的补偿尺度，在一定的产品销量和销售价格的条件下，产品成本水平的高低，不但制约着企业的生存，而且决定着利润的多少，从而制约着企业再生产扩大的可能性。当然企业家应既看到耗费，又重视收入，这是对成本性质完整的理解。在商品生产条件下，耗费和收入是对立统一的。任何耗费总是个别厂家的事，而收入则是整个社会的标准。

因为一袋洗衣粉不可能卖到一架飞机的价格。耗费的大小决定着利润的大小，这就迫使商品生产者不得不重视成本，努力加强最管理，力求以较少的耗费来获取最大限度的利润。

我们习惯把 1 看作利润，9 看作成本，10 看成收入。10-9=1，收入 - 成本 = 利润，这就是企业的管理公式，这就是企业管理者必须高度管理的数字。

数字 1 是利润，是 1 成，也就是 10%，为什么只有 10%，全世界五百强企业平均利润只有 11% 到 15%，说明我们企业的利润真的来之不易。

成功的企业家都会这样想，对企业而言，开源和节流同样重要，很多决策都要谨慎，每一次开支都要当成投资，以数字考核衡量一切。节约和公司的制度紧密相连；当节约成为公司制度的一部分，成为公司的企业文化，执行就是必然。企业家每天必须聚焦的数字就是 10-9=1，增 10 降 9。企业管理必须是数字管理而不是语文管理。

事前控制比事后算账更重要

降低成本应当做好事前控制，而不是事后算账。因为企业最大的成本是投资成本。“固定成本”看起来是不可变，实际上是相对的，在形成之前完全可以控制。事前的成本控制，即在经营活动之前，为保事前的成本得到控制而建立起来的成本控制制度。要把降低成本的大文章做在前面，从源头抓起，从建设项目立项、制定设备采购计划开始。根据需要确定项目规模、设备水平。要牢牢树立任何成本都是可控的观念。在企业广泛开展节约活动是非常必要的，既降低了成本，又培养了职工的节俭精神。但仅此还不够，更重要的是企业领导者要高度重视事前控制，把住“病从口入”关，用大手笔做好节约的大文章。

在事前进行的预防性成本控制，首先要根据成本习性把企业的全部成本分为可变成本和固定成本两大类，然后根据不同类型的成本采用不同的成本控制制度进行限制、监督和调节。在实务中，对于变动成本通常通过编制弹性预算进行事前控制。对于固定成本，在实际工作中可按酌量性固定成本和约束性固定成本分别进行事前控制。

对于一些业务宣传费、培训费等伸缩性较大的成本，可由企业管理者根据不同时期的财力负担能力确定其开支金额的大小，对于这类成本的事前控制，主要是通过分项目，事先制定一个固定预算，确定一个总金额，作为事前控制的依据，或是通过编制零基预算的方法来加强事前的成本控制，从而增加企业利润。

而对于折旧费、水电费等可约束性的成本，企业管理者的决策行动一般不能改变其数额。因此，对于它们的事前控制，主要应放在它们未确定之前进行，对约束性固定成本中的资本性支出，可根据支出预算中的数据，分项目制订固定预算，作为事前控制的依据。如企业计划在预算期内购置新设备，就要按此项目分别编制与此有关的固定费用预算，如折旧费、保险费、财产税、水电费等，作为今后控制实际发生数的标准，其他非资本性支出的约束性固定成本，可采用编制零基预算的方法加强事前的成本控制。

实施全员成本控制

在一个企业当中，各个部门、每个员工都是成本控制者，又都是利益创造者。成本管理不单纯是核算部门的事情，而是企业所有人员的职责，必须逐步实现成本管理由财务部门控制向全员控制的转变。要让团队的所有人明确：不能只追求局部的利益，而是要追求整个组织全局的利益。

企业管理者需要在企业树立全员成本观念。

R公司是一家减价会员店，不断削减成本是该公司一贯奉行的原则和理念。该减价会员店削减了中间商、售货员和多余的包装处理，这其实就是一个潜在的赢利大仓库。如果有哪一个顾客购买了很大的批量货物，那么该顾客就能从它这里得到很实惠的折扣价。这样一来，一个多赢的局面就在该公司、顾客与供应商之间形成了。

因为减少了产品的包装，从而给供应商减轻了很多负担，也少很多没有必要的麻烦，这样就使产品的价格大大降低了。如果供应商拒绝，就不购进其货物。因此，顾客在购买过程中始终有一种发现的喜悦。可能需要的并不总是有货，不过一旦有货，就非常划算。这种方式运作良好，使减价会员店根本没有存货费用。商品如果没有接着订货，一般几个星期就销售一空。

每当进驻一个市场，该减价会员店就会将大量的会员卡销售给消费者和未来的顾客，销售会员卡所得来的这笔资金可以先用来支付会员店的建设费用。更有甚者，直到公司将早期投资 2500 美元的人们都变成亿万富翁之后的今天，公司的年报依然是用一般复印机做出来的。总经理在办公室还保留着他学生时期用的书架：用砖头架着两块木板。

只要你有机会降低成本，就不要错过这次机会，不但不让你自己错过，也要让你的员工不要错过。任何降低成本的措施都非常重要，只有将成本降到最低，出售的产品才最具有竞争力。因此，每一个企业都应该培养全员成本意识，每位职员都应该拥有清楚的“成本意识”概念，包括降低经手的各项材料成本、人工成本、制造费用、营销费用等。

树立全员的成本观念，就需要想方设法地使员工培养成本意识，能够使他们从老板的角度去思考问题，比如说，钱从哪里来？应该怎么用才能最节省？要让全体员工意识到成本控制的必要性和合理性，从而相应地在日常工作中时刻牢记成本控制的准则，在工作过程中做出成本控制的决策。

在传统的成本管理中，它注重的只是企业内部的产品生产制造过程，但是它没有涉及企业成本发生发展的全过程。“现代管理学之父”德鲁克提出“在企业内部，只有成本可言”这样的观念。企业员工应提高对“成本”概念的认识，在自己的工作岗位上切实把握好成本的控制，才能达到增强竞争力和扩大市场份额的目标，继而实现企业的预期利润。

强化员工效率意识

单位时间内完不成相应的任务，就不能更好的体现本来或预期的价值。也就是说只有高的员工效率才有可能产生高的企业利润。

那么，企业管理者应该怎么样强化员工效率意识，增加企业利润呢？

1. 选择合适的人进行工作决策

在对工作决策时，应该选择有相当技术能力或业务能力的员工进行决策。一些员工由于技术或经验的欠缺，在进行决策时，会对工作造成错误的指导。如果方向错了，做再多的工作也没有意义。

2. 给员工思考的时间

公司在做一件事情之前，如果决策层没有认真地进行思考，这种事情就不会干得非常出色。员工工作也是如此，如果管理者不给员工一些思考的时间，也很难让他们作好自己的工作。管理者要鼓励员工在工作时多动脑子，勤于思考。用大脑工作的员工肯定比用四肢工作的员工更有工作成绩。

3. 搞好团队协作

有时我们会发现，自己做的工作可能是其他员工已经做过的。有时查找一些资料，辛辛苦苦查找到了，结果发现另一位员工以前已经查找过了，如果当初向他咨询，就不必费这么大的劲了。将员工的工作成果共享，是一个很重要的问题。特别是对于员工较多的公司，这一点尤其显得重要。管理者可以利用部门的办公例会让大家介绍各自的工作情况；另外，对一些工作成果资料要妥善分类和保管，这些都能达到工作成果共享的目的。

4. 让员工整体把握工作

让员工了解工作的全部有助于员工对工作的整体把握。员工可以更好地将自己的工作与同事的工作协调一致。如果在工作中出现意外情况，员工还可以根据全局情况，做一些机动处理，从而提高工作的效率。

5. 强调工作结果

管理者在对员工进行鼓励时，应该鼓励其工作结果，而不是工作过程。有些员工工作很辛苦，管理者可以表扬他的这种精神，但并不能作为其他员工学习的榜样。否则，其他员工就可能会将原本简单的工作复杂化，甚至做一些表面文章，来显示自己的辛苦，获取表扬。从公司角度而言，公司更需要那些在工作中肯动脑子的员工。所以，公司应该鼓励员工用最简单的方法来达到自己的工作目标。总之，工作结果对公司才是真正有用的。

6. 充分发挥办公设备的作用

许多工作，可能是因为电话、传真机等办公设备出现故障而耽误下来。有的公司没有传真机，收发一份传真需要走很长时间的路，这样自然无法提高工作效率。

杜绝拖延、懈怠的风气

拖延和懈怠会造成时间成本的增加，因此控制成本，必须对这类情况加以控制。

员工之所以无法准时完成工作，可能不是因为不懂得如何治理时间，而是一些心理因素。要解决这类员工的问题，不是告诉他们如何有效率的运用时间，而是要了解他们内心的焦虑或是惧怕，设法帮助他们化解这些负面的感受，才能真正的达到效果。

这些员工大致可以分为四类，企业管理者可以把员工做出相应分类，“对症下药”从而杜绝拖延、懈怠的风气：

（1）单枪匹马型。这类员工非常有纪律，一般会要求自己一定要在规定的期限之前完成工作，甚至是大幅的提前完成。他们不喜欢团队合作，因为他们感觉团队里有太多不可控的因素，会让他们很没有安全感。他们的眼里永远只有自己，往往不顾其他人的感受或是团队的需求。不喜欢混乱、不确定，或是自己无法掌控的事情，但也因此缺乏弹性，而且，提早完成工作的行为，也会引来同事的不满，认为这是他们用来邀功、拍马屁的计谋。

管理者面对这类员工，可以让他们直接面对内心对于混乱或不确定的惧怕。你可以试着放权给他们，让他担任某个项目的负责人，学习怎样为他人着想、如何为别人承担责任，如何学会处理突发事件的应对能力或临时插入项目的临时处理能力，让他们变得更有弹性。

（2）“大胃王”型。这种类型的员工对于别人的要求经常是来者不拒，因此严重耽误了自己的工作进度。这类型的员工缺乏自信，希望能够做得更多，赢得别人的肯定、受到喜爱。结果每当进行跨部门的项目时，这类型的员工经常不懂得拒绝来自其他部门的要求，做了太多不是自己分内的工作。

对于该类型的员工，企业管理者必须时常注重这些人的工作情形。一旦发现上述的情形，一方面主动找其他们部门的企业管理者厘清彼此的工作职责；一方面让部属知道这样做是不必要的，他们有权可以拒绝这些不合理的要求，但不需要指责部属。另一方面，你也应该多多给予鼓励或是赞美，增加他们的自信心，这样他们也不需要藉由做得更多，来得到他人的肯定。

（3）力求完美型。这类员工总是追逐着心目中完美的目标，几乎没有哪项工作时时如期完成。而且他们认为追求完美是理所当然的，他们非常害怕被批评，因为他们认为这是对他们个人的否定。所以一定要做到最好，才肯罢手。

管理者可以鼓励他们在完成工作之前，尽量和其他同事讨论，或进行随时随地做进度报告，请别人给予一些改进的建议。这样一方面让他们学会接受别人的意见，避免产生采取抗拒的心理。另一方面，也可以让他及早做出调整，以免等到最后完成时，结果发现不符合你所要求的，反而挫折感更大。

杜绝逃避责任的风气

有些员工一直有着逃避责任的作风，寻找借口虽然可以一时推卸掉责任，但是却因影响了执行而给他人留下了不好的印象。这样他的工作能力自然得不到提高，长此以往，执行力也将大打折扣。只有迎难而上，积极应对，认真分析问题，找出解决的方法，并坚定不移地执行下去，才是正确的工作态度。企业家让员工阅读一些相关的典籍，鼓励他们虚心向上司及有经验的同事请教，让员工在一次又一次的攻克难关的过程中，积累起丰富的实践经验，增强个人的执行力和自信心。

还有一种人，为了逃避责任，在问题面前不作任何决定，事事请教上司。一旦出现差错，他们就会理直气壮地说，是上司让我这么做的，言外之意他们是服从领导、绝对执行的好员工，一切责任都应该由上司负责，至少也应该由上司负主要责任。持有这种观点的人是非常可笑的，再自以为是付诸实施就是可悲的了。对于这样的员工，管理者要向员工讲解在所谓的服从领导、绝对执行的背后，就是能力低下和缺乏主动工作的精神。要他们明白没有一个上司喜欢这样的员工，管理者应当鼓励员工不耻下问，对于员工的不耻下问，要不厌其烦地指导你；但是当遇到同一问题重复请教时，就要进行批评教育。因为老是事事请教，会浪费上司的时间和精力，打乱上司的工作安排，也会滋生逃避责任的风气。

当企业管理者遇到把责任推到他头上时，就要抓住这个典型，惩一儆百，压住这股逃避责任的邪气。让这样的员工为他们不负责任的行为付出沉重的代价。巴顿将军为此说过："自以为是而忘了自己责任的人，一文不值，遇到这种军官，我会马上调换他的职务。一个人一旦自以为是，不负责任，就会远离前线作战，这是一种典型的胆小鬼的表现。唯有负责任的人，才会为自己从事的事业心甘情愿地献身！"

逃避责任，会葬送了一个公司。其实，一个人在工作中犯错是很正常的事情。工作一时出现差错并不可怕，可怕的是不敢承认错误，找借口推卸责任。一个人惧怕承担责任，就不会有勇气提高自己的工作能力，积极寻找解决问题的方法，从而改正错误并更好地完成任务。殊不知，承认错误并改正错误，也是负责的表现。管理者要学会及时澄清一汪浊水，压住逃避责任的风气。

杜绝浪费企业的一分一毫

作为一个小企业的经营者，往往是白手起家，苦心拼打才开拓出了一片事业。因此，企业的一点一滴都是逐步积累的，对于这些财富，没有理由不去珍惜。

企业每天都在花钱，可是，你想过如何花钱才是最节省的办法吗？如果你仅仅关注的是企业如何挣钱，如何发展，而对每天的花费开支毫不在意，甚至大手大脚地花钱，那么再多的收入也会被支出所抵消。更重要的是，一点点财产的浪费，不仅损失了财富本身，还给企业的整体凝聚力和战斗力带来致命的打击。

任何资金的浪费都可能会带来如下后果：它会损害企业的财富，造成企业中的健康资产的流失；它会破坏企业的制度；它会打击团队的凝聚力，容易使员工如一盘散沙；它会使计划因散漫而不能正确执行；它会使敬业爱岗的精神面临一次挑战。

珍惜财富的最好方法是杜绝浪费。对于企业的每一笔开支，支出前你不妨自问：这笔钱究竟用在什么地方？不用可以吗？能用得了这么多吗？能否通过借助分期付款或信贷等方式来实现？能否通过建立规章制度来减少开支？如果经常思考这些问题，资金的利用效率会大大增加。

为了避免浪费，经营者可以采取以下几点措施：

（1）可以把不必要做的事情彻底地减掉；

（2）制定出相应奖惩分明的制度规范，并且严格地加以执行；

（3）设置财务监督部门和人员；

（4）重新设计某些设备的操作，确保浪费被降到最低；

（5）更新生产技术，减少资金和人员的投入；

（6）精确测定原料需求量，进而避免采购环节的浪费；

（7）削减企业高额的交通费与招待费；

（8）不要让机器设备长期闲置不用；

（9）办公室的空调、电脑、电灯等无人时确保关闭。

作为小企业的经营者要身体力行，以实际行动感召公司员工，要让员工感觉到公司中的一切都是在花他们自己的钱。这样的话，全体员工都会自觉地避免浪费。我们要知道，成千上万的日常的微不足道的小节省，汇集起来会对控制成本、减少开销具有重大的意义。

国外的一项行之有效的措施是推行职工持股计划。职工持股大概可以说是避免浪费的最好方法，因为员工持有企业的股份的话，每个人都是企业的小老板、小股东，他们就会像珍惜自己的财富一样珍惜公司的财富，浪费现象就会被降低到最低水平。

在避免大手大脚花费的同时，经营者也要防止另一个极端：缩手缩脚，不敢花钱，特别是一些必要的开销也去处处节省。

通常来看，在一定时期内，公司拥有的资本量是一个既定的量。经营者如果将这部分钱用在这一用途上，便不可能将它再用在另一种用途上。因此，必须确保这部分钱用于该用途的收益一定要大于所放弃用途的收益。否则，就是不划算的。

从这个意义上来说，经营者必须学会花钱，要认真地筛选投资项目，确保每一分投资都是用于获利最高的项目；同时，学会用净现值等方法测算项目收益，比较项目投资价值。在大概支出之前，必须确定的是这笔钱的确有支出的必要。

总之，节约并非“一刀切”，该省的省，该花的花，对企业有利的，投资百万也值得，对企业有害的，多花一分也是浪费。将有限的资金用在最佳的项目上，把钱花在刀刃上，就是最好的花费方法。

慧眼识别融资里的隐形成本

在企业通过融资来筹集资金的时候，无论是债务融资还是股权融资，都不可避免地发生融资成本。融资成本一般指企业筹集和使用资金而付出的代价。

它包括资金筹集费和资金占用费两部分。资金筹集费指在资金筹集过程中支付的各项费用，主要包括发行股票、债券等有价证券时所发生的印刷费、发行手续费、律师费、评估费、公证费、广告费等，以及向银行借款、办理融资租赁、应收账款让售、典当融资等过程中所可能的手续费、评审费等。资金占用费是指占用资金支付的费用，如股票的股息、银行借款和债券利息等。属于经常性存在的项目，本质上是企业使用所筹资金而付出的代价。

企业融资效率高低受到融资成本的很大制约，可以说融资成本对其起着决定性的因素。企业应当选择对自己有利的融资方式，可以采用企业内部融资、银行贷款等负债融资、吸引直接投资的顺序进行优先融资。企业内部融资是企业存在与发展不可缺少的有机组成部分，它具有原始性、自主性、低成本性和抗风险性等特点。以留存盈利作为融资工具，不需要实际对外支付利息或股息，不会减少企业现金流量。当然由于资金来源于企业内部，也不需要发生融资费用。不过企业在采用商业信用这一内部融资方式的时候应该注意，供应商采取现金还款折扣的应付账款融资是具有融资成本的，而且一般来讲融资成本要高于银行贷款。银行贷款等负债融资具有低税作用，所以，其融资成本比较低。但是负债融资具有一定的限度，过高的负债不但会使提供贷款的人提高利率，甚至还会使其拒绝提供贷款。吸收直接投资的融资成本一般要比银行贷款高，因为投资者对企业进行投资都要求有所回报，要求的回报率一般都会高于银行贷款的利率。而且投资者的分红是在缴纳企业所得税之后进行的，所以无法享受税前扣除的好处。

选择恰当的融资方式无疑对企业降低融资成本起着重要的作用，此外，企业还应当注意合理安排企业的资金使用，尽量减少融资规模。如果企业不能合理安排资金的使用，那么就可能造成融资规模过大，使得企业背上了沉重的利息负担。如果企业不能对资金的使进行科学合理的规划，比如，企业一方面有大量的贷款，另一方面又有大额存款，甚至出现存款大于贷款的现象，那么这就会造成资金的严重浪费，也增大了融资成本。在进行银行贷款时，企业只有长期贷款，没有短期贷款，甚至流动资金也采用长期贷款来筹集。

周转速度快的流动资金会使企业经常会出现资金收回了但贷款还没有到期的现象，结果造成支付不必要的利息。

融资方式的选择、资金的合理安排、做好科学合理规划等等这些措施都会影响到企业融资成本，应当对其加以注意，避免闲置资金过多，减少浪费。

外来合同带来的财务漏洞

外来合同有时会成为企业财务管理的一大漏洞，让企业管理层防不胜防。比如，有些大公司在大量裁员的同时，又有许多顾问、临时工、外来合同工等等突然冒出来。在这些冒出的人员当中有的也许就是你刚刚裁掉的那些员工，如果企业管理层以这种方法再将它们雇回来，那么就需要付出原有工资好几倍的成本。

作为一个好的企业，应该严格控制这类人员。有些时候这样的雇佣是合理的，但很多的情况下，至少有 50% 是不必要的，只是浪费钱财而已。

企业管理层应当对企业中的每一个部门都讲清楚，你给他们 16 个人的名额就是 16 个人，而绝不是 16 个人再加上 2 个临时工、3 个顾问和 2 个计时合同工。如果他们必须要从外面雇人，那应该是数目极少，而且确实需要，并且必须是经过你本人同意才行。

如何确定有无必要请顾问之类的人呢？企业管理层要调查清楚，该顾问真的是对利润基线有贡献吗？或者他仅仅是企业中某个人的政治伙伴，只为他一个人服务，而对企业目标并没什么意义？绝大多数情况属于后者，而只有情况属于前者时，你才应该允许他雇佣顾问。

堵住外来合同的漏洞不仅能够削减企业财务上支出的成本，还能够杜绝外来合同人员对企业造成的那种上次被解雇时的“报复”心理。由于，他们对企业很了解，所以在聘用他们的时候，你更容易被蒙蔽。对于这些情况，管理层应当严加控制。

加快资金周转，减少隐形成本

企业的经营过程，实质上是资金的周转过程。企业通过股东的投入和银行的贷款取得资金，购买原材料，购买设备，雇佣职工，然后将原材料加工成产品，最后将产品销售出去获得现金。资金周转得越快，企业当中的成本就越少，企业就越赚钱。这是因为资金每周转一次，企业才能赚一次钱，资金周转得越快，企业赚的钱才越多。

国美的张志铭曾经说过："我们最注重的是资金的周转。其实做企业，特别是做商业，有多少资本是一个方面，更重要的是资金的周转速度。记得1993年我刚到国美的时候，我们经营的品种还比较少，一个门店的库存一般一百多万元，而一个月的销售额在七八百万元，一个月内资金能周转六七圈。每天都在出货，每天都在进货。"正是靠迅速的资金周转，国美才很快得到扩张。

可以说，减少成本，获得利润是每一个企业的最大目标。企业的营业活动是获得利润的支撑杠杆。而资金又是维持企业运营活动的有力武器。如果资金不流动或者滞后，那么就不可能为企业带来效益，因为他会浪费企业很多的成本，严重后果可能使企业倒闭，因此，企业应当加强财务控制，加快资金周转。

（1）尽量减少产品及材料库存。

（2）应做好估测，合理筹划固定资产，不可盲目扩张。公司增加固定资产投资后，如营业额及利润不能成比例增加，即可变成难以摆脱的负担，故扩充设备、增加资金，必须事前做好市场调查，搞好预测及计划，避免"先天性不良"，造成公司不能自拔。所以要尽量减少固定资产投资。

（3）应收货款要加强管理落实责任，及时回收。

（4）营业有盈余时，对生产经营所需资金，应适当保留，以巩固财务基础。

（5）公司增加资本金，由业主直接以现金投入公司，增加公司可运用的资金。

（6）发行公司债券，报经国家批准，发行公司债券，以解决资金不足。

（7）筹借债务资金，向银行申请借款，票据贴现，以及向其他单位、团体、个人借款；还可改革贷款结算条件和方式。

（8）呆滞材料及废料，尤其是金额大、数量又多时，会严重积压资金，还浪费费用，比如仓储费用、保管费用、维护费用等等。所以应想方设法将他们变卖掉。

（9）节省各种费用支出，节约各项费用支出，降低产品成本，一方面可以扩大利润，另一方面也节约了资金，使资金相对增加。因此，必须制定一套严密有效的成本费用控制方法，共同遵守，认真执行，方见其效。

（10）让每一个人员都参与资金管理，企业里的员工最清楚资金的流向。企业可以将资金指标进行分解，实行分级分口目标管理责任制，按期检查考核指标完成情况，优奖、劣罚，是解决资金周转不灵最根本的措施和方法。如库存材料定额应有采购和保管人员负责，库存产品及产品由销售部门负责，产品生产周期由生产部门负责，并制定资金占用额和资金周转期指标，有些指标还可分解落实到个人，做到人人有责。大家都动起来，就可解决资金周转不灵问题。

此外，为了能够使资金有效地周转，企业应当解决好资金调度问题，这要解决的就是收支的平衡问题，比如企业可以编制合理的资金调度计划表。当编制好了资金调度计划表后，下一步要解决的问题就是执行。资金调度计划应根据预定的进度，将一年分成四季的季度计划，每季实际发生额，应在季后提出报告，检查实际与计划差额产生原因，对下季度预算进行修正。资金调度目标就资金不应当影响到企业的生产经营业务。

缩短应收账回收期

现金流是指一定时期内流入企业的资金与流出企业的资金之间的那个差额，所有的企业都需要一个正向的现金流。现金流与其他的几个元素：利润率、周转速度、资产回报和业务增长等，构成了企业赚钱的基本因素。加速资金周转的目的，其实就是为了使公司能始终得到一个稳定、快速的现金流。

在加速现金流周转时，缩短应收账款回收期是其中一个很关键的因素。如果经销商的资金拖欠过长，那么就很容易使现金流出现问题。企业的资金收不回来，当然也就无法实现周转。

一般来说，应收账款比率越高越好。该比率高，说明公司的应收账款回收快，发生的坏账损失和收账费就少。也说明公司的资金利用率高，变现速度快，其短期偿债能力很强。要注意应收货款和票据债权是否高效率地转换成现金、顺利得以回收决定着企业资金的有效利用率，这是一种成正比的关系。

企业采用现金交易是稳妥的交易方式。当提供商品或服务之后，立即收钱，结束交易，用不着送达付款通知书和催收货款；现金到手，用起来方便，也不需要向银行借款。然而，事情往往并非是这样，多少会有应收货款发生，或者好容易受到对方付款，却是 60 天后才能变现的期票。

衡量卖出商品变现回收效率可以采用如下的计算公式：应收账款周转率（销售债权周转率）= 销售收入 /（应收货款 + 应收票据）

企业的应收账款一般与赊销政策有很大的关系。部分企业的销售活动具有周期性或季节性，编制账龄分析表和计算坏账损失比率无法剔除周期性或季节性变动对应收账款余额分布的影响，从而也就无法正确评价应收账款的管理水平。

企业赊销政策不仅与企业内部因素，如企业规模、资金状况等有关，也与企业外部因素，如所属行业、竞争状况、宏观经济环境等有关。就某个企业来讲，应收账款余额应是多少、账龄分布成什么样算是最合理，并没有客观上的规定。这就需要有合适的财务指标能够与同行业的平均水平或优秀企业的相关比率以及本企业历史水平进行比较，而仅使用应收账款账龄分析表提供的信息作相关比较并不是最方便和最有效的。

企业赊销政策是在增加销售、减少资金占用与减少坏账损失之间寻求平衡，而不是单纯追求坏账损失的最小化。错误地或过窄地设定评价目标，会致使管理人员偏离对企业最优的选择。

为了能够克服上面应收账款评价方法所具有的缺陷，企业可以计算应收账款平均周转天数，并将计算结果与同行业的平均水平或优秀企业的相关比率进行比较。企业应收账款余额用公式如下所示：应收账款余额 =（全年赊销额 ÷360）× 应收账款平均周转天数。由此也可以推出应收账款平均周转天数的计算方法：应收账款平均周转天数 = 应收账款余额 ÷ 日平均赊销额。

这个公式的计算结果是一个综合性的指标，其意义也很清晰明确。为剔除周期性或季节性销售带来的影响，企业可以在年末用全年的赊销额计算出全年的应收账款平均周转天数。更重要的是财务信息获取的及时性，由此，企业可以在每一季度末将每月赊销额尚未收回部分与当月赊销总额相除，可以得出三个比率结果。然后将这些结果汇总，得出每一季度赊销额尚未收回部分占当季度赊销总额的比率，并进行季度间指标的比较，从而得出企业应收账款的回收情况。

总之，不论企业如何评价、如何计算应收账款回收期其目的就是能够使其回收期缩短，激活企业资金流转速度。

小处做精细，大处不糊涂

成本控制作为一项精细、严密的工程，它除了需要对大成本支出进行控制之外，还要对小成本支出做到精细，只有这样，你才能够全方位地节省成本，为利润的增长提供全面的保证。

零基思维是一种对小成本、大成本控制的著名管理思想。美国德州电器公司于 20 世纪 50 年代提出了零基预算的概念，并将其用在了企业管理上。零基预算要求管理者不管以前在某个项目或总体上拨了多少款，一律以零为基数，重新论证企业和各部门的预算申请。后来，美国组合国际电脑公司的企业负责人王嘉廉先生据此提出了更有颠覆性的思想——零基思维。零基思维认为：以前做的和现在做的不一定合理，先决定公司做什么，才能开始分配资源。只有合理的才能存在。

零基思维用在成本管理上的精髓就在于：保持公司的高效率，谨慎使用每一分资源。在企业的所有支出中，成本都应当花费在最有效果的地方。削减企业的所有那些没有产生作用的开支，只保留那些最合理、最有效果的成本开支。

对于每一项成本控制都应做到精细管理，把钱花在最应该花的地方。每提出一项开支的申请或预案，企业管理者都应当考虑一下："这笔钱花出去有什么效果？由谁花？怎么确保效果？达不到效果追究谁的责任？"精细管理就是要求无论多细小的地方，每一项成本都要严格控制。

公司对成本和财务的控制能力在李嘉诚先生和记黄埔得到了很好的体现，甚至达到了每一分钱都记入在账的地步。公司各部门每年都要作预算，细到电话费是多少、办公费是多少、交通费是多少，什么时候使用，都要交代清楚。上报以后，财务审计人员会把历年的成本支出逐项调出来进行对比，看这些费用支出是否合理。公司里的管理层能够在任何时刻谁在什么地方花了多少钱，甚至能够知道更详细的信息，比如某人一年以来用了多少纸，或者是一年以来每个星期的打的费用等等。财务部门把诸如房租成本、人工成本、折旧成本、办公成本、采购成本等都详细地记录在案，在很短的时间内就能够将财务支出信息送达公司管理层。在这些财务信息上能够清楚地显示哪些支出需要保留、哪些费用需要取消。

做到对公司项目支出的逐条控制，需要建立体系并严格执行。由企业领导人建立控制体系，请专业、负责任的财务人员来执行。

对于企业的大成本控制需要同时借助于财务审计人员和基层管理人员的层层协助，严格把关。很多企业对于细节上、金额支出少的地方往往把得很严，但却经常忽略大成本支出。对于数额较大的支出，领导者一定要严格审批、层层把关，确保万无一失。

企业可以采取"一定数额的支出一定要经过严格审批，而且越是重大的支出经过的程序就越多”的措施，同时，必须有充分的理由和把握，才可能通过严格的程序。金额一旦批下来，就有明确的责任人来使用，如果用途不当或没有达到应有的收益，责任人就要承担后果。

树立新的成本观念，小处做精细，大处不糊涂。对每一项细小的地方都逐项控制，对每一项大额支出都严格审批。管好、管住每一笔支出，最大限度地节省成本。把钱用在最有效果的地方，利润就会增加。

第20章

财务管理与财务控制

财务控制是指对企业的资金投入及收益过程和结果进行衡量与校正，目的是确保企业目标以及为达到此目标所制定的财务计划得以实现。

现代财务理论认为企业理财的目标以及它所反映的企业目标是股东财富最大化（在一定条件下也就是企业价值最大化）。

财务控制总体目标是在确保法律法规和规章制度贯彻执行的基础上，优化企业整体资源综合配置效益，厘定资本保值和增值的委托责任目标与其他各项绩效考核标准来制定财务控制目标，是企业理财活动的关键环节，也是确保实现理财目标的根本保证，所以财务控制将服务于企业的理财目标。

财务计划及其编制流程

第一条　财务计划是指分析企业所面临的投资和筹资方案、预测目前决策所可能产生的影响、做出方案的选择和对照财务计划所设定的目标衡量实施情况的一个有机规划过程。因此，企业财务计划是一种系统地规划未来和预测可能出现问题并提供相应对策的方法。

第二条　财务计划可分为短期财务计划和长期财务计划。短期计划的计划期限在1年以内，而长期计划则有超过1年的较长计划期限。

第三条　财务计划的作用

1. 揭示决策方案的内在联系，有利于建立企业的总体发展思路；

2. 判断目标的可行性和内部协调性；

3. 有利于预测可能出现的问题并制定相应的对策；

4. 完善对实施状况的考核标准；

5. 凝聚力的增强等作用。

第四条　财务计划的编制方式

财务计划能通过自下而上和自上而下两种方式来编制。

自下而上方式是指从基层的生产和销售班组开始形成计划的设想，然后通过车间或分企业层层不断地增加；修改或删除，最终在企业总部得以完成计划。

自上而下方式是指计划从企业最高管理层的战略计划出发逐级向下传达和落实。

财务计划的产生往往经历自下而上和自上而下的双向和交叉的过程。

第五条　财务计划的编制流程

1. 对企业的外部环境进行综合分析研究查研究，并以此为基础编制计划大纲，建立财务计划系统；

2. 各业务职能部门根据外部经济情况的预测和计划大纲做好各自的经营计划，通常是按照每种产品分别做销售、生产计划；

3. 财务人员根据经营计划，帮助各部门制定有关的价值计划，然后再汇集各部门的价值计划，按内在联系综合成各种财务计划，确定满足企业增长所需的资金；

4. 预测在计划期限内的各种资金来源；

5. 确保财务计划的真正落实；

6. 制定针对财务计划所依据的假定条件与现实不符时做出调整的措施；

7. 建立绩效评价系统。

费用开支管理办法

第一条 目的

为加强公司财务管理，控制费用开支，本着精打细算、勤俭节约、有利工作的原则，根据国家规定和公司实际情况，特制定办法。

第二条 费用开支计划

公司各部门、下属企业必须在每月底根据下月工作计划制定本单位费用开支计划，由财务部汇总、审核，经公司办公会议或总经理审批，即为公司当月的费用开支计划，并下达各单位费用开支指标。

第三条 审批权限公司同时授予副总经理、部门经理对计划内费用开支的审批权限。

第四条 计划调整 公司费用开支计划留有弹性，并根据实施情况调整或变更授权。费用计划调整必须填写《费用调整申请表》，经财务部、分管总监审核，总经理办公会议审批后方可作出调整。

第五条 内部收费管理

1. 公司完善分级管理、核算机制，实行内部收费核算办法；

2. 内部收费包括车辆使用、领用办公用品、文印通讯几项费用；

3. 费用标准见费用开支标准表中内部发生费用，列入目标计划管理考核和成本效益范围。

第六条 费用报销的一般要求

1. 发票必须是发票联和报销联，用复写纸复写或计算机打印，不得用圆珠笔或铅笔填写，存根联、发货联、记账联不能作报销单据。

2. 内容要齐全，抬头、日期、品名、单价、数量、金额等项目要填写齐全，字迹要清楚，金额要准确，大、小写要一致，涂改无效。

3. 印章要齐全，须有收款单位公章（或收款专用章）及收款人签字（章）；事业单位的收据，要有财务专章；企业和个体户须是税务部门统一印制的收据。

4. 从外单位取得的原始单据（车、船、飞机票等），因保管不善，被盗、遗失，后果自负，不予受理。

第七条　本办法由财务部制定，报总经理办公会议审核，总经理审批后执行。

费用开支标准

第一条　为便于掌握开支，根据有关规定，结合本公司实际情况，特制订出本开支标准。

第二条　差旅费

（一）公司职工出差乘坐车、船、飞机和住宿、伙食、市内交通费，按下表规定执行。各部门负责人应严格控制外出人员，并考虑完成任务的期限，确定出差日期。对因公外出人员均对号入座按标准办理应报销费用。如出差人员投亲靠友自行解决住宿问题，则按标准的40%计发给个人；如不足标准住宿的，按节约额的50%计发给个人；如超标准住宿的，超支部分一律由个人自己负担。

（二）工作人员出差的交通费一律按附表标准套用。具体对下列情况均以有关规定执行如下：

1. 乘坐火车，从晚上8时至次日晨7时之间，在车上过夜6小时以上的，或连续乘车时间超过12小时的，可购软席卧铺票。

2. 乘坐火车符合1条规定而不买卧铺票的，节省下的卧铺票费，发给个人，但为了计算方便，规定按本人实际乘坐的火车硬座票价折算成一定比例发给。①乘坐火车慢车和直快列车的，按特快列车硬席票价的50%发给。②符合乘坐火车软席卧铺条件的，如果改乘硬座，也按规定的硬座票价比例发给；但改乘硬卧的，不执行本条①款的规定，也不发给软卧和硬卧票价的差额。

3.工作人员趁出差或调动工作之便，事先经单位领导批准就近回家省亲办事的，其绕道车、船费，扣除出差直线单程车、船费（按出差人应享受标准），多开支的部分由个人自理。如果绕道车、船费少于直线单程车、船费时，应凭车船票价按实支报，不发绕道和在家期间的出差伙食补助费、住宿和交通费。

4. 出差期间乘坐直达特别快车暂按乘坐一般特别快车不坐卧铺补助的规定执行，即按硬座票价的 45% 计发补助费，因使用空调设备而另外加收的费用不计入票价之内。

5. 工作人员调动工作，核发差旅费以其调入地区执行标准计发。调入人员的交通、住宿、伙食补助除照公司规定执行外，其他开支参照有关规定执行。

6. 出差人员在出差地因病住院期间，按标准发给伙食补助费，不发交通费和住宿费。住院超过一个月的停发伙食补助费。

7. 公司工作人员参加在外地召开的各类会议，除有会议主办单位出具的食宿费自理的证明，可回公司按出差标准领取伙食费补助；住宿费凭住宿处发票按公司规定标准执行外，其余情况一概不领发有关费用。

8. 员工赴外地学习培训超过 30 天以上的部分，按职位标准的 50% 发给。

（三）员工探亲交通费按国家规定办法执行。

第三条　市内交通费规定

（一）市内工作交通费

1. 员工在市内联系业务，公司无配给自行车、摩托车、又不能安排公司车辆者，凭乘坐的公共汽车票列明去向，公干事由经主管领导审核，成本中心负责人签字凭据报销。

2. 员工因在市内联系业务由公家配置自行车者，每月按 10 元标准将公司修理费包干到人，每辆车从购买之日起包干五年。五年内丢失、损坏一律自理，也不另发交通费及报销市内车票，由此影响工作，责任自负。

（二）员工上下班交通费。

1. 员工居住地方距上班地点 2 公里以上，无公司交通车接送上下班，公司又无配给自行车（或摩托车），可按公共汽车月票收据金额报销。

2. 符合第 1 条条件用私人自行车上下班者，每月按公共汽车月票金额发给自行车维修费。

3. 上述两类补助请各部门在员工报到上班后即将申请报告报行政部审批备案，每年终了后七天内，由各部门造册申报，行政部按备案记录结合考勤核批发放。

4. 对于不享受交通费补助的职工，经常因公骑私人自行车外出的，经各部门成本中心负责人批准，发给每月 10 元的自行车修理费。

第四条　加班、夜班、值班和误餐费的规定

（一）加班费规定：

1. 法定节日（圣诞节、劳动节）因工作需要加班，按下列公式计发加班费：

（本人月工资 - 浮动工资 25.5 ×200%）× 加班天数

2. 法定假日以外平时因工作需要加班，按下列公式计发加班费：（本人月工资 - 浮动工资 25.5 ×150%）× 加班天数

3. 员工加班要从严控制，事前报部门经理批准。加班只限于工程抢修，节假日值班和完成其他紧急生产任务等，但月累计不得超过 48 小时，超过 48 小时报总经理批准。

4. 员工加班后，可以补休而不领加班费，但须办理补休的登记手续。

5. 员工出差期间，如遇法定节假日和超过工作不计加班费。

6. 加班费经人事部审核后，由财务部发放。

（二）夜班费规定，员工在每日 22 时至次日 6 时之间上班工作，不能睡觉，夜班费每人每夜 8 元。

（三）值班费，市内员工到特区范围内工作（或反向途径）、不能在公司或家里吃午餐者，由各成本中心负责人签字报误餐费 8 元。报告列明时间、地点、工作内容，由人事部审核，财务部发放。

第五条　外勤津贴规定

（一）生产人员从事露天、井下、高空施工作业按出勤天数，每人每天津贴2元。当天出工在2小时至4小时者，按半天计发，不足2小时者不发津贴。

（二）管理人员和工程技术人员跟班作业，可以按生产人员标准领取外勤

津贴。

（三）工程管理的基建办及业务部室外勘察人员，基建办RSU安装人员、基建管理人员、财务部市内采购员、报关员、行政部食堂采购员等，即按实际天数每人每天津贴1元（有勘察设计、安装提成奖领取者则停发该项津贴）。

（四）汽车司机的各类补贴另见专题发文。

第六条　其他福利待遇

（一）员工医疗费用报销按有关规定执行。但每单 200 元以上必须由财务部经理审核。

（二）室主任、各类师以上人员自用石油汽罐，凭据由行政部审签到财务部报销。

（三）本公司工作人员（含合同制职工），每人每月发放洗理费 25 元、书刊费 20 元、水电补贴 35 元、物价补贴 73 元、粮价补贴 20 元、煤气补贴 45 元。

第七条　清凉饮料费规定（发放时间每年 5—10 月）。

1. 发放范围原则上按第六条第三项。

2. 发放标准由人事部和行政部按批准预算确定，人数由人事部提供，具体由行政部安排报销。

第八条　员工计划生育按最新印发的有关规定执行。

第九条　员工服装补贴和发放，参照服装补贴和发放办法，凡是公司正式员工（含合同制职工）每两年发放夏装、冬装各一套。此外管理人员每年发领带一条；生产人员按劳动保护规定时限发放劳动防护用品。

第十条　对于临时去港人员费用开支标准和管理办法按深府（1986）298 号文的规定执行。对于临时出国人员费用开支标准和管理办法按（84）财外字第 610 号文的规定执行。

第十一条　本规定解释权在公司财务部。

零用金管理细则

（一）有关零用金之设置划分如下：

1. 公司本部由财务部负责各单位之零星支付。

2. 工地总务组负责设置零用金管理人员，尽可能由原有办理总务人员兼办，必要时再行研讨设置专人办理。

（二）零用金额暂定，工地每月经常保持 5 万元，将来视实际状况或减或增，再行研办。

（三）零用金借支程序如下：

1. 各单位零星费用开支，如需预备现金，应填具零用金借（还）款通知单，交零用金管理人员，即凭单支给现金。

2. 零用金之暂支，不得超过 1000 元，特别事故者应由企业部经理核准。

3. 零用金之借支，经手人应予一星期内取得正式发票或收据加盖经手人与主管之费用章后，交零用金管理人冲转借支，如超过一星期尚未办理冲转手续时得将该款转入经手人私人借支户，并于当月发薪时一次扣还。

（四）零用金保管及作业程序如下：

1. 零用金之收支应设立零用金账户，并编制收支日报送呈经理核阅。

2. 零用金每星期应将收到之发票或收据，编制零用支出传票结报一次，送交财务部。

3. 财务部收到零用金支出传票后，应于当天即行付款，以期保持零用金总额与周转。

4. 财务部收到零用金支付传票，补足零用金后，如发现所附单据有疑问，可直接通知各部经手人办理补正手续，如经手人延搁不办得照有关规定办理。

5. 零用金账户应逐月清结。

（五）零用金应由保管人出具保管收据，存财务部，如有短少概由保管人员负责赔偿。

（六）本细则经奉准后实施。

借款和各项费用开支标准及审批程序

第一条　为进一步完善财务管理，严格执行财务制度，依据公司的规范化管理实施大纲，特制定本标准及程序。

第二条　借款审批及标准

（一）出差人员借款，必须先到财务部领取《借款凭证》，填写好该凭证后，先经部门经理同意，再由各线主管领导批准，最后经财务经理审核后，方予借支，前次借支出差返回时间超过三天无故未报销者，不得再借款。

（二）外单位、个人因私借款，填写《借款凭证》后，一律报财务总监审批，经财务经理审核后，方予借支。凡职工借用公款者，在原借款未还清前，不得再借。

（三）其他临时借款，如业务费、周转金等，审批程序同第一条第一款。

（四）试用人员借支旅差费或临时借款，须由正式员工具担保书或签认担保，方能办理，若借款人未能偿还借款，担保人应负有连带责任。

（五）各项借款金额 3000 元以内按上述程序办理，超过 3000 元以上的需报请财务总监审批。

（六）借款出差人员回公司后，三天内应按规定到财务部报账，报账后结欠部分金额或三天内不办理报销手续的人员欠款，财务部门有权在当月工资中扣回。

第三条　出差开支标准及报销审批

（一）住宿

公司部门副经理以上人员，平均每天不能超过 80 元，主办业务不能超过 60 元，业务员不能超过 45 元。高层领导因工作需要住宿费超过 80 元标准后经财务部总监批准后可予报销。

（二）出差补助

按出差起止时间每天补助 30 元。

（三）市内短途交通费

控制在人均每天 30 元以内，凭票据报销。

（四）其他杂费

如存包裹费、电话费、杂项费用控制在人均每天 10 元内，凭单据报销。

（五）车船票

按出差规定的往返地点、里程，凭票据核准报销。

（六）根据出差人员事先理好的报销单据，先由主管会计对单据全面审核，同时按出差天数填上住勤补贴，然后由部门经理签认报有关各线主管领导批准，财务经理审核后，方能报销。

（七）出差坐飞机，需由部门经理批准，连续三个月亏损单位人员出差，一律不准乘坐飞机（特殊情况报上一级领导批准）。

第四条　业务招待费标准及审批

（一）总公司本部各业务部的业务招待费，控制在各部门完成的营业收入的 2.5‰之内，由部门经理掌握，总公司本部的各行政职能部门，按总公司分配下达指标使用，由财务部经理掌握，下属公司根据完成的营业收入，控制在 4‰内，由经理掌握开支，超过一部分一律在年终利润分配留成公益金中予以扣除。

（二）属指标内的业务招待费，报销单据必须有税务部门的正式发票，数字分明，先由经手人签名，注明用途，部门经理加签证实，再报财务经理审核，然后由各线主管领导审批，方能付款报销。

（三）超指标外的业务招待费，一般不予开支，如有特殊情况，须经总经理审核加签，董事长批准，方能报销。

第五条　福利费、医药费开支标准及审批

（一）在未实行医疗保险制度以前，职工本人医药费可按公费医疗待遇，凭区级以上医院发票实报实销；临时工凭区级以上医院发票报销 50%。

（二）公司职员已办理独生子女证的子（女）凭区以上医院证明享受医药费待遇，没有办理独生子女证的，只准一个孩子享受医疗费全报待遇，其余子女享受半费待遇。职工无职业的父母凭以上医院单据报销一半医药费（家属名单由人事部门核定）。

（三）职工子女学杂费，凭有效发票，经人事部经理签认，财务部经理审核，给予报销。

（四）煤气瓶购置费凭有效发票一次性报销 200 元，夫妻双方在本公司系统工作的，只能报一方。

（五）其他福利及医药费开支，50 元以下由财务部经理批准，50 元—500 元由总会计师批准，超过 500 元的开支一律报财务部总监批准。

第六条　其他费用开支标准及审批

（一）属生产经营性的各项费用，2000 元以内的凭税务部门的正式发票，先由经办人和部门经理签名后，报分管领导批准，然后送财务经理审核报销。超过 2000 元以上的须报财务总监批准。

（二）属非生产经营性的各项费用，2000 元以内的按第六条第一款执行，2000 元—5000 元的，报财务总监批准，超过 5000 元的报董事长批准。

第七条　补充说明

如经费开支审批人出差在外，则应由审批人签署指定代理人，交财务部备案，指定代理人可在期间行使相应的审批权力。

资产控制制度原则

第一条　资产的保管与账簿的记载，应由不同人员分别负责。

第二条　资产的保管，应明确指派人员负责，以免责任混淆。

第三条　有形资产应加防护，以免私自或不当使用。

第四条　应随时核对零用金与库存现金，并维持最少额度。

第五条　各项支出的核决与支付，应分责办理。

第六条　应尽可能以支票支付，支票的签发与保管，皆应有严密的控制。

第七条　已签章的付款支票，不得由该支票签章人，或核决人领取或寄交。

第八条　有关现金、存货或其他流动资产收发的单据，应事先印妥连续编号。

第九条　负责现金、有价证券及其他贵重资产处理责任的人员，须要有充分保证。

第十条　上项人员应采轮调、轮休，并指派他人暂代其职务。

第十一条　各项付款凭据一经支付，应即加盖支付印戳销案，防止重复请款。

第十二条　存于内部保险箱或银行保管箱的有价证券等贵重物品，应由二人以上共同保管。

第十三条　倘人员编制许可，下列职责应予分立，避免集中一人。出纳与账务员、财务主管与会计主管、采购与验收、销货与仓储、薪工计算与支付、收款与账务、装运与仓储、订货与仓储，等等。

第十四条　信用授予、折让折扣、客户赠品、招待等，皆应严格管理。

第十五条　定期举行资产的全面盘点，包括原物料、在制品、成品、用品、固定资产等（每年一次为宜）。

第十六条　单据开具尽可能一次复写，并避免涂改。

第十七条　尽可能订立各项工作的书面手册，以避免误会，促进效率。

财务分析撰写规定

第一条　为了规范公司的财务分析内容和格式，全面揭示经济活动及其效果，切实发挥财务分析在企业管理中的作用，特制定本规定。

第二条　本规定适应于本集团的所有核算单位，包括独立核算单位和单独核算单位。

第三条　各项指标数值的计算填列。

（一）各指标的计算口径和格式按附表一和企业财务分析表进行。

（二）表中的计划数指各公司每年度的承包指标数。

（三）工业企业应揭示工业产品销售率及上年同期对比的增减水平。

（四）投资收益率指标只限于年度分析填列。

第四条　生产经营状况分析

从产量、产值、质量及销售等方面对公司本期的生产经营活动作一简单评价并与上年同期水平作一对比说明。

第五条　成本费用分析

（一）原材料消耗与上期对比增减变化情况，对变化原因作出分析说明。

（二）管理费用与销售费用的增减变化情况（与上期对比）并分析变化的原因，对业务费、销售佣金单列分析。

（三）以本期各产品产量大小为依据确定本公司主要产品，分析其销售毛利，并根据具体情况分析降低产品单位成本的可行途径。

第六条　利润分析

（一）分析主要业务利润占利润总额的比例（主要业务利润按工业、贸易和其他行业分为产品销售利润、商品销售利润和营业利润）。

（二）对各项投资收益、汇总损益及其他营业收入作出说明。

（三）分析利润无成情况及其原因。

第七条　资金的筹集与运用状况分析

（一）存货分析

1. 根据产品销售率分析本公司产销平衡情况。

2. 分析存货积压的形成原因及库存产品完好程度。

3.本期处理库存积压产品的分析，包括处理的数量、金额及导致的损失。

（二）应收账款分析

1. 分析金额较大的应收账款形成原因及处理情况，包括催收或上诉的进度情况。

2.本期未取得货款的收入占总销售收入的比例，如比例较大的应说明原因。

3. 应收账款中非应收货款部分的数量，包括预付货款、定金及借给外单位的款项等，对于借给外单位和其他用途而挂应收账款科目的款项应单独列出并作出说明。

4. 季度、年度分析应对应收账款进行账龄分析，予以分类说明。

第八条　负债分析

（一）根据负债比率、流动比率及速动比率分析企业的偿债能力及财务风险的大小。

（二）分析本期增加的借款的去向。

（三）季度分析和年度分析应根据各项借款的利息率与资金利润率的对比，分析各项借款的经济性，以作为调整借款渠道和计划的依据之一。

第九条　其他事项分析

（一）对发生重大变化的有关资产和负债项目作出分析说明（如长期投资等）。

（二）对数额较大的待摊费用、预提费用超过限度的现金余额作出分析。

（三）对其他影响企业效益和财务状况较大的项目和重大事件作出分析说明。

第十条　通过分析对所存在的问题，提出解决措施和途径，包括：

（一）根据分析结合具体情况，对企业生产、经营提出合理化建议。

（二）对现行财务管理制度提出建议。

（三）总结前期工作中的成功经验。

第十一条　财务分析应有公司负责人和填表人签名，并在第一页表上的右上盖上单位公章，如栏目或纸张不够，请另加附页，但要保持整齐、美观。

第十二条　各企业财务分析应在每月十号前报财务管理部，一式二份。各项财务指标说明

1. 应收账款周转天数 = 应收账款平均点用额 ×30 本月销售收入（或营业收入）

2. 流动资金周转天数 = 全部流动资金平均占用额 ×30 本月销售收入（或营业收入）

3. 存货周转天数 = 存货平均占用额 ×30 本月销售收入（或营业收入）

4. 销售利润率 = 销售利润（或营业利润）本月销售收入（或营业收入）×100%

5. 产品销售率 = 本月产品销售收入 Σ 各产品产量 × 销售单价 ×100%

6. 负债比率 = 负债总额资产总额 ×100%

7. 投资收益率 = 税后利润实收资本（或上级拨入资金）×100%

以上各项指标的平均占用额，指该指示的月初数与月末数的平均数。

年度财务分析则将上述公式中的30改为360，销售收入以全年累计数计算，各项指标的平均点用额则指该指标的年初数与年末数的平均数。

费用报销操作流程

第一条　公司计划内费用开支管理流程：

1. 费用当事人申请；

2. 部门经理审查确认；

3. 财务部门审核；

4. 授权分管副总或总经理审批。

5. 经办人持相关票据到财务部门报销。

第二条　凡公司计划外开支，一律报总经理审批。

第三条　固定资产购置与报销操作流程：

1. 购置固定资产，必须先有批准的购置计划，控购商品必须经董事会向有关部门办理专项控制证明单才能购买；

2.在当日内购置，经领导批准可借用空白支票在计划范围购置，如能事先知道价格、单位名称及账号者，可办理借款手续，经领导批准，由财务部开支票；

3.固定资产报销时须建立固定资产卡片，并有资产编号，财务才准予报销；

4. 固定资产经财务报销后，财务部列入“内部往来成本费用”科目。

第四条　流动资产购置与报销操作流程：

1. 采购部门提出次月原材料及备用品、备件购置的购料计划，经领导批准后报财务部作出次月定额用款计划；

2. 凡购入材料物品，必须填写入库验收单（一式三联，采购、仓库、财务部各一联）后，才予以报销；

3. 材料物品领用时，必须填领料单（一式三联，领用人、仓库、财务部）；

4. 仓库保管员兼材料会计，每月与财务核对账目，发现问题及时找原因更正；

5. 年终物资部应盘点一次，列出材料清单与财务部核对，并作出盈亏表；

6. 采购部门可借支备用金，作为零星购料周转，设备工程部也可以借支备用金，作为急需采购维修物品用，年终备用金全部交财务部，第二年再借；

7.采购人员经领导批准可借支空白支票（限制一定数额内开支），必须在三天内到财务报销。如果取得正式发票，可办理报销手续，不再借支空白支票；

8. 各项预付款先填借款单，经企业主管领导批准，按合同要求付款；

第五条　办公用品及低值易耗品采购与报销操作流程：

1. 行政部根据计划统一采购、验收、入库，根据发票、入库单报销。

2. 各部门急需或特殊的办公用品，经批准，可自行购买：

（1）单价在 × 元以下，或总价在 ×× 元以下，行政部长批准；

（2）单价在 × 元以上，或总价在 ×× 元以上，分管副总批准。购买后，提交发票、实物，经行政部查验入库单及入账报销。

3. 原则上不报销办公用品之装卸费用。

第六条　车辆使用费报销操作流程：

1. 车辆使用费包括汽油费、维修费、路桥费、泊车费、驾驶员补贴。

2. 行政部在掌握车辆维护、用车、油耗情况基础上，制定当月车辆费用开支计划。

3. 油费报销，需由驾驶员在发票背面注明行车起始路程，由行政部根据里程表、耗油标准、加油时间、数量、用车记录复核，经行政部长签字验核。

4. 路桥费、洗车费由驾驶员每月汇总报销一次，由行政部根据派车记录复核，经行政部长签字验核。

5. 车辆维修前须提出书面报告，说明原因和预计费用，报销时在发票上列明详细费用清单，由行政部根据车辆维修情况复核，经行政部长签字验核。

6. 驾驶员行车补助按加班标准计算，每月在工资中列支发放。

第七条　交通费报销操作流程：

1. 交通补贴见公司补贴津贴标准。

2. 交通补贴在员工工资中发放。

3. 员工外勤不能按时返回就餐者可给予误餐补贴。

4. 员工外勤每天交通费标准为 ×× 元，经批准可乘坐出租车并报销。凡公司派车和乘坐出租车，均不报销外勤交通费。

第八条　应酬招待开支报销操作流程：

1. 根据公司对外接待办法文件中规定的接待标准接待。

2. 应酬应事先申请并得到批准。

3. 原则上不允许先斩后奏，因特殊原因无法事先办理的，事后须及时报告有关领导。

4. 应酬一般在定点酒店、宾馆进行。一般在签单卡签字后按月结算，不得擅自在他处或用现金结算。

第九条　本办法由财务部制定，报总经理办公会议审核，总经理审批后执行。

业务员收款规定

第一条　财务部账款组依业务员类别整理账单，定期汇集编制账单清表一式三份，将账单清表二份连同账单寄交业务人员签收。

第二条　业务人员收到账单清表时，一份自行留存，另一份应尽速签还财务部账款组，如发现有不属本身的账单，应立即以挂号寄回。

第三条　客户要求寄存账单时，应填写《寄存账单证明单》一份，详列笔数金额等交由客户签认，收款时才交还予客户。如因寄存账单未取得客户签认致不能收款时，由业务人员负责赔偿。

第四条　收到公司寄来的账单后，于访问时如未能立即收款，则应取得客户于账单上的签认，若未能取得客户的签认，则应尽速于发货日起三个月内，向总务部申请取得邮局包裹追踪执据，执凭收款。逾期不办致无法收取货款时，由业务人员负责赔偿。

第五条　业务人员于每日收到货款后，应于当日填写收款日报表一式四份（一份自留，三份寄交公司财务部出纳组）。

第六条　属于本市的直接将现金或支票连同收款日报表第一、二、三联亲交出纳并取得签认。

第七条　外埠地区的应将现金部分填写 ×× 银行送款单或邮政划拨储金通知单，存入附近 ×× 银行分行或邮局。次日上午将支票，×× 银行送款单存根或邮政划拨单存根，用回纹针别于收款日报表第一、二、三联，以挂号寄交财务部出纳组。业务人员应将挂号收执贴于自存的收款日报表左下角备查。

第八条　依客户的区别规定如下：

（一）直接客户：以货到收款为条件者，由送货员收取现金。签收的客户，则为销货日起一个月内的支票或现金。

（二）一般商店：自销货日期起三个月内的票期。

第九条　收款票期超过公司的规定时，依下列方式计算收款成绩。

（一）超过 1～30 时，扣该票金额 20% 的成绩。

（二）超过 31～60 天时，扣该票金额 40% 的金额。

（三）超过 61～90 天时，扣该票金额 60% 的成绩。

（四）超过 91～120 天时，扣该票金额 80% 的成绩。

（五）超过 121 天以上时，扣该票金额 100% 的成绩。

第十条　法定支票记载的金额、发票人图章、发票年月日、付款地，均应齐全，大写金额绝对不可更改，否则盖章仍属无效，其他有更改之处，务必加盖负责人印章。

第十一条　支票的抬头请写上"××股份有限公司"全衔。

第十二条　跨年度时，日期易生笔误，应特别注意。

第十三条　字迹模糊不清时，应予退回重新开立。

第十四条　收取客票时，应请客户背书，并且写上"背书人××股份有限公司"，千万不可代客户签名背书。

第十五条　"禁止背书转让"字样的客票，一律不予收取。

第十六条　收取客户客票大于应收账款时，不应以现金或其他客户的款项找钱，应依下列方式处理。

（一）支票到期后，由公司以现金找还。

（二）另行订购抵账，或抵交未付账款中的一部分。

第十七条　本公司无销货折让的办法，如因发票金额误开，需将原开统一发票收回，寄交公司更改或重新开立发票。如无法收回而不得已需抵扣时，则于下次向公司订货时，以备忘录说明，经业务经理核准后扣除，不得于收款时，扣除货款或以销货折让方式处理，否则尾数由业务人员负责。

应收账款及应收票据管理办法

第一条　为确保公司权益，减少坏账损失，特制定本准则，以资遵行。

第二条　各营业部门应翔实办妥客户征信调查，并随时侦查客户信用的变化（可利用机会通过 A 客户调查 B 客户的信用情况）签注于征信调查表相关栏内。“但政府机关、公营事业、信用良好的民营大企业及风险低的小金额或现金交易客户应不受此限。”

第三条　营业部门，至迟应于出货日起 60 日内收款。如超过上列期限者，财务科就其未收款项详细列表，通知各营业部门主管，转为呆账，并自奖金中扣除。嗣后收回票据时，再行冲回。“但政府机关、公营事业及民营大企业等订有其内部付款程序者，应依其规定。”

第四条　营业部门所收票据，自销售日起算，至票据兑现日止，以 120 天为限。如超过上列期限者，财务科即依查得资料，就其超限部分的票据所编列明细表，通知营业部门加收利息费用，利息概以月息两分计算。

第五条　赊售货品收受支票时，应注意下列事项：

（一）注意发票人有无权限签发支票。

（二）非该商号或本人签发的支票，应要求交付支票人背书。

（三）注意查明支票有效的绝对必要记载事项，如文字、金额、到期日、发票人盖章等等是否齐全。

（四）注意所收支票账号号码愈少表示与该银行往来期愈长，信用较为可靠（可直接向银行查明或请财务科协办）。

（五）注意所收支票账户与银行往来的期间、金额、退票记录情况（可直接向付款银行查明或请财务科协办）。

（六）支票上文字有无涂改、涂销或更改。

（七）注意支票记载何处不能修改（如大写金额），可更改者是否于更改处加盖原印鉴。

（八）注意支票上的文字记载（如禁止背书转让字样）。

（九）注意支票是否已逾到期日一年（逾期一年失效），如有背书人，应注意支票提示日期，是否超过第六条的规定。

（十）尽量利用机会通过 A 客户注意 B 客户支票（或客票）信用。

第六条　本公司收受的支票提示付款期限，至迟应于到期日后六日内予以处理。

第七条　所收支票已缴交者，如退票或因客户存款不足，或其他因素，要求退回兑现或换票时，营业单位应填具票据撤回申请书，经部门主管签准后，送财务科办理，营业部门取回原支票后，必须先向客户取得相当于原支票金额的现金或担保品，或新开支票，始将原支票交付，但仍须依上列规定办理。

第八条　应收账款发生折让时，应填具折让证明单，其折让部分，应设销货折让科目表示，不得直接由销货收入项下减除。

第九条　财务科接到银行通知客户退票时，应即转告营业部门，营业部门对于退票，无法换回现金或新票时，应即寄发存证信函，通知发票人及背书人，并迅速拟定善策处理。

第十条　营业部门对退票申诉案件送请财务科办理时，应提供下列资料：

（一）发票人及背书人户籍所在地（先以电话告知财务科）。

（二）发票人及背书人财产（土地应注明所有权人、地段、地号、面积、持分设定抵押）。建物（土地改良物）应注明所有权人、建号、建坪持分、设定抵押。其他财产应注明名称、存放地点、现值等。

（三）其他投资事项。

第十一条　上列债权确定无法收回时，应专案列送财务科，并附税捐机关认可的合法凭证（如法院裁定书或当地派出所证明文件或邮政信函等）呈总经理核准后，始得冲销应收账款。

第十二条　依法申诉而无法收回债权部分，应取得法院债权凭证，交财务科列册保管，倘事后发现债务人（利益偿还请求权，时效为 15 年内）有偿债能力时，应依上列有关规定申请法院执行。

第十三条　本公司营业人员不依本准则的各项规定办理或有勾结行为，致使本公司权益蒙受损失者，依人事管理规则议处，情节重大者得移送法办。

第十四条　本办法经呈准后公布实施，修订时亦同。

问题账款处理办法

第一条　为妥善处理“问题账款”，争取时效，以维护本公司与销货经办人的权益，特制定本办法。

第二条　本办法所称的“问题账款”系指本公司营业人员于销货过程中所发生被骗、被倒账、收回票据无法如期兑现或部分货款未能如期收回等情形的案件。

第三条　因销货而发生的应收账款自发票开立之日起逾两个月尚未收回，亦未按公司规定办理销货退回者，视同“问题账款”。但情形特殊经呈报副总经理特准者不在此限。

第四条　“问题账款”发生后，该单位应于2日内据实填妥《问题账款报告书》（以下简称报告书），并检附有关证据、资料等依序呈请单位主管查证并签注意见后，转请人事部协助处理。

第五条　前条报告书上的基本资料栏由单位会计员填写；经过情形、处理意见及附件明细等栏由销货经办人填写。

第六条　人事部应于收到报告书后2日内与经办人及单位主管会商、了解情况后拟订处理办法，呈请直属副总经理批示，并协助经办人处理之。

第七条　经批示后的报告书，人事部应即复印一份通知财务部备案，如为尚未开立发票的“问题账款”，则应另复印一份通知财务部备案。

第八条　仓库部接到人事部转来的报告书后，应将“问题账款”的商品，专案列账，免受试用日数的限制。

第九条　经办人填写报告书后，应注意：

（一）务必亲自据实填写，不得遗漏。

（二）发生原因栏如勾填“其他”时，应在括弧内注明简略原因。

（三）经过情形栏应从与客户接洽时起，依时间的先后，逐一载明至填报日期止的所有经过情形。本栏空白若不敷填写，可另加粘白纸填写。

（四）处理意见栏乃供经办人自己拟具赔偿意见之用，如有需公司协助者，亦请在本栏内填明。

第十条　报告书未依前条规定填写者，人事部得退回经办人，请其于收到原报告书 2 天内重新填写提出。

第十一条　“问题账款”发生后，经办人未依规定期限提出报告书，请求协助处理者，人事部应不予受理。逾 15 天仍未提出者，该“问题账款”应由经办人负全额赔偿责任。

第十二条　会计员未主动填写报告书的基本资料或单位主管疏于督促经办人于规定期限内填妥并提出报告书，致经办人应负全额赔偿责任者，该单位主管或会计员应连带受行政处分。

第十三条　“问题账款”处理期间，经办人及其单位主管应与人事部充分合作，必要时，人事部得借阅有关单位的账册、资料，并请求有关单位主管或人员配合查证，该单位主管或人员不得拒绝或借故推拖。

第十四条　人事部协助直线单位处理的“问题账款”自该“问题账款”发生之日起 40 天内，尚未能处理完毕，除情形特殊经报请副总经理核准延期赔偿者外，财务部应依外务人员、营业主任待遇办法中有关倒账赔偿的规定，签拟经办人应赔偿的金额及其偿付方式，呈请执行副总经理核定。

第十五条　本办法各条文中所称“问题账款发生之日”如为票据未能兑现，系指第一次收回票据的到期日；如为被骗，则为被骗的当日；此外的原因，则为该笔交易发票开立之日起算第 60 天。

第十六条　经核定由经办人先行赔偿的“问题账款”，人事部仍应寻求一切可能的途径继续处理。若事后追回商品或货款时，应通知财务部于追回之日起 5 天内依比率一次退还原经办人。

第十七条　人事部对“问题账款”的受理，以报告书的收受为依据，如情况紧急时，得由经办人先以口头提请人事部处理，但经办人应于次日补具报告书。

第十八条　经办人未据实填写报告书，以致妨碍“问题账款”的处理者，除应负全额赔偿责任外，人事部并得视情节轻重签请惩处。

第十九条　本办法经总经理核准后公布实施，修正时相同。

呆账管理办法

第一条　本公司为处理呆账，确保公司在法律上的各项权益，特制订本办法。

第二条　各分公司应对所有客户建立《客户信用卡》，并由业务代表依照过去半年内的销售实绩及信用的判断，拟定其信用限额（若有设立抵押的客户，以其抵押标的担保值为信用限额），经主管核准后，应转交会计人员善加保管，并填记于该客户的应收账款明细账中。

第三条　信用限额系指公司可赊销某客户的最高限额，即指客户的未到期票据及应收账款总和的最高极限。任何客户的未到期票款，不得超过信用限额，否则应由业务代表及业务主管、会计人员负责，并负所发生倒账的赔偿责任。

第四条　为适应市场，并配合客户的营业消长，每年分两次，可由业务代表呈请调整客户的信用限额，第一次为6月30日，第二次为12月31日，核定方式如第二条。

分公司主管视客户的临时变化，应要求业务代表随时调整各客户的信用限额，但若因主管要求业务代表提高某客户信用限额所遭致的倒账，其较原来核定为高的部分全数由主管负责赔偿。

第五条　业务代表所收受支票的发票人非客户本人时，应交客户以店章及签名背书，经分公司主管核阅后缴交出纳，若因疏忽所遭致的损失，则应由业务代表及分公司主管各负二分之一的赔偿责任。

第六条　各种票据应按记载日期提示，不得因客户的要求不为或迟延提示，但经分公司主管核准者不在此限。催讨换延票时，原票尽可能留待新票兑现后始返还票主。

第七条　业务代表不得以其本人的支票或代换其他支票充缴货款，如经发现，除应负责该支票兑现的责任外，以侵占货款依法追究其责任。

第八条　分公司收到退票资料后，倘退票支票为客户本人属发票人时，则分公司主管应即督促业务代表于一周内收回票款。倘退票支票有背书人时，应即填写支票退票通知单，一联送背书人，一联存查，并进行催讨工作，若因违误所造成的损失，概由分公司主管及业务代表共同负责。

第九条　各分公司对催收票款的处理，在一个月内经催告仍无法达到催收目的，其金额在 2 万元以上者。应即将该案移送法务室依法追诉。

第十条　催收或经诉讼案件，有部分或全部票款未能收回者，应取具警察机关证明、邮局存证信函及债权凭证、法院和解笔录、申请调解的裁决凭证、破产宣告裁定等，其中的任何一种证件，送财务部做冲账准备。

第十一条　没有核定信用限额或超过信用限额的销售而遭致倒账，其无信用限额的交易金额，由业务代表负全数赔偿责任。而超过信用限额部分，若经会计或主管阻止者，全数由业务代表负责赔偿，若会计或主管未加阻止者，则业务代表赔偿 80%，会计及主管各赔偿 10%。若超过信用限额达 20% 以上的倒账，除由业务代表负责赔偿外，分公司主管则视情节轻重予以惩处。

第十二条　业务代表应防止而未防止或有勾结行为者，以及没有合法营业场所或虚设行号的客户，不论信用限额若何，全数由业务代表负赔偿责任。送货签单因归罪于业务代表的疏忽而遗失，以致货款无法回收者亦同。

第十三条　设立未满半年的客户，其信用限额不得超过人民币 2 万元，如违反规定而发生呆账，由业务代表负责赔偿全额。

第十四条　各分公司业务主管，业务代表于其所负责的销售区域内，容许呆账率（即实际发生呆账金额除以全年销售净额的比率）设定为全年的 5‰。

第十五条　各分公司业务主管，业务代表其每年发生的呆账率超过容许呆账率的惩处如下：

（一）超过 5‰，未满 6‰者，警告一次，减发年终奖金 10%。

（二）超过 6‰，未满 8‰，申诫一次，减发年终奖金 20%。

（三）超过 8‰，未满 10‰，小过一次，减发年终奖金 30%。

（四）超过10‰，未满12‰，小过二次，减发年终奖金40%。

（五）超过12‰，未满15‰，大过一次，减发年终奖金50%。

（六）超过15‰以上，即行调职，不发年终奖金。

若中途离职，于其任期中的呆账率达到上列的各项程度时，减发奖金的比例，以离职金计算。

第十六条　各分公司业务主管，业务代表其每年发生的呆账率低于5‰时的奖励如下：

（一）低于5‰（不包括5‰），高于4‰（包括4‰），嘉奖一次，加发年终奖金10%。

（二）低于4‰，高于3‰，嘉奖二次，加发年终奖金20%。

（三）低于3‰，高于2‰，小功一次，加发年终奖金30%。

（四）低于2‰，高于1‰，小功二次，加发年终奖金40%。

（五）低于1‰，大功一次，加发年终奖金50%。

若中途离职，不予计算奖金。

第十七条　各分公司业务主管，业务代表以外人员的奖励，以该分公司每年所发生的呆账率，低于容许呆账率时实行。内容如下：

（一）低于5‰（不包括5‰），高于4‰（包括4‰），每人加发年终奖金5%。

（二）低于4‰，高于3‰，每人加发年终奖金10%。

（三）低于3‰，高于2‰，每人加发年终奖金15%。

（四）低于2‰，高于1‰，每人加发年终奖金20%。

（五）低于1‰，每人加发年终奖金25%。

第十八条　分公司因倒账催讨回收的票款，可作为其发生呆账金额的减项。

第十九条　法务室依第九条接受办理的呆账，依法催讨收回的票款减除诉讼过程的一切费用的余额，其承办人员可获得如下的奖金：

（一）在受理后6个月内催讨收回者，得20%的奖金。

（二）在受理后1年内催讨收回者，得10%的奖金。

第二十条　依第十一条已提列坏账损失或已从呆账准备冲转的呆账，业务人员及稽核人员仍应视其必要性继续催收，其收回的票款，由催收回者获得30%奖金。

第二十一条　本办法的呆账赔偿款项，均在该负责人员的薪资中，自确定月份开始，逐月扣赔，每月的扣赔金额，由其主管签呈核准的金额为准。

财产管理办法

第一条　所谓财产系指资产负债表上所列属于固定资产科目者，其有关事务处理悉依照本办法规定办理。

第二条　本公司财产管理系由财务部统筹管理并委托使用单位保管，依其性质划分如下：

1. 土地。

2. 房屋及建筑设备：办公室、厂房、酸洗间、仓库、宿舍、护堤、水道、围墙、停车场、道路。

3. 交通及运输设备：小轿车、客货车、推高机、起重机、机车、手推车、台车。

4. 机器设备：连续式铸造钢板设备、钢铁热轧设备、钢铁冷轧及冷压成型设备、金属热处理设备。

5. 电气设备：输电、配电、变电设备、照明设备。

6. 空气调节设备：冷气机、抽送风机、电扇。

7. 事务设备：机具设备（计时机、复印机、打字机、计算机、电话机、对讲机、扩音机、油印机等）、家具设备（写读家具、储放家具、坐息家具）、通讯设备。

8. 供水设备：水塔、储水池、过滤设备、抽水机、马达、给水配管设备。

9. 其他设备：防护设备（消防警卫、医疗）装潢设备、康乐设备。

第三条　财产保管部门应会同财务部每年定期盘点，但对新置者每月对账一次，其盘盈或盘亏应确实办理增值或减损。

第四条　由购入而取得之不动产，应即办理所有权移转登记，其有关产权之登记与变更登记及税法规定事宜与减损报废之报备均由财务部另行规定办理。

第五条　各项工程修造不论金额多寡均应编列预算表，并送财务部备查复核，其紧急处理者仍应补办手续。

第六条　有关不动产出租或租入，均应事先订立契约书，并会财务部复核转呈总经理核准后始得办理。

第七条　资本支出与费用支出划分之标准如下：

1. 支出结果能获得其他资产者属资本支出，否则应列为费用支出。

2. 资产之因扩充、换置、改良而能增加其价值或效能者属资本支出，否则即为费用支出。

3. 支出结果所获得之固定资产，其耐用年限在两年以上，且其金额在五万元以上者属资本支出，其耐用年限不及两年或其效用仅及本期者属费用支出。

4. 凡为维持财产之原始使用效能，所需之维护费用作为费用支出。

第八条　财产支出核决权限，依内购核决权限表之规定办理。

第九条　固定资产的折旧，采用平均法，并以账面价值为准，其折旧耐用年限依所得税规定。

第十条　使用年限届满之固定资产，仍继续使用者，得不折旧，但主要或重要生产设备得予调整以往旧额，并继续折旧。

第十一条　有关固定资产设账，财务部于总分类设置“土地”“房屋及建筑”“机器设备”“电气设备”“空气调节设备”“事务设备”“供水设备”“其他设备”，机械与各项设备之“备抵折旧”等科目，设置财产目录卡，并于各负责管理部门设置同式财产目录表，详细记录负责保管人及移动情况，并经使用人签认留存。财务部门与管理部门于每年会同盘点时并应互为核对双方登记卡表所载内容是否相符，如有不符应即查明更正。

第十二条　本办法经呈准公布实施，修改时亦同。

固定资产管理制度

一、总则

第一条　凡有关固定资产的分类编号、添置改良、验收、保管、调拨、出售、报废、盘点等手续，悉依本办法处理。

第二条　所称固定资产包括土地、房屋及设备、机器设备、运输设备及其他设备等，其使用年限在两年以上，购价在500元以上者。至于小型工具其耐用年限在两年以上，而价值在500元以下者，虽不必编号设卡，但必须设簿登记列入管理。

第三条　财务部为本公司固定资产总管理单位，负责统一编号、资产调配，并责成各企业部对其资产作妥当的管理。

第四条　财务部除于总分类账设统驭科目外，并应设置固定资产分类账，记载各项资产的价值，企业部各级主管负责各该部门固定资产的管理工作。

二、编号

第五条　固定资产编号目录由财务部编印分发各单位，新购的固定资产由财务部编号后填入《固定资产验收单》内。

三、添置

第六条　固定资产的请购由请购部门填请购单，先送财务部查核无法调配时，再按权责规定呈核后交采购人员实施采购。

第七条　请购单上应详填中英文名称、规格、型别、性能、质量等资料，以备采购及验收的依据。

第八条　各企业部除依年度经营计划编列扩充预算外，因特殊需要的添购，应说明其添购的效益。

第九条　自制应先与制造部门议定价格，按权责规定呈核后制造，制造按成本转账，如有差价则作内部损益处理。

第十条　固定资产使用部门应随时注意保养并善尽保管之责，至于改良其增加资产效能在两年以上者，应填《固定资产（改良）验收单》（格式及填单规定另订）并入原固定资产余额内计算。

四、验收及保管

第十一条　请购的固定资产到厂，或自制完工，由使用单位验收并填《固定资产验收单》一式三联送请财务部将该项固定资产编号后，第一联使用单位存，第二联连同发票及请购核准文件由财务部编制传票付款或转账后存查，第三联则由财务部送资料中心供电脑处理作业。

第十二条　凡经验收合格及财务部编妥号的固定资产，使用单位应即以喷字或其他方式将编号印记于该项固定资产上。

第十三条　各部门指定的固定资产负责人应妥为保管验收单的第三联，并在其背面记载资产的增减及调拨，并随时与财务部核对资料，保持资料的一致。

五、调拨

第十四条　各部门间固定资产的调拨，应填《固定资产调拨单》。

第十五条　非经协理级以上主管的批准，固定资产不得外借。

六、出售及报废

第十六条　固定资产损耗无法修理，或修理不合经济原则，以及废弃不用的固定资产，应填《固定资产报废出售单》，拟具处理意见送财务部，经呈上级核准后，会同各部门指定的负责人及企管部门出售。

第十七条　出售时应开具发票办理发货手续，并在第二联上附记栏注明报废单号，以便核对。

第十八条　出售后的财产，固定资产管理人应将该项固定资产验收单，送财务部存查。

第十九条　报废的资产无法出售时，应将其移交企管部门，由财务部依法说明具文，向税捐机关报备。

七、盘点

第二十条　使用单位应于每月底，依电脑资料定期盘点，并查对编号，如有错误，应即更正。

第二十一条　盘点如有数量差异，应追查责任，并拟具改进意见呈上级核示后改进。

八、附则

第二十二条　固定资产账卡上金额以购入原价加改良金额为准与财务部核对，至于折旧额则由财务部按规定计算，每半年抄财产目录分送各单位。

第二十三条　单位主管移交时，应会同财务部办理固定资产移交。

第二十四条　本办法经经理会议研讨，并呈总经理批准后实施。

固定资产核算管理制度

第一条　固定资产划分标准

1. 使用年限在一年以上，单价金额较高属固定资产范围；

2. 不同时具备以上两条件的劳动资料均作为低值易耗品；

3. 专用工具或玻璃器皿，由于容易损坏、更换频繁，也列为低值易耗品。

第二条　固定资产分类

1. 一般分：房屋建筑、机器设备、电子设备、运输设备、其他设备；

2. 出租固定资产；

3. 租入固定资产。

第三条　管理规定

1. 公司全部固定资产，包括主楼、综合楼、职工宿舍、其他建筑、机械设备、大小汽车的账务管理和计提折旧等，由财务部负责实物管理，部门设备使用管理落实到岗：

（1）房屋、道路由物业部管理；

（2）电脑财务管理由财务部管理；

（3）电话由总机房管理；

（4）音响设备、电传、电报设备由总办管理；

（5）各种管道、油库、空调、电器系统、机械设备由工程部管理；

（6）消防系统由保安部管理；

（7）大小汽车由总办管理；

（8）依据上述分工，各部门同时应建立固定资产登记表，记录固定资产名称、规格、数量、单价、总值金额、购建日期、规定合理使用年限及放置地段。

2. 土建房屋、道路等的大修理及日常维修制度由物业部负责制订。

3. 机械设备、油库、气库及附属设施以及各部所使用的机械设备、电脑、电话、电传系统、音响设备、空调系统及报警、消防系统等的大修理及日常维修制度由工程部负责制订。

4. 各种汽车的大修理及日常维修制度由车务部负责制订。上述各部制定的大修理及日常维修制度报告总经理审批后下达各部执行。

5. 各部根据维修制度规定，编制本部门使用的固定资产的修理计划，按物业部、工程部、车务部等分管范围报送。

6. 由三个部门审查修理项目后，会同财务部审查修理费并加具意见，报总经理审批。修理计划按年、季编报经批准后，由各部门按期执行维修。

7. 各部门应指定一名干部负责固定资产的管理工作。固定资产每年年终必须进行一次盘点，做到实物和账表记录相符，核算资料正确，对固定资产遗失部分，要查明原因，明确责任，适当处理。

财物盘点制度

第一条　目的及依据

为加强各公司财物管理，依《现金收支规则》第五十一条、《固定资产管理规则》第八条、《材料管理办法》第五十六条及《成品存储管理办法》第三十二条等制定本准则。

第二条　范围

盘点范围包括现金、票据、有价证券、材料、在制品、制成品、外协加工料品、寄存品、代加工料品、寄库品、下脚品及固定资产等。

固定资产的盘点应依据《固定资产管理规则》办理，其余各项，悉依本准则办理。

第三条　方式

（一）年终全面盘点。

（二）液体及特定项目采按月盘点。

（三）会计部门每月抽点，抽点百分比以一年一周转为度。

（四）不定期抽点。

第四条　人员及职责

为办理盘点，应设置盘点人、会点人、协点人及监点人。

（一）盘点人由财物经管部门提任，负责点计工作。

（二）会点人由会计部门或指派人员担任，负责盘点纪录。

（三）协点人由仓储保管部门担任，负责盘点时的料品搬运工作。

（四）监点人由各公司（总）经理室，总管理处总经理室视需要派员担任，负责盘点监督。

（五）各厂处、经理室、总经理室应指定专人负责盘点筹划、联络等事宜。

第五条　准备工作

（一）经管部门将应行盘点财物预先准备妥当，备妥盘点用具，并由会计部门准备盘点表格。

（二）现金及有价证券应按类分别整理并列清单。

（三）存货的堆置，应求整齐集中，并置“标示牌”。

（四）各项财物账册应于盘点前登载完毕，如因特殊原因无法完成时，应有会计部门将尚未入账的有关单据，如缴库单、领用单、交运单、收料单等，利用《结存调整表》一式两份，将账面数调整至正确的账面结存数。

（五）盘点期间已收料而未办妥手续者，应另行分开。

第六条　年终全面盘点

（一）各公司（总）经理室应于签呈（总）经理核准后，签发《盘点通知通知》各有关部门准备盘点，并于盘点前五天将盘点计划寄送总管理处总经理室，《盘点通知》应包含盘点日期、人员配置及注意事项。

（二）盘点日期由各公司视存量及现场公休情况自定。

（三）盘点期间除紧急用料外，应暂停收发料，盘点期间所需用料，应于盘点三天前办理完毕。

（四）年终盘点，原则上应采用全面盘点方式，如确因事实所限无法采行时，应签呈总管理处总经理核准后始得改变方式进行。

（五）盘点应尽量采用精确的计量器，避免用主观的目测方法，每项财物数量由双方确定后，再继续进行下一项，盘点后不得提出遗漏的异议。

（六）盘点时由会点人依实际盘点数详实纪录《盘点统计表》一式两份，以黑色原子笔复写，并于盘点工作进行时编列流水号码，由会点人与盘点人共同签注姓名、时间，如有更改，应经双方共同签认。

（七）经管部门应依据盘点所得的结存量汇编《盘存单》一式两份，一份自存，一份送会点部门，核算盘点盈亏金额。

第七条　每月会计部门抽点

（一）每月抽点由会计部门主办，于签呈（总）经理核准后办理。

（二）抽点日期及项目，以不预先通知经管部门为原则。

（三）抽点时应会同经管部门共同办理。

（四）盘点前应由会计部门利用《结存调整表》将账面数先行调整至盘点前正确的账面结存数，再行盘点。

（五）存货纪录采电脑报表控制者，应以收发存月（旬）报表为调整依据，如月（旬）报表不及附送者，应先填列《结存调整表》的调整栏，由抽点人员与经管人员共同签章。

（六）每月抽点仍应填列《盘点统计表》及《盘存单》。

（七）液体及特定项目其范围由各公司自订。

第八条　不定期抽点

（一）由各公司（总）经理室或总管理处总经理室视实际需要，随时指派人员抽点。

（二）抽点时应会同经管部门及会计部门共同办理。

（三）抽点程序与每月抽点相同，但《盘点统计表》及《盘存单》应再复写一份，交抽点人员。

第九条 盘点报告

（一）会计部门应将《盘存单》的盈亏项目加计金额填列于《盘点盈亏汇总表》及《项目别盘盈亏汇总表》各一式四份，送经管部门填列差异原因的“说明”及“对策”后呈核，其中一份经由最高主管签注后转送总管理处总经理室。每月抽点及不定期抽点，应于盘点后七天内，将《盘点盈亏汇总表》一份送总管理处总经理室。

（二）会计部门应将盘点结果及发现的异常事项及建议，作成《盘点报告》一式三份，经呈核后，一份连同《盘点盈亏汇总表》及《项目别盘盈亏汇总表》于年终盘点后一个月内送总管理处总经理室备查。

（三）盘盈亏金额平时仅列入暂估科目，年终时始以净额转入本期“营业外收入”的“盘点盈余”或“营业外支出”的“盘点亏损”。

第十条 现金、票据及有价证券

（一）各公司（总）经理室或会计部门，至少每月一次抽点现金、票据及其他出纳项目。

（二）现金及票据的盘点，应于盘点当日上班未行收支前，或当日下午结账后举行。

（三）盘点前应先将现金柜封锁，并核对账册后开启，由会点人员与经管人员共同盘点。

（四）会点人依实际盘点数详实填列《现金盘点报告表》一项四份，经双方签认后呈核准一份寄送总管理处总经理，寄送期限依前述规定。

第十一条 在制品

（一）在制品的盘点以当月最末一日及次月一日举行为原则。

（二）在制品原则上采全面盘点，如因成本计算方式无须全面盘点或实施上有困难者，应签呈（总）经理核准后始得改变方式进行。

（三）在制品的完工程度及液态物品的温度、比重的特性，各经管部门应制定盘点细则，以资遵循。

第十二条　其他项目

（一）外协加工料品：由各外协加工料品经办人员会同会计人员，必要时并应会同技术人员，共同赴外盘点，其盘存表一式三份，应由各外协厂商签认。

（二）寄存品：详列品名、规格、数量、金额、寄存厂商、结存数量，由寄存厂商签认。

（三）代加工料品：详列品名、规格、数量、代加工厂商、价值及结存数额，由代加工厂商签认。

（四）寄库的成品：于盘点前全部清理出库，其未能出库者，应列明客户名称、品名、规格、原开统一发票号码、数量及原因呈核。

（五）销货退回的成品，应于盘点前办理退货手续，验收及列账。

（六）营业借出的成品，应于盘点前全部收回，借条一概不予承认，如有特殊情况，应签呈（总经理核准）。

（七）寄存品、代加工料品、寄库品的盘点，适用依据盘点经过编造《盘点报告》。

（八）对外的外协合同应订明随时准予盘点及盘点盈亏的处理等条文。

第十三条　本准则经总管理处总经理核准后实施，修改时亦同。

公司融筹资管理制度

一、总 则

第一条　为规范公司经营运作中的筹资行为，降低资本成本，减少筹资风险，以提高资金运作效益，依据相关规范，结合公司具体情况，特制订本制度。

第二条　本制度适用于公司总部、各子公司及各分公司的筹资行为。

第三条　本制度所指的筹资，是指权益资本筹资和债务资本筹资。

权益资本筹资是由公司所有者投入以及以发行股票方式筹资；债务资本筹资指公司以负债方式借入并到期偿还的资金，包括短期借款、长期借款、应付债券、长期应付款等方式筹资。

第四条　筹资的原则

1. 遵守国家法律、法规原则；

2. 统一筹措，分级使用原则；

3. 综合权衡，降低成本原则；

4. 适度负债，防范风险原则。

第五条　资金的筹措、管理、协调和监督工作由公司财务部统一负责。

二、权益资本筹资

第六条　权益资本筹资通过吸收直接投资和发行股票两种筹资方式取得。

1. 吸收直接投资是指公司以协议等形式吸收其他企业和个人投资的筹资方式。

2. 发行股票筹资是指公司以发行股票方式筹集资本的方式。

第七条　公司吸收直接投资程序

1. 吸收直接投资须经公司股东大会或董事会批准。

2. 与投资者签订投资协议，约定投资金额、所占股份、投资日期以及投资收益与风险的分担等。

3. 财务部负责监督所筹集资金的到位情况和实物资产的评估工作，并请会计师事务所办理验资手续，公司据此向投资者签发出资报告。

4. 财务部在收到投资款后应及时建立股东名册。

5. 财务部负责办理工商变更登记和企业章程修改手续。

第八条　吸收投资不得吸收投资者已设有担保物权及租赁资产的出资。

第九条　筹集的资本金，在生产经营期间内，除投资者依法转让外，不得以任何方式抽走。

第十条　投资者实际缴付的出资额超出其资本金的差额（包括公司发行股

票的溢价净收入）以及资本汇率折算差额等计入资本公积金。

第十一条　发行股票筹资程序

1. 发行股票筹资必须经过股东大会批准并拟订发行新股申请报告。

2. 董事会向有关授权部门申请并经批准。

3. 公布公告招股说明书和财务会计报表及附属明细表，与证券经营机构签订承销协议。定向募集时向新股认购人发出认购公告或通知。

4. 招认股份，交纳股款。

5. 改组董事会、监事会，办理变更登记并向社会公告。

第十二条　公司财务部建立股东名册，其内容包括股东姓名、名称、住所及各股东所持股份、股票编号以及股东取得股票的日期等。

三、债务资本筹资

第十三条　债务资本的筹资工作由公司财务部统一负责。经财务部批准分支机构可以办理短期借款。

第十四条　公司短期借款筹资程序

1. 根据财务预算和预测，公司财务部应先确定公司短期内所需资金，编制筹资计划表。

2.按照筹资规模大小，分别由财务部经理、财务总监和总经理审批筹资计划。

3. 财务部负责签订借款合同并监督资金的到位和使用，借款合同内容包括借款人、借款金额、利息率、借款期限、利息及本金的偿还方式以及违约责任等。

4. 双方法人代表或授权人签字。

第十五条　公司短期借款审批权限

短期借款采取限额审批制，投资限额标准如下（超过限额标准的由公司董事会批准）：

1. 财务部经理审批限额：10 万元；

2. 财务总监审批限额：50 万元；

3. 总经理审批限额：100 万元。

第十六条　在短期借款到位当日，公司财务部应按照借款类别在短期筹资资记簿中登记。

第十七条　公司按照借款计划使用该项资金，不得随意改变资金用途，如有变动须经原审批机构批准。

第十八条　公司财务部及时计提和支付借款利息并实行岗位分离。

第十九条　公司财务部建威立资金台账，以详细记录各项资金的筹集、运用和本息归还情况。财务部对于未领取利息单独列示。

第二十条　公司长期债务资本筹资包括长期借款、发行公司债券以及长期应付款等方式。

第二十一条　公司长期借款必须编制长期借款计划使用书，包括项目可行件研究报告、项目批复、公司批准文件、借款金额、用款时间与计划以及还款期限与计划等。

第二十二条　长期借款计划旅出公司财务部经理、财务总监和总经理依其职权范围进行审批。

第二十三条　公司财务部负责签订长期借款合同，其主要内容包括贷款种类、用途、贷款金额、利息率、贷款期限、利息及本金的偿还方式和资金来源、违约责任等。

第二十四条　长期借款利息的处理

1. 筹建期间发生的应计利息计入开办费；

2. 生产期间发生的应汁利息计入财务费用：

3. 清算期间发生的应计利息计入清算权益；

4. 购建固定资产或无形资产有关的应计利息，在资产尚未交付使用或者虽已交付使用但尚未办理竣工决算之前，计入购建资产的价值。

第二十五条　公司发行债券筹资程序

1. 发行债券筹资应先由股东大会作出决议。

2. 向国务院证券管理部门提出申请并提交公司登记证明、公司章程、公司债券募集办法以及资产评估报告和验资报告等。

3. 制订公司债券募集办法，其主要内容包括公司名称、债券总额和票面金额、债券利率、还本付息的期限和方式、债券发行的起止日期、公司净资产、已发行尚未到期的债券总额以及公司债券的承销机构等。

4. 同债券承销机构签订债券承销协议或包销合同。

第二十六条　公司发行的债券应载明公司名称、债券票面金额、利率以及偿还期限等事项，并由董事长签名、公司盖章。

第二十七条　公司债券发行价格可以采用溢价、平价、折价三种方式，公司财务部保证债券溢价和折价采用直线法合理分摊。

第二十八条　公司对发行的债券应置备公司债券存根簿予以登记。

1. 发行记名债券的，公司债券存根簿应记明债券持有人的姓名、名称及住所、债券持有人取得债券的日期及债券编号、债券总额、票面金额、利率、还本付息的期限和方式以及债券的发行日期。

2. 发行无记名债券的，应在公司债券存根簿上登记债券的总额、利率、偿还期限和方式以及发行日期和债券的编号等。

第二十九条　公司财务部在取得债券发行收入的当日，即应将款项存入银行。

第三十条　公司财务部指派专人负责保管债券持有人明细账，并组织定期核对。

第三十一条　公司按照债券契约的规定及时支付债券利息。

第三十二条　公司债券的偿还和购回在董事会的授权下由公司财务部办理。

第三十三条　公司未发行债券必须由专人负责管理。

第三十四条　其他长期负债筹资方式还包括补充贸易引进设备价款和融资租入固定资产应付的租赁费等形成的长期应付款。

第三十五条　由公司财务部统一办理长期应付款。

四、公司筹资风险管理

第三十六条　公司应定期召开财务工作会议，并由财务部对公司的筹资风险进行评价。

公司筹资风险的评价准则如下：

1. 以公司固定资产投资和流动资金的需要决定筹资的时机、规模和组合；

2. 筹资时应充分考虑公司的偿还能力，全面衡量收益情况和偿还能力，做到量力而行；

3. 对筹集来的资金、资产、技术具有吸收和消化的能力；

4. 筹资的期限要适当；

5. 负债率和还债率要控制在一定范围内；

6. 筹资要考虑税款减免及社会条件的制约。

第三十七条　公司筹资效益的决定性因素是筹资成本，这对于选择评价公司筹资方式有重要意义。公司财务部采用加权平均资本成本最小的筹资组合评价公司资金成本，以确定合理的资本结构。

第三十八条　筹资风险的评价方法采用财务杠杆系数法。财务杠杆系数越大，公司筹资风险也越大。

第三十九条　公司财务部应依据公司经营状况、现金流量等因素合理安排借款的偿还期以及归还借款的资金来源。

五、企业筹资策略

第四十条　企业筹资要综合考虑：

1. 资金量大小；

2. 资金期限长短；

3. 资金来源；

4. 资金的债权性或股权性质；

5. 对企业权力结构的影响；

6. 融资关系稳定性并使融资成本最小化。

第四十一条　运用财务杠杆，追求最佳企业资产负债比例。

1. 由于债务性质的资金，其利息支出可在企业财务费科目下列支。由于该项成本减少收入而达到合理减税，能提高股东权益投资收益率，所以适度举债是明智的。目前，我国民营企业负债过低，经营过于保守，应加大借债力度。

2. 不论企业经营状况好坏，债务资金偿还是硬性化。过度负债会增加企业经营风险。目前，我国国有企业大多负债过高，应降低负债到合理范围。

第四十二条　企业要根据发展战略规划、投资计划、运营情况预测、制定短、中、长期资金需求计划，依此确定筹资总体方案，选择合理的融资结构。

第四十三条　企业首先应提高内部资金使用效率，以减缓对外融资压力。

第四十四条　企业应考虑资本、劳力、技术等要素之间的协同作用和替代弹性，增加其他要素的投入，以减少资金需求或现金流量，如：

1. 以土地使用权或固定资产投入，减少现金投入；

2. 以融资租赁降低现金投资；

3. 易货贸易（实物交易）；

4. 股权互换；

5. 以政府特殊许可（有含金量）降低项目成本；

6. 无形资产作价；

7. 补偿贸易；

8. 运用特许经营。

第四十五条　增加企业抵押品，放大负债能力。

企业优化现有资产结构，提高资产质量，增大可供抵押，担保的资产规模，尤其以小博大，通过企业较小资本控制社会较大资本，以实质控有许多企业，资产的所有权、支配权，放大负债能力，融通企业发展所需巨量资金。

第四十六条　企业群体统一财务管理

1. 统一对外筹措资金，统借统还，以获得贷款优惠、便利，降低风险；

2. 统一提供信用担保、信托、租赁、保险；

3. 统一银行开户，有效监控下属企业资金流向。

第四十七条　建立财务顾问（融资顾问）制。

按照国际惯例，企业融资都要聘请财务顾问指导。

1. 企业聘请常年融资顾问（财务顾问）单位，该单位主要为企业融资辅助策划、制定方案、代理融资、承销包销证券等。

2. 目前，国内财务顾问可从证券公司、投资银行、信托基金管理公司、投资管理公司、会计师事务所、财务咨询公司等金融服务机构选择。

第四十八条　与金融结合

从国内外企业发展过程和经验看，产业资本和金融资本结合是必然趋势。对大型企业塑造金融功能的方案：

方案 1：建立稳固银企关系

企业对原有融资网络进行优化，以一个主要银行为依托，形成融资主渠道，在此基础上再拓辅助，新的融资渠道。

实行主办银行制和贷款额度授信管理，通过银企长期性契约，形成利益共同体。

方案 2：引入金融机构入股

企业在建立股份制时，吸纳金融机构投资入股，或者将现有债权转为股权，建立与金融机构的产权关系，以享有金融机构对企业的优先优惠支持。

根据现行商业银行法律，商业银行不能对企业投资参股。非银行性的金融机构可对企业投资参股，诸如信用合作社、保险公司、信托公司、证券公司、基金管理公司、财务公司等。

方案 3：对金融机构参股

对银行或非银行性金融机构进行参股，作为金融机构股东通过影响力获得金融机构的优先支持。有实力的企业集团可以通过对金融机构的控股，使之纳于集团范围。

方案 4：企业与金融机构互相参股

企业与金融机构相互参股或环状持股，形成最为密切的产权关系。

六、附 则

第四十九条　本制度由财务部编制，解释权、修改权归财务部。

第五十条　本制度由财务部制定，报总经理办公会议审核，总经理审批后执行。